名人未解之谜

郭映熙 编著

中国华侨出版社
北京

图书在版编目（CIP）数据

名人未解之谜 / 郭映熙编著 . —北京：中国华侨出版社，2016.11（2020.12 重印）

ISBN 978-7-5113-6409-8

Ⅰ.①名… Ⅱ.①郭… Ⅲ.①名人—生平事迹—世界—通俗读物

Ⅳ.① K811-49

中国版本图书馆 CIP 数据核字（2016）第 250956 号

名人未解之谜

编　　著：郭映熙

责任编辑：兰　芷

封面设计：李艾红

文字编辑：朱立春

美术编辑：刘欣梅

经　　销：新华书店

开　　本：720mm×1020mm　1/16　印张：20　字数：596 千字

印　　刷：鑫海达（天津）印务有限公司

版　　次：2017 年 2 月第 1 版　2020 年 12 月第 2 次印刷

书　　号：ISBN 978-7-5113-6409-8

定　　价：39.80 元

中国华侨出版社　北京市朝阳区西坝河东里 77 号楼底商 5 号　邮编：100028

法律顾问：陈鹰律师事务所

发 行 部：（010）58815874　　　传　　真：（010）58815857

网　　址：www.oveaschin.com　　　E－m a i l：oveaschin@sina.com

前言

PREFACE

爱因斯坦曾说过："人类的一切经验和感受中以神秘感最为美妙，这是一切真正艺术创作及科学发明的灵感与源泉。"当我们为人类灿烂瑰丽的文明惊叹之时，一个个影响世界和中国的名人跃然纸上，他们不但为世界留下浓墨重彩的一笔，也留下了许多鲜为人知的未解之谜，破译这些未解之谜，对于解读历史内幕、寻找历史规律具有不容忽视的作用。

名人身上为何会有这么多的未解之谜？究其原因，有些是由于年代久远和材料的缺失而无从查找，有些则是由于当事人的刻意隐瞒而湮没于往昔的沧桑岁月，有些则由于外人或后人的妄加揣度而变得模棱两可。为了拂去蒙在名人身上的重重灰尘和迷雾，专家学者做了大量的工作，或者是借助考古发现的文物遗迹，或者征引秘而不宣的档案资料，或者参校各种珍贵的历史文献，力图将其中的点滴信息加以整合研究，追本溯源，尽可能真实地再现名人的本来面目。本书的一些观点难免会与我们的惯常认识相左，但在大量资料和信息的充实及佐证下，编者本着求实求真的原则，尽量做了客观、公正的表述。况且，释疑是人的天性，在探索的过程中同样会有许多曲折、充满趣味性的故事或令人难以置信的结果。

翻开这本书，一次妙趣横生的神秘之旅将在此启程：图坦卡蒙为何神秘死去？拿破仑究竟因何而死？伊凡雷帝是否真的杀死了自己的儿子？梵·高因何自杀？秦始皇的父亲是吕不韦吗？上官婉儿为何不记武则天灭族之仇？宋代杰出女词人李清照晚年有没有改嫁？清代名将年羹尧为何被雍正赐死？……总之，你将穿越时空，看到许多不可思议的奇幻事件，以及它们背后隐藏的秘密。

不难看出，史料翔实，选材适宜，取舍得当，而且广泛借鉴，不拘于一家，是本书的一大特点。编撰过程中，尽量采用了最具说服力的证据资料，力求让读者能够更深刻地了解名人谜团背后的真相。当然也有一些谜团就像一去不复返的岁月，永远都无法揭开它们的面纱，但也许正是因为它神秘的吸引力，才使我们无法停止追寻的脚步。

同时，本书以图释文、图文并茂的编排方式将会给读者带来强烈的视觉冲击。500余幅弥足珍贵的实物图片、现场照片、人物雕像、绘画，以及相关的历史遗迹等相关图片，通过深具艺术感的版式和生动的文字等多种要素的巧妙组合，打破读者与名人之间的时空阻隔，为读者营造一个轻松愉快的阅读氛围，引领读者进入一个精彩、神秘的未知世界，更加立体、真实地感受历史真相。

历史是一面镜子，可以映照出人类的瑕疵；历史是一个巨大的车轮，它给后人留下了鲜活的足迹；历史更是一本大书，它给后人以无穷的启迪。本书能让你在浩瀚的人类历史中，尽情畅游，领略千古风流人物鲜为人知的一面。

目录

CONTENTS

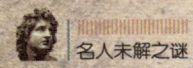

中国名人未解之谜

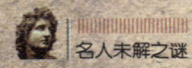

世界名人未解之谜

身份传说探真相

阿基米德用镜子打败过罗马军吗

"给我一个支点,我将撬动整个地球。"历史上有多少中外英雄曾经引用过这句话,来表达自己建功立业的雄心壮志。其实这句话本来是古希腊著名的数学家和物理学家阿基米德所说的,他在向叙拉古国的国王解释其杠杆原理时,说出了这一句著名的"狂言"。

阿基米德公元前287年出生在希腊西西里岛的叙拉古,他的父亲是一位很渊博的天文学家和数学家。在父亲的影响下,阿基米德从小就热爱学习,善于思考,喜欢辩论。他11岁的时候,漂洋过海来到埃及的亚历山大里亚城,向著名的欧几里得的学生柯农学习哲学、数学、天文学、物理学等方面的知识。他继承了欧几里得证明定理时的严谨性并有所突破,他的才智和成就远远高于欧几里得。他的贡献主要是在物理学方面,被人誉为"力学之父",另外他在工程技术方面也颇有建树,是一个理论与实践相结合的天才科学家。

阿基米德像

据传,公元前213年,罗马的执政官马塞拉斯率领军队攻打叙拉古城。阿基米德在保卫叙拉古的战役中充分发挥了他的聪明才智,利用杠杆原理制造了一批在城头上使用的投石器。在罗马人入侵时,许多又大又重的石块以飞快的速度投向从陆上侵入的敌人。罗马人的小盾牌根本抵挡不住,被打得丧魂落魄,只得争相逃命。之后当他们一看到城墙上出现绳子或木架子之类的东西,就以为阿基米德再次开动机器了,惊叫着"阿基米德来了"抱头跑得远远的。阿基米德还发明了一种巨大的起重机式的机械巨手,它们分别抓住罗马人的战船,把船吊在半空中摇来摇去,最后抛到海边的岩石上,罗马人惊恐万分,只好撤退到安全地带。阿基米德不仅用人力开动那些投石器,还利用风力和水力,将有关平衡和重心的知识、曲线的知识和远距离使用作用力的知识运用到了这场战争中，重创罗马入侵者。

最令人称奇的是，当罗马人的战船退到机械手够不着的地方时，阿基米德让全城妇女老幼手持镜子，排列成一个扇形，利用抛物镜面的聚光作用，把阳光聚集到罗马战船上，让它们自己燃烧起来。罗马的许多船只都被烧毁了，但是他们却找不到失火的原因。防不胜防的罗马军队被阿基米德的发明弄得焦头烂额，面对这种情况，无奈的罗马军统帅马塞拉斯也不得不自嘲：这是一场罗马舰队与阿基米德一个人的战争。

图为罗马附近普里赖斯特的普里米尼厄运女神神殿里发现的浅浮雕，上面雕刻有一艘古罗马战船，制作精巧，利于作战。天才科学家阿基米德却发明了一种类似起重机式的庞大机械，将罗马人的战船抛来抛去。

几个世纪以来，学者们对阿基米德利用太阳光摧毁罗马舰队的传说一直有争议。不少学者怀疑这一传说的可靠性，他们认为当时的人不可能了解光学和镜子的知识。特别值得一提的是，英格兰的两位教授对这个传说进行了仔细的研究，再次否定了这个传说的可靠性，因为根据光学原理，太阳光在天空中大约有一个 0.5° 的旋角，所以它的射线不是真正平行的，会产生发散，不可能用 1 个平面镜子有效地集中太阳射线。教授们经过计算后还提出一个推论，如果上千人每人握住一个面积为 1 平方米的磨光镜，他们同时聚光到一点，仅仅能点燃 50 米开外的面积为 0.5 平方米的木头。英格兰两位教授认为，用平面镜反射太阳光的效果是非常有限的，而且在那时的生产力条件下，镜子表面不可能达到完全的光滑，因而这个战术的杀伤力实在是很有限的。所以教授们得出结论，关于阿基米德的大多数传说都有可能是虚构的，是后人出于对这位先知的崇敬而编造出来的美好故事。但是也有一些学者认为，有些古代文明，已经到

图为罗马战舰正在准备战斗，这些战舰为撞击敌舰都准备了用青铜包镶的船头撞角，不过在攻打叙拉古城的战斗中，这些撞角毫无用处。希腊人阿基米德发明的新式作战手段总是让罗马人吃惊，无奈的罗马统帅马塞拉斯也不得不自嘲：这是一场罗马舰队与阿基米德一个人的战争。

阿基米德有一次奉国王的命令鉴定皇冠的纯度，他用了各种办法都无功而返，后来，他去一家澡堂洗澡，当他慢慢躺进浴盆里，看到浴盆里的水往外流，深受启发，并最终发现了浮力定律，为后人所称道。

了相当发达的程度，不能用现代的推断来否定古代的传说。

据史料记载，罗马人对叙拉古城久攻不下，在万般无奈的情况下，他们的舰队远远离开了叙拉古附近的海面，然后采取了围而不攻的办法，切断了城内和外界的联系。一年以后，由于内部有人通敌，这座城池才被攻破。进城后的马塞拉斯十分敬佩使他屡次败北的阿基米德，第一件事就是派人去请他，并下令不要伤害他。谁知这时的阿基米德还不知道城门已经被攻破，他正在沙滩上全神贯注地凝视着他的几何图形沉思。对于前来请他的士兵只说了一句"请你不要踩坏我的圆"，并要求允许他把原理证明完再走，鲁莽无知的士兵不耐烦了，竟举剑刺死了这位 75 岁的老科学家。

罗马统帅马塞拉斯对阿基米德的死十分痛心，他严惩了那个士兵，并为阿基米德修建了陵墓。按照阿基米德的遗嘱，在墓碑上刻下了标明其体积为三比二的一个圆柱体和一个内切球。这位伟大的科学家把对科学的嗜好和探索，带到另一个世界去了。

阿基米德研究的大量文字材料，在城门被破后的混乱中散失大半，使人们无法理解他科学研究的真实情况。他在保卫叙拉古城中使用镜子烧毁战舰的方法是真的吗？如果是真的，他又是如何做到的？

马可·波罗有没有撒谎

1295 年冬末的一天，意大利水城威尼斯有名的商人家族——波罗家族门口来了三个装束奇特、蓬头垢面的男子。他们讲着很不流利的意大利语，告诉守门人，他们是波罗家的成员，从东方经商回来。仆人看着眼前这三个穿着破破烂烂的人，说什么也不相信他们说的话，争执最后还是惊动了波罗家的主人，经过仔细辨认，终于确认了这三个人的身份，他们是尼古拉·波罗、马飞·波罗和马可·波罗。24 年前他们父子、叔侄三人出门，说是前去中国，但从此就没有任何音信，家人还以为他们早就不在人世了。

马可·波罗等人从遥远的东方回来的消息很快传遍了威尼斯城，人们纷纷来到马可家中观看。马可·波罗也激动地向人们讲述他们的旅途见闻，但很多人都将信将疑，甚至认为这是一个谎言，是波罗家的三个流浪汉编造出来的。还有人讥笑马可，你们从富有的东方回来时，为什么都穿着那样一身破破烂烂的衣裳？传说，为了证实他们说的话，马可在家里举行了一个非常盛大的宴会。席间每上一道菜，他们就更换一套衣服，一套比一套华丽。最后他们换上回来时穿的那套破衣烂衫，当众撕开衬里，里面藏的金银珠宝撒落一地。怀疑者中有的人相信了马可的话，有的仍然认为马可的行为只不过是在炫耀自己的富有罢了。

对于马可的东方见闻，威尼斯人很快就失去兴趣了，威尼斯和热那亚之间的战争吸引了他们的注意力。按照当时威尼斯法律，军舰由有钱人出钱捐造，富的马可家自然也不能例外。马可把自己捐造的军舰命名为"东方"号，亲自担任舰长。后来威尼斯海军战败，马可也被俘入狱。在狱中，马可总是独自眺望窗外，回忆起自己年轻时在中国的见闻。他的沉思引起了同狱中一位叫作鲁思狄谦的作家的关注，马可情不自禁地向他讲述了自己的经历，作家对他的讲述很感兴趣，建议由马可口述，他来笔录成书，以打发狱中的漫长时光。四年后马可出狱，将书稿整理成举世闻名的《马可·波罗游记》（又名《东方见闻录》）。

书中记录，马可·波罗于 1254 年出生在威尼斯，马可 15 岁的时候，去东方经商的父亲和叔叔带着中国皇帝写给罗马教皇的亲笔信回到了威尼斯，当时罗马老教皇刚刚去世，新教皇还没选出，他们只好在威尼斯等待。这时候，马可被父亲讲的东方旅行中的奇闻趣事迷住了，请求也跟着他们到中国去。1271 年，新即位的教皇格里高利十世给忽必烈写了回信，派尼古拉等人带着书信和礼物去见忽必烈，17 岁的少年马可跟着父亲等人踏上了前往中国的旅途。

马可一行离开威尼斯，经地中海向南航行；接着从地中海东岸的阿克城出发，途经小亚细亚、两河流域、波斯、阿富汗、中亚细亚、帕米尔高原、塔克拉玛干沙漠，最后历经千辛万苦，于 1275 年 5 月到达中国元朝的上都。当时忽必烈已率蒙古铁骑建立了幅员辽阔的帝国，他很喜欢聪明机灵的马可·波罗，让他在元朝做了十七年的官。马可·波罗除在京城大都（今北京）视事外，还经常奉忽必烈的命令巡游外省，

↗ 马可·波罗画像

去过新疆、甘肃、山西、蒙古、云南、江苏、浙江、福建等地，还奉命出使过缅甸和南洋。忽必烈答应他们完成任务后就可以直接折返故里，因此到达波斯后，他们继续西行，花了将近一年的时间回到了威尼斯。

当时的欧洲还没有印刷术，人们争相抄阅《马可·波罗游记》，对于书中记载的东方的文明和财富羡慕不已，引起了后来的"地理大探险"。但是当时的人们对《马可·波罗游记》也有很大的怀疑，因为书中所写的地理、方物、史实超出了欧洲人当时的认识极限，所以人们难免会怀疑它的真实性。在一些保守的西方人看来，基督教文明是全世界最发达的文明，比基督教文明更加发达的文明是不可想象的。马可·波罗口中的中国是一个经济文化高度繁荣发达的国度，远远高于当时欧洲的社会发展水平，因此这本书被称为"荒诞不经的神话"，有人说马可·波罗是一个骗子，他撒了一个弥天大谎。

马可·波罗到底有没有撒谎？现代学者也分为好几派，有人从《马可·波罗游记》中的内容去考察，从而推论出马可在撒谎。1965年，德国学者福赫伯在一篇报告中说，马可把亦思玛因向忽必烈进献抛石机的功劳记在了自己的头上，而据史料记载的时间他却还在去中国的途中。另外，中国史籍上没有任何马可在扬州当过官的记录，一个外国人在文化经济发达的南方商业中心当官而没有留下任何记载，这是不可能的。1982年4月14日，克雷格·克鲁拉思在英国《泰晤士报》上发表《马可·波罗到达中国没有？》一文。提出几点怀疑：一，中国浩如烟海的史籍中根本找不到一条可考

马可·波罗一行到达波斯湾出口霍尔木兹海峡，那里的伊朗港口是印度洋贸易中的重要市场。

↗ 交易的场景
贸易是马可·波罗真正关心的事，东方财富的传说对他有很大的吸引力。

证马可·波罗的材料；二，书中的很多统计材料都是值得怀疑的，就连蒙古皇帝的家谱也说得含混不清；三，中国文化中最具特色的东西——茶和汉字，书中只字不提，还有对欧洲人来说很先进的印刷术也没有提到；四，书中的许多中国地名用的都是波斯叫法。因此，马可·波罗可能只到过一些中亚国家，他可能和一些到过中国的波斯商人交谈过，或是在波斯看到了关于中国的文字介绍，加上道听途说才拼凑成了《马可·波罗游记》。

也有人说，马可·波罗确实到过中国，但他在书中的描述太过夸张，对于中国的富有描写有些言过其实，"黄金遍地，香料盈野"，在现在看来这些也有些离谱。但是作为一个到过中国见过"大世面"的人，不可否认马可·波罗会带有炫耀的心态对所见所闻夸大其词。而《马可·波罗游记》是由马可口述，别人执笔的，马可的回忆会有不准确的地方，执笔者也许会滥用修饰，夸大事实，我们不能单凭《马可·波罗游记》来否定马可·波罗到过中国。

马可·波罗到底来过中国没有？在现在看来也很难下定论。

国籍不明的哥伦布

西班牙著名城市巴塞罗那海滨的港口广场上，有一座高达 60 米的圆柱形纪念碑，底座四周雕有 8 只神态各异的狮子，环绕柱体中部雕有 5 个凌空飞舞的女神，碑顶端是一尊巨大的人物雕像。这位巨人双眸凝神远望，挥手遥指大西洋彼岸。在雕像不远处的码头上停泊着一艘古代船只的复制品"圣·玛丽娅"号，这是一艘中世纪的黑色木帆船，虽不大，但精致坚固，别具一格。这就是世界上著名的航海家哥伦布和他当年横渡大西洋的帆船。在西班牙王室的资助下，1492年 8 月 3 日，哥伦布乘着这艘长仅二十多米的船，从巴罗斯港出发，航行 70 天，到达巴哈马群岛的圣萨尔瓦多岛，发现了美洲。

哥伦布虽然不是西班牙人，但他当年是在西班牙国王斐迪南二世和女王伊萨贝拉的资助下开始冒险生

↗ 哥伦布像

涯的，哥伦布也为西班牙在世界航海史上写下了浓墨重彩的一笔，他是西班牙的骄傲。

可是，这位划时代的航海家到底是哪国人呢？中外各种史书上通常引用的说法是：克里斯托夫·哥伦布，意大利热那亚人，生于1451年。他的祖父乔凡尼·哥伦布住在意大利旧热那亚城以东8千米处的昆特镇，是一个经营毛纺织业作坊的手工业者。父亲多米尼科·哥伦布，学徒出身，开了一个呢绒作坊和一个小客店，是织布行会会员，在同行中有一定的威望。1445年，他与一个纺织工的女儿苏桑那·芳塔娜罗莎结婚，6年后，哥伦布诞生在这个家庭中。关于哥伦布家庭和他的早期生活，人们知道得很少，只大略知道他曾在拉丁文学校学习，很早就出海航行了，还有过当海盗的记录。1476年，哥伦布移居葡萄牙，参加了葡萄牙对热那亚的一场海战，后来他向葡萄牙国王建议探索一条向西航行可以直通东方的新航线，但未被采纳。1485年，哥伦布移居西班牙，终于得到了西班牙王室的资助，前往东方寻找黄金，结果发现了美洲大陆。他晚年贫病交加，1506年寂寞地死去了。意大利为了纪念这位伟大的航海家，把热那亚哥伦布少年时代住过的房屋列为文物，加以保护，现在还不时有人前往那个地方去参观。

有人却认为这些事实不能说明哥伦布是意大利人，很早就有人提出异议。《大英

↗ **航海星盘**

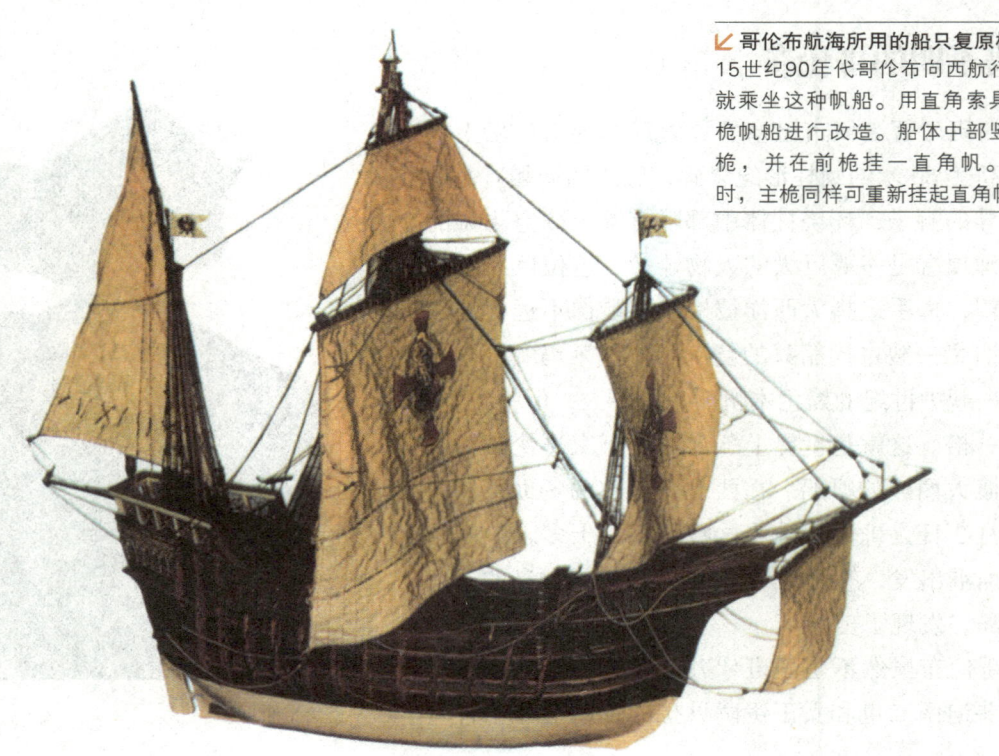

↙ **哥伦布航海所用的船只复原模型**
15世纪90年代哥伦布向西航行时，就乘坐这种帆船。用直角索具把多桅帆船进行改造。船体中部竖立主桅，并在前桅挂一直角帆。必要时，主桅同样可重新挂起直角帆。

↗ 哥伦布绘制的地图

百科全书·哥伦布条》说，哥伦布本人从未明确宣布自己是热那亚人；他没有用意大利文写下任何东西，他给弟弟和他人的信及日记都是用西班牙文写的；他喜欢用西班牙语来拼写自己的名字，也希望别人这样来拼。这些似乎证明哥伦布是一个曾经居住在热那亚的西班牙犹太人。但《美国百科全书》的有关条目则说，哥伦布之所以没用过意大利语，是因为他的母语利古利亚方言并不是一种书面语。

关于哥伦布是意大利人的说法，在1978年4月再次受到了置疑。委内瑞拉史学家马利亚提出了一个石破天惊的观点，引起了人们的关注。经过长期的考证以后他发现，史书上记载的这位克里斯托夫·哥伦布根本没有去过美洲，他只不过是一位在地中海从事商业航行的航海家。而到过美洲是另一位叫作克里斯托瓦尔·哥伦布，是一位道地的西班牙人，由于两人名字的发音和拼写近似，导致长期以来人们把这两个人当作了一个人。

西班牙研究哥伦布的权威学者阿尔夫索·恩塞纳特教授称，哥伦布不是出生在公认的1451年，而是1446年，虽然出生地是意大利的吉诺阿，但他在非常年幼时全家就搬到了西班牙的伊比利亚岛，因此他实际上是西班牙人。他讲西班牙语和葡萄牙语，但是不懂意大利语，后来也从未回过意大利。恩塞纳特教授并非信口说胡话，他曾经花了十年时间研究哥伦布，广泛细致地收集各种资料。虽然这种做法不亚于大海捞针，但也不能说一点儿收获也没有，他最后得出了哥伦布是西班牙人的结论。

最近，一位挪威的海运史作家发表了一种新看法，即哥伦布可能是挪威人，出生

哥伦布对美洲的发现大大促进了欧洲与美洲乃至世界各地的贸易往来。

于一个贵族家庭，他的说法在挪威引起了广泛报道。

还有个别的美国人竟认为，哥伦布是一个印第安人，只是因为"被风吹过去了"，因而他知道回家的路，这种说法带有浓厚的神话色彩，当然是不可信的。

总之，目前为止关于哥伦布的一切都众说纷纭，我们不得不承认，这是历史的遗憾，前人的疏忽大意造成了一大片的空白。人们愈是想拨云见日，愈是感到迷雾重重。

谁才是真正的莎士比亚

↗ 莎士比亚像

世界上略有文学常识的人，都知道莎士比亚，就如同中国都知道鲁迅一样。莎士比亚是迄今世界上最伟大的剧作家，他的作品深刻而生动地反映了16～17世纪英国的社会现实，集中代表了欧洲文艺复兴时期的最高文学成就。他一生创作了37部戏剧、154首十四行诗和2首长诗。世界闻名的悲剧《哈姆雷特》更是奠定了莎士比亚在世界文学史上的不朽地位。然而这样一个文化巨人，他的身世至今还是一个谜。

"莎士比亚"是演员威廉·莎士比亚的名字。他出生于英国埃文河畔特拉特福镇的一个小商人家庭。21岁时离家外出谋生，当过剧场的杂役、演员。有关介绍他生平事迹的材料奇缺。当时也没有一个人可以说明那些伟大的作品是出自他手。并且在他去世时，居然没有引起任何人的重视，当时没有一个文人为他的逝世写一首哀诗。在威廉·莎士比亚的女婿霍尔医生的日记中，也找不到关于其岳父是著名作家的文字。在研究者对他的家庭、环境、学历进行考察之后，便产生了这些剧作是否出于其手的怀疑。威廉出生于一个小市民家庭，何以知道那么多豪华宫廷与贵族的琐事？他文化水平极低，剧中怎会有如此细致的生活与心理描述？即使像拜伦和狄更斯这样的大作家也怀疑演员威廉·莎士比亚是否写过那些作品，狄更斯还表示一定要揭开莎士比亚真伪之谜。

最初曾有人认为莎剧的真正作者是牛津第七世领主爱德华·威尔伯爵。此人对戏剧极感兴趣，可能是为了避开贵族社会的评议，才假借莎士比亚这个笔名发表作品。但是漏洞在于，这位伯爵逝世于1640年，而在此之后，莎士比亚的剧作继续出现，显然难以自圆其说。

大约是1958年，美国作家德丽雅·培根提出，莎剧的真正作者应该是英国著名哲学家弗兰西斯·培根。其理由如下：第一，莎剧题材极其广泛，既涉及天文、地理，又谈及宫闱，博大精深，较之演员威廉的出身和文化状况，其出自一位哲人之手更为合理。第二，当时正是伊丽莎白王朝在社会、宗教、政治等方面皆发生极大骚乱的时期，出版审查很是严格，上流社会、知识阶层也以写剧、演戏为耻。在这种情况下，可能有人假借莎士比亚之名撰写剧本。而培根才华出众、阅历丰富，最有可能是真正的撰写者。第三，在培根的遗嘱中，莎士比亚的墓碑上，和莎剧的台词中居然可以拼出几行密码，内容赫然是"莎士比亚作品系培根所著"！但是德丽雅的说法也很难站住脚，因为莎剧和培根其他的作品在语言风格、思维习惯等方面明显不同，至于密码问题，第一，培根没有理由在死前将真相隐藏于不为人知的密码里；第二，这种文字的拼凑很具有偶然性。

《仲夏夜之梦》是莎士比亚早期的浪漫喜剧代表作。雅典附近的森林是个奇特的世界，年轻的男女经历爱情的磨难后终成眷属。

还有一种说法，认为莎剧的作者是莎士比亚的朋友、剧作家马洛。马洛是一个鞋匠的儿子，1587年毕业于剑桥大学，取得艺术学士学位，是一个才华横溢的作家，其代表作是名剧《汤姆兰大帝》，1593年他不幸被人杀害于伦敦。然而据美国文艺批评家霍夫曼的考证，当时被杀的只是马洛的一个替身，而马洛本人却回到意大利，继续进行他的戏剧创作，为了躲避仇杀，便以莎士比亚的名义发表作品。此外，莎士比亚的许多剧作例如《威尼斯商人》《罗密欧与朱丽叶》等都是以意大利为背景写成的。而演员莎士比亚从未到过意大利，怎能写出对意大利各方面情况十分熟悉的剧作呢？况且将马洛的作品和莎剧进行对比，我们就会发现二者的风格竟然非常相似！甚至如今在剑桥大学找到的马洛求学时的照片和第一版莎士比亚戏剧集上的照片极其相像。但是仍然缺乏真实的依据，仍停留在推断与猜测中。

↘ 17世纪版画中描绘的伦敦景象
画面右端为著名的伦敦桥，左上端为耸立在伦敦西侧的圣保罗大教堂。当时的伦敦已开始显露大都市的风采。

还有人认为莎士比亚其实就是英国女王伊丽莎白的化名，这是最为令人震惊的提法了。莎士比亚戏剧中众多主角所处的环境与女王颇有相似之处，而且史载女王知识渊博，词汇量极为丰富，善于言谈，说话机智善辩，所以反映在莎剧里的单词量高达21000多个，一般人是很难做到这一点的。

莎士比亚的作品究竟是何人所写，很可能会成为永久之谜，但是历史上确实存在这样一个人，他或她留下了这些不朽的作品。每当人们在翻阅这些经典作品时，心中总要涌起对这个伟大作家的崇敬之情。

监狱里来了个"铁面人"

法国大作家雨果曾经写过一部小说《铁面人》，小说讲述了一个带着铁面罩的囚犯，被国王流放到一个孤岛上，"铁面人"经过种种努力，终于逃出了孤岛，重获自由。

有意思的是法国另一位大作家大仲马也写了一个类似的故事《布拉热洛公爵》，后来被英国人改编成电影《铁面人》，引起了巨大的轰动。影片中神秘的"铁面人"居然就是法国国王路易十四自己。在残酷的宫廷斗争中，他被权臣用一个长相酷似的人给调包了，从此过着暗无天日的"铁面生涯"。

这些有趣的故事并不全是作家们的虚构，而是根据法国历史上一件著名的悬案改编成的，不同的是历史上的"铁面人"被关押至死，而且到现在还没有人知道他是谁。

巴士底狱的"铁面人"为何会引起后人的注意，始作俑者是法国伟大启蒙思想家伏尔泰。他在其名著《路易十四时代》中提出"这个囚犯无疑是个重要人物"，但接着却说"他被押送到圣玛格丽特岛时，欧洲并没有什么重要人物失踪"，让世人觉得匪夷所思。

伏尔泰是这样记述的：

1661年，圣玛格丽特岛上的一座城堡迎来了一位特殊的客人。那是一个身材修长、举止高雅的年轻人，他的头上不知被谁罩上了一个特制的铁皮面罩，无论是在他被秘密押送途中，还是在囚禁期间都被严令禁止摘下来。这个面罩在下颌部装有钢制弹簧，即使是吃饭

根据法国大作家大仲马的作品《布拉热洛公爵》改编的电影《铁面人》中，法王路易十四居然就是神秘的"铁面人"。

愤怒的巴黎市民在摧毁巴士底狱后，在监狱入口发现了一行字：囚犯号码64389000,铁面人。从此，历史又给后人留下一个谜题：铁面人到底是谁？他是路易十四，还是路易十四的长兄？路易十四的生父？英王查理一世？……这实在是个难解之谜。

或喝水也没有妨碍，不用摘下来。因此，从来没有人见过他的真面目。

在圣玛格丽特岛上关押了一段时间之后，这位"铁面人"又被秘密地押送到了巴士底狱，那里是当时法国最令人害怕的关押政治犯的监狱。在巴士底狱中，这位囚犯受到了特殊的优待：住处很舒适，饭菜按他的口味专门做，衣着精美，他有时还可以弹奏吉他，除此还有专门的医生定期为他检查身体。狱卒们很喜欢和他聊天，他举止高雅，谈吐也很风趣，但对自己的身份却一直守口如瓶。1703年，这个在监狱中度过了大半生的囚犯结束了他神秘的一生，当晚便被葬在了圣保罗教区。随着他的死去，原本神秘的身世似乎更加神秘了。

伏尔泰的记载到此为止，留给后人很大的猜测空间。据说在18世纪，法国国王路易十五、路易十六都曾下令调查过"铁面人"，但最后都不了了之。传闻中路易十六曾明确表示，要确保"铁面人"的秘密，从而使这个"铁面人"更加引起了后人们的好奇。这是为什么呢？

这个囚犯到底是谁？其真实姓名是什么？为什么会被关进巴士底狱？又为什么会被路易十四特别关照要优待？这些问题成了近3个世纪以来一直困扰欧洲历史学家的一个难解之谜。对于这些问题，人们形成了众多不同的说法。

有人认为，这个戴面罩的囚犯是当时法国国王路易十四的长兄，他为人忠厚老实，凶险狡诈的弟弟以阴谋的手段夺走了本该属于他的法国国王的王位，自己登上了国王的宝座。为了不让世人知道他的存在，路易十四对亲哥哥判处了终身监禁，用铁面罩掩盖他的真实面目，让他一辈子待在监狱里。反驳这种说法的人认为，皇室的权势之争向来万分残酷，以凶残著称的路易十四既然能夺取王位，为什么不用毒药和秘密处死的方式来彻底解决问题，这在当时并不稀奇，反而大发善心地让"祸根"活在世上，还给予种种优待，这太不合常情了。

在法国大革命后流传很广而且后来影响深远的一种看法是：这个人是路易十四的生父多热。根据史料记载，路易十三和王后安娜不和，并长期分居，是担任首相的红衣大主教黎塞留从中调和，两人才重归于好。但有人猜测当时王后已经与贵族多热有了孩子，才会离开情夫多热而重新投入路易十三的怀抱。路易十三和安娜王后和好后不久，就生下了路易十四，所以长久以来，人们一直怀疑路易十三和路易十四的父子关系。据说多热为掩人耳目被迫远走他乡，路易十四登基后，多热悄悄返回，向路易

1789年7月14日巴士底狱被攻占，这一天成为法国的全国纪念日——"巴士底日"，随后，革命政府下令将巴士底狱拆毁，"铁面人"的秘密也随着巴士底狱的轰然倒塌而永远尘封。

十四说出了事情真相。但路易十四害怕丑闻暴露，又不好对生身父亲下毒手，只好把他罩上铁面罩，送到监狱度过余生，给予最好的照顾，算是对生父的孝顺。法国社科院院士潘约里在其1965年出版的《铁面罩》一书中就支持这种说法。

19世纪末，一位叫安娜·维格曼的人提出了一种看法，即这位戴铁面罩的是英国国王查理一世。当查理一世被送上断头台前，他的忠实追随者买通了刽子手，顶替国王死了。为了不被人发现这个秘密，查理一世只好终身隐居在巴士底狱中。安娜的观点的依据只有一个，就是查理一世和这名囚犯都很喜欢头披薄被头。

路易十四时代的国务秘书马基欧里也被列入怀疑对象之中，在割让意大利领土卡扎里给法国的秘密活动中，马基欧里起到了关键的作用，在路易十四那儿得到应得的奖赏之后，马基欧里却又把这个秘密卖给了西班牙。恼怒的路易十四对

世人对"铁面人"的猜测林林总总，甚至被送上断头台的英王查理一世也被列入人们对"铁面人"的怀疑范围。

他的背叛大为光火，将他关进了监狱，并给他戴上了铁面罩。

在人们费尽心思地猜测这位"铁面人"的身份而毫无进展的时候，有的人干脆认为，这个人根本是一个无足轻重的角色，喜欢愚弄人、制造"悬念"的路易十四根本是要故意弄出这种效应，让后世的历史学家绞尽脑汁去猜测。这种说法一出，立刻被很多学者驳为无稽之谈。

但不可否认的是，"铁面人"之所以成为一个令人费解之谜，关键是因为路易十四答应为"铁面人"保密，因此，所有关于"铁面人"的资料，在17世纪就被有意识地进行毁坏和掩盖，留下来的材料不仅凌乱不堪，还互相矛盾、漏洞百出。1970年，法国记者阿列兹就这一谜案出版了一部书《铁面罩》，在大量的旁征博引之后，他也不禁感叹："这实在是个难解之谜！"

安徒生是丹麦国王的私生子吗

丹麦著名童话作家安徒生的童话故事伴随着一代又一代的孩子度过了美好而快乐的童年。他的故事中多写到王子和公主的美丽的爱情故事，人们不禁发出疑问，这是安徒生暗示其真实身份还是他对幸福美好生活的向往的体现？权威的传记作家们以不容置疑的语气告诉我们，1805年4月2日，这位伟大的童话作家出生在丹麦富恩岛上的欧登赛城中一间又矮又破的房子里。他的父亲是一位整日为生活而忙碌的鞋匠，他的母亲则是一个非常迷信的洗衣妇。贫穷的童年使安徒生走上了文学创作的道路。他陆续写出了《阿英索尔》《维森堡大盗》等剧本，《阿马格岛漫游记》等浪漫幻想游记和《卡尔里·克里斯蒂安二世》等历史题材的小说。1835年他

↗ 安徒生像

的第一本童话集出版。他的童话世界是美好幸福而快乐的，他知道这些童话对那些贫苦的孩子度过童年是有益处的。每年圣诞节他都出版一本童话书，作为礼物送给孩子们。这些礼物很多成了世界文学史上的经典名著。例如《丑小鸭》《夜莺》《皇帝的新装》《卖火柴的小女孩》《海的女儿》等。写作将近40年，发表160多篇作品的安徒生是丹麦人民的骄傲。

安徒生是平民百姓之子还是一位落难的王子？丹麦人对权威传记作家们所提供的论证并不信服，据说几百个丹麦人曾在1990年，到作家故乡的欧登赛大学举行了听证会，研究安徒生的身世之谜。历史学家延斯·约根森写了《安徒生——一个真正的童话》一书，书中说安徒生其实是丹麦国王克里斯蒂安八世和劳尔维格伯爵夫人的私生子。在他出生后，王室把他安置在了安徒生父亲——这个欧登赛鞋匠的家中。作出这种推论的根据是安徒生是一个鞋匠的儿子，身份低微，可是后来竟能进

↗ 安徒生笔下的美人鱼

入上流社会，出入皇家剧院，甚至在皇家宫殿的阿马林堡宫居住了一段时间，如果没有王室的暗中帮助，这些是不可能的。

丹麦作家皮特·赫固也有类似看法，他提出了另一种根据，一位海军上将的女儿亨丽艾特·吴尔芙1848年给安徒生的信中曾提到安徒生自己也发出自己是王子的慨叹。

但是听证会上许多人感到疑惑的是，安徒生在《我一生中的童话》这本自传中为什么没有提到自己是王子，甚至连暗示也没有呢？有的学者找到了180多年前教堂户口登记册的复印件，登记册上记录了1805年4月2日凌晨1时，鞋匠汉斯·安徒生与其妻子安娜喜得贵子，并且记录了安徒生是在4月16日那天受洗礼的。

安徒生和丑小鸭雕像
《丑小鸭》的故事充满隐喻色彩，是否暗示了安徒生真实的高贵身份？

丹麦著名历史学家塔格·卡尔斯泰德为了解开安徒生出生之谜，翻阅了大量有关那时国王克里斯蒂安八世的档案，档案表明，国王和贵族与平民妇女偷情的问题是存在的，而且很有可能生下孩子。国王处理这种情况的方法就是给那个妇女写信，并寄去一笔钱用以抚养孩子。

安徒生是不是落难的王子也许并不重要，人们只不过是对这位作家想了解得更多一些罢了，重要的是他的作品享誉全世界，他创造的美妙的童话世界给孩子们幼小的心灵增添了不可或缺的美好回忆。

沙皇尼古拉二世的幼女曾生还于世吗

1917年2月，彼得格勒再次爆发了资产阶级民主革命，在人民运动的强大压力下，尼古拉二世终于在3月15日（俄历3月2日）宣布退位，统治俄国300年之久的罗曼诺夫王朝就这样退出了历史舞台。3月20日，资产阶级临时政府宣布："确认退位国君尼古拉二世及其夫人已被剥夺自由，并将退位沙皇幽禁于皇村。"当时，皇后亚历山德拉和四位公主及皇太子早就提前被软禁在皇村了，晚上沙皇也被押送到那里。

沙皇一家虽是囚徒，但仍然过着安静和

尼古拉二世夫妇与他们的孩子在一起。

尼古拉二世的四位公主：玛丽娅，塔季娅娜，奥莉佳，安娜斯塔西娅，图为她们在流放地的森林里。

舒适的皇家生活。表面上看起来，不再享有任何权力的尼古拉二世也不像从前的"血腥沙皇"那样暴戾了，平静的乡村生活使他增加了几分家庭温情，把大量的时间花在与家人共处上，尽情享受着天伦之乐。

沙皇的家庭成员一共有七位。尼古拉二世对于自己身份的剧烈跌落似乎显得无所谓。在皇村的日子他每天忙着扫雪、锯木、劈柴，或者陪儿子做游戏。

而女主人皇后亚历山德拉则没有沙皇那么好风度了，厌恶她的人称她为德国来的"黑森林的苍蝇"，实际生活中她是一个喜怒无常、好弄权术、迷信鬼神、生活放荡的人。从为所欲为的皇后变成阶下囚，她感到极度的不满，每天暴跳如雷，不是咒骂革命者是"暴徒"，就是指责沙皇的手下都是一些无耻的"背叛者"，每当看押她的士兵按规定称呼她为"罗曼诺夫女公民"时，也必然会引起她的破口大骂。

四个公主分别叫作玛丽娅、塔季娅娜、奥莉佳和安娜斯塔西娅，其中只有大公主玛丽娅经常陪同沙皇去散步和锯木头。从前养尊处优的四位公主在失去自由后生活非常无聊，只得以刺绣、打牌来消磨时光，时间一长也慢慢学会了一些基本的生活自理能力，偶尔也会为自己洗衣服和烤面包。皇太子阿列克谢只有13岁，童年时患过血友病，身体一直弱不禁风。

至于要如何处置沙皇一家，俄国的各派势力争执了很久，一时也没有定论。资产阶级临时政府准备先把沙皇一家送到摩尔曼斯克，再去丹麦，英国政府也决定派巡洋舰来接走沙皇。尼古拉二世表面上看起来神态自若，内心里却无时不在焦急地等待被遣送或是出走甚至是逃跑。但事与愿违，沙皇一家先是被转移到西伯利亚的托博尔斯克，软禁在前省长的豪华官邸里。九个多月后又迁往乌拉尔的叶卡捷琳堡，并被关押在与外界隔绝的单独居室里。待遇的变化让沙皇一家嗅到了死亡的气息，他们积极准备出逃。

1918年7月12日，乌拉尔苏维埃感觉到了形势的严峻，为了在俄国彻底废除专制皇权统治，他们果断地决定就地枪决沙皇一家。几天后的一个晚上，革命士兵和武装工人将沙皇一家七口人和四名亲信押进地下室，向他们宣读了乌拉尔工兵农苏维埃的决定，随后地下室就响起了一阵枪声，经检验，十一个人当场全部死亡，尸体很快被火化，骨灰和遗物被扔进了一个泥潭中。

令人难以置信的是，不久后在欧洲的各大报纸上都登出了这样的消息：俄国公主安娜斯塔西娅奇迹般地逃脱了布尔什维克的"魔掌"，已辗转到达了欧洲。这个消息引起了极大的轰动，并且报道得非常详细，使人不能不信。据报道称是一位看押士兵在皇恩感召下在处决前夜将安娜斯塔西娅偷偷放走，在西欧她见到了侨居丹麦的祖母、俄国皇太后玛丽娅·费奥多罗夫娜，皇太后承认了她的身份，报纸上还刊登了许多她本人及其与祖母合影的照片，到现在许多西方学者还是坚持这个观点。

一位名叫安娜·安德森的妇女自称是尼古拉二世的女儿安娜斯塔西娅。图为她的两幅照片：左为1928年所摄；右为1955年所摄。

但是苏维埃政权和苏联史学家在当时和后来都很坚决地否认有所谓俄国公主生还出逃的说法。叶卡捷琳堡的看守措施极为严密，看守人员绝对忠诚于苏维埃政权。安娜斯塔西娅是不可能逃走的。而自从沙皇一家被处决后，在西方各国自称俄国皇族后裔，招摇撞骗的人数不胜数，而在几十年中，在西方竟有30多位不同国籍的女人自称是安娜斯塔西娅，要求继承罗曼诺夫家族的遗产和爵位。

文艺界更是不甘寂寞，至今为止，已有数十部描写安娜斯塔西娅身世及奇异经历的传记、小说、戏剧、电影问世。

沙皇尼古拉二世之女安娜斯塔西娅究竟是否生还于世？这或许是俄国历史上最后一个未解之谜吧！

处决尼古拉二世的房间。当时欧洲的各大报纸却爆出了这样的消息：俄国公主安娜斯塔西娅奇迹般地逃出了"魔掌"，仍旧活在人世。这究竟是传说还是真实？

性格行为费猜疑

"傻子"皇帝克劳狄

公元41年1月24日，罗马正是乍暖还寒的时候，地中海沿岸的初春，带着咸味的海风不时吹来，更是增加了几分寒意。但这一天却并不显得冷清，罗马城中的人们三五成群地伫立在街道两边翘首期盼，或是在街头巷尾走来走去。元老院议事厅里灯火通明，人声鼎沸，这样熙熙攘攘的情况已经持续了两天，一切似乎还没有停止的迹象。原来在三天前，罗马帝国皇帝盖乌斯被近卫军在皇宫里刺杀，现在元老院正在为新皇帝的人选争执不下。突然，大墙外面一阵混乱，人们疑惑地看过去，只见皇帝的近卫军正众星捧月般地簇拥着一个人走过来，他就是被暗杀的皇帝的叔叔，罗马人众所周知的"傻子"克劳狄。

事情是这样的：当皇帝被暗杀的时候，当时已50多岁的克劳狄正好目睹了一切经过，吓得躲在窗帘后面簌簌发抖。近卫军发现后将他拖了出来，本来准备杀了他灭口，但看到他又老又丑、胆小怕事，才放过了他。当元老院的元老们为了新皇帝的人选几

↗ **罗马古城遗址**
岁月的流逝渐渐洗去了罗马帝国旧日的辉煌，只剩下这些帝国时代遗留下的高大的断壁残垣以供后人凭吊。

天来争论不休的时候，近卫军们就恶作剧般地拥立他为皇帝。

军营里的士兵们不断高呼着克劳狄的名字，议事厅里却死一般的寂静，元老们面面相觑，好长时间才缓过神来。近卫军和士兵们拥有强大的武装，他们的意志不能违反，尽管内心有一万个不愿意，元老们还是不得不把元首一切惯有的权力和头衔授给了克劳狄。于是，罗马历史上第一个由近卫军拥立的，也是唯一以"傻"著称的皇帝克劳狄，就这样在垂暮之年传奇般地登上了罗马权力的最高峰。更叫人百思不得其解的是，当时的罗马帝国经过长期的对外扩张，已经成了一个以地中海为内海、横跨亚非欧三大洲的大帝国，这个"傻子"皇帝统治这个庞大的帝国竟达 13 年之久。人们不禁要问：他到底仅仅是貌似痴呆、大智若愚呢，还是真的低能、受人操纵、愚弄？

这尊公元1世纪时的雕像将克劳狄表现为主神朱庇特，借此突出皇帝无尽的权力并弘扬他的荣耀。

克劳狄的"傻子"称呼由来已久。克劳狄于公元前 10 年出生于罗马行省高卢的首府——鲁恩，他的父亲德鲁素斯就是这个省的总督。虽然出身高贵，但童年和少年时期的克劳狄是不幸的。无情的病魔不仅损害了他的健康，毁坏了他的容貌，而且影响了他的智力和思维正常发育，身体弱不禁风，行动迟缓笨重，也不善于和人交谈，为此他饱受痛苦、歧视和嘲笑，是奥古斯都家族有名的"丑小鸭"。

不过，历史记载中的克劳狄却充满了矛盾，众说不一，并由此引发了后人长期的争论。

一些史料记载，貌似痴呆的克劳狄一世，不但学术上有自己的见解，在政治上也颇有建树。克劳狄当政前的皇帝胡作非为，使罗马帝国陷入了危机，国库空虚，元老大半丧亡，整个国家处在一个非常危险的境地。克劳狄面对这么一大烂摊子，处理问题时所表现出来的信心、意志和智慧令所有人都赞叹不已。登上帝位后做的第一件事就是重赏近卫军士兵，感谢他们的拥戴，并因此缓解了皇帝与军队之间的关系；以宽容、合作的姿态同元老院建立了良好关系；下令取消对有关被控叛国罪者的审讯；召回了一些被放逐的元老，并归还了他们被没收的财产，等等。这些措施在国家政治生活中创造了一种难得的团结气氛。在外交上，他归还了前皇帝从希腊不择手段弄来的雕像等一些珍贵艺术品；同时又御驾亲征，率领罗马军队横渡泰晤士河，征服了一些重要

贵族的飨宴
克劳狄时期的罗马，国泰民安，贵族们经常聚在一块儿，饮酒作乐，歌舞升平。作为一个"傻子"皇帝，能将帝国治理得井井有条，其中的奥秘我们不得而知。

的城市和小国家。克劳狄也很重视与民众的关系，一上台就宣布废除了一些不合理的赋税，向行省居民赠送公民权，提高他们的政治地位，扩大了帝国统治的基础。

当时罗马最著名的斯多葛派哲学家塞涅卡，对他的描述、评价却是前后截然相反，甚至是自相矛盾。在公元42年的一封信里，他称赞皇帝是"恺撒之后最好心的人"；但在不久后的一篇讽刺文里，他又把皇帝描绘成一个暴君、傻瓜，讥讽他会在死后变成一个南瓜，在当时的人眼中，南瓜是愚蠢的象征和代名词。后来的历史学家塔西佗等人也沿用了这种说法，一面称赞克劳狄在统治初年宽厚仁慈，把国家治理得井井有条，赢得了士兵和公民的喜爱；另一面又嘲笑他是个毫无主见的笨蛋，只会听从妻子和奴仆们的意见行事，不像是一个皇帝，更像是一个奴仆。苏托尼乌斯在他的《十二恺撒传》里写道："由他自己决断的事甚至没有他的妻子和被释奴命令的多，因为他总是依他们的利益和希望做事。"总而言之，同时代的历史学家大都倾向于否定他，认为他的确是一个傻子。

在20世纪上半叶西方历史学界掀起了对克劳狄个性特征、功过是非的再评价、再研究的热潮，但结果同以前大致相同，学者们各执一词，看法不一。看来要想彻底揭开蒙在克劳狄脸上的面纱，只有期待更多的考古资料的问世，从而还历史的本来面目。

克劳狄死于公元54年，死因不明，据说是被他的妻子用毒蘑菇害死的，经过12个小时的痛苦，一句话没说就死了，死后被元老院奉为神。

这样，克劳狄从生到死，都留下了一个个难解之谜。

是尼禄烧了罗马城吗

公元64年7月18日，对罗马城来说是个灾难的日子。这天傍晚，在罗马城内圆形竞技场附近，突然发生了一场大火。当时罗马城正刮着大风，大火借着风势迅速蔓延，最后酿成了可怕的大火灾。无情的大火整整烧了九天，全城十四个区只保存下来四个，其中有一个区被烧得片瓦无存，化作一片焦土，其他的区也大部分只剩下断壁残垣。无数的生命被大火吞噬，成千上万的财产化为灰烬，宏伟壮丽的宫殿、

↑ 尼禄像

神庙和公共建筑物也被烧成灰烬，在无数战争中掠夺来的金银财宝、艺术珍品、不朽的古老文献原稿也在这场大火中遭到浩劫。这场大火是人为还是天灾，又是谁造成这一灾难的？古今史学界一直有着争议。

据当时流行的传闻，这次大火是尼禄下令放的。尼禄是罗马历史上的一个臭名昭著的暴君，他骄奢无度、弑父杀母、滥杀无辜的行为是历史学家多次提及的话题，他纵情享乐、挥金如土，致使罗马国库积存耗损一空，财政枯竭，同时还任意搜刮、没收富人的财产，使得帝国各地和各阶层都对他很不满。尽管如此，作为罗马帝国的皇帝，他为什么要放火烧掉自己的城邦呢？这实在让人有些不能相信，但从大火发生时尼禄的所作所为来看，他的确是唆使纵火的最大嫌疑者。

据说有一个人在一次聊天中说："我死后，愿大地一片火海。"尼禄马上打断了这个人的话："不，在我活着的时候，我就会使大地变成一片火海。"而且，尼禄曾多次表示，他不喜欢罗马城旧的建筑和那些曲折狭窄的旧街道，真想用一把火烧掉这些旧房子，按照自己的意图来重新建造罗马城。据说当罗马变成一片火海时，尼禄竟然坐视不救，还登上花园的塔楼，在七弦琴的伴奏下，一边观赏着火海的绚丽景象，一边还情绪激昂地朗诵着有关古希腊特洛伊城毁灭的诗篇。

↗ **尼禄之母亚格里皮娜像**
据当时流行的传说，尼禄幼年丧父，由其母抚养成人。在尼禄当政之初，亚格里皮娜对尼禄管教严厉，引起尼禄怨恨。公元59年，尼禄策划了一起可怕的阴谋，派人害死了他的母亲，此后又打击正直官员，重用奸臣，其暴行令人发指，所以历史学家认为火烧罗马城是他的指令。

在尼禄特别想占为己有的黄金房屋附近有一些谷仓，那些谷仓的墙壁是用石头砌成的，大火开始并没有蔓延进去，尼禄却命人用攻城器械撞毁石壁，让大火弥漫进去。大火过后，尼禄马上在废墟上抢先修建起自己的新宫殿"黄金之屋"，在这座"金屋"里，除了宫廷建筑中必不可少的金堆玉砌之外，还有林苑、田园、水榭、浴场、水池和动物园，以便让人领略独特的湖光水色、林木幽雅的景物风情。整个宫殿内部用黄金、

↗ **罗马时期的银币**
上面雕刻有尼禄和母亲亚格里皮娜的头像。

宝石和珍珠装饰，餐厅的天花板都是用象牙镶边。尼禄看了这座富丽豪华的宫殿后非常满意，赞叹道："这才像个人住的地方。"为了从这场火灾中捞取好处，尼禄宣布由国家负责运走尸体和垃圾，趁机搜罗富豪家的财产。

火灾发生后，整个罗马城人人义愤填膺，把矛头指向尼禄。为了消除群众对他的不满情绪，尼禄把一批基督徒当作替罪羊，对这些"罪犯"，施以最残酷的刑罚：有的被蒙上兽皮，让猎狗撕咬后吃掉；有的被钉在十字架上，浑身浇满油，天黑的时候点火燃烧当作灯火照明，手段之残忍令人发指。尼禄的这些暴行，非但不能使人信服，反

古罗马城遗址鸟瞰
一把无情大火几乎将罗马几百年经营的成果毁灭，但文明的种子还是流传下来并在当代世界结果。

而把更多的纵火疑点集中在了他一个人身上。

对于尼禄是不是罗马大火的纵火者，历史学家们有着不同的看法。

古罗马历史学家塔西佗认为是尼禄放火烧了罗马城，他描写道："当大火吞噬城市时，没有人敢去救火，因为有一些人不断发出威胁，不许人们去救火；还有一些人公然到处投火把，他们说自己是奉命这样做的。"这些在大火中行为怪异的人很可能就是尼禄的亲信。另一位历史学家则记载："几位前任的执政官在自己的庄园上，发现尼禄的侍从拿着麻屑和火把，根本不敢上前捉拿他们。"古罗马的史学家们几乎一致指控是尼禄为了重建罗马城而纵火焚城的。

还有一种说法是，尼禄自诩为一个伟大的艺术家，他把大火中的罗马城当作自己创作的一个伟大的艺术品。但现在也有学者不同意这种看法，因为自称为艺术家的尼禄是不应该在满月的日子里欣赏大火的，在明亮的月光下，他的"艺术作品"肯定达不到最佳的效果。罗马城的火灾只能是一次天灾，不能因为尼禄是一个品行很差的皇帝，就认为他是罗马大火的纵火犯。

尼禄自杀
在接二连三的叛乱和威胁中，尼禄选择了自杀。这幅画描绘了尼禄死时近臣的骚乱情景。

自认为是"天才演员"和"杰出艺术家"的尼禄后来把真正的杀戮和处死的场面搬上舞台，吓坏了现场的观众。他从此很不满罗马观众，认为只有希腊人才具有真正的欣赏水平，因此抛弃政务去希腊寻觅知音。在希腊的公开演出一直进行了十五个月，他还没有回来的意思，直到得知帝国发生叛乱，新元首已经被拥立时，才仓皇回国。但一切都太晚，慌忙中他逃到一个小茅屋中躲起来，当罗马追兵赶到时，自知难逃一死的尼禄还在哀叹着："一位伟大的艺术家要死了！"然后拔出刀子自杀了。

可是，罗马城的大火，却成了一个永远也解不开的谜。或许将来有一天人们能从历史的陈迹中找到新的线索，从而解开这个谜，这也是有可能的。

米开朗琪罗的"怪癖"与其创作有关吗

意大利文艺复兴时期出现过一位多才多艺的巨人。他不仅是伟大的雕刻家、画家，而且也是杰出的建筑家和诗人。这个人就是米开朗琪罗。

米开朗琪罗是欧洲文艺复兴时期雕塑艺术上最具代表性的人物，他创作的人物雕像气魄宏大、雄伟健壮，蕴含着无穷的力量。他的大量作品显示了写实基础上非同寻常的理想加工，典型地象征了当时的整个时代。但是生活中的米开朗琪罗却给人以"怪人"的感觉。

年轻时代的米开朗琪罗因酷爱学习而陷入了绝对的孤独。别人都把他看成一个孤芳自赏、性格乖僻、疯疯癫癫的人物。米开朗琪罗总是表现得举止粗俗，与社会格格不入，社交活动总使他

圣家族 油画
米开朗琪罗笔下的人物崇高而平静，本人性格却怪僻而不可捉摸。

感到腻烦。这与达·芬奇的相貌堂堂、举止优雅、风度翩翩、受到上流社会人士的喜爱形成鲜明的对照。他只和几位严肃的人士来往，没有其他朋友。他终身未婚，生平只爱过著名的德·贝斯凯尔侯爵夫人维多利阳·柯罗娜，然而却是一种柏拉图式的恋爱。

米开朗琪罗创作时需要绝对的孤独是他的又一个怪异之处，只要旁边有一个人在场，就可能将他的思绪完全扰乱。他必须获得一种与世隔绝之感，方能得心应手地工作。为身边琐事所纠缠，对于他来说简直是种折磨。

在他塑造的成千上万的人物形象之中，他没有遗忘过一个。他说，只有预先回忆一下以前是否用过这个形象，然后才能决定是否让人动手勾画草图。因此，在他笔下，从来没有重复现象。在艺术上他表现出让人难以想象的多疑和苛求。他亲手为自己制造锯子、雕刀，不管是做什么，他都不信任别人。

米开朗琪罗追求完美有时达到苛刻的程度，一旦他在一件雕像中发现有错，他就将整个作品放弃，转而另雕一块石头。这种追求完美的理想使他毁掉了不少成型的作品，甚至在他的才华达到炉火纯青的地步时，他所完成的雕像也并不多。有一次，他在一刹那间失去了耐心，竟打碎了一座几乎竣工的巨大群像。

↗ 最后的审判 米开朗琪罗

米开朗琪罗一生孜孜以求，从不懈怠。一天，红衣主教法尔耐兹在斗兽场附近与这位已是风烛残年的老人在雪地里相见了，主教停下车子，问道："在这样的鬼天气，这样的高龄，你还出门上哪儿去？""上学院去。"他答复道，"想努一把力，学点东西。"

骑士利翁纳是米开朗琪罗的门徒，他曾把米开朗琪罗的肖像刻在一块纪念碑上，当他向米开朗琪罗征求意见，问他想在阴面刻上什么的时候，米开朗琪罗请他刻上一个盲人，前面由一条狗引路并加上下面的题词：我将以你的道路去启示有罪之人，于是不贞洁的心灵都将皈依于你。

人们认为一般艺术家都有怪癖，但米开朗琪罗的性格确实十分独特。这位伟大的艺术家的创作与其性格竟是什么关系呢？可能性格之于人就像双刃剑吧。

伊凡雷帝杀死了亲儿子吗

伊凡雷帝是俄国历史上第一位沙皇，他 3 岁就继承了莫斯科和全俄罗斯大公位，号称伊凡四世，但他性情凶残又生性多疑，独断专行且手段残酷，因而得名"雷帝"。这与伊凡四世幼年的生活环境有着重要的关系，他 17 岁亲理朝政以前的岁月可以说是生活在一片黑暗中，先是他的母亲倒行逆施，接着她不明原因地暴亡，然后是贵族们为了争权夺利而每天火并厮杀，没有人顾及年幼的小沙皇的教育。从这种尔虞我诈的环境中成长起来的伊凡四世，过早地目睹了宫廷生活的黑暗和丑恶，在他的性格中埋下了暴戾多疑的种子。

↗ 伊凡四世像

俗语说：虎毒不食子，伊凡雷帝却被怀疑亲手杀死了自己的儿子。

俄国著名画家列宾创作过一幅名为《伊凡雷帝杀子》的油画：在灰暗压抑气氛笼罩下的画面上，奄奄一息的皇太子无力地靠在父亲的胸前，伊凡雷帝惊恐地搂着儿子，他用一只苍老的、血管突出的手抱着儿子的身体，另一只手紧紧按住儿子流血的伤口，

↗ **伊凡雷帝杀子 1855年 列宾 俄国**
伊凡雷帝的惊恐与其子的无奈绝望形成鲜明对照，伊凡雷帝真是误杀儿子吗？

试图挽回儿子的生命，但死神已经快要降临了，儿子的身体软绵绵地躺在地毯上，用一双绝望而宽恕的眼睛看着衰老的父亲，而伊凡雷帝的双眼中充满着悔恨，两人的眼神形成了强烈的对比，整幅画有着一种摄人心魄的艺术魅力。

人们为什么会怀疑伊凡雷帝呢？主要是伊凡雷帝的性格非常残忍，还是孩子时就经常把捉住的小鸟一刀一刀地杀死，或是站在高高的墙上，将手中的小狗摔死，从而发泄心中的不满。而在他13岁的时候，就放出豢养的恶狗，将执掌朝政的皇叔伊斯基活活咬死，暴尸宫门。而当他刚登上皇位后，为了加强皇权，就在全国范围内实行恐怖政策，惩罚反对皇权的大贵族，也不可避免地杀害了许多无辜的平民，用尖桩刑、炮烙、活挖人心、抽筋剖腹等酷刑处死了数万人，得到了"雷帝"的称呼，意思就是"恐怖的伊凡沙皇"。

"恐怖的伊凡"

他的暴政和独裁不仅使遭到镇压的大贵族们心怀怨恨，也引起了广大人民的强烈反对，就连沙皇身边的人，也有"伴君如伴虎"的危机感。本来，伊凡雷帝的这种暴戾性格在他娶了年轻美貌、温柔善良的皇后之后有所改变，她能理解他，开始以自己的爱温暖沙皇那颗受伤的心灵，总是像天使一样地抚慰着他。可是，保佑他的天使没有永远伴随他，1560年，他亲眼看着心爱的女人被疾病夺去了生命，失去了皇后之后，童年时期养成的性格又激发出来了。到了晚年，孤独的伊凡雷帝性情更加乖戾、喜怒无常，他总是疑神疑鬼，总觉得有人要害他。但是，对于他的长子、未来的皇位继承人，他还是宠爱有加的，时常让他跟随在自己左右，可以说，除了这个儿子，他已经不再相信任何人了。可是这位皇太子却死在伊凡雷帝的前面，上演了一出"白发人送黑发人"的悲剧。

这是一幅纪念"恐怖的伊凡"1552年占领喀山凯旋、向莫斯科行进的壁画。

伊凡太子的死因有着不同的说法，最普遍的一种是：从1581年起，伊凡雷帝开始怀疑太子有夺取皇位的嫌疑，多疑的性格使这种想法日益强烈，父子关系也因为他的提防而紧张起来。有一天，伊凡雷帝看见太子的妻子叶莲娜只穿了一件薄裙在皇宫中走来走去，违反了当时俄国妇女至少

报喜节大教堂，它是莫斯科大公们和沙皇的家用教堂。

要穿三件衣裙的惯例。雷帝勃然大怒，动手打了儿媳，使已经怀孕的叶莲娜因惊吓而流产。听到这个消息后，伊凡对伊凡雷帝大吼大叫，伊凡雷帝也很生气，一边大骂着"你这个可耻的叛徒"，一边举起手中的铁头权杖向儿子刺去。晚年的伊凡雷帝手里常常拿着一根铁头杖，这是一根顶端包有铁锥尖、柄上刻有花纹的长木杖。伊凡四世一旦发怒，就会随时用这个铁尖木杖向对方刺去，所以宫内的人只要听到木杖敲击地面的声音，就会吓得赶紧躲起来。可是没想到当时伊凡雷帝的铁杖正好刺中了儿子伊凡的太阳穴，然后就是列宾笔下《伊凡雷帝杀子》悲剧场面。

俄罗斯历史学家斯克伦尼·尼科夫却不同意这种说法，他认为，当时伊凡父子虽然发生了激烈的争吵，但父亲只不过在儿子身上用权杖敲了几下，并没有造成致命的伤害。太子伊凡原先就有病，再加上丧子和恨父，心情极度悲伤，以致癫痫病发作，后来又引起并发症死去了。因为伊凡雷帝在争吵前几天的信中曾谈道："儿子伊凡病倒了，今天他仍在病中。"所以，太子的死主要是病死，而不是伊凡雷帝失手杀死了他。

各国历史上宫廷内部血雨腥风，像这样的父子相残、兄弟反目的事情层出不穷。伊凡雷帝有没有杀死自己的亲儿子，只有让历史来慢慢寻找真实答案了。

牛顿晚年为何会精神失常

艾萨克·牛顿是英国近代著名物理学家、天文学家、近代力学奠基人。一提起他，人们很自然地会想起苹果落地的故事：1665年，牛顿在家乡林肯郡的一个乡村疗养。有一天，他坐在一棵苹果树下读书，突然一只熟透了的苹果从树上掉了下来，引起了牛顿新的思考：苹果为什么会落到地上？这个问题最终促成了一个伟大的原理——万有引力定律的产生。可以说牛顿的一生是充满智慧和创造的一生，而就是这样一位充满智慧的伟人，却在50～51岁时突然精神失常，其中的原因当时及此后250多年的时间里，众多的科学家都试图找出一种合理的解释，但最终没有达成共识。有人认为

这主要是由于劳累、用脑过度所致；有人则认为是外界强烈的刺激，引起了他精神的暂时"短路"，还有人提出是汞中毒的结果。

其中认为牛顿是由于劳累和用脑过度而导致精神失常的观点得到大多数人的支持。关于牛顿专心工作的故事，就连小学生也可以随口说出几件来：牛顿请朋友吃饭，他却一直在实验室工作得忘了时间，饿极了的朋友只好先吃了一只鸡，骨头放在盘子里。过了好久，牛顿才出来，看到盘中的鸡骨头，"恍然大悟"地说："原来我已经吃过饭了。"就又回到实验室工作去了。牛顿工作到了废寝忘食的程度，因此在 1687 年他 45 岁的时

↗ **牛顿像**
艾萨克·牛顿是世界上杰出的科学家。他在物理、天文、数学等领域都做出了卓越的贡献，为现代科学的发展奠定了基础。

候就发表了《自然哲学的数学原理》，这是他一生最为重要的著作，该书以牛顿三大运动定律和万有引力为基础，建立了完美的力学理论体系。为做好这项工作，牛顿夜以继日地在实验室专心研究。他很少在夜间两三点钟前睡觉，有时一直要工作到清晨五六点钟。《原理》问世后，他又立即转入了光学的研究。如此高强度的工作使他不到 30 岁就已经须发皆白了，长期的用脑过度、极端紧张的工作，造成了科学家植物性神经功能紊乱，最终使他患上了精神失常的疾病。

还有人认为牛顿精神失常是受外界环境的强烈刺激所致。牛顿 18 岁便进入剑桥大学学习，很快就在科学界崭露头角，以自己的才华得到了很多前辈的赏识，在科学的

↗ **剑桥大学校徽**

道路上可谓一帆风顺。但 1677 年，他的恩师巴罗和一向爱护他的皇家学会干事巴格相继去世，这给他带来了极大的悲伤，曾使他的研究工作一度停止。在 1689 年时，他又被选为英国国会议员，来到灯红酒绿的伦敦后，他已不可能像从前那样再待在安静的实验室里，各种上流社会的交际应酬使得他的经济捉襟见肘，但多方努力都无法摆脱困境，最后，他闷闷不乐地回到了剑桥大学。在 1691 到 1692 年间，又有两件重大的事情，对他的精神产生了极为不利的影响。一件是他母亲的去世，在此后相当长的一段时间内，他都一直精神不振。另外一件是他著作的手稿被烧毁。在他办完母亲的丧事回到剑桥

大学后不久的一天早晨，当他从教堂做完祈祷回来，发现燃尽的蜡烛已将他书桌上摆放的有关光学和化学的手稿及其他一些论文都化为灰烬了。《光学》是他一生中仅次于《自然哲学的数学原理》的最重要的一部著作，《化学》也是他花了近二十年时间辛勤研究的结晶，堪称一部科学巨著。对此，牛顿懊悔不已，几乎一个月昼夜不宁。他不得不重新整理《光学》手稿，至于《化学》他却再没有精力去做了。

还有一种较新的看法是，牛顿精神失常是由于汞中毒所致。有两位专门研究牛顿生平的学者，对牛顿遗留下来的四绺头发运用现代中

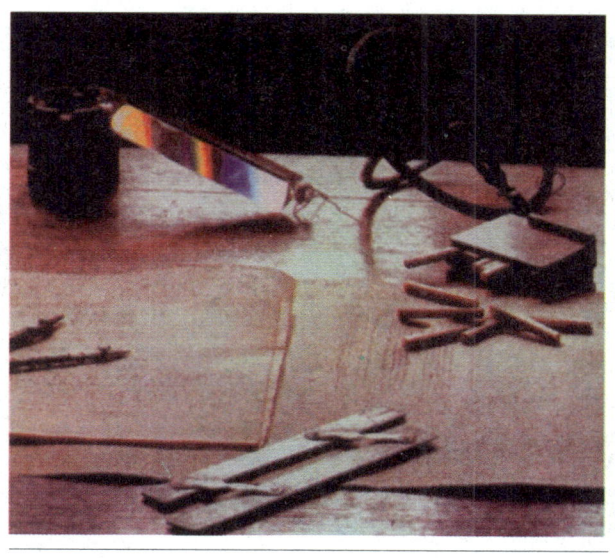

牛顿的办公桌
桌上摆满了光学和数学仪器，牛顿以他天才的智慧使人类的科学研究登上一个新的高度。可能是由于用脑过度的缘故，30岁的他就因为神经功能紊乱而患上了精神病。

子活化、中子衍射等先进手段来综合分析。发现牛顿头发中所含的有毒微量元素的浓度是正常人的好几倍，尤其是汞的含量更是高得可怕。许多学者由此断定，牛顿长期待在实验室里，经常接触有毒的金属蒸汽，特别是汞，从而导致中毒精神失常。但这种说法也遭到很多人的置疑，因为牛顿一生中，只有在50到51岁期间精神失常过，其余都处于正常状态，而且我们也无法断定这四绺头发就是他患病期间的，就头发来推断他精神失常的原因太没有说服力了。其次，人头发的微量元素受外界影响很大，这四绺头发历经250多年，很难保证没有受到外界因素的干扰。现在医学上判定汞中毒的临床表现，如手指颤抖、牙齿脱落、四肢无力等症状，牛顿都不曾有过，所以汞中毒的说法很难令人信服。

时至今日，对于牛顿晚年精神失常的原因，仍然没有一个合理的解释。

牛顿一生成绩斐然，受到了世人的尊重。图为各国发行的纪念牛顿的邮票。

林肯遗孀患有精神病吗

　　1875年底，在美国伊利诺伊州春田的一条街道上，人们常常能看见一位穿黑衣的老妇人踽踽独行，孤独的背影很让人感觉心酸。过了很久之后，邻居们才知道，这位老妇人是住在附近的爱德华夫人的姐姐，林肯总统的夫人玛丽·林肯。她之所以会出现在这里，是因为她患了精神病，现在由爱德华夫人在照顾她，可是除过分的沉默之外，林肯夫人没有表现出任何精神病患者的症状来。这是怎么一回事呢？

↗ 林肯总统的夫人玛丽·林肯像

　　玛丽·林肯出生在伊利诺伊州春田，当她1861年随着丈夫林肯总统进入首都华盛顿，住进白宫的时候，对她将要面对的一切似乎毫无准备。很快，当林肯总统受到舆论界攻击的时候，她也不可避免地受到牵连，南北双方

美国内战期间的慰问团，她们的主要任务便是帮助北方军队洗衣、做饭和制作旗帜等。

都不断指责她。北方的报纸说她是具有南方思想倾向的人，南方的报刊则指责她是人民的叛徒。他们还批评她浪费金钱，不断地去商店买东西。对于公众的这些指责，玛丽·林肯总是一笑了之，从不反驳，表现出极大的忍耐性。由于新闻界的恶意宣传，她在整个华盛顿上流社会被孤立起来了。当她举办聚会时，一些民主党人和同情南方的女性都故意不来参加，也不邀请她参加她们个人举行的聚会，甚至在平时也一直与她保持距离。

图为表现林肯被刺情景的绘画，画面中表现了惊恐的玛丽·林肯。

对于她的一言一行，社会和新闻界都百般挑剔，不断向她施加压力，只有林肯总统理解她，帮助她解决债务问题，在她遭到攻击时，总是在她的身边安慰她，为她解脱无中生有的诽谤。为了保护她，林肯总统有一次甚至不惜与参议院的一个委员会翻脸，当时有北方官员指控玛丽是南方的间谍，那个委员会开始就这件事进行调查。这时，林肯出面发表声明说，他家庭成员中没有一个人给敌人传递过情报，调查才被放弃。

可是，她的避风港没有永远保护她，1865年4月15日，她的丈夫林肯总统在看戏时遇刺身亡，这对她是一个非常大的打击。但是更大、更痛苦的不幸还在后面，1871年她最小的儿子患结核病去世，在那之前，她一共失去了三个儿子，而最疼爱的小儿子的夭折使她彻底变了一个人。行为开始有些不正常，健康状况也逐渐恶化。由于极度悲伤，日夜哭泣，她的脸部开始浮肿，并不得不进行检查治疗。另外，她还时刻担心自己会陷入贫困，有时甚至把5.7万美元的现金装在衣服口袋里，总是害怕丢失。失去丈夫以后，她开始忧心自己的处境，担心坐牢，经常失眠，常常一个人夜间在自己的屋子里徘徊，而且不出门，把大部分时间消磨在黑暗的房间里。不幸的是，为了防止意外事件发生和担心她挥霍财产，他的儿子罗伯特·林肯把她当成精神错乱者对待，甚至雇了个私人侦探整天跟踪她。后来，罗伯特请求有关当局对他的母亲举行"心智健全听证会"，最后，一个陪审团确认她精神错乱，她被送到一家私人疗养院休息了四个月，然后她的妹妹爱德华夫人来接走了她。

在精神错乱审讯期间，玛丽·林肯表现得非常安静，许多证人包括她的女仆在讲述昔日白宫中的谣言以及她自己的奇闻趣事时，她只是安静并仔细地听着，一点意见也不发表，甚至当他的儿子向当局陈述说她是一个完全不负责任的人时也无动于衷，没有任何反应。最后她若无其事地接受了法院作出的精神错乱的判决，好像提到的玛

年老的玛丽·林肯沉默寡言，对一切都丧失了兴趣，被医院认为是精神错乱者。

丽·林肯并不是她一样。

然而，事后有许多事实证明，玛丽·林肯并没有患精神错乱症，她先在伊利诺伊州巴达维亚的一个疗养院休息和进行治疗，四个月后，医生给她作出的结论是：她只是身体虚弱，患了神经官能症，并不是精神病。在搬到妹妹家里后，她还发出了很多信件，希望各方面能够给予她生活上的援助。

1876年举行了第二次精神错乱听证会，结果推翻了前一年听证会的判决，宣布她精神正常。曾经侮辱过她的公众也认为她只是个受到严重不公正待遇的受害者，新闻舆论开始转而同情她的处境了。

从此以后，玛丽·林肯一直正常地住在春田，她曾经去过法国和意大利，但是由于摔伤了脊椎骨，她不得不返回美国，在纽约的医院住了一段时间后，她就开始到春田过一种隐居式的生活。作为一个悲剧性人物，1882年7月16日她孤独地离开了人世。

总之，林肯夫人晚年是患有精神病还是受到不公正待遇，或者是由于精神上长期受压抑而导致神经有点不正常，历史学家们还是有分歧的。

弗洛伊德放弃性诱惑论之谜

弗洛伊德是后世公认的著名的精神分析学家，同时他也被尊为性学的始祖。然而人们对弗洛伊德为何后来要放弃性诱惑论一事非常困惑，此事在当时也闹得沸沸扬扬。

1897年9月，在给弗烈斯的一封信中，弗洛伊德说："我想告诉你一个极大的秘密，这几个月来我一直被它所缠绕着，它就是我对我的性诱惑论产生的疑惑。"弗洛伊德不再相信性诱惑论。但他仍旧认为病人讲给他听的故事确有深意。批评家认为，弗洛伊德在他为何放弃性诱惑论上是撒了谎，他说谎的原因更加不可告人，他是为不想让别人发现他放弃性诱惑论的真正的原因而撒谎的。

杰弗里·马森是一位年轻的美国精神分析家。他在1980年以前，本应该顺理成章地继任国会图书馆弗洛伊德档案馆馆长一职。也就是在这个时候，马森把弗洛伊德写给他的朋友弗烈斯的信件全部看了一遍。弗洛伊德的书信选集，曾在1950年由弗洛伊德的女儿安娜·弗洛伊德编辑出版。但通过进一步检查档案，马森发现选集中遗漏了大量信件，马森在进一步查证之后，发现这些遗漏的材料与弗洛伊德的性诱惑论有

弗洛伊德像

关。这些信件说明弗洛伊德并没有像后来自己指出的那样坚决而迅速把这一理论抛弃；相反，他一直坚持这一理论有数月，甚至数年之久，他希望这些理论的正确性有一天能被证明。

弗洛伊德为什么会把自己的发现放弃了呢？马森推断，当时因为这一理论，弗洛伊德不但已受到同事的中伤，而且更因为到处泛滥的猥亵的说法而被含蓄地指控。由于弗洛伊德迫切地想得到同事的支持和赞同，所以就宣布不再相信这一理论。马森在他出版于1984年的书中这样写道："我极不情愿地发现弗洛伊德之所以放弃性诱惑论说是因为缺乏勇气。"

弗洛伊德在给一个病人弗烈斯的信中说，可能身心失调是引起埃克斯坦继续出血的原因，可笑的是，这个诊断荒谬绝顶，是对弗洛伊德性欲望转移和压抑性欲望理论的很明显的模仿。马森认为从这个荒诞可笑的诊断中可以看出，弗洛伊德如何对他的同事曲意迎合，又如何急于把病人的病症归结在幻想上，而不认为是一次医疗事故。弗洛伊德不敢直接与弗烈斯发生冲突，因此，也就不敢对他所谓的鼻子理论进行批驳，更不敢说手术是被他搞糟的。同样，在性诱惑论上他也是如此。他不敢坚持自己的性诱惑论是正确的，不敢说在全国猖獗的令人不悦的猥亵事实是正确的，怕把他与那帮维也纳同事的关系搞僵。

但大多数思想史学者则认为，弗洛伊德放弃性诱惑论的动机不像马森说的那样猥琐和卑鄙。他们认为，弗洛伊德过于简单的叙述，虽然是对事实的不忠，但却是为了使叙述更为夸张而采纳的方法。

许多学者认为，实际上，放弃性诱惑论不失为英明之举，因为弗洛伊德认为儿童幻想同他们的父母发生性行为的观点，要想得到医学界的认同，非常困难。至少，与猥亵儿童现象猖獗的观点相比，"恋母情结"更加激进一些。因为猥亵儿童现象已经被许多医生证实确实存在，但人们之于"恋母情结"，除知道它是源于一个希腊神话外，其他便一无所知。

心理学大师弗洛伊德为何要放弃性诱惑论似乎给人们出了一个难题，他此举到底是出于何种原因，也许用他的心理学学说来分析他的行为会取得意想不到的收获。

母亲和婴儿 油画
在弗洛伊德看来，即使是幼儿也有性欲，母亲则是他第一个恋爱的对象，也是他第一个发泄爱欲的对象。正是这种理论使弗洛伊德不堪舆论重负吗？

情爱婚姻断人肠

埃及艳后与安东尼之间的情爱纠葛

如果说到克里奥帕特拉这个名字，你可能会感到陌生，但是一提起"埃及艳后"，你肯定会恍然大悟，她不就是曾经以自己惊人的美丽、出众的才华和令人倾倒的魅力，先后征服了罗马历史上两位叱咤风云的人物恺撒和安东尼的埃及女王吗？在当时罗马帝国势力如日中天的时候，她以个人的力量使埃及国土一度得以保全，同时也改变了罗马历史。

↑ 克里奥帕特拉头像

埃及艳后是托勒密的后裔，当她18岁时，她的父亲托勒密十二世去世了，遗嘱让克里奥帕特拉和她的弟弟托勒密十三世共同执政。但权力欲望特别强的克里奥帕特拉这时就已经不能容忍弟弟和她分享王位。为此姐弟俩各施手段，为争夺埃及王位斗得你死我活，但各有胜负，最后是恺撒的到来打破了姐弟俩的僵局。

恺撒在罗马是一个强有力的政治人物，为了找他做政治上的靠山，姐弟俩各使高招。托勒密十三世提着背叛了恺撒的庞培的人头做了见面礼，当托勒密十三世前脚刚离开，就有人抬着一卷巨大的地毯来到了恺撒军营。地毯在恺撒面前被缓缓展开了，突然，美丽绝伦、艳丽无比的克里奥帕特拉从毯子上站起来，一下就征服了54岁的恺撒，使他很快就站到了克里奥帕特拉一边，凭着他的骁勇善战和卓越的军事才能打败了托

↙ 电影《埃及艳后》剧照

勒密十三世。托勒密十三世战败逃跑时，因乘坐的船只沉没而葬身水底。恺撒征服了埃及后，本想宣布埃及为罗马的一个行省，但克里奥帕特拉施展她的柔情和智慧，使恺撒放弃了原来的想法，恢复了克里奥帕特拉的王位。

公元前 44 年，恺撒被暗杀，他的朋友安东尼当上了罗马帝国的元首。安东尼一上台做的第一件事，就是传讯克里奥帕特拉，想在羞辱她一番之后，剥夺她的王位，宣布埃及为罗马的一个行省。埃及王国又一次陷入危机之中。

克里奥帕特拉是一位非常智慧的女子，她深知埃及的军事力量太薄弱，随时都有被罗马统治者吞没的危险，为了要保护她的祖国和保全她的王位，必须要和罗马的强权人物结婚。安东尼很快就被这位美女迷得神魂颠倒，把统治帝国的大事都抛到脑后，终日与克里奥帕特拉形影不离，甚至跟着她到埃及的亚历山大港去度过了一个冬天。

↗刻有安东尼和克里奥帕特拉头像的硬币

公元前 37 年，安东尼离弃了自己的妻子、屋大维的妹妹，正式与克里奥帕特拉结婚，并宣称将罗马东部一些领土赠给女王和她的儿子，这引起了罗马元老院的不满，也给屋大维反对安东尼提供了良机。

公元前 32 年，安东尼和克里奥帕特拉率领声势浩大的军队在阿克蒂姆和屋大维开

当安东尼看到美艳而又典雅的克里奥帕特拉时，便将一切抛到了九霄云外，完全沉湎于她的似水柔情中。

始了最后的对决。当罗马船队冲过安东尼的阵线，逼近后面克里奥帕特拉的舰队时，她见势不妙立即扬帆逃离了战场。一见她离开，安东尼简直发了疯，他丢下自己正在浴血奋战的部队，爬上一条小船，独自去追赶妻子。结果可想而知，痴情的安东尼在这场战争中一败涂地。

为了保证埃及的安全，克里奥帕特拉没有征得安东尼的同意，就向屋大维表示了臣服。屋大维回复她：只要她杀了安东尼，他就保证不入侵埃及。安东尼则表示，只要能保全克里奥帕特拉的生命，他愿意自杀。而不愿意背叛爱人的克里奥帕特拉只得把埃及所有的财宝堆积到一个宝塔内，威胁屋大维，如果她得不到光荣的和平，就要与这些珠宝一同毁灭。在城外抵抗的安东尼发现克里奥帕特拉的佣兵开始投降，又风闻克里奥帕特拉战败被杀了，他就绝望地自杀了。

↗ 恺撒面前的克里奥帕特拉

克里奥帕特拉用埋葬国王的豪华仪式为安东尼举行了葬礼，然后就悲哀地病倒了。想到屋大维将把她作为战利品带回罗马游街，她就彻底地绝望了。她给屋大维送了一封哀婉动人的信，恳求让她和安东尼埋在同一个坟墓中。最后怀着对人世的眷恋，克里奥帕特拉用自杀的方式结束了自己的生命。屋大维下令将她葬在安东尼旁边。

克里奥帕特拉以她的美貌、魅力和才智挽救了埃及，使它能在强大罗马的夹缝中生存，但现在的人对她的美丽提出了新的疑问。考古学家不久前根据出土的古埃及雕像证实，真实的女王相貌平平甚至有些丑陋，而埃及人为了保持血统的纯净，有近亲婚配的制度，女王有可能还有某方面的缺陷。如果这是真的话，她有什么特殊的魅力使安东尼对她生死相随？这真是一个难解之谜。

↗ **营帐外的安东尼**
公元前40年，安东尼和屋大维的妹妹屋大维娅结婚，但3年后，安东尼认识到他和屋大维根本不可能和解，遂前往东方会见克里奥帕特拉。此图表现了安东尼和克里奥帕特拉的会见场面。

伊丽莎白女王为何终身不嫁

伊丽莎白一世是英国都铎王朝最后一位杰出的女王，在她统治期间（1558～1603），英国国力达到了最鼎盛的阶段。确立了英国的国教制度，国内政治稳定，经济发展；对外方面英国取得了海上霸权，在东方不断扩张势力。女王在内政外交上创造了无数的辉煌，而个人婚姻方面却始终"独善其身"，成为人们百思不得其解的谜题。

16岁时的伊丽莎白漂亮迷人。作为王室中的女孩，她可能未曾想过日后会成为英国的一代女王，也可能未曾想过会终生未嫁。

伊丽莎白是英国国王亨利八世的女儿，1533年9月7日出生在泰晤士河畔的格林尼治宫。她的母亲安妮·博琳原来是亨利八世的宫女，这桩婚姻也没有得到天主教会的承认，而亨利和博琳结婚才三个月，她便来到了人世间。因此，伊丽莎白被认为是私生女。根据天主教规，她不能成为天主教徒，这决定了伊丽莎白日后向新教靠拢。在她两岁的时候，妈妈因没有生下男孩，被亨利八世以不忠的借口下令处死。年幼的伊丽莎白从小便饱尝失去母亲的凄凉，忧郁的种子在她的心灵扎下了根。但是她很聪明，而且接受了良好的教育，学习也十分刻苦，博览群书，通晓意大利、法兰西和西班牙等国语言，还能翻译难度很大的法文诗。

1553年，伊丽莎白的异母姐姐玛丽登上英国王位，她就是玛丽一世。她是一个狂热的天主教徒，对于亨利八世的宗教改革极为不满，一上台就致力于恢复天主教地位，残酷镇压新教教徒，人称"血腥的玛丽"。本来就仇视妹妹的玛丽，更是以伊丽莎白涉嫌卷入新教运动，毫不留情地将她关进伦敦塔囚禁起来。伊丽莎白开始了终日生活在死神阴影下的岁月，但1558年玛丽女王的死改变了她的命运，因为玛丽没有子女，伊丽莎白当晚就在英格兰新兴资产阶级、新贵族和新教徒的拥戴下登上英王宝座。

伊丽莎白登基时只有25岁，她身材高挑，娴雅多姿，漂亮的鹅蛋脸上嵌着一双水汪汪的大眼睛。她喜欢打扮，也很会打扮自己，白皙的皮肤，配上闪亮的珠宝、时髦的衣饰、优雅的谈吐，是当之无愧的美女，再加上头顶上的

伊丽莎白一世手摸地球仪，身上珠光宝气，一副神圣不可侵犯的神态，背后的画面则指出这是在战胜西班牙无敌舰队的情景下的画作。

伊丽莎白一世时期的伦敦，当时的英国已进入君主立宪政体。

王冠，吸引了欧洲大陆不少王公贵胄，他们争相拜倒在她的石榴裙下，用尽心机，渴望成为她的王夫。因为关系到以后英国王位的继承和国家的稳定，伊丽莎白女王的婚事曾被提上英国的政治日程，议会里的大臣们纷纷强烈要求女王早日结婚。可是，伊丽莎白就像一盏蜡烛，任凭群蛾飞扑而不为所动。

最先向伊丽莎白求婚的是她的姐夫、西班牙国王腓力二世，他早就对伊丽莎白青睐有加，在她被囚期间给予过特别的关照。但西班牙是一个顽固的天主教国家，玛丽女王和腓力二世的结合带给英国的危害，人们记忆犹新。初登王位的伊丽莎白由于私生女的身份，英格兰女王的合法地位一直得不到承认，西班牙在当时的国际社会中有着举足轻重的地位。她不动声色地利用起腓力二世来，对他的求婚态度暧昧，当她的地位合法化后，便以宗教信仰不同明确拒绝了腓力二世。后来，伊丽莎白又经常以自己的婚姻为筹码，周旋于欧洲各大国之间，为英国谋求利益。

1578 年时，仍待字闺中的伊丽莎白差点就结婚了。当时，法国国王亨利二世的四弟、年仅 23 岁的安休公爵到英国做客，年龄相差近一倍的两人一见钟情，手拉手地在御花园里嬉笑调情，甚至当众拥抱。据说伊丽莎白还答应了安休公爵的求婚，但后来似乎是考虑到英、法、西班牙之间复杂的国际关系，在将要举行婚礼的前几天，女王突然变卦。她郑重宣布解除婚约，并表示会一辈子独身。同时她向国民发表了一番这样的谈话："我无须再选佳婿结婚，因为我在举行加冕典礼时，已将结婚戒指戴予我国臣民的手指上，意即我与全体臣民为伴，

↗ **罗伯特·达德利像**
首任莱斯特伯爵，自1560年以后一直是女王伴侣强有力的候选人，女王拒绝了他，但依然对他宠爱有加，直到达德利于1588年去世。

将我的生命与贞节献于英国。"感动的英国人民也常用"贞洁女王"的美名来称呼伊丽莎白女王。

美貌多情的伊丽莎白女王为什么终身不结婚，后人们有过种种猜测：女王的父亲亨利八世三次杀妻、六娶皇后，使伊丽莎白从小就蒙上了一层心理阴影，不信任男人和家庭，患上了"婚姻恐惧症"；

该画作于1600年。画中伊丽莎白坐在撑着华盖的轿椅上，穿过伦敦街道，伴随和服侍左右的是穿着华丽盛装的朝臣和宫女。

女王的政敌则宣称她根本没有正常的生理功能，是一个阴阳人，因为宫中曾传出女王的月经少得可怜；而另一些持相反意见的人则说女王有过私生子；还有人认为，从古至今各国王室成员的婚姻，无不烙上深深的政治烙印，只是国家政治、国际关系的附属物，包含了太多的阴谋与利益关系，聪明的女王宁愿独身也不愿终生生活在龌龊的交易中。

总之，女王在位45年，大臣们为了解开她的不嫁之谜可以说是绞尽了脑汁，但都未能解开这个谜。随着女王的逝世，更难有解开之日了。

亚历山大一世爱上了自己的妹妹吗

亚历山大一世被称作"北方的斯芬克斯"，一生中留下了无数个未解之谜。他与胞妹叶卡捷琳娜的关系是纯洁的兄妹之情，还是违背伦理的乱伦之爱，就是一个令很多人疑惑的难解之谜。

"别了，我眼中的娇娃，心中的爱神，你这本世纪的光彩，大自然的尤物，或毋宁说扁鼻子的比西安·比西安夫娜"，"我亲爱的小鼻子在做什么呢？我多喜欢压扁和亲吻你的小鼻子……"，"你要算个疯子，至少是世间绝无仅有的可爱的疯子，我为你疯狂了……"，"知道你爱我是我幸福的源泉，因为你是世界上最完美的尤物之一"，"我像疯子一般爱你！……看到你，我高兴得如痴如狂，我像个着魔的人，四处奔波，多希望能在你的怀里甜蜜地松懈下来"，"可惜，我已不能像过去那样（是你的双脚，你明白吗？），不能在你的卧室里最温柔地亲吻你"。如果你觉得这些香艳肉麻的语言是热恋中的男子，在情书中抒发自己对爱人的一片深情，那么你就大错特错了。这些只不过是俄国沙皇亚历山大一世写给自己妹妹的信。而这些甜言蜜语使很多人怀疑它究竟是纯真无邪的兄妹情谊的表露，还是变态的乱伦的表现。

身在皇帝宝座的亚历山大真的不顾伦理道德，与自己的妹妹有不寻常的关系吗？

保罗一世与皇后玛丽娅·费多罗夫娜共生有三子二女，其中长子亚历山大，长女叶卡捷琳娜，兄妹俩年龄相近，从小一起长在皇宫中，父母太热衷于权力斗争，备受忽视的两个孩子自幼就建立了很深的感情。但是他们的祖母是俄国历史上赫赫有名的叶卡捷琳娜二世，她的私生活极其放纵，当时整个上流社会在她的影响之下，到处都弥漫着一股淫靡的气氛。在这种风气的熏陶下，亚历山大少年时代就已经情窦初开，显出他多情的性格特征。宠爱他的祖母在他只有16岁的时候，就为他娶了巴登王国14岁的小公主路易莎（后改名伊丽莎白）。美丽温柔的妻子让新婚中的亚历山大新鲜了好一阵子，但时间一长，这股新鲜劲就过去了，亚历山大又开始在外面拈花惹草。特别是在他即位之后，那些垂涎他地位的女人纷纷对他投怀送抱，因此他身边常常是美女娇娃成群。其中既有上流社会的贵妇，也有法国女歌唱家，甚至在访问普鲁士期间，还与普鲁士王后路易莎眉目传情。但是亚历山大一世和他的祖母非常不同的是，在和这些女人交往时非常有节制，即使在情醉神迷的时刻也能克制自己，把关系限制在谈情说爱和精神恋爱的范围里。那些贵妇人的丈夫们对自己的妻子和皇帝的暧昧关系也沾沾自喜，对于亚历山大的风流韵事整个宫廷上下也早已习以为常，大家背后议论的倒是亚历山大一世与妹妹叶卡捷琳娜之间的特殊关系。

叶卡捷琳娜是当时公认的大美女，所有人都觉得她美艳动人、才华横溢，但是孤傲自负，举止唐突，有时甚至行为放肆，令人惊奇。兄妹俩经常单独闲坐，彻夜长谈，有时动作过分亲昵，许多宫中随从都觉得他俩之间有些行为太出格了。

亚历山大一世和叶卡捷琳娜都住在皇宫之中，每天都可以见面，但却几乎每天都要相互写信，如果亚历山大一世外出巡视或是出国访问，兄妹俩的书

亚历山大一世与他的亲妹妹叶卡捷琳娜的亲密关系令世人十分感兴趣。

信往来就更加频繁。当亚历山大一世的情妇怀上小皇子后，亚历山大第一个将这个消息告诉了叶卡捷琳娜，在信中他写道："我在家里给你写信，我的伴侣的孩子都向你致意……我在这个小家庭里的幸福和你对我的深情，是生活对我仅有的吸引力。"

1808 年威镇欧洲的法兰西皇帝拿破仑突然向叶卡捷琳娜求婚，这使亚历山大非常不高兴。他不能忍受将心爱的妹妹嫁给法国的"食人怪物"，婉言谢绝说："如果仅仅由我一个人做主，我很愿意同意。但我不能独自做主，我母亲对自己的女儿仍然享有权利，对此我不能表示异议。我将试图劝导她同意。她有可能接受，但我不能担保。"叶卡捷琳娜知道这件事后，却有些不快，她一方面表示不愿意离开"亲爱的哥哥"远嫁异国他乡，另一方面又责怪兄长回绝得太早。

亚历山大一世害怕拿破仑又来求婚，于是匆忙将叶卡捷琳娜嫁给相貌平常、地位一般而且性格懦弱的德国奥登堡公爵，婚礼举行得非常仓促，婚后，叶卡捷琳娜

↗ 亚历山大一世像

仍常住在圣彼得堡。当她的丈夫病死后，兄妹之间又像以前一样无所顾忌了。

亚历山大一世和他的妹妹之间到底是一种什么样的感情，很让人捉摸不透，作为一个庞大帝国的一国之君，他会做出乱伦的事情来吗？而且，亚历山大一世也算得上是俄罗斯帝国历史上比较洁身自好的沙皇了，他和皇后伊丽莎白的感情后来也一直不错。而更令人不能理解的是，作为一个女人和公主，叶卡捷琳娜能违背人伦纲常，不顾世人的唾骂，而和自己的兄长玩这种危险的感情游戏吗？

这个不解之谜将来是否能真正揭开就不得而知了。

茜茜公主童话的背后是什么

茜茜公主出生于 1837 年，她的母亲女公爵路德维佳是奥地利公国索菲皇太后的妹妹。据说，茜茜公主健康而美丽，自小受到家人的宠爱，她更是经常跟随父亲爬山、骑马、打猎，所以养成了非常活泼开朗的性格，全身洋溢着阳光般灿烂的活力与朝气，很招人喜爱，大家都称她"茜茜"。茜茜公主有一个姐姐叫海伦。海伦同奥地利公国索菲皇太后的儿子——23 岁的弗兰茨·约瑟夫订有婚约。弗兰茨虽然年轻，却已经是奥国的皇帝、匈牙利和波希米亚的国王。

1853 年 8 月，年轻的皇帝弗兰茨为了探望未婚妻海伦来到了巴伐利亚，没有想到

在战胜强大的拿破仑后，俄、奥、普三国皇帝一块儿骑马外出游玩。从左到右：俄皇亚历山大一世，奥皇弗兰茨一世，普鲁士国王腓特烈三世。

的是这次旅行却改变了茜茜的命运。当时的茜茜还是个 15 岁的孩子，正处于天真烂漫之时，对男女情事浑然无知，但是她那种撩人心魄的朝气与活力却一下子迷住了年轻的皇帝。于是弗兰茨不顾母亲的反对，放弃了与海伦的婚约，转而向茜茜求婚。8 个月后，年满 16 岁，仍然带着一身孩子气的茜茜就同皇帝弗兰茨·约瑟夫结了婚，站在维也纳的圣坛上成了"皇后陛下"。

不过，这桩皇族的婚姻一开始就充满了隐患。一方面皇帝的母亲索菲皇太后素以严肃著称，她向来不喜欢活泼而不拘小节的茜茜；另一方面生性天真烂漫的茜茜对维也纳宫廷生活的繁文缛节也感到无法适应。更重要的是，这次婚姻显然是仓促的，男女双方实际上并没有彻底地了解对方的性情。茜茜嫁给弗兰茨·约瑟夫的时候还只是一个 16 岁的孩子，对男女情爱一无所知，她是否真的爱着弗兰茨，这大概连她自己也不清楚。随着他们婚姻生活的开始，种种暗藏的隐患便如同冰山一样一一浮出水面。

茜茜和弗兰茨难以磨合的性格成为他们婚姻最大的绊脚石。弗兰茨生性果断冷静，处理任何事情都是一丝不苟，这同天真活泼的茜茜可以说是格格不入的。茜茜向往自由，渴望温情，感情世界极为丰富。然而，身处冷冰冰的维也纳宫廷之中，她所热爱的往日那种在丛林中奔跑欢叫的自由自在的生活已经成为旧梦，所以她是不可能得到心灵上的慰藉与满足的。在初婚的这段日子里，茜茜转而阅读大量的文学作品，并且学习语言。她非常聪明，说一口流利的英语和法语，并且对哲学、历史很感兴趣。同时，她自己也进行文学创作，写下了大量的浪漫诗词，但这些都无法从根本上改变她乏味、不幸的婚姻生活。

在维也纳豪华的宫廷里，茜茜毫无自由可言，她只是被当作一种门面，一个必要的摆设，一个传宗接代工具，她的一切均由婆母索菲一手安排。恶劣的婆媳关系几乎让茜茜感到窒息，甚至连孩子的抚养、教育，她都无法插手，体会不到初为人母的喜悦。婚后 10 个月，茜茜生下了她的第一个女儿，却不料皇太后索菲以茜茜的性格不适合教育孩子为由，一手揽过了养育这个孩子的责任，茜茜本人则被完全排斥在孩子的教育之外，后来的两个孩子也是这样。至此，茜茜在维也纳宫廷中处在了完全孤立无援的状态下。

这样毫无欢乐可言的生活毁掉了茜茜那种阳光般迷人灿烂的朝气与活力，她的健

康出现了严重的问题。她开始了剧烈的咳嗽，而且一上楼梯就不住地哆嗦。到了 1860 年，她的病情每况愈下，她不但患了贫血，而且还得了严重的肺病。这时候，医生劝她到马德里去疗养。她很高兴地离开了维也纳和帝国宫廷，来到了马德里。这里迷人的风光和没有拘束的生活使茜茜受压抑的心情很快好转，咳嗽也停止了。然而当她重返维也纳，只待了 4 天，便又开始了剧烈的咳嗽和发烧，肺病复发。为了治疗病情，茜茜又离开维也纳去了卡夫，奇怪的是当她的船一离开皇宫，病情严重的皇后便立刻大为好转，几周之后，咳嗽居然完全停止了。从此以后，茜茜寻找各种理由离开了维也纳，尽量多和巴伐利亚的家人待在一起。她这个时期经常以"身体不好"

▲ 茜茜公主像

为托词而避免公开露面。人们对此议论纷纷，开始猜测茜茜的婚姻生活是否如传说中那样美满欢乐。

1866 年，奥地利的军队被普鲁士人打败，第二年皇帝、皇后去动荡不安的匈牙利访问。在布达佩斯，茜茜一度陷入了与安德烈伯爵热烈的爱情中。1868 年，茜茜的第四个孩子玛丽出世，在布达佩斯接受洗礼。这一回，茜茜决定自己养育这个孩子。

40 岁以后的茜茜依然貌美如昔，但她比以往任何时候都更热切地关注自己的容貌和身材。她开始了各种健身活动，尤其是坚持散步，刮风下雨从不间断。她还寻求各种各样保持青春的秘方，施用在自己身上。到了 57 岁时，茜茜的身材由于多年的节食，每日的锻炼和从不间断的散步而得以保持苗条，体重始终保持在 50 千克以下。

美貌的茜茜仍然得不到丈夫的关爱。就在这段时间，弗兰茨·约瑟夫和一个女演员的暧昧关系被公开了。令人惊讶的是，茜茜对此事并不介意，她还很高兴，认为自己外出旅行将不会再受到阻挠。这件事之后，茜茜漫游了整个欧洲和非洲。

弗兰茨（右）与茜茜公主（中）夫妇的第一个孩子索菲依偎在弗兰茨的膝头；第二个孩子吉塞拉则被弗兰茨的母亲索菲皇太后抱着，后面站着的是弗兰茨父亲弗兰茨·卡尔。事实上，年轻的茜茜公主在处理复杂的宫廷生活上手足无措，她在专制的婆母操纵下，连养育自己孩子的权利也被剥夺了。

1898 年，60 岁的茜茜丧失了活力，她面色苍白，精神萎靡，9 月 9 日这天，茜茜被人刺杀在日内瓦的一个湖边。

至于她为何被杀，以及她与丈夫的关系到底怎样，恐怕只有她自己清楚。

1866年，哈布斯堡皇室统治的奥地利帝国的军队被普鲁士士兵打败后，皇帝弗兰茨·约瑟夫又在茜茜公主（即伊丽莎白皇后）的苦苦哀求下，同意将奥地利帝国更改为"二元"君主国的奥匈帝国，成为一个两个主权国家的联合体。图为弗兰茨与伊丽莎白在加冕为匈牙利国王与王后的典礼上，右边举手臂者为安德烈伯爵，他是相传与茜茜公主相恋的匈牙利第一任君主立宪首相。

希特勒与吉莉·拉包尔

　　阿道夫·希特勒，德国法西斯纳粹党头目，德意志第三帝国元首、政府总理和最高统帅。他是第二次世界大战的头号战犯，以他为首的纳粹德国在这次大战中给许多国家的人民带来了空前的灾难。就是这样一个专制恶魔，近亲结婚下的产物，其罪恶的一生充满了怪异的色彩，其中与自己的亲外甥女吉莉·拉包尔的关系以及最后吉莉的离奇死亡，就是给人们留下的一个难解之谜。

　　吉莉·拉包尔是希特勒同父异母的姐姐安吉拉·拉包尔的大女儿，比希特勒整整小了 20 岁。1928 年夏天，希特勒在巴伐利亚邦靠近奥地利边境的上萨尔斯堡租用了瓦亨菲尔德别墅，并请来了当时正在维也纳守寡的安吉拉来替他管家，因此正当妙龄的吉莉就和母亲一起来到了希特勒的身边。20 岁的吉莉长着一头金色的头发，浑身洋溢着青春的气息，像一朵娇艳的玫瑰一样美丽动人。并且吉莉还有着一副美妙的歌喉，曾在维也纳专门学习过声乐，性格开朗的她最大的梦想就是能成为一名歌唱家。希特勒很快就对她神魂颠倒了，为讨取她的欢心煞费苦心，带她去参加各种集会，陪她出去散步，请她去慕尼黑最高档的餐厅喝咖啡，观赏歌剧。总之，在很长一段时间里，在各种公共场合总是能看见两人的身影。希特勒曾经表示，他们在上萨尔斯堡和慕尼黑一起度过的那段时光，是他一生中最快活的时刻。可惜好景不长，很快，两人之间就出现了很深的隔阂。

狂热的希特勒像头顶上的鹰一样觊觎这个世界。

至于双方的隔阂是如何产生的，有着各种不同的说法。其中一些学者、心理传记作家认为，希特勒表达感情的方式俨然是一个患有"嗜秽症"的受虐狂。他觊觎自己的亲外甥女的美色，干出了乱伦的丑行，并且粗暴地干涉她的行动，不许她见任何人，使她如笼中之鸟，失去了自由。而热情活泼、富有艺术家气质的吉莉实在是无法忍受这种令人窒息的爱，多次反抗希特勒，想要离开他的控制。还有人推测，希特勒是个性变态者——虐待狂并患有梅毒和严重的性功能障碍，因而引起了吉莉的厌恶。

总之，至今外人还不太清楚究竟是什么原因使他俩的爱情蒙上了阴影，只是随着时间的流逝，双方的冲突也变得越来越频繁和激烈了。

到了1931年夏天，吉莉公开宣称，她要离开希特勒，回维也纳去继续学习声乐。希特勒坚决不同意，吉莉对他限制自己的行动自由很恼火，但争执很快就平静了下来。据说，在1931年9月17日早晨，希特勒有事要出去，临行前，两人又发生了激烈的争吵。当气冲冲的希特勒正准备上车的时候，吉莉扑在窗台上哭着喊道："那么你是不答应让我去维也纳？"希特勒斩钉截铁地回答完"不答应"三个字后，就头也不回地走了。希特勒还没有到达目的地就接到电话，说吉莉已经中弹死在自己的房间里。希特勒得到消息后就火速赶回慕尼黑，在半路上因超速行驶，还收到一张罚款单。还有一种说法是直到第二天早上，人们才发现吉莉死了。

因为吉莉的尸体旁边还放着希特勒的手枪，再加上有很多人怀疑是希特勒杀害了自己的外甥女兼情妇，所以一时间，事件就闹得满城风雨。事发后，巴伐利亚邦检察官对此案进行了认真的调查，法医在验尸报告上写道：手枪子弹穿透了吉莉的左前胸，直入心脏，这一枪是吉莉自己开的。

但是，不是所有的人都相信检察官的判断，在吉莉死后的许多年中，慕尼黑一直流传着一些吉莉被谋杀的说法。有的说她是被盛怒之下的希特勒枪杀的，主要是因为吉莉不答应与希特勒结婚，还极力地想要逃离他；当希特勒不允许她离开的时候，

↗ **希特勒与爱娃·布劳恩**
爱娃作为希特勒的最后一位情人，她一直陪他走到最后。

希特勒口若悬河的演说常常博得青年妇女的欢心，他也乐于在她们面前展示自己的男性魅力。

吉莉扬言要把他的不可告人的性怪癖——"嗜秽症"公之于众，希特勒恼羞成怒，把拉包尔的鼻梁都打断了，并开枪灭口。

可是也有很多人认为吉莉是自杀的。据说吉莉爱上了一位当美术教师的犹太人，还怀上了他的孩子，希特勒当然不能容忍这种奇耻大辱，以她的母亲为要挟，逼迫她自杀。另外，还有人猜测，拉包尔是不堪忍受希特勒强烈的猜忌和无理的性要求的折磨，被迫自杀。也有人认为希特勒是真心地爱着吉莉的，只不过他的言行表现出他是一个十足的家庭暴君，对于吉莉来说，被他爱上实在是一种不幸，也许只有死亡才是她逃脱魔掌的唯一途径。

到底吉莉是因为什么而死的，是怎样死的，真相也许只有吉莉本人才最清楚，也许还有希特勒，但即使是这些人心中有秘密，他们也早已把它带进坟墓里去了。我们不能认定希特勒强行与吉莉发生畸形的性关系就猜测他虐待她；也不能仅从他们发生过性关系（甚至不曾发生过性关系）这一点上，就推断是希特勒逼吉莉自杀的。但毋庸置疑的一点是，希特勒应该为吉莉之死负责。

温莎公爵为何不爱江山爱美人

爱情是人类最美好的感情之一，"问世间情为何物，只教人生死相许"，人们可以为爱情放弃多少？不管从什么角度来说，温莎公爵和辛普森夫人的爱情，绝对算得上"历史上最伟大的爱情"的一个例证而永远留在人们的记忆中。

1936年12月11日，在位不到10个月、还没来得及加冕就宣布退位的英王爱德华八世在退位诏书上签字，并向国民发表了告别演说："我的朋友们，没有我所爱的那个女人的帮助和支持，我感到无法承担我肩负的重任。"几个小时之后，他便登上了皇家海军的一艘驱逐舰，离开了他统治不到一年的大英帝国，去寻找一个爱的新天地。1937年他的弟弟乔治六世接任王位，封爱德华八

↗ **爱德华八世像**
他退位后被封为温莎公爵。

世为温莎公爵，他和自己的心上人在法国结婚，并且甜蜜地度过了35年的时光。

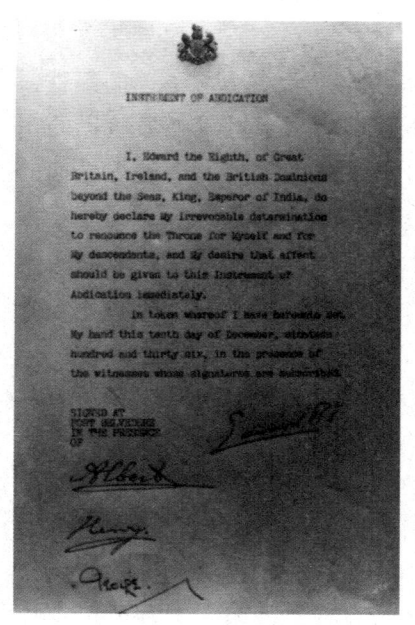

1936年12月11日，爱德华八世退位广播讲话原件。

1931 年 11 月，当时还是王太子的爱德华八世在伦敦的一次宴会上邂逅了离过两次婚的美国平民妇女——沃丽丝·沃菲尔德（也有人称她为辛普森夫人），当时的沃丽丝已是人到中年，但是良好的保养使她风韵犹存，看起来还很像一个窈窕的年轻少女，再加上优雅的举止、不俗的谈吐，即使她没有非常漂亮的容貌，还是显得格外的迷人。王子与沃丽丝是一见钟情，很快就如胶似漆，一起去度假、旅游。但是他们的来往却遭到了父母、王室、内阁及各自治领政府的极力反对，当时身患重病的乔治五世曾忧心忡忡地对首相鲍尔温说："我死之后，这个孩子不出几个月就会毁掉自己！"

不出所料，乔治五世病逝之后，王子一登基就宣布要与沃丽丝结婚，鲍尔温首相劝阻他说，让一个曾两次离婚的美国平民女子当王后，这简直太荒唐了。其他的大臣也苦口婆心地劝说新王要以国家为重，挥剑斩情丝，而爱德华八世却以坚决的回答拒绝了所有人："我现在所知道的最高责任是考虑自己配不配当沃丽丝的丈夫，我所向往的幸福就是永远同她在一起。"甚至表示，如果觉得他和沃丽丝结婚有损皇家声誉的话，那他宁肯放弃王位。1936 年 12 月 3 日，新国王宣布与沃丽丝订婚，这个消息就像一阵狂风席卷了整个英国，很多人都不能接受这个事实。江山和美人要选择哪一个，摆在了新国王的面前。这个对很多人来说是一个两难选择的难题，爱德华八世却毫不犹豫地选择了和心爱的女人在一起。

在美国，沃丽丝遭到了各种诽谤和咒骂，实在承受不了巨大压力的她黯然离开了，并写信给爱德华八世，表示她不想因为自己而使国王受到非难，希望爱德华忘了她，努力做一个好国王。可是爱德华却在回信中说："即使我独自一人同你在一起，也比一顶王冠、一根权

1937年6月3日，温莎公爵与公爵夫人沃丽丝于他们结婚之日摄于法国的照片。

杖和一座御座更令我感到快乐！"

尽管沃丽丝一生未曾得到英国王室的承认，没有得到"公爵夫人殿下"的荣誉，尽管英国皇太后不认她这个儿媳，但是作为一个女人，她得到了世界上最珍贵的东西——那就是伟大的爱情。为了她，一个国王放弃了自己的权势和地位，这比任何的虚名都来得可贵。她在暮年也常对身边的朋友们说："我这样一个女人，怎样才能报答他为了我而放弃的一切？"1972 年，78 岁的温莎公爵病逝，沃丽丝又在对丈夫和深深思念中度过了人生最后的 14 年，这段延续了近半个世纪的动人爱情故事才完满结束。

由于世俗的虚伪和礼教的约束，沃丽丝一生都没能为公爵的举动进行公开的辩解，更不可能为自己洗刷加诸身上的恶名。而人们对爱德华八世"不爱江山爱美人"的原因也有多种看法：有人认为是受"现代派思潮"影响的王子要以这一举动来冲击腐朽的君主制度；也有人认为王子是为了真挚的爱情；还有人认为他是受了沃丽丝的迷惑，

爱德华和沃丽丝在不列颠岛上过圣诞夜。

一时失去了理智。因为有谣传说，在二战时，温莎公爵曾计划借助希特勒的力量，推翻丘吉尔政权，然后逼乔治六世退位，而让他重登王位。还为德国法西斯提供了许多英国和法国的军事机密，致使德军在六周内先后击溃了法军和英军。但是很多人怀疑这种说法，也没有有力的证据证明温莎公爵做过英国的叛徒。

不管事情如何，我们所看到的事实是，温莎公爵与沃丽丝夫人一起度过了 35 年的幸福生活，用行动向世人证明了爱情的伟大，一切的流言应该在他们坚贞的爱情面前不攻自破。在他们离开人世时，带走了一切的秘密，随着时光的流逝，人们记住了曾有的伟大爱情，而对探究谜底却显得不那么热心。

玛丽莲·梦露为爱香消玉殒吗

1962 年 8 月 5 日凌晨，在洛杉矶市郊弗利山庄的一幢豪华别墅中，女管家默里太太突然从梦中惊醒。一种强烈的不安使她起身来到女主人的卧室门口，发现卧室门缝里还透出一点灯光，那种不安的感觉更加强烈了。她使劲推了推卧室的门，可是怎么也推不开，卧室里也没有一点反应。情急之下，她拨通了女主人的心理医生格尔森大夫的电话，向他求助。闻讯而来的大夫砸碎了窗户玻璃，钻进卧室却发现，女主人已经僵卧在床上，身体裹着皱成一团的被单，电话听筒还搁在她的手边，却早已停止了呼吸。这位死在床上的女子就是好莱坞大名鼎鼎的性感明星玛丽莲·梦露。

↗ 梦露像

经过一番仔细检查，格尔森确认，梦露是因为吞服了过量的安眠药而死。死亡时间大约在凌晨 1 点左右。

20 世纪五六十年代是梦露生命中最辉煌的时代，不仅在演艺事业上大红大紫，如日中天，而且她的努力得到了越来越多的人的肯定，从一个美艳的"花瓶"成为演技派明星。她还被评为 60 年代最受欢迎的十大名人之首，在当时风头之劲甚至令最引人注目的肯尼迪总统都甘拜下风。人们想不明白的是，她为什么要轻生呢？

1926 年 6 月 1 日，一名女工在洛杉矶综合医院生下了一个漂亮的女婴，取名诺玛，她就是玛丽莲·梦露，但是命运并不因为她的美丽而垂青于她。5 岁时，诺玛的母亲被送进了精神病院，因此，她的童年几乎没有家庭温暖。开始她被邻居收养，后来又被送进孤儿院，饱尝寄人篱下的凄凉，直到她 11 岁时，她的姨妈才来将她接回了家，开始过上了一种相对稳定的生活。但是过腻了寄人篱下生活的梦露更渴望过一种真正意义上的家庭生活，因此在 16 岁时，她就结婚了。可很快她就发现婚姻不能改变自己的命运，没有人能理解她的内心世界。

这时，一个摄影师发现了她，她开始接受专业模特的训练。很快公司就发现她的照片销路很好，就开始包装她，"她浑身散发着一种不同于其他姑娘的魅力，我也说不清到底为了什么，只能说自第一次看见她就坠入了情海。"许多见过梦露的人都这样说。很快，梦露成了所有男人心目中的完美情人。可是，梦露的演艺生涯并不是一帆风顺的，她以性感肉弹的形象亮相银幕，这让她很快走红，但是也在人们的心中留

下了"花瓶"的成见。美艳绝伦的外形遮盖了她的才华与努力，为了改变自己的形象，她拼命学习，热切地期盼着能够得到认可，虽然很多人承认了她的演技，但是好莱坞并没有给她任何奥斯卡的提名，这对她是一个沉重的打击。而在同时，她的婚姻生活也一直不如意，在 1961 年，她曾两次吞服了大量安眠药，还被送进过精神病院。许多人认为缺乏家庭温暖的成长环境令她性格敏感而脆弱，生活的孤独与失意直接导致了她的死亡。

但有一些人不同意梦露自杀的说法，纷纷提出各种质疑。首先有人研究了梦露的验尸报告，发现其中漏洞百出：报告提到梦露一次吞服了 47 颗安眠药药片，可同时又说她的胃几乎是空的，只有 20 毫升的呈褐色的液体。有点医学常识的人都知道，服用过量安眠药后，胃里没有任何残留物是不可能的。更诡异的

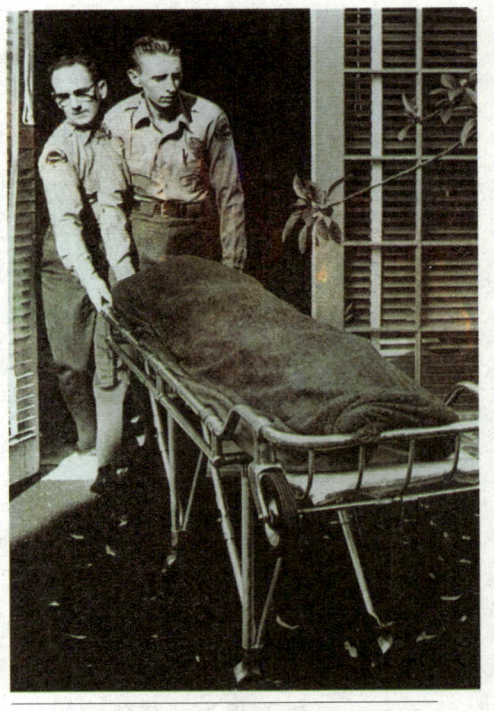
工作人员从梦露洛杉矶的家里推出她的尸体。

是，据说梦露的尸检报告最初长达 723 页，后来，却不知为何减少到了 54 页。因而人们渐渐相信了这样一个传说：梦露不是自杀而是他杀。

其中对梦露死亡提出质疑的，就有她的前夫罗伯特·斯莱泽，梦露死后，他到现场查看过。结果发现梦露卧室外面有一些玻璃碎片，如果格尔森破窗而入，玻璃片应该落在室内而不是室外。另外，梦露的一本红色日记也不翼而飞，这个日记本记载着梦露与肯尼迪兄弟的一些交往情况。因此，斯莱泽怀疑一定是有人杀死梦露，又拿走那个红色日记本，然后破窗而逃。

由无数封面组成的梦露照片，在人们心目中梦露成为无法抹去的记忆。

梦露死前还和人通过电话，那么，这个人是谁？一位记者向电话公司索要一份梦露电话录音磁带上通话号码的记录副本，希望由此得知梦露死前曾对谁打过电话，却被电话公司告知，这一资料已被联邦调查局扣押。这就更令人怀疑，政府为什么会插手一个女明星的自杀？疑点逐渐被转移到总统约翰·肯尼迪及其弟弟罗伯特·肯尼迪身上。据说，梦露生前与肯尼迪兄弟的关系非同一般。在肯尼迪总统 45 岁的生日庆祝会上，梦露特意为他演唱了《祝你生日快乐》和《谢谢你记住我》两首歌，而肯尼

生前荣誉无数的梦露死后仍不乏鲜花。

迪总统在她表演完后也不无夸张地向宾客们讲："在听了用那么甜美的声音、完美的技巧为我演唱的歌曲后，我甚至感觉到从此可以隐退了！"但不久以后，总统的弟弟罗伯特和联邦调查局长胡佛警告肯尼迪，他与梦露的暧昧关系已经被黑手党掌握。肯尼迪只得决定与梦露断绝关系，但梦露仍不断给肯尼迪打电话、写信，甚至威胁他要向媒体披露二人的关系。无奈之下，肯尼迪找来罗伯特去当说客。令人意想不到的是，负命前去的罗伯特与梦露一见钟情。不久梦露就对外公开宣称她爱上了罗伯特，罗伯特也答应会和她结婚，可很快二人关系出现裂痕。心有不甘的梦露扬言要召开记者招待会，把她与肯尼迪兄弟的事抖搂出来，让全世界的人都知道肯尼迪兄弟俩是怎样欺骗她的感情的，但是很快她就自杀身亡了。

梦露到底是自杀还是他杀，到如今也没有得出一个确定的结论，但她性感女神的形象却永远地留在了人们的记忆中。

杰奎琳为何要嫁给希腊船王

1968 年 10 月 20 日，在希腊的一个小教堂里举行了一场轰动世界的婚礼。将要缔结白头之约的一对新人看起来是那么的不协调，39 岁的新娘显得年轻出众、美丽动人；而 62 岁的新郎尽管穿着一双高跟鞋，可是看起来还是比新娘矮上一大截。在他们身后，分别站着两人婚前的儿女，特别是新娘年幼的女儿和儿子，显得是那么的茫然无助。这就是美国前总统约翰·肯尼迪的遗孀杰奎琳·肯尼迪和希腊船王、亿万富翁亚里士多德·奥那西斯的婚礼现场，他们的婚礼引起了全世界的瞩目，特别是在舆论界引起的震动不亚于前总统约翰·肯尼迪遇刺的消息。

对于这桩婚姻，欧美甚至全世界的许多新闻媒

↗ 美丽的杰奎琳

↗肯尼迪与夫人杰奎琳在竞选中
杰奎琳作为曾经的第一夫人漂亮、优雅、有气质，为何却嫁给矮个子的老头奥那西斯，真的是由于奥那西斯的金钱吗？

体都充满了愤怒的情绪。就在婚礼第二天，各大报纸就纷纷发表了言辞激烈的报道，《纽约时报》发表了标题为《气愤、震惊和失望是我们的回答》的文章；西德的一家报纸则用《美国失去了一位圣人》作为题目来表示他们对杰奎琳的不满。而在美国纽约第五大道杰奎琳的家里，守在那里的特工人员不断收到成捆的信件，里面的内容大都是斥责杰奎琳的；电视

评论员指责她贪得无厌；而报界则普遍认为杰奎琳已经成了国家叛徒。只有一些很熟悉她的朋友们为她鸣冤叫屈，认为她的选择是一个明智之举。

自从肯尼迪总统遇刺之后，民众们普遍同情这位守寡的前第一夫人，把她当作完美的象征，因此当杰奎琳出现在各种社交场合的时候，总能引起一阵阵小的轰动。四年多来，她把全部的精力都花在纪念亡夫的活动和抚养一双儿女上，可是时间不久就嫁给了这位60多岁的老头，实在是很难让人理解。由于杰奎琳是个神秘的、绝不让人了解她内心的女人，所以除非她自己说出来，否则谁也不能了解她再嫁船王的真正原因。

但是很多人都对这件事进行了猜测，其中大多数人认为她嫁给船王完全是因为经济上的原因，她需要一个可以供她挥霍的丈夫。希腊船王奥那西斯是世界上有名的亿万富翁，当他在1975年死去时，遗产总数高达10亿多美元。而众所周知的是，杰奎琳有着疯狂的购物欲，她在做第一夫人期间，家具、时装、化妆品、室内装潢、古玩、艺术品等都是她采购的重点，她已经习惯了到最高档次的商店购物而且从来不问价钱，就因为这个，肯尼迪总统的母亲一直对她有很大的意见，她也曾因此与总统争吵过。事实上，嫁给奥那西斯之后，她就更变本加厉地疯狂购物，10分钟内可能已进出了世界数家豪华商店，花了至少10万美元。对于她的这种挥霍无度，富有的船王有时也觉得忍无可忍，常常把账单摔到桌子上，愤怒地说："尽管我是富翁，但我难以理解这个女人为什么一下子要买200双鞋。除此之外，我还得给她买成打的手袋、裙子、睡衣、外套！"从这些可以看出，杰奎琳要想满足自己那无底洞一般的欲望，必须要找一个强有力的经济后盾，所以当她遇到奥那西斯这位亿万富翁的时候，简直是欢喜若狂，把自己的终身托付给了这个身材矮小、既无魅力又不可爱的乏味透顶的老头子，她不是看中了他的大把的钞票又是什么呢？

可是杰奎琳的一些密友们和许多女性认为，奥那西斯自有他独特的魅力，杰奎琳就是被他的迷人之处打动，毅然嫁给了他。好莱坞著名影星伊丽莎白·泰勒就从女人的角度认为，杰奎琳找到了一个"迷人、和谐、体贴的伴侣"，这位"机智的希腊海盗"以他地中海式的幽默出现在社交场合，他喜欢热闹，善于调情，这种性格吸引了寡居中的孤僻的杰奎琳。其实当时社交界的许多女性也认为，其貌不扬的船王其实自有他与众不同的魅力，有着一种无法言说的吸引人的气质，令很多女性为他着迷。而杰奎琳就是被他的这种气质吸引，投进船王的怀抱，与金钱和地位没有任何关系。

在肯尼迪的葬礼上，杰奎琳与她的孩子显得无助、迷惘、令人伤心。

另外还有一种说法，认为杰奎琳嫁给船王是为了逃避厄运，为了自身和一双儿女的生命安全。肯尼迪家族有"美国的王室"之称，不仅拥有数不清的财富，更是在政坛上呼风唤雨，才俊辈出，但同时它也是个多灾多难的家族。当肯尼迪总统遇刺身亡后，她悲痛欲绝，好长时间不能从悲伤中恢复过来，从此对周围的环境时刻充满着警惕，害怕自己和子女再遭毒手。1968年6月6日，肯尼迪的弟弟参加总统竞选时遇刺身亡，再次重现了肯尼迪家族历史上恐怖的一幕，一直神经高度紧张的杰奎琳简直无法承受这一打击。在葬礼上，悲痛的杰奎琳当众宣布她要离开美国，"我诅咒这个国家，如果他们再下毒手，我的儿女无疑将首当其冲"。人们还没来得及领悟这句话的背后含义，《纽约时报》的头版就已经登出了她将与奥那西斯共结连理的新闻。自从杰奎琳嫁入肯尼迪家族以后，她就无时不因这个家族的权势和荣耀带来的种种灾难而忧心不已，自我保护的意识早已在她的心中扎下了根，所以当事情开始向着她预见的方向发展的时候，她只好立刻逃离了这个家族。

这场婚姻的背后到底有着什么样的秘密，除当事人之外，恐怕谁也无法知道，只要她不说，那就是一个永远的谜。

对杰奎琳与希腊船王奥那西斯的婚姻，世人感到不可思议：因为希腊船王不仅个子矮于杰奎琳半头，而且年已62岁。

事件真相难破译

法老图坦卡蒙的诅咒真的灵验吗

20 世纪初的埃及，是众多考古学家和探险家的乐园，欧洲的探险家成群结队地来到这里进行考古发掘，他们最感兴趣的要数那陪葬品价值连城的金字塔和法老墓了。埃及的金字塔是历代埃及法老的陵墓，被称为古代世界七大奇迹之一，直到现在人们还不能完全弄清楚它们是怎么建造的、为何那样精密。但不是每一位埃及法老都为自己修建了金字塔的，因为埃及的法老金字塔在古代就一直倍受盗贼的青睐，遭到无数次的洗劫。因此，新帝国时代的一些法老们就改在王陵谷修建自己的陵墓。王陵谷位于尼罗河西岸的峭壁上，那里被开凿出许多豪华的墓室，山谷中则建起了金碧辉煌的神庙和祠堂。但无论是坚固的石墙，还是迷宫般的地道，都阻止不了一批又一批盗墓贼。到 20 世纪初，王陵谷已经过了 3000 多年盗贼的光顾和近 100 年考古学家的挖掘，几乎每一块石头都被翻过，每一粒砂子都被筛过了。

1914 年，英国人卡纳冯勋爵资助考古学家霍华德·卡特也来到王陵谷，他们认为这里一定还有重大发现，但进行了近八年的发掘，还是一无所获。就在他们开始绝望的时候，奇迹出现了，无意中居然找到了古埃及第十八王朝法老图坦卡蒙的陵墓。这是一座从未被破坏的法老陵墓，里面随葬品数量之丰富、制作之精美，让人们仿佛置身天方夜谭中的神话世界。他们在这个陵墓中发掘出的珠宝、首饰、工艺品、家具、衣物、兵器多达 5000 件，这一成功震惊了世界。许多著名的考古学家也赶来帮忙，然而另一个故事才刚刚开始。

↗ **图坦卡蒙金棺**
里面装着图坦卡蒙的木乃伊。法老的肉身采用九层包装，他们相信，这样就可以躲避盗墓者的偷盗行为，并且在若干年后还可以复活。

在打开墓室后不久，卡纳冯勋爵曾经在墓中被蚊虫叮了一口，打那以后他就一直高烧不断。1924年4月6日凌晨2点，他在开罗一家医院病逝，勋爵的姐姐回忆说："死之前，他发着高烧连声叫嚷：'我听见了他呼唤的声音，我要随他而去了。'"

恐怖的事件接二连三地发生，此后竟有22位直接或间接参与发掘的考古学家，先后离奇地死去。第一个解开图坦卡蒙法老的裹尸布并给法老照射X光的专家道格拉斯·里德，后来在检查一具木乃伊时，身体突然极度虚弱，不久就离开了人间。被卡特请来帮忙的考古学家莫瑟，长时间无缘无故地昏迷，最后死在旅馆之中。从此，法老的

▲ 图坦卡蒙法老墓室的通道

诅咒杀人的消息不胫而走，但谋杀还在继续。一位生物学家怀特带着好奇心进入一座墓穴参观后自杀身亡，临死前留下了一封遗书："我因受到法老的诅咒而离开这个世界。"更令人不解的是，埃及开罗博物馆馆长盖米尔·梅赫来尔，他一向不相信咒语杀人的说法，他反驳说："我一生与埃及古墓和木乃伊打交道，你们看我不是活得好好的吗？"然而，就在不到一个月后的一天，他指挥一队工人将一批从图坦卡蒙法老墓中出土的珍贵物品打包装箱，回到家后就暴病而亡。这一切，使人们不得不想起法老陵墓大门上的咒语：

卡特将图坦卡蒙金棺上的灰尘拂去，法老的遗体封在三层棺椁中，金棺是它的第二层。

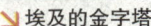
埃及的金字塔

"谁扰乱了这位法老的安宁,死亡将降临到他的头上。我是图坦卡蒙的保卫者,是我用沙漠之火赶走了那些盗墓贼。"

这个令人不寒而栗的咒语使法老墓更蒙上了神秘恐怖的黑面纱,人们对法老墓中的财宝跃跃欲试而又望而生畏。那么,这些考古学家是真的死于法老的咒语吗?

有人认为,埃及人很早就了解了铀的特性,为了处罚那些盗墓者,就在墓中放了铀等放射性物质,从而造成了考古学家离奇地死亡。还有人认为陵墓的主人把一些有毒的东西涂在墙壁、陪葬品和木乃伊上,使那些在有毒环境中工作的人得一些怪病死去。

近来有一些科学家试图从生物学上来解释死亡原因,开罗大学医学教授伊泽廷豪在1963年声称,他对许多考古学家和工作人员进行了定期的体检,发现他们体内存有一种能引起呼吸道疾病和使人发高烧的病毒。进入墓穴的人由于感染上这种病毒,将导致呼吸道发炎最终窒息而死。但墓穴中的这种病毒生命力为什么如此顽强,竟能存活4000年之久,科学家们就无法解释了。

1983年,一位法国女医生经过长期研究,得出是接触者们对墓中霉菌过敏反应的结论。

古埃及法老死后,随葬品除珍宝外,还有各种水果、蔬菜和大量食物,它们经过千百年的腐烂产生一种肉眼看不见的霉菌。无论是谁,只要吸入这种霉菌,就会引起肺部疾病,因呼吸困难而死去。

图坦卡蒙法老的黄金面具

↗ 王陵谷——法老的安息之地
埃及王国的历朝法老死后都葬于此。

对于考古学家的死亡原因，人们现在还在进行不懈的探索。但可以肯定的一点是，"诅咒"的说法，实在是无稽之谈，无论多么伟大的法老，都不可能有这样的法力，只能期待科学家们能运用现代的高科技技术和检测手段，早日解开这个千古之谜。

"万王之王"大流士是怎样登上波斯王位的

被尊称为"万王之王"的大流士登上王位的手段到底是怎样的呢？有一天，冈比西斯过去的一个王妃发现新皇帝没有耳朵。她把这件事透露给了她的父亲、大臣欧塔涅斯。欧塔涅斯立即断定新皇帝是僧侣高墨达，而不是巴尔迪亚。因为在居鲁士当皇帝时，曾因高墨达有过失而将他的双耳割去。欧塔涅斯立刻将真情告诉了另外6名波斯贵族，以后的皇帝大流士一世就是其中的一员。他们决定发动一次政变，把高墨达杀死以夺回政权。

这7个大臣先是派人在首都到处散布新皇帝是高墨达而不是巴尔迪亚的消息。很快，假巴尔迪亚的消息便在京城传开。

高墨达发现真相败露之后，十分惊慌，马上逃到米底的一个地方，最后被大流士和欧塔涅斯等人杀死。

根据希罗多德的《历史》记载，当7个起义的贵族把局势平定之后，在讨论波斯的统治权的时候，欧塔涅斯第一个发言说："我认为应该停止一个人的独裁统治，因

为这既不是一件快乐的事，也不是一件好事。当一个人愿意怎样做便怎样做而自己对所做的事又可以毫不负责的时候，那么这种独裁的统治有什么好处呢？把这种权力给世界上最优秀的人，他也会脱离他的正常心情的……相反，人民统治的优点首先在于它那美好的名声，那就是，法律面前人人平等。其次，那样也不会产生一个国王所易犯的错误……任职的人对他们任上所做的一切负责，而一切意见均交给人民大众加以裁决。因此我的意见是，我们废掉独裁政治并增加人民的权利，因为一切事情是必须取决于公众的。"美伽比佐斯则主张实行寡头统治而反对民主制。大流士则主张独裁。他说："没有什么能够比一个最优秀的人物的统治更好，他能够完美无缺地统治人民，为对付敌人而制订的计划又可以隐藏得最严密。"他接着论证了民主或者寡头制由于互相争斗都会最终导致独裁，结果，大流士的意见以4比3而

大流士接受贡物浮雕

获得通过，在决定由谁当这个独裁者的时候，7个贵族还约法三章：第一，欧塔涅斯明确表示未来的国王不能支配他及他的后代，相反，每年都要给予其奖赏；第二，7个人不经通报就可以进入皇宫，当然，国王正在和一个女人睡觉时除外；第三，国王必须在同谋者的家族里挑选妻子。

他们进行了一次比试，在一个清晨他们来到市郊，据说因为马夫在那个时候把摩擦过母马阴部的手放到了大流士的马的鼻子上，结果大流士的马首先嘶鸣起来。根据约定应由大流士当国王。

大流士坐稳王位以后，为自己立了一个石碑，石碑上面有这样的句子：

"叙斯塔斯帕之子大流士，由于他的马和他的马夫欧伊巴雷的功绩，赢得了波斯

大流士一世的王宫遗址

帝国。"

和他一起杀高墨达的那几个大臣，这时都不敢提出异议了。其中有个叫尹塔普列涅的大臣因不识时务而冲撞了大流士，结果其全家都被大流士杀了。

大流士在公元前500年发动了对希腊的战争。在公元前490年的马拉松战役中，希腊人把波斯军队打得大败。10年后，大流士的儿子薛西斯第二次远征希腊又惨败而归。从那以后，波斯帝国逐渐走向衰落。

法国圣女贞德从火刑台上逃走了吗

法国历史上著名的民族女英雄贞德于15世纪被教会处以火刑。1431年5月的一个早上，贞德被烧死在卢昂一个公众广场上，这个形体纤小的少女在一万多人的注视之下，很快被熊熊烈焰吞噬。很多围观者都听到她高喊耶稣的名字以及那些激励她率领义军把英军逐出法国的圣徒名字。烈火烧了很长时间，她仍旧没有断气，最后她在低吟一声"耶稣"后，便辞别了人世。围观者亲眼看到行刑者扒开火堆后，一具烧焦的尸体露出来。行刑人向周围观者展示贞德烧焦的尸体之后，又一次点燃烈火，将尸体烧成灰烬，之后把这些灰烬撒入塞纳河。不过，当时观看行刑的人，此后曾说起焚烧贞德尸体那时的神奇的景象，一名英国士兵说他亲眼看到在贞德的灵魂离开肉身时，一只白色鸽子从火堆里缓缓向高空飞去，嘴里还发出动听的鸣叫声。一些人说看到火焰中有"耶稣"的字样出现，那分明是贞德灵魂没有散去。不久，有传说说贞德的肠脏和心没有给烧掉，仍然保持完整。又过了不久，又有人说贞德仍然活在人间，火焰根本没有伤及她。不过在很长一段时期内，一个传闻言之凿凿，大多数人都很相信这一说法：贞德并没有被烧死在火刑台上，那被烧死在火刑台上的，并不是贞德本人。

贞德的两个兄弟就抓住了法国人乐于相信这位女英雄仍活在世间的心理，从中牟利，精心布置了一个令人心寒的骗局，并因贞德的声望而尽享富裕生活。在贞德死后5年，即1436年，两人又一次渲染了贞德仍在人间的传闻。兄弟两人带着一个披甲策马的年轻女子突然在奥尔良的街头出现。他们宣称此女子就是贞德，被施以火刑的不是贞德，而是另一个女子顶替的。实际上，那披上盔甲的女子名叫安梅丝，是个女骗子。在假冒贞德之前，她曾在意大利教皇

贞德率领她的人马觐见国王。

↗ 贞德受刑
也许正是由于法国人民对贞德的感激和崇敬，才会一再传扬贞德仍
然活着的消息。但贞德真实的命运又是怎样的呢？

的军队中服过役，有过一段军旅生涯，当时，她的娴熟的马术和威武的外表，深受群众喜爱，使见到她的人理所当然地相信她就是贞德。

对贞德两位兄弟的说法，奥尔良市民深信不疑；甚至把自贞德牺牲后一直为她举行的纪念仪式也废止了。贞德的两兄弟以及女骗子的骗局最初无往不利，处处得逞。在奥尔良及其他法国城市广受尊敬，并享尽美酒盛筵，但好景不长，他们的骗局在 4 年后终于被揭穿了。安梅丝于 1440 年在巴黎原原本本供认出由她参与的骗局。不过，假冒贞德的事件已产生了深远影响；虽然关于贞德在卢昂一个公众广场逃出的谣传，已被确认为无稽之谈，但是部分法国人仍旧相信这种说法，这种传闻以后又在法国民间流传了数百年之久。

后来，法国国王查理七世在 15 世纪中叶基本完成了统一大业。贞德的两个兄弟及其母亲为洗脱贞德的罪名而积极奔走，最后终于使贞德的名声得到了恢复。但尽管如此，当时贞德到底有没有死的问题仍没有确切的答案，四五百年后的今天，人们已无从知晓贞德的命运到底是怎样的了。

达·芬奇神奇的创造力来源于他人吗

意大利文艺复兴时代的伟大先驱列奥纳多·达·芬奇，是举世瞩目的旷世奇才。达·芬奇才华横溢，知识广博，在许多领域都有建树。他不仅在绘画、雕塑等艺术领域取得了极为丰硕的成果，而且在物理、数学、解剖、地质学、天文和建筑、工程制造方面都有很高的造诣，在这些学科领域中他无愧于"杰出创造者"的称号。就是现代科学家也十分惊讶于达·芬奇的精深的知识结构以及惊人的天赋。因为人们几乎不能相信上天会慷慨地把盖世奇才和美德完全地赋予一个凡人，而天才达·芬奇却能集这两者于一身。他为何如此幸运地得到上苍的青睐成为一个难解之谜。

欧洲一些专家学者近年来广泛而认真地研究了达·芬

↗ 达·芬奇自画像

↗ 最后的晚餐 达·芬奇

奇的生平，企图从中找到一些奥秘。有人用计算机分析了他一生的成果，结果令人们大吃一惊，若要完成他全部的绘画、雕塑、研究和各种发明等工作，就算一刻不停地工作，需要的时间至少也是 74 年。这对他来说，简直不可能，因为他只活了 67 年。

人们从达·芬奇的生平中，还能隐约感觉到某种神秘之处。他一无家庭，二无亲友，终其一生都在躲避着那些被他称为"多嘴的动物"的女人，他隐秘的生活使他从事的事业非常机密。这更使专家们怀疑，达·芬奇可能是得到了神秘人物的帮助。否则，一个人的精力是有限的，如何能取得如此大的成就？

达·芬奇的社交范围很狭小，这就使人们很容易对达·芬奇唯一的仆人托马兹·玛奇尼产生兴趣。托马兹·玛奇尼是一个时刻跟随在达·芬奇左右的人，他是一位面目慈祥、体格强壮并有一双智慧之目的中年术士，阅历十分丰富，曾到过东方，受到过东方圣人和统治者的接见，还带回了大量的古阿拉伯和古埃及的书籍。据记载，他是出色的水力专家、雕刻家、机械师，同时对炼丹术和巫法极为热衷，只是因为他身份低微，故不为人们所知。有些学者从这些史料中得出结论：托马兹·玛奇尼是达·芬奇的有力合作者。

但大多数历史学家对上述的观点颇有微词。他们认为，托马兹·玛奇尼这个人物是人们臆造的，并不是历史人物。

有些专家认为，达·芬奇可能是立足于古人的创造发明并对它们进行了再创造和

达·芬奇绘制的各种设计草图

达·芬奇的才华并不仅限于绘画方面的成就，在他记录幻想发明和观察自然现象的笔记本中，同样显示了他在其他领域中的才能。如此丰富的创造都出自一己之力吗？

改良而得到如此丰硕的成果的。他们指出，类似直升机的画，早在达·芬奇之前的佛来米派艺术家手稿中就已出现过，与达·芬奇后来的设计很相像。另外，有记载表明，达·芬奇与东方祭司相交甚密，有长期往来。他可能从这些古代文明的传继者那儿，得到许多人类知识的精华。

对达·芬奇一生的创造也有人表现出不以为然的态度。他们指出，达·芬奇的科学创造，都只是停留在构想阶段，与真正的科学发明有着本质的区别。但是，持这种观点的专家也不得不承认，达·芬奇是一个集崇高美德和天才智慧于一身的奇才。

俄国女皇叶卡捷琳娜二世是怎样登上王位的

沙皇俄国在其长期的君主统治中出现了一位赫赫有名的类似中国的女皇武则天式的女沙皇——叶卡捷琳娜二世。那么叶卡捷琳娜二世是怎样登上皇帝的宝座呢？众说纷纭，有人说是继承，有人说是通过发动宫廷政变，那么她又是怎样发动宫廷政变的？这还得从她成为王室成员开始说起。

叶卡捷琳娜是俄皇彼得三世的妻子，她在为俄皇室完成传宗接代的任务后，地位岌岌可危，丈夫彼得早已对其厌倦，人们早已将其忘记，她只是苦苦忍受耻辱和孤寂。

叶卡捷琳娜这位不同凡响的女人绝不可能心甘情愿做一名忠实的妻子和殉难者。她一方面靠追逐声色犬马的生活来满足自己已被激起的肉欲；另一方面，她在卧薪尝胆，耐心地等待着能使她成为女皇的机会。伊丽莎白通过没有流血的政变登上皇位就是她面前最好的例子。她将要在政坛上初露锋芒了。

叶卡捷琳娜为了达到目的，开始培植私党。她把禁卫军军官格里戈利·奥尔洛夫列为首选对象，奥尔洛夫的4个兄弟阿列克谢、费多尔、伊凡和弗拉基米尔都是禁卫军军官。叶卡捷琳娜如愿如偿，奥尔洛夫成了他的情夫。这既满足了她野马般的欲望，又为未来的宫廷政变提供了很好的机会。

彼得大公也并不是吃素的，他对叶卡捷琳娜的阴谋早有所闻，他也在积极行动。这个骨子里流着普鲁士的血液的昏庸之君，早就打算与他的情妇伊丽莎白·沃沦佐娃

结婚而把叶卡捷琳娜甩掉。

1762 年，荒淫暴戾的伊丽莎白终于死去。根据遗诏，彼得做了皇帝。新登基的彼得三世把俄国推到灾难的边缘。而他的登基，也将为他的妻子叶卡捷琳娜带来灭顶之灾。彼得决定把叶卡捷琳娜幽禁在舒吕塞尔堡要塞，并且以他凶残乖戾的性格，他下一步就要动手杀妻子。

彼得三世好像也预感到有某种阴谋正针对他而来。他将叶卡捷琳娜的党徒之一帕塞克逮捕了。叶卡捷琳娜明白只有先下手，否则就只能做阶下囚甚至是命归黄泉。事不宜迟，1762 年，在奥尔洛夫兄弟的支持下，叶卡捷琳娜发动宫廷政变。士兵们穿着俄罗斯的传统军服，簇拥在新女皇叶卡捷琳娜周围并且冲上前吻她的手、她的脚和她的衣服的下摆。女皇置身于欢乐的喧嚣中。所有的俄国人好像都很兴奋，他们高呼着"叶卡捷琳娜！我们的母亲叶卡捷琳娜"，宫廷显贵、各国公使、神父争先恐后地欢迎他们的新女皇。

软弱无能的彼得三世被迫退位，接着又被软禁起来。在给叶卡捷琳娜的信中他这样写道："请陛下对我放心，我既不会想，也不会去做反对您本人和您的统治的事。"

身着华丽服饰的叶卡捷琳娜二世，这位两手空空来到俄国的普鲁士公主，利用残酷的手段统治了俄国30多年，并使俄国成为世界上版图最大的帝国。

1762年9月22日举行的加冕礼上，叶卡捷琳娜像俄罗斯所有君主一样，大胆地将王冠戴在了自己的头上，这象征着帝王遵从了上帝的旨意。然后，她右手拿着象征王权的手杖，左手拿着小球，向聚集在圣母升天大教堂的大臣们致意。

虽然彼得对她已不构成威胁，但叶卡捷琳娜并不愿轻易放过曾给她耻辱的彼得，彼得不久就遭谋杀。叶卡捷琳娜的诏示说彼得死于剧烈绞痛，实际情况并非如此，彼得死时全身发黑，向遗体告别而吻他嘴唇的人自己的嘴都肿了。可见，叶卡捷琳娜对其十分怨恨，可能不管彼得对叶卡捷琳娜怎样，她都要当上女皇，但彼得对其确实起了极大的刺激作用。

谁是杀害普希金的真正凶手

普希金是俄国文学史上最伟大的诗人，然而这么一个伟大的诗人、俄罗斯人民的骄傲，却是死在一场决斗之中，而且对手竟是一个庸俗不堪的法国流亡者。倘若没有这场决斗，这位流亡者终生将不为人知；但是他沾了诗人的光，让人记住了他的名字——丹特士。

诗人死了，给我们留下遗憾的同时，也给我们留下了无尽的疑惑：他为什么要和丹特士决斗？诗人真正的死因是什么？到底谁是杀害诗人的真凶？人们普遍认为，普希金的死与三个人有着密切关系：丹特士、普希金的妻子娜塔丽娅和沙皇尼古拉一世，其中娜塔丽娅起着关键作用。

娜塔丽娅是莫斯科公认的第一美人，当普希金第一次在舞会上与其相见，便深深迷上了她。当时诗人声望如日中天，加上又是贵族出身，因此有无数美人贵妇迷恋着他。但是娜塔丽娅好比是出水芙蓉，娇艳欲滴，在众多女子中脱颖而出，诗人迅速拜倒在她的石榴裙下。在诗人的苦苦追求之下，娜塔丽娅终于心动，他们在1831年2月结婚。他们的婚姻轰动一时，几乎所有的人都认为他们是才子佳人、天生一对。但谁也没有想到，六年之后，诗人便因为这个女人招来了杀身之祸。

现在，随着研究者不断地挖掘资料，人们怀疑沙皇尼古拉一世是这场决斗的幕后操纵者。那么沙皇为什么要除掉诗人普希金呢？原因有两个：

第一，因为普希金的诗歌和小说宣扬自由民主，同情十二月党人起义，引起沙皇的强烈不满。他原来曾将普希金流放，但诗人影响力却越来越大，最后他又假惺惺地将普希金召回莫斯科，并册封他为御前侍卫，企图借以收买诗人。但是诗人软硬不吃，继续歌唱自由，反对暴政。沙皇恼羞成怒，又不能光明正大

↗普希金像
普希金是俄国19世纪最伟大的诗人，他给世人留下了无数优美的诗歌。爱情如同他的诗歌一样在他的生命里永不缺乏，也正因为情爱的冲动使得诗人更显纯真与崇高，直到他的生命因为与人决斗而终结。

地处死普希金，于是让丹特士去勾引娜塔丽娅，并促使他们进行决斗。

第二个原因是沙皇觊觎普希金妻子的美貌。因为普希金身为侍卫，不得不常常带着妻子参加皇室舞会，沙皇是个好色之徒，于是寻找种种借口和娜塔丽娅接近，处在丈夫地位的普希金，自然成为上流社会的笑柄，于是便警惕妻子的行为，不让沙皇得逞。而沙皇既有了这种卑鄙的念头，又加上普希金在政治上不驯服，于是就设计杀害了诗人。

据说，在普希金和丹特士决斗之前，有人将这件事报告了沙皇，要求沙皇下令阻止这场决斗，因为只有皇帝的命令才能取消这种西方贵族式的决斗。沙皇口头上痛快地答应了，但暗地里却告诉送信人错误的地址，等使者捧着诏书赶到时，诗人已倒在血泊之中。

还有一种说法，也相当可信。普希金妻子娜塔丽娅生活放荡，她轻佻的行为令诗人蒙羞，致使诗人为爱情和名誉而死。

曾经发生过这样一件事：有一次，娜塔丽娅在客人的面前，要求丈夫在她的影集上题诗，普希金对这种庸俗的行为感到十分厌恶，回答说："我不是相册上的撰文专家。"娜塔丽娅当众大喊大叫，普希金只得给她题了一首诗，这首赞美妻子美丽的小诗被客人争相吟诵。正当娜塔丽娅沉浸在虚荣心带来的喜悦中时，一位客人突然大叫："我的天，这是什么？"娜塔丽娅接过一瞧，着了魔般将影集扔出门外。原来，普希金在诗后写上了愚人节的日子——4月1日。

娜塔丽娅对普希金深为不满，于是频频在舞会上卖弄风骚，并接受许多男人的殷勤，毫无顾忌地与他们打情骂俏，尤其是在身高 1.9 米、英俊的丹特士出现后，她的举止越来越离谱。终于有一天普希金收到了一个纸袋，里面装着三封"绿帽子协会"寄给他的成员证书，任命他为绿帽子协会主席的助手。顿时，普希金成为上流社会的笑料，为维护尊严，普希金不得不选择决斗。

诗人英年早逝令人惋惜，人们期待着研究者能够发掘更多的材料，以揭开这位诗人之死的谜团。

普希金在感情方面成熟得很早，他天生是一个情种。图中这位绰号叫"夜夫人"的欧多克西娅·葛利金娜公爵夫人曾让普希金整整迷恋了两年。

托尔斯泰晚年离家出走之谜

　　列夫·托尔斯泰是俄国著名的大文豪，其一生创作颇丰。他的作品对欧洲文学影响极深，在世界文学史上也占有一席之地。这位享有世界声誉的作家晚年却做了一件让世人皆惊的事，即离家出走。托尔斯泰为何要离家出走，这还得从他晚年的思想变化及其生活说起。

　　晚年的托尔斯泰开始笃信宗教，宗教观、社会观都发生了很大的变化。73岁时，托尔斯泰回到了故乡雅斯纳雅·波良纳庄园。然而晚年的托尔斯泰对他庄园的看法也发生了许多变化。他开始关注在他的农田里辛苦劳作的农民们，这些贫苦可怜的农民让托尔斯泰感到不安与自责。

　　为了减轻自己的内疚感，托尔斯泰开始改变自己的生活方式，甚至自我折磨。他变得厌恶人情世故和亲友间的应酬，也拒绝出席贵族的宴会。他经常戴着草帽，穿上旧衣服，脚踏树皮鞋，在农田里干活。

　　到了后来，托尔斯泰想要解放他的那些农民，把田地分给

↗ 赤脚的托尔斯泰

↗ 托尔斯泰在波良纳的故居

他们。同时，他也打算把他全部著作的版权，无偿地献给社会。

托尔斯泰不顾妻子反对，最终公开发表声明，从1881年以后他出版的任何作品，可以由任何人免费出版。

在那样一个阶级社会里，托尔斯泰的朋友亲人都不理解他的社会观、宗教观。在家里，家人不时与他发生冲突；在社会上，许多报刊攻击他；科学家、家教界、沙皇政府都表示对他不满。

↗ 写作中的托尔斯泰

正在作家受到了孤立与打击之时，切尔特科夫出现了，他用花言巧语取得了作家的信任，在作家生命的最后9年，切尔特科夫在老人众多家人、随从者中地位最特殊，对老人的思想也影响最大。

其实这个家伙的真正目的，是要夺取托尔斯泰那些作品的继承权，尽管作家自己的许多朋友都知道切尔特科夫的险恶用心，但他们都没有敢直接告诉托尔斯泰。

本来，作家的日记都是由妻子保管的。但由于与妻子产生了矛盾，再加上切尔特科夫的花言巧语，托尔斯泰把他最后10年的全部日记都交给了切尔特科夫这个骗子。

妻子索菲亚也敏感地猜到了发生的事情，她对此非常痛苦，脾气也越来越坏，把怒气全都撒在了作家的身上。

1910年8月30日晚，她又和作家发生了激烈的争吵，她甚至愚蠢地说她并不是痛恨切尔特科夫，而是不能原谅托尔斯泰。对于妻子的愤怒与谴责，作家采取的是宽容谅解的态度，因为他在晚年一直奉行"不抵抗主义"，他总是把错误都归到自己身上，而尽量原谅别人的种种不对。在作家的最后一段岁月里，他的生活并不美好，他的周围充满了责难。为了能够平和地过完后面的日子，作家打算离家出走，以躲避这些纷争。

↗ 亲自耕种的托尔斯泰

10月28日早晨还不到5点，作家就带着私人医生离开了波良纳。在火车上，作家病倒了。寒冷的天气使他不停咳嗽，并开始发高烧。他们在阿斯塔波瓦车站下了车，7天后他就病逝在这个荒凉的小站里。

有关托尔斯泰离家出走一事，很多专家和学者都曾对此进行过研究，许多复杂的因素结合在一起促使这位

巨匠做出了令人震惊之举，但这并不会影响这位文学巨匠在我们心中的地位。

谁帮助了戈林自杀

　　赫尔曼·戈林是法西斯德国"响当当"的人物，他长期追随希特勒，深得希特勒的信任和赏识。在德国纳粹党他的地位仅次于元首希特勒，1939 年，希特勒亲自将他定为自己的接班人，1940 年，又授予他"帝国元帅"的称号，可谓是权倾一时。在二战爆发之前，戈林掌管着德国的经济大权，他积极扩充军备，策划战争。二战爆发后，戈林不仅亲自指挥空军作战，还制定了对犹太人的种族迫害政策，犯下了滔天罪行。可是随着战争的深入，戈林指挥的空军作战不利，使德国丧失了制空权；再加上老对头鲍曼在希特勒面前不停地打他的小报告，1945 年，失宠的戈林被希特勒以"叛国罪"的名义逮捕，投进了监狱。二战结束德国战败之后，他又落到了美军手中。

　　戈林被俘后，由于他的身份特殊，监狱采取了严密的看守措施。先是狱守彻底搜查了他的全身，除卫生用品和必需的衣物以外的几乎一切东西都被没收了，在关押他的囚室四周安装有铁栅栏，还设了高高的瞭望台。房子的每个角落都有士兵把守，连

戈林（前右二）走在维也纳总督雷赫斯赖特·冯·施拉赫和里斯特元帅中间。戈林在德国纳粹党中位置仅次于希特勒，甚至在战争后期希特勒将他视为帝国的理想接班人。

希特勒与戈林分别坐在老总统兴登堡的左右，纪念坦嫩贝格的胜利，戈林在纳粹党中的地位可见一斑。

窗户也用铁丝网围着。囚室内除了床和椅子，再也没有别的东西。后来戈林又被转到纽伦堡监狱第五囚室，对他的管制就更加严格了。除了一套供换洗的衣服外，其他衣物都被收走。床是固定在地上的，桌椅白天给他搬进囚室，晚上又搬走。屋里所有的电线和金属物都拆走了，连窗玻璃也换成了透明的有机玻璃，室内整夜亮着灯，看守通过门上的监视镜来观察他的一举一动。每次战犯们出庭时，监狱都会对囚室进行仔细的检查，防止囚犯私藏物品用来自杀。

随着审判的进行，罪大恶极的战犯们一个一个地被法庭量刑定罪。戈林似乎也预感到自己的末日已经不远了，拒绝了同家属的最后见面。到了对纳粹战犯执行绞刑的那天，戈林居然平静下来了，在囚室里看了一会儿书，还记了笔记。绞刑定在午夜12点整举行，晚饭后医生为他作了身体检查，他还同前来告别的神父聊了一会儿，然后，他就睡下了。

大约21点20分的时候，中尉军官乌特尔巡视到了戈林的囚室，看到戈林仰面躺着，手放在毯子上，看上去就像睡着了。再过三个小时，戈林就要被送上绞刑架了，他觉得很诧异，为什么一个临刑的人还能睡得这么踏实？22点半左右时，看守戈林的卫兵约翰逊突然看到戈林将双手举起放在胸口上，随后头向墙里歪去。他急忙冲进囚室，发现戈林自杀了！

在绞刑执行前两个小时戈林服毒自杀的消息传开，立即引起了不小的震动。这位大名鼎鼎的纳粹战犯显然不愿意在众目睽睽之下被送上绞架，罪有应得的他没有得到应该属于他的死亡方式。经过法医鉴定，戈林是服下了剧毒化学物氰化钾自杀的。谁能想到，戈林居然能在连一个蚊子都不能自由进出的情况下从容地服毒自杀，逃避全世界人民对他的审判。问题是，他的毒药是从哪儿来的？

为了弄清楚这个问题，调查人员检查了戈林在囚室中的私人物品，最后在他的奶油罐中发现了毒药瓶。这说明，戈林在整个关押期间一直藏有毒药，可是这个奶油罐早已被没收，

临刑前牧师与戈林会面
此时的戈林已有自杀的准备吗？

"卐"字形空军中队，二战中，由戈林亲自指挥空军作战。

被判处死刑的戈林

戈林当年意气风发之时，可能从未想过会有今天的落魄境地，此时的他不知是否已下了自杀的决心？

放在监狱的储藏室中，根本没有在戈林身边。那么，在如此严密的监视下，戈林是如何把毒药顺利取出来的，到底是谁帮了他？

人们推测，装氰化钾的胶囊一直藏在戈林的行李中，后来一同进入监狱。很有可能是掌管行李间钥匙的惠利斯中尉帮助了戈林，因为他一直对戈林很好，还曾接受过戈林送给他的小礼物。另外一种可能是戈林自己在未按要求登记的情况下经惠利斯中尉默许进入行李间自行取出胶囊。戈林的妻子埃米·戈林在戈林死后多年向外界说："此事一定是一位美国朋友所为。"她在1946年7月最后一次探视戈林时曾问过他有胶囊没有，戈林立即回答说没有。1991年，戈林的侄子克劳斯·里格尔承认，是惠利斯中尉把毒药给了戈林。但是这些都只是猜测，没有任何证据证明是惠利斯中尉帮助了戈林，何况惠利斯中尉也早已去世，死无对证了。

近年来，关于戈林毒药来源又有了新说法。有人说毒药是藏在戈林的陶土制的烟斗里的，在要被处决的那天戈林将烟斗剖开；也有人说他将毒药藏在肚脐里；也有人说戈林吞服了缓慢释放毒素的毒药……

戈林的尸体与其他被绞死的纳粹战犯放在一起，拍完照后被火化，美军把火化后的骨灰倒进了一条小溪里。戈林在这个世界上虽已灰飞烟灭，但是他是如何弄到毒药自杀的，却作为一桩悬案遗留了下来。

密特朗枪击案之谜

　　弗朗索瓦·密特朗，1981 年至 1995 年间任法国总统，是法国历史上伟大的政治家之一，同时也可以算得上是法国政坛上的常青树。他的一生跌宕起伏，就像一部离奇的长篇小说。其中天文台公园枪击事件，就是他的政治生涯中影响至深、却又扑朔迷离的一段经历。

　　1959 年 10 月 15 日《巴黎新闻》头版头条披露了一条耸人听闻的消息：极端殖民主义分子准备暗杀一批主张谈判解决阿尔及利亚问题的人士。"悲剧有可能在明天发生，杀人凶犯别动队已经越过西班牙边境，黑名单已经确定"。

　　可是就在当天夜里，当时还是国会参议员的密特朗同几个朋友用完餐后开车回家。汽车行驶了一会儿，密特朗感觉不对劲，原来在他的后面一直有一辆黑色轿车跟着。想起这几天听到的传闻，他紧张起来，故意开车绕来绕去，可是兜了好几个圈子，却怎么也甩不掉跟踪的车。急中生智，他把车快速开到参议院南边的天文台公园，然后从车上跳下来，翻过公园的铁栅栏，趴在花草丛中。这时，背后响起了一阵密集的枪声，事后他被告知，在汽车上找到了至少七颗子弹眼。

　　消息很快传开了，整个巴黎到处都谈论着这件事，第二天各大报纸的头版头条都醒目报道：参议员弗朗索瓦·密特朗昨日深夜在天文台公园遭暴徒枪击，幸免于难。

↗ 弗朗索瓦·密特朗像

欧盟会议上，密特朗（前排左四）与其他欧洲国家国家领导人的合影。

密特朗与他的支持者在一起。

人们联系起前一天报纸上新闻，认为密特朗一定是在杀人凶犯别动队所列的黑名单上名列榜首。一时间，声援和慰问的信件如雪片般飞来，密特朗成了"英雄"。

谁也没有想到的是，事情只过了一个星期，就发生了翻天覆地的变化，天文台枪击事件竟成了密特朗的一桩政治丑闻。22日，前右翼议员罗贝尔·佩斯凯向记者宣称，这起枪击案是密特朗自己策划、由佩斯凯一手执行的。他是在核实密特朗已不在车内之后，才让他的同伙阿贝尔·达龙开枪的。佩斯凯还说，事发前，他特意给自己写了两封信，一封以"待取邮件"方式寄往巴黎，一封是寄往卡尔瓦多斯的挂号信。且两封信均有邮戳为凭。他还说明，行动前，他曾于10月7日、14日和15日分别三次会见密特朗，共同策划，商定行动路线和方式方法。佩斯凯说得活灵活现，在他的描述中，天文台事件分明成了密特朗沽名钓誉的"苦肉计"。

而此时此刻作为当事人的密特朗，除矢口否认外，拿不出任何证据来证明自己的无辜。密特朗说，事发前佩斯凯确实三次悄悄见过他，但佩斯凯是来告诉他，据可靠消息，暗杀名单中密特朗名列榜首，叫他平日要小心提防。佩斯凯还出谋划策：一旦发现汽车被盯梢，千万别往家门口开，因那里无处躲藏，还是逃往天文台公园比较安全。佩斯凯还要密特朗保守秘密，因为他透露的是机密情报，一旦发生什么事，请求密特朗不要向警察局报告。所以发生枪击事件后，密特朗真的信守诺言，事先没有告诉任何人，事后也没有告诉警方。因此，现在的密特朗是有苦难言，百口莫辩。

于是，密特朗顿时从一个受害者、"英雄"变成了一个政治骗子，不仅成为政敌攻击的目标，甚至许多朋友也嗤之以鼻，纷纷离他而去。在此之前，密特朗由于其政治主张一直与戴高乐相对立，而与戴高乐之间的关系很僵。所以，在1959年1月戴高乐就任第五共和国总统之后，密特朗的政治生涯转入低谷。先是丢掉了在前七年间历任不同部长的优势，然后还在国民议会选举中丢掉了连选连任11年的议员席位，不得不重操律师旧业。即使在1959年4

有人怀疑天文台"枪击案事件"不过是戴高乐派的情报部门操纵策划的，是戴高乐总统对付政治对手密特朗的手段而已。图为戴高乐像。

密特朗是法国历史上政治生涯最长的总统，在1988年5月再次当选为法国总统。

月当选为参议员，但其政治影响显著变小。在这个时期出现"天文台事件"丑闻，无异于雪上加霜。密特朗几乎被逼得走投无路了。1996年密特朗逝世后，密特朗夫人回忆起这件事还说："人们本想把他从肉体上消灭，结果，他在精神上被击垮了。"

可是就算是如此，戴高乐的首任总理米歇尔·德勃雷还是不肯就此罢手，趁着这个机会，给已被打翻在地的密特朗身上再踩上一脚，向参议院建议取消密特朗的议员豁免权。11月25日，参议院就此案进行讨论时，密特朗愤怒地指责政府是这桩丑事的主谋或帮凶。

实际上，在一个月前，也是这个佩斯凯，曾经恐吓过总理布尔热·莫努里，后者报告了国家安全局长，佩斯凯才停止纠缠。而这次密特朗的遭遇同希尔热·莫努尔一模一样，使用的是同一手法。最终，参议院仍以175对27票通过了暂停密特朗议员豁免权的议案，这无疑加重了对密特朗的政治上和精神上的打击。

这起离奇古怪的天文台公园枪击案，迄今一直是个没有解开的谜。密特朗认为："有人即便不想置我于死地，至少是想使我的名誉扫地。"佩凯斯的口气也变来变去，他于1959年11月4日，被指控参加议会爆炸案遭逮捕后几年，坦白天文台事件的幕后策划者是戴高乐派的头面人物。不过，他拿不出真凭实据，一般人都不相信他的说法。但同情密特朗的人都认为，此案是戴高乐派的情报部门操纵的，目的在于消灭第四共和国时期留下来的最危险的对手，而密特朗则首当其冲。

这件案子尽管到现在还存有不少迷惑，但却足以说明政坛的险恶，翻手为云，覆手为雨。但是，密特朗并没有向逆境妥协，经过奋斗，终于又登上了总统宝座，而且一干就是14年。

最后，来看一下密特朗总统在法国政坛上所创造的一系列奇迹吧。他是好几个政

治记录的创造者，很多至今还无人能超越他：自1944年8月进入戴高乐临时政府至1995年5月离开爱丽舍宫，驰骋政坛50余年，成为20世纪法国政治生涯最长的人物；1947年1月，出任退伍军人部部长，时年只有30岁，成为1804年第一帝国以来最年轻的部长，直到如今也没有人能打破他的这一记录；连任两届总统，在爱丽舍宫足足待了十四个春秋，是迄今为止法国任职时间最长的总统；当总统不到半年，便被确诊身患癌症，却严守机密，与疾病抗争，达13年半之久，为历届法国元首绝无仅有；以右翼分子发迹，而以左翼代表登上权力顶峰，成为法国政界一道独特的风景。

谁才是登上太空的第一人

1961年4月12日，在人类航天史乃至人类历史上，都是一个特殊的日子，上午9点07分，一艘5吨重的"东方号"飞船在苏联哈萨克中部的一个发射场发射升空，飞船的驾驶舱中坐着一位名叫尤里·加加林的年轻宇航员。飞船以每小时2.7万千米的速度，飞越苏联、印度、澳大利亚、太平洋和南美洲的上空，它在环绕地球飞行的同时，自身也在缓缓地自转。这次仅持续1小时18分的飞行震惊了全世界，它标志着人类第一次跨出大气层。很快，加加林的名字传遍了世界许多角落，这位年轻的宇航员一夜间不仅成了苏联人民的偶像，更成了全世界爱好航天事业人士心目中的英雄，被誉为"宇宙雄鹰"。他还获得了苏联政府颁发的社会主义劳动英雄称号。

然而，几十年过去了，伴随着苏联的解体和克里姆林宫大量保密档案的公布，人们开始对当年的这一事件产生了怀疑，加加林真的是当年第一个进入太空的人吗？

1961年4月苏联宇航员尤里·加加林乘"东方一号"飞船绕地球运行。这位年轻的宇航员被报道为登上太空第一人，但是根据一些现已公开的苏联航空机密资料看来，首次登上太空的宇航员可能另有人选，加加林所受的荣誉受到了质疑。

1945年，当第二次世界大战的硝烟还没有完全散尽的时候，另一场没有硝烟的战争却又悄悄地拉开了帷幕，那就是以苏联为首的社会主义阵营和以美国为首的资本主义阵营之间的"冷战"。双方在各个方面，特别是科技和军事上展开了大比拼。1957年，苏联成功地发射了人类第一颗人造地球卫星，这给了美国人极大的刺激。双方紧接着展开了载人飞船的实验，在下一个领域里又进行了新一轮的明争暗斗。

当苏联发射第二颗卫星时，科学家们在卫星上放了一条名叫"莱卡"的狗，虽然这条狗最后在卫星上死去，但是也足以证明，动物可以在宇宙飞船上生活一段时间。于是，载人太空飞行计划被提上了日程，苏联政府开始在试飞员中选拔"太空人"进行训练和实验。

这时，一个名叫弗拉基米尔·伊柳什的飞行员浮出了水面，成为当时最热门的人选之一。弗拉基米尔家庭出身非常显赫，他的父亲谢尔盖·伊柳什上将是苏联赫赫有名的飞机设计师，第二次世界大战中谢尔盖设计制造的伊尔—2攻击机为苏联战胜德国立下了汗马功劳。子承父业的弗拉基米尔也是出色的飞机设计师和飞行员，他对战斗机一直情有独钟，是苏联最优秀的飞行员，保持着10多项飞行纪录，在1959年更是创下了3万米的飞行高度记录，并因此获得了苏联最高勋章。没有人比他更适合成为进入太空的首选

加加林乘坐的宇宙飞船安全着陆。

人员了，况且空间飞行计划的负责人中许多都是他父亲原来的部下和学生，试想一下，一个父亲是上将飞机设计师，本人又是最高勋章获得者，如果他的照片出现在世界各地报纸上，实在是太完美了。在荣誉的感召下，原来对进入太空兴趣不大的弗拉基米尔参加了苏联的载人空间计划，并秘密进行了艰苦的训练和准备工作。有一次，一张弗拉基米尔身穿太空服的照片被登在了西方报纸上，苏联官方立刻出面否认正在进行载人太空飞行的计划，因为政府需要的是绝对的成功，不愿意事先张扬这件事。直到最近人们才从一些资料上得知，在1961年飞上太空之前，至少有7位宇航员在训练和试验中献出了生命。

而在苏联解体后公开的档案中清楚地记载着，1961年4月7日，弗拉基米尔·伊柳什作为最合适的人选，踏入了飞船，开始了他的太空之旅。一切都进行得很顺利，但是，在返回地面降落时出现了一些问题。太空舱本来预计从第一或第七轨道着陆在苏联境内的，而实际上弗拉基米尔却从第三轨道着陆在中国境内。另外，他也没有按照设计好的方式从太空舱里被弹射出来，而是随着飞船一起在地面上硬着陆。幸运的是，他没有死亡，但是受了很重的伤，这样他就没有办法以最良好的状态面

出发前，"东方一号"飞船的主任设计师（右）到发射场为加加林送行。

↗ 赫鲁晓夫会见加加林夫妇

对媒体的采访了。对于苏联政府来说，这绝对是一个很大的遗憾，所以，这次卫星发射和结果被严格封存起来，所有参与或了解这一计划的人都被命令对外保持缄默。弗拉基米尔也从苏联的各大媒体视野中消失了两年，官方宣布他由于车祸而在中国养伤，而人们很快发现官方的说法漏洞百出，开始说车祸发生在 1960 年，可是在一张 1961 年公布的授勋仪式的照片中居然出现了弗拉基米尔的身影，政府又马上改口是在 1961 年，至于说到养伤的地点，则一会儿说是北京，一会儿说是杭州。

而就在弗拉基米尔飞行的第二天，加加林的名字才为政府高层所知道，5 天后，苏联对外宣布加加林胜利地成为飞入太空的第一人。以前的低调处理和这次突然宣布的成功，在全世界获得了巨大的轰动效应。

而成为英雄的加加林之后的一些行为却开始反常，开始酗酒，还当众发表不合时宜的言论，甚至在一次公开的酒会上，他当着赫鲁晓夫的面摔碎了一个酒杯。人们后来推测很可能是由于他得知自己所得到的荣誉并不是真的，而自暴自弃。几年后，这位英雄在一次飞机试飞中失事，坠机身亡。而他的失事也笼罩着层层迷雾，给历史留下了另一个谜。

至于弗拉基米尔·伊柳什呢，他后来成为苏霍伊飞机制造厂的首席试飞员，曾经试飞过 140 多种飞机。苏联解体后公布的材料显示，很可能他才是进入太空的第一人，真正的宇航英雄。20 世纪 90 年代，伊柳什在电话中曾经表示愿意接受一家美国电视台就这件事进行采访，然而当摄制组到达俄罗斯以后，他却选择了保持沉默，使这一历史之谜还不能真正地被完全解开，在离真相只有一步之遥的地方停住了，可是那一天也许不会太远了。

1961 年 4 月 14 日，苏联政府给加加林颁发英雄勋章，如果加加林不是登上太空的第一人，难道这一切全是作戏吗？

是非功过后人评

天文学家托勒密真的是欺世盗名吗

托勒密是希腊有名的天文学家，他因地心说而影响深远。托勒密的地心体系学说认为地球居宇宙中央不动，日月星辰都围绕地球而运行，这个概念是他学说的基础。后来，他的学说被推翻，但他仍是公认的才华横溢的科学家和天文学家。可是，美国巴尔的摩市约翰斯·霍普金斯大学的天文学家牛顿，对托勒密是不是天文学家提出了质疑。牛顿在彻底研究分析了托勒密的思想方法和数学法则之后，作出了这一论断。他说托勒密根本就不是天才，而是骗子。

随后，牛顿在《托勒密罪状》一书中指出，托勒密为了使自己的理论成立，不惜捏造观测结果，甚至他还篡改了较早期天文学家的一些发现和观测记录。

牛顿找出了证据来证明他这种石破天惊的论断。首先他把托勒密在特定时间内观测到的月亮位置的数值记录，与我们今天知道的当时月亮所在确切位置的数值进行比较，发现与托勒密所宣称的观测结果相差太远，这不能以古代仪器不够精密来搪塞。

托勒密的观测甚至还不如较他早几百年以肉眼作的观测准确。托勒密的数值误差超过 1/4 度。这样看来误差似乎并不算多，不过这样等于表明托勒密只是将仪器瞄准月亮边缘，而不是瞄准月亮中央。这样大的错误即使是略知一二的生手也不应该犯，更何况一个天文学家。但是，值得注意的是，这些错误数值正好与托勒密自己假设的天文公式的数值相合。

牛顿还宣称托勒密有一次甚至报道一项绝对没有人能做得到的观测，这可以说他是个骗子！托勒密报道说这项观测是古代天文学家喜帕恰斯做的，他提及的这项观测是公元前 200 年 9 月 22 日下午 6 时 30 分的一次月食。但是我们现在知道，那一天，月亮是在托勒密记载的时间后半小时才升起来的。因此，如果不是原来的观察记录是杜撰的（如果是杜撰，托勒密应该看出来），那么就应该是托勒密把喜帕恰斯的观测结果给改了，又或者这一观测结果是他

↗ 托勒密像

自己凭空捏造而硬说是受人尊敬的喜帕恰斯所述，并以此为自己编造的数值增加声势。由于喜帕恰斯的记录原本现在已经失传，我们无从考究。不过他说的月食时间正好跟托勒密理论所预测的完全吻合，牛顿就十分肯定究竟是谁在耍把戏了。

据牛顿推测，唯一可能的结论是：托勒密把自己的假设作为基础，然后推算出能支持他的说法所需要的数值，再宣称这个数值确实是从观测中所取得的。他还对所用观测仪器以及观测方法作了详尽的描述，这样无非是可以使他的大骗局更加可信罢了。

↗ 哥白尼像
他在托勒密以后提出了"日心说"。

牛顿的著作非常复杂难懂，但是，如果牛顿的这一论断被证明正确无误的话，那么托勒密的学术讹骗则不仅有害于天文学，而且也毁了他自己。因为像托勒密这样具有优良设备的科学家，要想取得真实观测数值并不是什么太难的事情，而且也许根据那些真实数值，就能使他发现太阳系的真相：地球是绕太阳而转动的。这一真相，直到14个世纪之后，哥白尼才发现，但哥白尼所用的数学方法和观测仪器，并不比托勒密当年所用的精密多少。

不管托勒密理论体系是否科学，但他在享誉科学界的伟人中还是名声赫赫，我们期待着能有更多的资料让我们去全面地了解这位伟人。

15世纪后期根据托勒密资料绘制的地图。

华盛顿为什么拒绝竞选第三任总统

在美国历史上，乔治·华盛顿绝对是一位重量级人物，作为美国的开国元勋，是他领导美国人民进行了艰苦的独立战争，从而彻底摆脱了英国殖民者的统治，使美国走上了自由之路。而且在战后，他组建了第一个合众国政府，确立了国家信誉，为美国的国家形态奠定了基本的结构形式。同时，他还很注重国家经济发展，促进了海上贸易的繁荣，制定了影响深远的土地政策。这一切，足以使他终生受到美国人的爱戴。

↗ 华盛顿像
华盛顿是北美独立战争的组织者、领导者，后来被美国人一致推举为第一任总统，素有美国"国父"之称。

但是，在他第二次担任总统任期即将结束时，很多人准备再次推举他继续担任美国总统，并且当时的宪法上对总统连任也没有任何限制。可是，华盛顿毅然谢绝竞选第三任总统，并在 1796 年 9 月发表了著名的《告别词》，说服国会，让他卸任回家养老。

对于华盛顿这一出人意料举动的真实原因，许多历史学家进行了长期的探讨和研究，但是一直没有一个定论。而华盛顿本人不管是在当时，还是在回到家乡后，都没有公开表示过他拒绝连任的真实原因。尽管如此，历史学家们还是根据华盛顿的生平经历进行了大胆的猜测，以探究华盛顿拒任的原委。

有些历史学家认为，华盛顿主要是担心自己会卷入激烈的党派斗争中去，因而不想继续从政。当时美国历史上第一次出现了激烈的党派斗争，华盛顿本人也觉察到了选民中间日益增长的党派情绪，因此在其告别演说中，语重心长地呼吁团结，反对党派斗争，反对其他分裂势力。不幸的是，在党派斗争中他虽然长期一直保持中立，但在第二任总统后期，他失去了非党派的立场，成为一个联邦党人。在这种形势下，他中断自己的从政生涯看来是一个开明政治家的

1792年，华盛顿又被一致推选为总统，华盛顿决定不寻求第三个任期，形成了一个至今只被打破一次的惯例（二战中，罗斯福因战争原因连任四届），现在它已载入美国宪法修正案第二十二条。此图是华盛顿在国会会议上。

华盛顿在自己的庄园里

最好选择了。

另一些历史学家认为，舆论的攻击对华盛顿作出拒绝连任第三任总统的决定产生了主要影响。英国一位历史学家说："由于想要空闲，由于感到体力衰退和受到反对派的谩骂而气馁，华盛顿拒绝接受要他担任第三任总统的要求。"

美国许多历史和政治学家看法也大致相同。随着党派斗争的加剧，舆论界的斗争也愈演愈烈。在两派报刊互相攻击的同时，华盛顿在他第二任总统期间，也受到反对派无情的攻击。这种攻击如此激烈，以致弄得他焦头烂额，十分难受。他被指责为"伪君子""恺撒"，说他藐视公众。当他提出不连任第三任总统时，许多杂志在其头版头条中还把他的举动称为"恶毒的谎言"。费城的《曙光报》在华盛顿告退的次日宣称："这一天应成为合众国的纪念日……因为，原是我国一切灾难根源的那个人，今天已降到与他同胞们的平等地位。"

华盛顿在 1797 年 3 月 2 日的日记中写道："我现在把自己比作要寻找一个休息之处，并正在屈身倚伏其上的疲惫旅客。但是，人们听任你安安静静地这样工作，这未免太过分了，不是某些人能够忍受得了的。"

其实，上面两种意见是有着密切关系的，但究竟是哪一种在华盛顿的思想深处占主导地位，并产生了决定性影响，人们无法知道。除此之外，还有没有更深一步的原

身为种植园主，华盛顿起初集中精力于烟草种植，准确地记录其成本和利润，并且还经营西部土地。1759年1月，他与玛莎·丹德里奇结婚。此图表现了华盛顿和家人在弗农山庄的生活。

因促使华盛顿不想再继续担任总统，比如说华盛顿本人是否对权力的欲望开始淡薄，或者是身体的原因，现在也还正在讨论中。

不管怎么样，华盛顿不顾公众的压力，坚决拒绝连任第三任国家总统，从而创立了美国总统两任传统的举动，是有深远影响和意义的。在当时，美国宪法还没有对总统连任作出规定。华盛顿创立的这一传统一直延续到1940年富兰克林·罗斯福当选第三任总统为止。1947年国会鉴于总统权力不断扩大和有可能形成终身制的趋势，才制定了第二十二条宪法修正案，即"任何人不得任总统之职两届以上"，该修正案于1951年正式批准实行，从而又恢复了华盛顿创立的传统。

在退休不到三年后的一天，华盛顿由于偶感风寒，最后病情转重，可能是当时医疗技术的低下和医生的误诊，最后不治身亡。这位美国人的国父虽然去世了，但他为美国留下的许多精神财富却永远留在了世世代代人民的心中。当他拒绝竞选第三任总统时，他是否会想到他的这一行为给美国政治带来的巨大影响呢？

也许这个美好的历史之谜并不需要我们想方设法地去解开，记住华盛顿的名字就够了。

拿破仑为何会兵败滑铁卢

1815年春，被放逐到厄尔巴岛的拿破仑回到巴黎，东山再起，很快重新控制了整个法国政权。得到这一消息后，欧洲各国君主如临大敌，立即组织了第七次反法同盟，希望能在最短的时间内将他绞杀。拿破仑也迅速组织部队抵抗，根据制定的正确的战略部署，是要在俄奥大军到达之前解决战斗，以迅雷不及掩耳之势先将英普联军各个歼灭。可是这一次战争局势并没有朝着"战神"部署的方向发展。

法兰西皇帝拿破仑·波拿巴双眉紧锁，扫视着战场。拿破仑凭借他的军事韬略和政治才能，在20年间从一个科西嘉岛小贵族变成了主宰大半个欧洲的人物。

受命占领布鲁塞尔重要阵地以牵制英军的内伊元帅迟缓犹豫，使这一行动未能如期完成。后来在双方激烈争夺时，拿破仑又命令内伊属下戴尔隆军团由弗拉斯内向普军侧后方开进，和主力部队一起对普军实行夹击，但戴尔隆对命令理解不清，错误地向法军后方的弗勒台开来，使这决定性的一击延误了近两个小时。而当戴尔隆重新赶回普军后方时，又被不明战局的内伊元帅严令调开，这时英军已在戴尔隆的大炮射程之内，戴尔隆机械地执行了内伊的命令，使法军在临胜之际功亏一篑，英军逃脱了被全歼的命运。

另外，老天爷也似乎有意和拿破仑作对。就在滑铁卢会战的前一天，拿破仑指挥军队追击英军时，就在两军快要相接时突然下起了瓢泼大雨。顷刻间，道路被冲毁，田野一片泥泞，法国骑兵不得不停止追击，使狼狈逃窜的英军绝处逢生。次日清晨，彻夜未停的大雨仍然妨碍着法军按时投入进攻，善于运用机动战术的拿破仑也无法在这样的天气下发挥炮兵和骑兵的机动作用。战斗一直推迟到中午才开始，这就给英军更多的喘息机会。

拿破仑从厄尔巴岛上回到巴黎，受到国人的热烈欢迎。

就这样由于下属将领贻误战机和对命令的错误理解，以及天气等原因，他的计划未能全部实现。英军在大举后撤后仍坚守在比利时境内的滑铁卢村南的圣让山高地，决心同拿破仑决一死战。

滑铁卢大战是世界战争史上令人瞩目的一页，也是拿破仑戎马生涯中的最后一战。然而，这一战却以拿破仑的失败而告终。滑铁卢战役的进程既惊心动魄，又富有戏剧色彩，许多微妙因素影响了战局，使法军的锐势急转直下，失去了几乎到手的胜利。

6月18日中午，随着三声炮响，滑铁卢之战的帷幕骤然拉开，排山倒海的法国骑兵呼啸而上，但防守的英军顽强抵抗，以猛烈的火力压住了法国骑兵的锐势。战斗进入了胶着状态，整个下午的激战没有片刻停歇，处于浴血苦战之中的双方都失去了完全控制局势的力量。黄昏到了，拿破仑亲自率领自己的近卫军又向英军阵地冲去，但是就在这个时刻，英国的援军到了，而拿破仑一直相信在英援军到来之前会前来救援的格鲁希元帅的部队却始终未到。形势急转直下，英军趁势变守为攻，对法国军队发起了总攻。

列成方阵的法国近卫军一面拼死抵抗，一面缓慢后撤，拿破仑也只好下车骑马而走。他脸色惨白，泪流满颊，在暗淡的晨光中跑过了一个个尸横遍野、怪影幢幢的战场。

他试图收拾残军，无奈力不从心，战场上躺着2.5万名死去的和受伤的法国人，法国几乎损失了全部的炮队，而几十万奥国生力军正逼近法国边境，还有几十万俄国军队不久也将到来——所有这一切都使拿破仑陷入完全绝望的境地。他不得不宣布退位，从此开始通向死亡的流亡生活。

在滑铁卢战役中指挥普鲁士军队的布吕歇尔元帅。

法国滑铁卢战役失败的原因引起了史学家和军事评论家的极大兴趣。

这幅画表现了1815年6月18日进行的滑铁卢战役中晚8时许的紧张情景。

有人认为，是格鲁希元帅的迟迟不到毁灭了整个法国军队，因为当时拿破仑的军队有7.2万人，英军也有7万人，双方势均力敌，谁的援军先到，谁将占据优势。或者是天气原因在这场战争中占据了很重要的因素，导致了拿破仑的失败。可是也有人把原因追溯到更早一些时候，他们认为，如果一切都按拿破仑最初的正确战略进行，本来早就可以结束战斗了，滑铁卢的决战也不会发生。第七次反法同盟也会像上几次一样，被拿破仑打得落花流水，一败涂地。

人们还常常把原因归结为拿破仑用兵失误，主要是当时在他身边缺少能攻善战、和他配合默契的将领，达乌被围困在汉堡，缪拉没能够及时从那不勒斯赶回来，马塞纳正在西班牙征战。拿破仑虽然培养了一批将才，但在关键时刻却不能为自己所用，这无疑是一场悲剧。

也有人把拿破仑的失败归结为他个人的原因。他们认为，无论从战斗的开始或是战斗的结局来说，拿破仑确实无愧为近代军事艺术巨匠，但他失去了一种对于军事统帅来说甚至比天才还重要的东西，那就是对于战争胜利的信心，从而导致了滑铁卢的惨败。也许拿破仑已经意识到他自己的时代即将过去，在对人谈起滑铁卢战役时，他说："我已经没有从前的自信心了。"有人试图用拿破仑当时的健康状况来说明这一点，他们认为拿破仑在战前就有严重的智力和体力衰竭迹象，他两眼失神，闪烁不定，步履蹒跚，举止茫然，在滑铁卢战役中精神萎靡不振，好几次昏然欲睡。

最后，听一听拿破仑自己的解释吧。他说："这是命中注定的，因为，就算有了这一切原因，那场战斗本来也是该我赢的。"

也许，是这些微妙的因素综合在一起发生作用，使战无不胜的拿破仑再一次遭遇了失败的命运。人们不遗余力地对其中具有决定性影响的因素进行探讨，但是谁也不能说服谁，只好作为一桩疑案继续讨论下去了。

流放前的拿破仑同自己的近卫军告别，站在右侧的是来自战胜国的特派使节。

佛朗哥为何没有参加二战

1936年7月18日，希特勒和墨索里尼暗中支持西班牙长枪党首领弗兰西斯科·佛朗哥发动了武装叛乱，一年多后，他占领了首都马德里，建立了独裁统治，使西班牙成为继德国、意大利后的又一个法西斯国家。但是，出人意料的是，在第二次世界大战中，西班牙却保持了中立，这一明智之举，使佛朗哥在二战后又统治了西班牙整整30年，直到1975年，82岁高龄的佛朗哥病死，成为法西斯独裁者中唯一寿终正寝的人。

众所周知，第二次世界大战空前惨烈，给整个欧洲带来巨大的伤害。佛朗哥却宣称，在一个受尽苦难和蹂躏的欧洲中，西班牙是一块快乐的绿洲，这是"国家主义运动"的成绩。

佛朗哥为什么不让西班牙参加二战，作为欧洲三大法西斯国家之一，且又是在德、意两国的扶持下夺取权力的，三国的关系非同寻常，佛朗哥为什么不和德、意保持一致而特立独行呢？

有人认为，佛朗哥不参战是因为国内经济、政治危机。当时，西班牙刚刚结束了内战，国民经济处在崩溃的边缘，政治上也很不稳定，长枪党内部也存在着种种问题。佛朗哥被国内的烂摊子弄得焦头烂额，无暇参与世界大战。但反对这一说法的人认为，国内危机并不能构成不参战的理由，也许对外战争可以转移矛盾，快捷有效地解决许多问题。

另一种说法是，佛朗哥不参战主要是因为英法同盟国和德意法西斯国家争相拉拢的结果。西班牙扼直布罗陀海峡，地理位置非常重要，自古就是兵家必争之地。因此，无论是同盟国还是轴心国，都试图拉拢他。1920年，英国同意向西班牙提供200万英镑的贷款，并允许它从盟国进口某些禁运的工业原材料，还特意从阿根廷快运了一批食品到西班牙赈济灾民。但是相比之下，德、意的支持更大一些，它们不仅支持佛朗哥上台，意大利还减免了西班牙20亿里拉的债款，德国也不停地向他提供军火、机械、精密仪器。

还有一种说法是，佛朗哥无意与西方任何国家为敌，他只主张反对苏联。因为在西班牙内战中，苏联给了佛朗哥的对手很大的帮助，并且在战后，这种支持也没有停止过。佛朗哥曾表示，西班牙和西方世界的真正敌人应该是苏联，西方国家之间的任何战争都只能是两败俱伤，而苏联却能"渔翁得利"。因此，在德国进攻苏联的时候，佛朗哥立

↗ 西班牙的独裁者佛朗哥

图为西班牙内战中，苏联支持的西班牙人民阵线政府与以佛朗哥为中心的右翼势力在紧张作战。

即表示支持德国的军事行为，并很快组织了 1.7 万人"蓝色师团"，参加对苏作战。并一再强调，"蓝色师团"只代表西班牙抵制苏联的一贯立场，并不等于参加轴心国一方作战。可是在 1943 年德军失去对苏优势后，佛朗哥立刻落井下石，迅速撤回了"蓝色师团"。这说明，佛朗哥是个讲求实际利益的人，他不会因为反对苏联而放弃参战可能带来的利益。

除上述说法以外，长期以来人们还忽视了很重要的一个问题：希特勒为什么会容忍佛朗哥的左右逢源而不对西班牙开战？1940 年，希特勒迫切需要穿越西班牙以便将整个地中海地区控制在自己手中，这可以说是事关成败的关键。奇怪的是，当佛朗哥表示，西班牙对任何入侵企图都将加以抵抗时，德国停止了行动。众所周知，德国当时在欧洲所向披靡，只要是战争需要，不管是否中立国一概入侵，而对于西班牙的这种行为，为何会一反常态，

1936 年，佛朗哥宣誓成为西班牙国家最高元首。

佛朗哥认为西班牙的敌人只是苏联，因为支持西班牙国内左翼力量的正是苏联。这也许是佛朗哥不让西班牙参加二战的最关键原因。

变得宽宏大量了呢？而佛朗哥出于什么动机，居然在关键时刻不计后果地摆脱了希特勒呢？

战后，佛朗哥也从未对自己的所作所为作出令人信服的解释，随着他的去世，有些问题可能会永远沉入历史的长河。

庇隆为什么网罗纳粹余党到阿根廷

1989 年，阿根廷刚上台执政不久的正义党人梅内姆宣布，开始清理第二次世界大战期间德国纳粹分子的秘密档案材料。在这些材料中，记载了为数众多的纳粹在逃犯在阿根廷的一些情况，这是怎么一回事呢？

原来第二次世界大战结束后不久，苏联、美国、英国、法国等立即派出专家组成国际军事法庭，对法西斯德国战犯进行国际审判，然而除少数首犯被送上绞刑架外，其他许多罪大恶极的纳粹头目、血债累累的纳粹党余孽却逃脱了历史的审判，一大部分潜逃到了南美大陆，隐姓埋名，改头换面，重新过起了平静安宁的生活，而其中的大多数躲在阿根廷。

根据统计，从第二次世界大战结束到 20 世纪 50 年代初，涌进阿根廷的纳粹党漏网之鱼竟累计达到 6 万人之多。他们之中有被称为"希特勒的大脑"的阿道夫·艾希曼；约瑟夫·施万伯格，波兰集中营的头目；韦尔特·库斯科曼，苏联利沃夫大屠杀指挥者；弗朗兹·拉德梅克，第三帝国犹太人事务局局长；鲁道夫·冯·阿尔文利文，盖世太保头子，希姆莱得力助手；约瑟夫·门格尔，奥斯威辛集中营医生，臭名昭著的"死亡天使"……他们中除极个别被以色列和其他国家犹太人组成的追踪纳粹秘密行动小组缉拿归案外，绝大多数人在阿根廷过上了逍遥自在的日子。

↗ 庇隆像

这些纳粹余党为什么会一窝蜂似的躲到阿根廷去呢？主要是当时以胡安·庇隆为首的正义党公开宣称，欢迎纳粹分子进入阿根廷。这些潜逃的纳粹分子在阿根廷可以说是备受关怀，当其他国家要求逮捕这些人时，警方却毫不理会，甚至有意让他们逃走。不但如此，更有甚者阿根廷政府还反过来追踪和处罚那些正义人士，帮助销毁纳粹分子材料。里加大屠杀总指挥爱德华·罗希曼在阿根廷还当上了维森特洛佩斯一个群众组织"合作社"的主席，并且还组织了好几次为当地警察机关募捐的活动。而阿根廷警察局一个情报助理员贝拉斯科就因向报界透露马丁·鲍曼的下落而

庇隆的支持者高举庇隆及其夫人的画像走过街道。由于有了美女夫人的加盟，庇隆的支持者愈发多了起来。

胡安·多明戈·庇隆及妻子向人群招手
1945年10月庇隆在一起政变中被推翻。情人埃娃、工人中的支持者发动布宜诺斯艾利斯的工人于10月17晚将他从狱中救出。当日他在总统府阳台上向30万人发表演说，许诺建立一个强大而公正的国家。

被开除公职；住在"死亡天使"门格尔隔壁的一位青年则因为被怀疑要绑架门格尔而被警察逮捕起来。而到了1992年春天公布的在阿根廷全部纳粹分子的档案，不少主犯材料已所剩无几，有的还不翼而飞。

庇隆作为一位曾经在阿根廷历史上起过举足轻重作用的政治家，是以"政治主权、经济独立和社会正义"为内容的庇隆主义的创始人，战后因大力实施国有化政策，广泛推行社会改良和福利措施，积极发展民族经济，对外标榜既不走资本主义也不走共产主义道路，奉行"第三条道路"而声名大噪。但他为什么会对世界人民所痛恨和仇视的纳粹分子如此同情，把他们网罗到自己的国家里呢？

一些学者认为，阿根廷是拉美国家中白人比例最高的国家，而这97%的白人大多数是意大利、德国、西班牙的移民或后裔。庇隆的父亲就是意大利后裔，而母亲则是混血西班牙人，从民族情感上来说，他们会自觉不自觉地倾向于保护这些纳粹余党。并且阿根廷历史上也一直存在着反犹太主义的传统，这一点也使他们倾向纳粹主义。

也有人认为，庇隆本人虽然不是一个纳粹党员，但是他在二战中与轴心国关系极为密切。庇隆也是一个好战分子，从青年时代在军事学院学习时起，就对世界历史上的一些黩武主义者如亚历山大大帝、汉尼拔、拿破仑等人非常崇拜。在他从政之初就与轴心国有了很深的感情，1939年他担任阿根廷驻意大利使馆武官，以后又去过德国和西班牙。因此当拉美国家都对轴心国断交与宣战时，只有阿根廷仍然坚持与轴心国保持着外交关系，直到二战结束前不久，德、意已濒临崩溃的边缘时，庇隆才不得不结束这种关系，象征性地对德、意宣战，但暗地里一直保持着联系。也正是如此，纳粹分子们才在走投无路时，直觉地感到阿根廷会是他们避难的最安全地方。

还有人为庇隆的做法辩护，认为他接纳这些人是因为想利用当时居世界首位的先进科学技术。但是立刻就有人驳斥这种说法，因为在阿根廷的实际情况是罪犯充斥而技术人员奇缺。

那么，到底是什么原因使得庇隆要为纳粹余党们大开收容之门呢？阿根廷总统梅内姆在移交纳粹分子全部档案时闭口不谈这个问题，因此直到现在，人们也无法得知庇隆网罗纳粹余党的真正原因。

归宿遗物细考订

所罗门财宝何处寻

大约在公元前 11 世纪的时候，犹太人部落首领大卫攻占了耶路撒冷，统一了以色列和犹太，建立了以色列—犹太王国，耶路撒冷成为国家的首都和宗教中心。大卫死后，他的儿子所罗门即位。所罗门是古代以智慧闻名的帝王，史料上记载了一个这样的故事：大约在公元前 965 年的一个晚上，年幼的以色列新继位的国王所罗门做了一个奇怪的梦，梦中见到了上帝耶和华，他慈祥地对所罗门说："你需要什么，尽管对我说出来，我会满足你的要求。"所罗门说："耶和华，我的神啊！如今你使我继承王位，但是我的年纪太小了，根本不知道怎样管理国家，请你赐给我智慧，让我可以明辨是非。"耶和华对他说："我答应你的要求，赐给你聪明智慧，甚至在你以前没有像你的，在你以后也没有像你的；你所没有要求的我也赐给你，就是富足、尊荣，使你在世的日子，列王中没有一个能与你相比。"传说中的所罗门就这样成了以色列历史上空前绝后的一代国王，以智慧和财富著称于世。

实际上，由于所罗门的非凡智慧和才能在当时得到了四方的尊敬与朝拜，邻国每年都会派遣使臣来进贡金银财宝和名贵香料；同时，在所罗门统治期间，以色列的手工业、商业特别是对外贸易都达到了鼎盛时期。当时的所罗门王可谓是富甲天下，这一时期也由此被人们称为"黄金时代"。据记载，所罗门王在公元前 10 世纪的时候，花了 7 年的时间修建了一座雄伟的犹太教圣殿——耶和华神庙，它结构严谨、造型美观，教徒们都去那里朝觐和献祭敬神。在神殿中央有一块长 18 米、宽 2 米的"亚伯拉罕圣岩"，下面修建了地下室和秘密隧道，据说下面存放着所罗门王数不胜数的金银珠宝，这就是历史上举世闻名的"所罗门财宝"。

然而在后来，犹太王国开始衰落，公元前 586 年，新巴比伦国王尼布甲尼撒二世攻陷了耶路撒冷，他也垂涎传说中的"所罗门财宝"，

↗ 所罗门雕像

↗ 死海古卷

命令手下在"亚伯拉罕圣岩"的地下室和秘密隧道中大肆寻找。可惜地下室和隧道曲折幽深，结构复杂得就像一个迷宫一样，最后只能空手而后。但恼怒的巴比伦军队在撤出时，也放了一把火，将整个神庙付之一炬。

两千多年来，直到现在，人们从未怀疑过"所罗门财宝"的真实性。人们寻找"所罗门财宝"的活动一直没有停止过，但它们究竟在什么地方？

对此人们做出了各种各样的猜测：有些人认为，在巴比伦人入侵耶路撒冷城之前，这些宝藏就已经被转移到别处去了；有的人认为这些财宝根本就没有藏在神庙里，而是藏在其他地方；但也有人认为，财宝肯定还在结构复杂的地下迷宫的某个角落沉睡。

在众多的猜测中，对后世影响最大的说法是，财宝从一开始就被聪明的所罗门王藏在海外。因为在所罗门王统

↗曾装有"死海古卷"的经坛
1948年，在死海附近的洞窟中发现了若干陶瓮，内藏经卷，成书时间约在公元前2世纪，是已知最古老的《圣经》读本。

治时期，他常常派船只出海远航，而且每次回来的时候总是金银满舱。由此人们得出了一个结论，在茫茫大海中，必定有一处宝岛是所罗门王储藏财宝的地方，而那些满载而归的金银珠宝就是从那个小岛上运回来的。

↗以色列境内的一处孤岩
两千多年过去了，所罗门财宝的下落仍旧是一个谜，是在以色列境内的某个地方埋葬着，还是已转移到茫茫大海中的偏僻岛屿上？这一问题让世间寻宝者困扰不已。

↗ **示巴女王朝见所罗门王 爱德华·约翰·波依特 英国**
该图取材于《列王记上》，居于阿拉伯半岛西南部的示巴女王听说所罗门王将以色列建成地中海东岸最富强的王国的一些传奇性故事，不以为然，就率领骆驼队，带了许多香料、宝石和黄金访问耶路撒冷，亲眼见到以色列的富强与领略所罗门的睿智后，对所罗门佩服得五体投地。

　　一些相信这一说法的人，纷纷出海去寻找这个传说中藏有财宝的小岛。1568年，西班牙航海家门德纳率领一支考察队来到了太平洋上的一个小海岛，只见当地的土著居民个个都佩戴着金光闪闪的黄金首饰时，欣喜若狂，以为自己找到了传说中"所罗门财宝"的藏宝地，于是就给当地取名为"所罗门群岛"，并在岛上展开了大面积的搜索，结果还是一无所获。

　　自此以后，这些人所未知的岛屿首次以"所罗门群岛"的名称出现在人们眼前，许多人也纷纷慕名前来此地寻宝。但是所罗门群岛是由6个大岛和900多个小岛组成，它们都有着相似的地貌：多山，河流交错，岛上覆盖着90%的热带雨林，并且散布在60万平方千米的海面上，所以寻起宝来困难重重。

　　可也正是因为所罗门群岛是一个由那么多小岛组成的地方，在一处没有找到宝藏并不意味着这里就真的没有宝藏。所以几百年来，前来寻宝的人还是络绎不绝，只是所有的人最后都得到了相同的结果，两手空空地离开了。

　　看来，不是这些寻宝者的运气太差了，就是在所罗门群岛上根本就没有所谓的"所罗门财宝"。那些相信所罗门财宝存在的人，恐怕还要一代接一代地找下去。

拿破仑死亡留下的问号

在欧洲，提起拿破仑的大名来可以说是如雷贯耳，这位身材矮小，但意志如钢铁、威猛如雄狮的人，曾经改变了欧洲的近代史，可人们对拿破仑的评价分歧特别悬殊。有人认为他是一位真正的英雄，一位出类拔萃的伟人。1837 年司汤达在《拿破仑传》里评价他"是从恺撒以来世界上曾经出现过的最伟大的人物""命运的支配者""世纪的巨人"，特别是在军事才能上，拿破仑可以称得上是"战争之神"。可是，另外一些人却对拿破仑恨之入骨，把他说成是一个"以野心为法律，以蔑视他人为准则"的"无耻小人"；是来自"科西嘉岛的吃人妖魔"。颂扬之辞和诽谤之语都是如此激烈，给拿破仑的头上蒙上了一圈神秘的光环，使人们对他倍加关注。

↗ **拿破仑横穿阿尔卑斯山脉**
这位神话般的军事天才曾五次打败反法同盟。至于他为何在战败后短短几年内便离奇死亡，个中理由颇让人费解。

拿破仑是在激荡的法国大革命中起家的，1793 年他率领一支炮兵在土伦战役中打败波旁王朝军队和英国侵略军，为法国资产阶级革命政府立下了汗马功劳，因此拿破仑在 24 岁的时候就被破格提拔为将军。他的军事才能得到资产阶级政府的赏识，被多次派遣去平定封建势力的叛乱，在多次战斗中他拥有了一支忠诚于他的军队。当 1799 年年底法国国内危机四伏的时候，正在远征埃及的拿破仑感到机遇在召唤他，于是秘密潜回巴黎，发动"雾月政变"，夺取了最高权力。

↗ **拿破仑的棺木**

1804 年，拿破仑登基加冕，自封为皇帝，建立了"法兰西第一帝国"，但在实质上，还是一个资产阶级性质的中央集权国家，拿破仑不但坚决镇压封建复辟势力，还颁布了著名的《法国民法典》，以法律的形式巩固了法国大革命的成果，另外还采取了很多促进资本主义经济、文化和教育发展的措施，产生了广泛的积极影响。拿破仑同反法同盟进行了长期的战争，在战争过程中，客观上也将

拿破仑生前的餐具，法国人怀疑是有人用毒药谋害了拿破仑。

资产阶级革命思想传播到了欧洲一些相对封闭落后的封建国家。

但是，无往不胜的拿破仑个人权欲和野心也不断膨胀，使帝国的对外战争性质带上了争霸和掠夺的痕迹。俄国、普鲁士、奥地利等国家军队联手，打败了拿破仑，占领巴黎，扶植波旁王朝统治了法国，将拿破仑流放到地中海的厄尔巴岛，但不久后他就逃了出来，赶跑复辟王朝，重新当上了皇帝。

但是，"常胜将军"拿破仑遭遇了滑铁卢之败，被迫第二次退位，英国人将他囚禁在圣赫勒拿岛。1821 年 5 月 5 日，大西洋上的一场罕见的暴风雨过去后，人们发现，这位曾经叱咤欧洲的风云人物，在度过了六年的流放生活之后，心脏停止了跳动，但又给后人们留下了另一个巨大的问号。

拿破仑死后，他的私人医生安托马什医生遵照死者生前的遗嘱，亲自解剖了尸体。在整个解剖过程中，六个英国医生和十几个来自英国、法国的官员在场。虽然医生们最终提交的四份解剖报告有不一致的地方，但是有一点是相同的：拿破仑"胃部靠幽门的地方有溃疡"，由此得出拿破仑死于胃癌。另外，拿破仑家族有癌症病史，他的父亲在 40 岁时就是被癌症夺去了生命的。但是，当时许多人不相信英国公布的验尸报告，特别是法国人。后来情况证明，英国人确实隐瞒了一些事实，有个医生发现拿破仑的肝脏异常肿大，认为他也许是死于肝病。因为当时岛上气候不好，肝病流行，英国官方担心人们因此指责英国对拿破仑"蓄意迫害"，所以在验尸报告中做了手脚。

但是，法国人不相信拿破仑是因病死亡的，他们怀疑是有人用毒药谋害了拿破仑。在拿破仑死后的近二十年里，法国政治风云变幻，但他的名字从来没有被人们遗忘。那些曾从拿破仑的手中得到过土地的农民，还一直珍藏着他的画像，也有更多的人怀念拿破仑带给整个法国的光荣岁月。1840 年，人们把拿破仑的遗体从圣赫勒拿岛运回巴黎，重新安葬在塞纳河边的荣誉军人院。据说人们惊奇地发现，棺中的皇帝遗体虽然历经 20 年，但是完好无损，面孔栩栩如生。

1982 年初，瑞典医生、毒物学家斯坦·福舒夫伍德发表了他的研究成果《谁是杀害拿破仑的凶手》，引起了极大的轰动。医生查阅了拿破仑的病状记载，发现他在生命垂危之际有慢性砒霜中毒的症状；而拿破仑遗体之所以经久不腐，也说

↗ **拿破仑的几根头发**
这成为后人测试拿破仑是否慢性中毒而亡的实物证据。

↗ **拿破仑加冕典礼**
遥想当年拿破仑带给欧洲大陆何其巨大的冲击与震撼，而今却英雄气短，死因不明不白。

明他死于砒霜中毒。后来他想办法得到了几根拿破仑的头发，对头发进行了中子活化分析法测试，结果表明，其中砷（即砒霜）的含量比正常值高了近13倍。为此，他研究了拿破仑身边的随从，把怀疑的目标锁定在蒙托隆身上，是他在拿破仑的葡萄酒中不断投放小剂量的砒霜，使皇帝慢性中毒而死。

各种观点众说纷纭，究竟如何，我们只有慢慢期待了。

消失了的隆美尔财宝

1943年3月8日清晨，在地中海之滨的哈马迈特城的一幢漂亮别墅里，几位军官围坐在宽敞、明亮的起居室里，但是却没有一个人有心情享受这难得的清晨美景。坐在正中间的那张大皮椅上的正是纳粹德国的悍将之一，人称"沙漠之狐"的隆美尔元帅，他一扫昔日的威风，布满伤痕的脸上神态无比沮丧，他周围的六名亲信军官和一名年轻士兵也好不到哪里去，一个个像斗败了的公鸡，垂头丧气地坐着。

原来，隆美尔率领的非洲军团近来损失惨重，还被蒙哥马利将军统帅的英军沙漠部队团团围住。三天之前，输急了眼的隆美尔集结他仅剩的140辆坦克，孤注一掷地向同盟国军队发起进攻，企图扭转不利局面，重新掌握战场上的主动权。结果不仅没获得期望的胜利，反而因此陷入了更加被动的处境。眼看战争失败的命运已无可挽回，隆美尔开始同手下商量如何处理陆续从各地掠夺来的一大批财宝。在更早一些时候，

↗ 隆美尔像

这位人称"沙漠之狐"的德国元帅，尽管诡计多端，然而由于希特勒的多疑和战略物资的不足而被蒙哥马利打败，本人也由于被指控参与谋杀元首而被迫自杀，至于他遗留下来的财宝可能没有人知道。

隆美尔就多次考虑过要把这批财宝经突尼斯城走海路运到意大利南部去。可是战场上的形势瞬息万变，隆美尔的计划还没来得及实施，英军就已经完全取得了对这一地区的海、空控制权，德国舰艇再也没有办法横越地中海了。隆美尔急得像热锅上的蚂蚁，害怕这批财宝落到对头们的手中。因此，一大清早就召集心腹们开会讨论怎样妥善处理这批宝贝。

仔细研究过后，以狡猾著称的隆美尔决定采取声东击西的策略，把这批财宝藏到他认为最安全的地方去，那就是突尼斯西南杜兹附近的沙漠里。杜兹是撒哈拉大沙漠边缘的一个小镇，沙漠上的小小绿洲，在它周围，是无数个形状相似、大小不一的沙丘。即使狂风劲吹，黄沙漫卷，也很难改变这些沙丘的模样。如果把财宝埋在那许许多多沙丘之间的某个地方，人们是很难找到的。

当天晚上，隆美尔先派出一支高速快艇舰队，装上他从博物馆和阿拉伯酋长的宫殿里抢来的几十箱艺术珍品，准备穿过地中海运到意大利去。一直密切监视隆美尔一举一动的英国情报机关立即行动起来，派出大量的轰炸机和军舰到海上搜索这些满载着财宝的运输队。

与此同时，隆美尔立即派出一支大约有 15 辆到 20 辆军车组成的车队，每辆车上都装满了金币和奇珍异宝，由隆美尔最信任的军官汉斯·奈德曼上校负责押送，借着黑暗的掩护，消失在无边的夜色中了。车队沿着土路以最快的速度向沙漠中驶去，按照既定计划，这批财宝在杜兹镇卸下，再由一支骆驼队运到沙丘间的一个安全地点埋藏起来。

但是，从此这支车队就失去了消息，焦急的隆美尔还没等到战争结束就被希特勒赐死了。后来就再也没有一个人知道这批财宝究竟被埋在哪一个沙丘的下面。

30 多年后，当时充当随军摄影师的海因里希·苏特作为这件事的当事人之一，向人们回忆了这个故事。他解释说，在几周以后，从英国的无线广播电台中听到一个消息，英军在杜兹附近沙漠边缘与一支装备精良的德军小分队相遇，经过长达一天的战斗，英军全歼了这支小分队，德军士兵无一生还。据估计，这支小分队是被

蒙哥马利在阿拉曼战役的胜利使隆美尔仓促逃出了北非。

派到一个边远地点执行任务后回去与所属部队会合的。苏特认为，这支被全歼的小分

队就是去藏宝的人员，他们在返回杜兹的途中遭到伏击，全部战死。因此，隆美尔的这批财宝到底藏在哪儿就成了一个难解的谜。

可是上述整个故事都只是苏特的一家之言，以此很难判定故事的真实性。隆美尔的财宝真的被埋在沙漠里了吗？

又过了很多年，一个名叫肯·克里皮恩的美国人对这个故事产生了浓厚的兴趣，为了核实苏特故事的真实性，克里皮恩借着到突尼斯度假的机会，特地到哈马迈特城和杜兹镇进行了为期约一个月的实地考察。面对克里皮恩的询问，杜兹镇的许多老年居民都不知道当年的车队和骆驼队的事，但是有一个名叫尤素福的70多岁的老人说，当年他在骆驼市场做生意，曾亲手把五匹骆驼卖给了一批外国人。老人之所以能清楚地记得这

正在研究作战方案的蒙哥马利元帅，这位隆美尔的克星在战场上以灵活的战术将隆美尔打败，被人称为"沙漠跳鼠"。

件事，不仅是因为这些人一口气买了六七十匹骆驼，出的价钱要比平常得高，还因为这是他第一次看见金黄色头发的人，他们都穿着军装，可是他不知道这些人离开市场后朝哪个方向走了。另一位名叫赛伊迪的老人则记得大约在那个时间有一些卡车开进了他们的村庄，后来那些人就不知道去哪儿了，过了几个星期，一批英国士兵来到他

隆美尔正在同参谋研究作战方案，以便应对英军的进攻。蒙哥马利的战术和希特勒的命令让他进退不得。

们村开走了那些车。

克里皮恩的考察结果看起来很有价值,但他也是在苏特的故事基础上进行推测的,整个故事还是存在着不少的疑点。如果隆美尔的财宝真的被运往沙漠藏起来了,那么那支庞大的运宝骆驼队到哪儿去了,是否真的无人生还,那批财宝是否真的还在沙漠的某个地方无人发现,恐怕只有一望无际的撒哈拉大沙漠才知道全部的真相。

"瑞典辛德勒"瓦伦堡下落如何

在第二次世界大战中,遭遇最为悲惨的要数那些生活在轴心国的犹太人。希特勒编造了一套说法,只有德意志人所属的雅利安民族才是世界上血统最优越的种族,有着统治世界的权力与使命,而犹太人则是劣等民族,是与他们作对的恶魔。所以,德意志人要想获得统治世界的权力,唯一的选择就是把妨碍他们的犹太人全部消灭。于是,纳粹分子利用种种借口残害犹太人,犯下了令人发指的罪行。可怜的犹太人被法西斯魔鬼们成批地送进焚尸炉、毒气室,甚至被当作生化武器的实验对象。如何逃出纳粹们统治的人间地狱,成

↗ 瓦伦堡像

了每一个犹太人最迫切的希望,也正是在这时,涌现出了许多救世主一样的英雄人物,帮助他们逃离魔掌,瓦伦堡就是其中的一位。

瓦伦堡是当时中立国瑞典政府任命的瑞典驻匈牙利使馆一等秘书,在他到达匈牙利之前,当时的匈牙利独裁者霍尔蒂也加入了德、意、日法西斯轴心集团。当时居住在匈牙利的犹太人约有80万,在法西斯种族灭绝主义的迫害下,已濒临死亡线。盟国和中立国的一些组织也极力对这些人进行营救,但是效果不佳,几年内,只从匈牙利救出几百人。正在这时,瓦伦堡奉命去匈牙利,美国驻瑞典大使约翰逊很早就听说瓦伦堡是一个有着高尚品德和杰出才能的人,便请求瓦伦堡到匈牙利后协助解救被困在那里的犹太人,瓦伦堡毫不犹豫地答应了这个要求。临行前,约翰逊大使很坦率地告诉他:"你这次去是深入虎穴,一旦事情暴露,没有人能够帮助你。"富有正义感的瓦伦堡坚定地回答:"我不怕,我会竭尽全力去做的,哪怕只能救出一个人我也要去。"

按照国际法规定,持瑞典护照的公民受瑞典王国保护,不管他是否为犹太人,这一规定都有效力。但是当时德国人闪电式地入侵了芬兰和挪威,作为它们的邻国,瑞典政府一直忧心忡忡,害怕纳粹突袭,对于德国人迫害持瑞典护照的犹太人的事情也有些顾不上了。要想拯救犹太人,瓦伦堡只得自己想办法,让德国纳粹们重视国际法规定。他先是多次发表演说,争取国际社会的同情,向纳粹政府施加压力,同时,他也花钱买通了一些德国高级军官,使持瑞典护照的犹太人能够得到瑞典政府的保护。

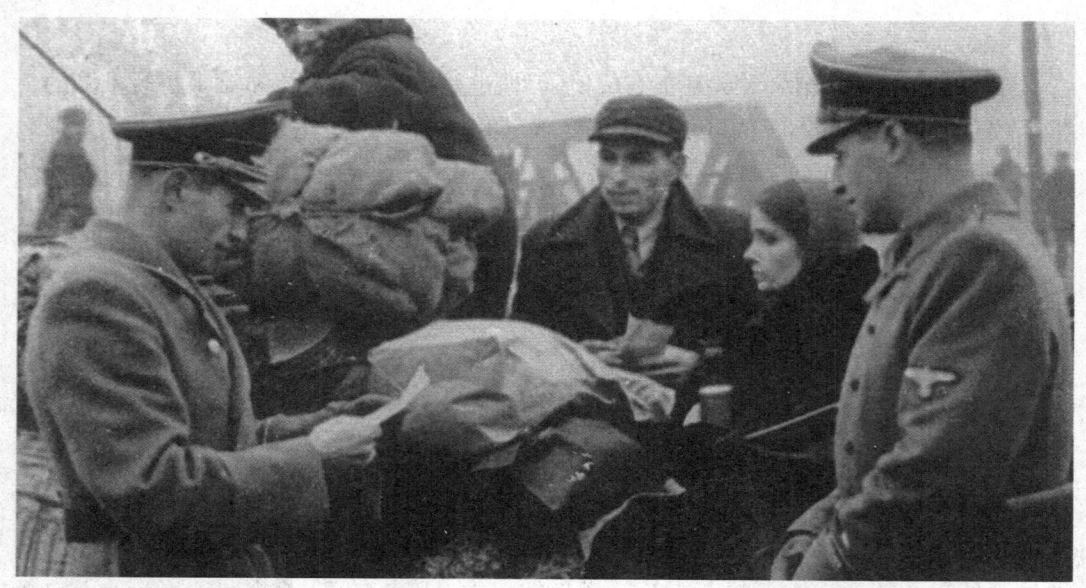

纳粹军官正在检查试图通过关卡的普通百姓。瓦伦堡深入虎穴，一次次从纳粹的手中将犹太人拯救出来。

当然，他也不分日夜地给犹太人签发瑞典护照，安排他们逃往瑞典。

有一天，瓦伦堡接到一个电话，有人告诉他，有几百个犹太人被押到车站，即将被送往纳粹集中营。瓦伦堡连忙去找主管这件事的德军上尉，质问他们为什么押走受瑞典保护的犹太人，最后逼迫上尉带他去车站要回那些人。一到车站，瓦伦堡就高声喊道："我是瑞典外交官，凡是持有瑞典护照者都受瑞典政府保护，请站出来跟我走。"有几十个犹太人下了车，其他没有瑞典护照的人都不敢动，急得没办法的瓦伦堡忽然想到跟他来的德军上尉不认识匈牙利文，就又大声说："持有匈牙利文瑞典证件的也可以，谁有？快下车！"他一边喊话，一边向那些犹太人使眼色，机灵一点的犹太人很快就心领神会了，他们拿着匈牙利文的运货单、所得税收据，甚至包括种牛痘的证明书，都由瓦伦堡证明是瑞典王国临时证明书。就这样，瓦伦堡从纳粹的手中又救出了一批无辜者。

华灯初上的夜晚多么宁静。这里却是魔鬼的殿堂与人间的地狱——纳粹集中营。二战中，成千上万的犹太人被关押在集中营惨受折磨，遭到迫害。

1945年，苏联红军攻入了布达佩斯，瓦伦堡表示他会一直留在那里，帮助苏军完成解放犹太人的工作，并归还犹太人的财产。但是在 1 月 17 日，他对朋友说："我要跟苏联人去了，但是这一次去是堂上客还是阶下囚我不知道。"过了几天，他就去了苏联军营内，从此就再也没有回来。

瓦伦堡为什么会失踪？他为什么要去苏联军营？失踪后他去了哪儿？是死了还是活着？没有人知道答案，于是传闻说，苏联人怀疑瓦伦堡是美国间谍，把他秘密杀死了。可是，苏联政府在 1957 年发表声明说，瓦伦堡早在 1947年就因为心脏病发作而死去了。但是很多人怀疑这一说法，一直有人坚信瓦伦堡还活着。1975 年，有一位苏联犹太人表示，他在莫斯科一个监狱医院里见到一位瑞典人或是瑞士人，此人被拘留已经有 30 年了。瑞典政府得到消息后，马上想到了瓦伦堡，立刻向苏联政府提出

▷ 遭到大批屠杀的犹太人

要见这位犹太人，但是遭到了无情的拒绝，而且很快，那位犹太人就被捕了。1982 年瑞典政府专门提出了一份长达 1.3 万页的文件，要求苏联政府就瓦伦堡失踪事件作出合理解释，但是苏联政府几次都重复 1957 年的声明，宣布瓦伦堡已经病死了。

▷ 瑞典森林公墓
有人猜测瓦伦堡早已长眠于此，有人则说客死他乡。

总之，瓦伦堡为什么一去不复返？是死还是活？直到现在仍然还是一个谜，在布达佩斯一条以他名字命名的街道上，耸立着一座他杀死带有纳粹标志的毒龙的纪念碑，永远怀念他的人相信，笼罩在他下落之上的迷雾终有一天总会散去。

马科斯找到山下奉文宝藏了吗

第二次世界大战进行到了尾声的时候，各个纳粹国家眼看败局已定，纷纷将自己在战争中掠夺来的大量财宝开始转移。日本法西斯侵略军的大将、号称"马来亚虎"的山下奉文也急急忙忙把自己在东南亚搜刮来的财宝秘密藏了起来，据说这批大部分为金块、总重量约 6000 吨的财宝被藏在菲律宾吕宋岛的某个山洞里。对于习惯以克来衡量黄金的普通民众来说，6000 吨的黄金实在是一个难以想象的天文数字。即使到了现在，在一些发展中国家的国库里，恐怕也很难找到这样大的一批巨额财富。

二战中日本战败，山下奉文作为战犯被处死，那批巨额财宝也就留在了菲律宾。战后，菲律宾的掘金热是一浪高过一浪，结果都是一无所获，可其中最狂热的要数当时菲律宾总统马科斯了，他曾下令在全国 172 个地方同时展开掘金寻宝的行动，不同的是，当时没有人知道他到底找到了什么。

1986 年，新上台的菲律宾总统科拉松·阿基诺下令调查和追回马科斯的财产，1991 年 7 月 31 日，主管追查工作的菲律宾"廉政公署"公布了他们掌握的马科斯的部分财产总数，据查马科斯在瑞士银行存有多达 5325 吨的黄金，在香港的银行里有 5 个秘密账户，存款总额至少有四五亿美元，很可能高达 10 亿美元以上。

马科斯为什么会拥有如此巨额的财产？1992 年 2 月，马科斯遗孀伊梅尔达·马科斯对外宣称她的丈夫之所以拥有这样多的财产，是因为他找到了"山下奉文宝藏"。有些人不相信马科斯夫人的说法，她实际上是为马科斯当菲律宾总统时的贪污劫掠行为辩护，作为世界八大黄金产地之一的菲律宾开采的黄金一大部分都落入了马科斯的私人腰包。就在这时，有两个美国人的故事似乎可以证明马科斯财产确实有一部分是来自"山下奉文宝藏"。

其中一位名叫洛克萨斯，他对外宣称山下奉文的财宝最早是由他发现的，可惜后来被马科斯抢走了。原来，1970 年，在菲律宾经商的

1986 年，菲律宾原总统马科斯下台后，携宝出逃到夏威夷，经菲律宾"廉政公署"调查，马科斯存款总额至少有四五亿美元，有可能高达 10 亿美元。个人财产如此之多，令世人瞠目结舌：马科斯找到山下奉文的宝藏了吗？

洛克萨斯有一次偶然去日本旅行，从而结识了一位早年曾追随过山下奉文的退役日本军官，后来他从这个人手里买了一张藏宝图。当他回到菲律宾后，按照藏宝图上标示的路线，来到一座荒山的山洞里，很快就发现一尊高28英寸的金佛，扭开可以开合的佛头，只见金佛肚子里藏满了钻石和珠宝。大喜过望的洛克萨斯正准备继续向里走，洞顶上的石头突然开始松动，他只好抱起金佛跑出山洞，刚一离开，整个洞口就崩塌了。这个故事听起来很像天方夜谭，但是洛克萨斯发现的宝藏如何落到马科斯手里呢？主要是

↗ **马科斯像**
这是马科斯在总统竞选胜利后，向民众发表声明，要将菲律宾人民带入一个繁荣、富强的新时代。

洛克萨斯让友人们参观了他找到的金佛，得到消息的马科斯立即派了一队士兵查抄了他的家，拿走了金佛。他向法庭提起诉讼，要求归还他的金佛，法庭受理了此案，经过裁决马科斯应该将金佛还给他，可是最后洛克萨斯拿到手的却是一尊仿制的铜佛。有苦难言的洛克萨斯求告无门，只得忍气吞声。

人们推测，马科斯从洛克萨斯手中夺走了藏宝图，出动重型机械，挖开坍塌的山洞，从而获得了大量藏金。因此，山下奉文宝藏转移到了马科斯名下，并被他秘密转移重新埋藏起来。马科斯本人对关于他获得山下奉文宝藏的传说态度含糊，既不承认，也从没有明确否认过。至于真相如何，随着马科斯的去世，事情就变得死无对证。

虽然对山下奉文宝藏的存在与否人们意见相左，但是有80多个寻宝团体，包括菲律宾政府在内都曾在各地发掘宝藏，而且这股"寻宝热"至今仍未降温。可是，不知道是那些人的运气太坏，还是宝藏根本就是子虚乌有的事，到现在也没有一个人成为菲律宾的阿里巴巴。山下奉文宝藏，仍是一个被迷雾笼罩着的巨大诱惑。

神秘遇害留悬案

古埃及图坦卡蒙法老是死于谋杀吗

古埃及以其灿烂的文明和神秘的传说吸引了无数历史和考古学者。在开罗南700多千米的尼罗河西岸，埋葬着30多个法老，学者们称之为"王陵谷"。

1922年，考古工作者在"王陵谷"内发现了距今3000多年前第十八王朝的法老图坦卡蒙的陵墓。图坦卡蒙是著名的阿蒙普特四世（即埃赫那吞）王后尼费尔提提的女婿。这位君主政绩平平，没有什么大作为。他大约于公元前1361年登基，当时年仅10岁，娶了一个12岁的少女。19岁时他便死去了（也有人认为他死时18岁）。这些就是史料传说对他生平的全部介绍。图坦卡蒙的陵墓是迄今为止所发现的最完整、最有价值的古代埃及法老的陵墓。

↗ 图坦卡蒙的黄金王座

1972年和1976年图坦卡蒙墓中出土的部分珍贵文物先后在伦敦、华盛顿展出，吸引了成千上万的欧美观众，再次轰动了整个世界。图坦卡蒙又一次成为人们津津乐道的话题。

古老、神秘的图坦卡蒙之墓发掘成功后，人们终于见到基本上完整的法老墓葬，也第一次看到了法老的葬制。

整座墓由前室、墓室、耳室、库室组成。除墓室外，所有的地方都放满了家具、器皿、箱匣等各类器物，其中包括墓主人的宝库。墓中的每件器物，都以金银珠玉装饰而成。在墓室中还发现了两尊真人大小的乌木镀金雕像，据学者们认为是图坦卡蒙的形象。这两尊雕像生动逼真、栩栩如生，充分反映了古代艺术家们高超的技术和丰富的想象力。在8年的挖掘过程中，卡特在墓中发现了2000多件文物，墓中奇珍异宝非常丰富。

↗ 图坦卡蒙黄金面具

图坦卡蒙的木乃伊被密封在重重的棺椁之中，在棺材外面的4层是涂金的木椁。最里面的是黄金打制成的棺椁。当揭开裹在木乃伊脸部的最后一层亚麻时，人们突然发现图坦卡蒙的脸上靠近左耳垂的地方有一处致命的创伤，创伤是怎么造成的？凶手是谁？这一切都成了谜。

我们结合一些文献史料的记载和刚出土的壁画文物可以大体得知，由于图坦卡蒙登基时年纪非常小，只是同老臣阿伊共掌大权。他在19岁时突然死去。在他死后，他的年轻皇后请求赫梯王派一王子与她完婚。可是赫梯王子在来埃及途中被人杀害。接下来，老臣阿伊继承了王位。

可是，我们从这些零散的资料与传说中无法揭开图坦卡蒙猝死之谜，谜底在哪里？也许仍长眠于尼罗河充满神奇色彩的土地下，我们只有期待更多的出土资料来揭开这个谜底，也许会由此发现更多不为人知的谜团，从而为世人留下更多的悬念、无限的遐想。

↗ **制造砖**
坟墓上的画告诉我们许多古埃及人日常生活的情况。图中，手工艺者用从尼罗河取来的软泥添加麦秆，制造建筑用砖。

马其顿亚历山大大帝死于谁手

亚历山大大帝一生纵横无敌，他曾率领马其顿希腊联军发起对波斯帝国的远征，用近10年的时间把东方广大地区征服，从而建立了横跨欧、亚、非三大洲的庞大帝国，然而，这位纵横天下的大帝于公元前323年夏在巴比伦猝死，他到底死于什么原因呢？

↗ **亚历山大头像**

生于马其顿都城伯拉的亚历山大大帝（公元前356～前323年）出身于新兴的王族家庭，他的父亲就是腓力二世。他小时候曾拜著名哲学家亚里士多德为师，从而受到良好的希腊文化教育，他16岁就随父出征，从而学得不少军事知识。他公元前336年即位，并先后平定宫廷内乱，平息北方诸侯的反叛，击败了希腊各邦的反马其顿运动。公元前334年春，亚历山大带领着他的马其顿希腊联军，穿过赫斯斯湾海峡远征波斯。公元前333年，在小亚细亚伊苏城附近把大流士三世率领的波斯军打得落花流水，并俘获了大流士三世的母亲、妻子。公元前327年夏，利用印度诸国之间的矛盾，亚历山大占领印度西北的许多

↗ 亚历山大军队战斗浮雕

地区。但是由于当地人民的顽强抵抗以及战士的厌战情绪，再加上当地气温高、瘟疫流行，亚历山大被迫撤军。公元前324年，亚历山大军队分别从海陆两路回到了巴比伦。

公元前323年夏，亚历山大突然暴病而亡，这时他正准备着一次新的远征。是何种疾病夺去了亚历山大的生命？史学家们有许多不同的看法。

第一种看法是他死于恶性疾病，苏联学者塞尔格叶夫曾在《古希腊》中提过。在《亚历山大新传》这本书中，美国学者高勒将军认为亚历山大由于长期在沼泽地区作战而染上恶性疾病，在6月13日晚上发作，从此离开人世。他来不及留下遗嘱，更没时间指定由谁来继位，持同样看法的还有我国史学家吴子谨教授。

↗ 亚历山大追击大流士的战斗

第二种看法是，英国著名史学家赫·乔·韦尔斯认为："在巴比伦，亚历山大有一回酩酊大醉以后，突然发烧，从此一病不起，不久就死了。"《大英百科全书》也有这样的看法："在一次超长的酒宴之后，他突然一病不起，10天之后，即公元前323年6月13日去世了。"

第三种说法是亚历山大为毒药所害。在古希腊史学家阿里安的《亚历山大远征记》中说部将安提帕特鲁送给亚历山大一服药，正是这服药让亚历山大命丧黄泉。还说药是盛在一个骡蹄壳里，由安提帕特鲁的儿子卡山德送到亚历山大那里去，这服药是亚里士多德替安提帕特鲁配的。卡山德的弟弟埃欧拉斯里是亚历山大的御杯侍从。由于亚历山大不久前曾冤枉过他，他一直怀恨在心。但到底是什么原因使得这位正处于人生、事业巅峰的亚历山大大帝一病不起，至今仍让人不得而知，只有让后人面对着他所建立的不朽功勋大发感慨。

恺撒大帝是被私生子杀死的吗

在《哈姆雷特》一剧中，莎士比亚曾借哈姆雷特之口说"弱者，你的名字叫女人"。而在《裘力斯·恺撒》中，与此话形成鲜明对比的却是他对布鲁图的高度赞扬——"这才是一个真正的男人"。布鲁图何许人也？传说中是恺撒大帝与其情人塞尔维利娅的私生子，也是后来阴谋刺杀恺撒的主要策划者之一。

罗马历史上已有尼禄弑母夺权的事，那么布鲁图杀父又是为什么呢？他真的亲自参与了刺杀行动吗？

公元前44年3月15日，在议事厅，当每个谋杀者都向恺撒身上捅刀时，布鲁图也刺了一刀，恺撒对别的刺杀者拼命进行反击，并一面喊叫一面挣扎，然而当他看到布鲁图手里的匕首时，竟然默默地用外袍蒙上了头，心甘情愿地挨刺。另有一些人写道：

"当布鲁图向恺撒行刺时，恺撒用希腊语说道：'是你！我善良的孩子？为什么？'看来，恺撒在将死之时，仍认为布鲁图就是自己的孩子。"

普鲁塔克在给恺撒和布鲁图作传时，是以这些为基调的："恺撒不但深爱塞尔维利娅而且也爱布鲁图，虽然他不过是私生子。"在普鲁塔克看来，恺撒如此仁慈地对待布鲁图，正是源于这种爱。

但当恺撒和庞培为争夺最高权力而开始内战时，人们没有料到的是，布鲁图没加入恺撒一方，而是站到处死自己的父亲的庞培一边。尽管如此，恺撒仍爱着布鲁图。他告诉下属，不许在战争中令布鲁图死亡。如果布鲁图投降，就俘虏他，如果他誓死不当俘虏，就随他便，总之千万不可伤害他。

恺撒像

恺撒对布鲁图可谓仁至义尽。普鲁塔克说，假如布鲁图愿意，他甚至可以成为恺撒最亲密的朋友。那么布鲁图到底为何要反叛恺撒，甚至一定要杀死他呢？从根本上说，布鲁图与卡西约一伙作为共和派，他们极端仇视君主专制制度。面对有称王企图的恺撒，布鲁图表示了坚决的立场："为国家自由而死，是我们刻不容缓的职责！"

种种迹象表明，布鲁图对恺撒大帝可谓是恨之入骨，积怨不浅。在他心中，恺撒

表现恺撒被刺死的绘画

尽管事先受到警告，恺撒还是没带武器便来到元老院，在凶手中，他认出布鲁图——他之前非常信任的人，死前他说道："是你，我善良的孩子？为什么？"

即是暴君的代表，而除暴安良是他作为"真正男人"所必定要做的。刺杀恺撒天经地义。但以上只是作者普鲁塔克的一些主观看法而已。究竟恺撒大帝身死谁人之手，还有待进一步的考察。

噩梦变成现实——林肯遇刺之谜

亚伯拉罕·林肯总统是美国历史上最富有传奇色彩的总统，他出身社会底层，靠个人坚强的意志和不懈努力跻身于美国政坛，直至成为美国总统。他为了维护国家的统一，领导进行了南北战争，最后废除黑奴制度，从而在美国历史上享有很高的地位。但是，南北战争的枪声刚刚沉寂下来，这位劳累不堪的总统却在剧院观看歌剧演出时不幸饮弹身亡。

林肯成为美国历史上第一位遭暗杀的总统，一百多年来，这一桩谋杀一直迷雾重重。南北战争触犯了南方奴隶主阶级的利益，因此自从林肯当上总统后，企图暗杀他的行动就从未间断过。

美国南北战争结束后，据说有一天林肯向朋友讲述了自己做的一个奇怪的梦：

"大约在十天前我很晚才就寝，入睡不久就开始做梦，梦中感觉周围像死一般的寂静。突然我听到从什么地方传来呜呜咽咽的声音，像是有好人在哭泣。我记得我当时就起床了，迷迷糊糊地走下楼去。

"楼下的静寂又被悲惨的哭声打破，可是依旧见不到是谁在哭。我一间一间房走过去，所到之处都见不到人，可是各处都有哭声。我感觉又迷惑又惊慌，但决心查清楚到底是怎么回事。我一路走过去，来到东厅，看到那里聚集了很多人，只见大厅中央放了一个灵柩，里面躺着一个人，穿戴整齐，面部蒙着一块白布。灵柩周围有士兵守卫，有些人愁容满面地注视着灵柩里的尸体，有些人号啕大哭，悲痛欲绝。'白宫里谁死了？'我上前问一个卫兵，'是总统，他遇刺逝世了。'他回答道。"

谁曾预想到，这个梦没有几天就变成了真实发生的事。

4月14日，林肯邀请格兰特将军夫妇去福特剧院看歌剧《我们美国的表兄弟》。傍晚，当他步行到陆军部的时候，一阵不祥的预感袭来，于是便对身边的人说，要不是已经邀请了将军夫妇，他真是不愿意去了。为了安全起见，他

林肯坐像

亲自要求作战部长斯特顿派一个名叫埃克特的陆军上校做他的警卫。但斯特顿表示，埃克特当晚有别的任务，结果就临时派一个叫布恩的军官担任当天晚上的警卫。

当晚的歌剧演出十分精彩，大家被剧情吸引，如痴如醉，正当这出歌剧演到高潮的时候，一个人悄悄溜进了总统的包厢，对准林肯的后脑开了一枪。接

《解放黑人奴隶宣言》发表后，华盛顿上下一片欢腾，然而林肯废奴运动的信念与行动却遭到了一大批维护南方奴隶主利益的人的仇恨。

着凶手从窗口跳下，准备逃之夭夭。可是不巧，脚跟落地时戳在了一根旗子的梭镖上。由于脚伤引起的行动不便以及他沿途所留下的血迹，警察很快就围住了他，可惜由于他负隅顽抗，最终被警察开枪击毙了。

中弹后的林肯由于伤重不治，在1861年4月15日清晨7点22分与世长辞，就像他梦中见过的一样，遗体果然被供在白宫的东厅。

调查显示，凶手是一名叫作鲍斯的演员，他同情南方奴隶主，而且扬言："干掉林肯而使自己名垂青史，那该是多么荣耀啊！"据说林肯第二次宣誓就职时，鲍斯就站在国会大厦的台阶上，离讲坛非常近。事后，鲍斯充满懊悔地说："假如我早些动手的话，总统宣誓就职那天真是千载难逢的良机啊！"

显然，鲍斯的这些经历和言语都在一定程度上表明了他的杀人动机，人们都觉得他这么做是出于对北方和总统的仇恨。但也有人提出了此案中的一些疑点，那些证据似乎暗示着此案不像人们想象的那么简单。

据说，那天晚上林肯总统钦点的警卫埃克特事实上整个晚上都在家，那作战部长斯特顿为什么要说他另有任务？而后来担任总统包厢警卫的警察布恩，却一贯名声不好，可令人奇怪的是，他却是由林肯夫人亲自指定来担任当晚的警卫的。是巧合还是另有玄机，至今无人知晓。同时，在当晚抓捕刺客的命令中，一再强调必须将其活捉。可遗憾的是在围捕过程中，鲍斯被一枪打杀了，是谁开的枪，也无人知道。

林肯在为"新自由"而死的人们发表悼词，不曾想自己后来也为这一信念献出生命。

令人费解的是，后来报告中说，鲍斯是自杀身亡的。

林肯死后，他的家族接二连三地发生不幸，他的三个儿子不幸夭折，夫人玛丽·林肯又患上了精神病。

1926年，林肯的儿子罗伯特·托德·林肯在他逝世前，焚毁了他父亲的一些私人文件。他对朋友说："这些文件中的证据表明，林肯内阁中有一个人犯有叛国罪，因此，还是把这些证据付之一炬的好。"这个人是谁？罗伯特为什么不将他公布于众？他想保守什么秘密？其中究竟有什么不可告人的事呢？

据说这是暗杀林肯总统的演员约翰·威尔克斯·鲍斯。

肯尼迪总统遇刺之谜何日解开

约翰·肯尼迪是美国历史上最年轻、最有作为的总统之一，他只有43岁就当选为总统，在就职演说中，肯尼迪号召人们行动起来，为反对人类的共同敌人：苛政、贫困、疾病和战争而不懈努力，主张有力的、富于想象的和有实效的领导，为国家的领导阶层带来了现实主义、效率、活力，成为政治家魅力及勇气的典范。但是他才入主白宫一千多天，就在得克萨斯州视察时不幸遇刺身亡。而嫌疑人奥斯瓦尔德在被捕后也在众目睽睽之下遭人枪杀，线索就这样断了。因此，肯尼迪遇刺案成了历史上的又一难解之谜。

事发当天，肯尼迪总统带着妻子杰奎琳，在达拉斯市长夫妇的陪同下，乘坐林肯牌高级轿车，准备前往得克萨斯州达拉斯市的贸易中心发表演说。一路上，他们微笑着向道路两旁欢迎的人群挥手致意，中途甚至还两次停下来和人们握手。就在快要到达目的地时，突然响起了沉闷的枪声，肯尼迪总统手捂着脖子，直挺挺地倒在了夫人杰奎琳的膝盖上，在送往医院的途中，肯尼迪就停止了呼吸。

肯尼迪的死像一枚重磅炸弹，在美国人中引起了极大的反响，由于当时电视正进行实况转播，所以很多人都从电视上看到了总统被刺杀的一幕。警察很快在街道边的仓库大楼六层的一个窗口找到了一支步枪，经过指纹鉴定，手枪是仓库里一名叫奥斯瓦尔德的年轻人的，警方很快就抓住了他。凶手被抓住后矢口否认枪杀了总统，但后来面对凶器时却承认了。正当人们以为事情很快会水落石出时，意想不到的事情发生了，第三天清晨，奥斯瓦尔德在警察局等候审讯时，突然冲出一个叫杰克·鲁比的夜总会老板，持枪杀死了奥斯瓦尔德。鲁比被捕后否认他杀死奥斯瓦尔德与谋杀总统有关，他只是想为总统报仇，鲁比入狱几年后患癌症死去，肯尼迪遇刺一案的线索就此中断了。

↗ 肯尼迪在演讲

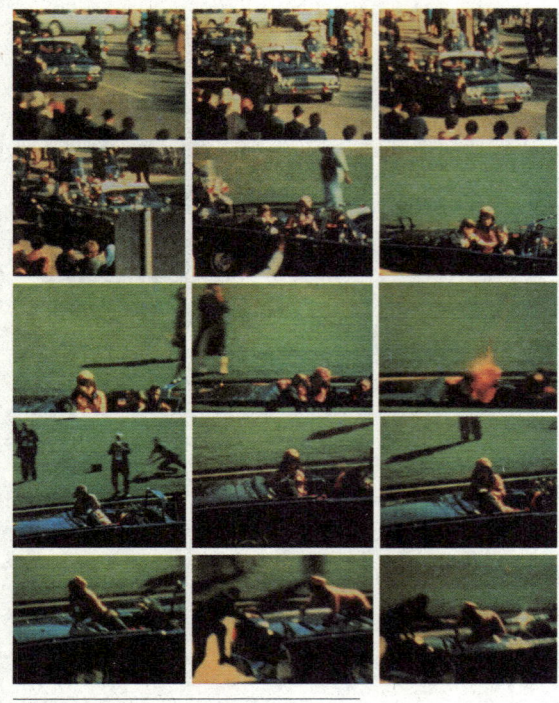

↗ 肯尼迪遇刺时抢拍的一组惊险镜头

以最高法院首席法官厄尔·沃伦为首的沃伦委员会与联邦调查局分别就这一事件进行了调查，先后公布了结论大致相同的调查结果：肯尼迪是被奥斯瓦尔德枪杀的；他一个人策划了这一事件，没有任何同谋；他的枪杀行为与任何性质、种类或形式的阴谋都没有牵连；鲁比杀害奥斯瓦尔德也是单独行动，不存在杀人灭口的说法。但是，越来越多的美国人怀疑调查报告的可靠性，一直以来，肯尼迪同联邦调查局、中央情报局的关系紧张，并且和副总统约翰逊的关系也很僵，他前往得克萨斯州就是应约翰逊副总统的邀请，本不想去的肯尼迪为了缓和与约翰逊的关系，不得不前往治安最差的得克萨斯州。更令人生疑的是，与肯尼迪遇刺案有关的552名证人中，已有200多名一个接一个地丢了性命。

有人说总统遇刺是由克格勃策划的，因为奥斯瓦尔德曾在苏联居住过三年，娶了一位苏联妻子，还一再要求加入苏联国籍，后来不知为何改变了主意，回到了美国。许多人由此推测，他一定是受克格勃指使回国杀害肯尼迪的。

但随着调查的深入，上述说法遭到否认，因为奥斯瓦尔德实际上是受雇于联邦调查局的特工。于是，人们又把怀疑的对象转到当时联邦调查局长胡佛的头上。同时，人们认为鲁比进入警察局也并不是由于警方的疏忽，实际上是他们的故意协助。并有人证实，曾在11月21日晚上，亲眼看见奥斯瓦尔德与鲁比会见。

而副总统约翰逊的情妇却在多年后向媒体透露，刺杀肯尼迪是由得克萨斯州的石油大亨哈罗德森·亨特出钱，但真正的具体策划和幕后主使者却是约翰逊。

当年负责调查此事的沃伦委员会曾提交了一份《沃伦报告》，美国政府却将它封存起来，规定只能在2038年，即所有与此案有关的人全死了以后才能公布它，使得肯尼迪遇刺一案更加神秘莫测。

至今，关于肯尼迪遇刺的真正凶手仍

↗ 杀害肯尼迪的物证

然没有一个最后的结论，民间各种有关肯尼迪的调查仍在继续。我们只能期待 2038 年公布的《沃伦报告》能否对这一"20 世纪最大的谜案"做出令人信服的结论。

而约翰·肯尼迪的遇刺拉开了整个肯尼迪家族不幸的帷幕，悲惨的事情接连发生。1968 年 6 月 5 日，肯尼迪总统的弟弟，曾任美国司法部长的罗伯特·肯尼迪，在他有希望成为家族又一位总统时，也遭到暗杀。罗伯特的四个儿子，老三 1984 年因过量注射毒品死亡，老四 1997 年在一次滑雪中撞树身亡。肯尼迪的小弟、参议员爱德华·肯尼迪 1969 年在麻省附近的一座桥上翻车落水，虽侥幸存活，但是政治前程却从此被葬送了。他的两个儿子，一个吸毒，一个因病致残。

肯尼迪的儿子向父亲的灵柩告别。

而肯尼迪唯一的儿子，小肯尼迪一生下来就是美国人心目中的王子，他是在肯尼迪当选为总统后第十七天出生的。父亲死后，母亲杰奎琳对姐弟俩管教很严，并有意让他们远离肯尼迪家族，为此，她带着两个孩子嫁给了希腊船王，严禁儿子参与政治。

可是，就算这样，小肯尼迪也没有逃脱死亡的诅咒。1999 年，他和妻子卡罗琳驾驶私人飞机去出席堂妹的婚礼，却永远也没有到达目的地，再次上演了一幕英年早逝的悲剧。

马丁·路德·金遇害是一场阴谋吗

1968 年 4 月 4 日傍晚，美国南方基督教领导会议主席、诺贝尔和平奖获得者、美国黑人民权运动领袖马丁·路德·金博士在美国田纳西州孟菲斯市的洛兰停车场旅馆 306 房间用过晚餐，走出房间来到阳台上，看到前来接他去参加晚间集会的车已经停在院子里了。他向司机打了个招呼，告诉他自己马上就可以动身了。正在这时，随着一声震耳的巨响，一颗罪恶的子弹飞来击中了金博士，马丁·路德·金应声倒在了血泊中，就再也没有醒来。刺杀事件在全美产生了极大的震动，金的继任者沉痛地表示："金的被杀是人类历史上最黑暗的一页。"金的被杀激怒了成千上万的美国黑人，痛失自己种族领袖的黑人们无比愤怒，在 4 月 4 日晚，美国二十多个大城市同时爆发了规模空前的黑人示威活动。一周后，黑人骚乱又扩大到 168 座城市。为了平息黑人的情绪，美国联邦调查局的侦探们忙得不可开交，到处搜捕罪犯的踪影。

通过调查发现，凶手是从洛兰停车场旅馆对面的一家出租公寓的房间内开枪的，旅馆登记簿上显示当天入住的是一位名叫约翰·威拉德的男子，案发以后这个人就

和平主义的示威者遭到了警察和警犬的强暴对待。警察使用催泪瓦斯、警棍还有鞭子驱散人群。

了无踪影了。不久，警方在距离公寓不远的大街上捡到一个包，里面除了装有一架望远镜、一台收音机、两个空啤酒罐和一些零星物外，还有一支口径30.06毫米的"雷明顿"牌步枪。根据指纹分析，很快查清凶手是一个名叫詹姆斯·厄尔·雷的惯犯，曾以偷窃、抢劫等罪名被捕，最近的一次是因持枪抢劫被判处20年监禁，后来从监狱中逃出。当时雷已经逃到了国外，在国际刑警的协助下，美国联邦调查人员费了一番周折，终于在英国将雷正式逮捕归案。

1969年3月7日，孟菲斯法庭开庭审理了马丁·路德·金被暗杀一案，在法庭上，雷对所犯罪行供认不讳，审讯进行得异常顺利，最后法庭作出判决，判处詹姆斯·厄尔·雷监禁99年。表面上看来，这桩震惊世界的谋杀案就这样了结了。可审判刚刚一结束，雷似乎就后悔了，他坚持自己是无罪的，并要求重新审理此案。实际上在此之前，人们就在雷身上发现了许多疑点。

图为马丁·路德·金在1963年8月的一次华盛顿示威集会上发表演讲《我有一个梦想》，这次集会有30万人参加。马丁·路德·金将其短暂的一生献给了美国黑人民权运动。

詹姆斯·厄尔·雷为什么要谋杀金博士？他只是一个令人啼笑皆非的三流窃贼，第一次偷打字机时把自己的存折丢在作案现场；逃避警方追捕时，虽然躲到了电梯间里，却又忘记关上电梯门；抢劫杂货店后驾车逃跑时，又因为急转弯而被甩出车外；两次越狱都被当场抓获……但是就是这样一个笨蛋，后来却莫名其妙地越狱成功，并到处旅游，过上了挥金如土的富裕生活。人们不禁要问：他的钱是从哪里来的？越狱后的雷

↗ **马丁·路德·金被刺现场**
凶手已经被抓到，但事实似乎并没有那么简单，真正的凶手或幕后指使者又是谁呢？

为什么会突然变成了一个老道的杀手，逃离旅馆时带走了所有物品？（虽然在后来他把它们扔到了大街上有些不太高明）而在离现场不远发现的步枪，联邦调查局只能证实杀害金的子弹是从这种型号的枪中射出去的，是否就是杀害金的那一支，却没有足够的证据。此案的疑点那样多，雷为什么会在法庭上一口承认是自己杀了金？

根据金遇刺前后的事态发展，甚至有人认为美国联邦调查局也卷入了这个案件。早在 20 世纪 50 年代，联邦调查局就开始注意马丁·路德·金的一举一动了。后来他们认为金是一个受了共产主义影响的危险分子，还在 1964 年制订了专门的"消灭金小组"计划。当马丁·路德·金获得诺贝尔和平奖之后，据说当时的联邦调查局长胡佛还派人送去一封恐吓信，要他在拿到奖金之前"自毙以谢国人"。虽然人们都知道

↗ **1968年4月马丁·路德·金的葬礼**
马丁·路德·金的遇害激发了美国黑人为自己的权益继续奋战的决心。

联邦调查局对金的政治活动采取过许多卑劣手法，但谁也拿不出确凿的证据来证明联邦调查局参与了这场谋杀。

而雷从判刑后就一再为自己喊冤，对法庭做出的"凶手是单独作案，不存在任何密谋"的判决不服，认为自己是被卷入了一起杀害金的阴谋当中了。可是当特别委员会被迫重新开始调查时，雷又说不出这起阴谋是怎么回事，也无法指认出阴谋的其他参与者。

看似简单的马丁·路德·金遇刺案其实并不那么简单，几十年的光阴一晃而过，它仍然无法破解。糊涂笨贼詹姆斯·厄尔·雷成了刺杀案的凶手，尽管他从来没有供认自己的动机，但却为这件事在铁窗中度过了自己的漫漫余生。

列侬为什么会遇刺身亡

凡是爱好音乐的人没有不知道"甲壳虫"乐队的大名的，而对于乐队的创始人约翰·列侬更是崇拜万分，直到现在，还有不少人收藏"披头士"的唱片。这个成立于20世纪50年代的乐队，在60年代可以说是主宰了整个摇滚乐坛。吸引无数青年的不仅是他们的音乐，还有爱德华七世时代的服饰和那一头拖把似的长发，他们所到之处，受欢迎的程度可以用"狂热"一词来形容。这支独特的以敲打乐组成的乐队风靡了欧美各国，在世界各地巡回演出并发行了大量的唱片专集，给英国赚回了不少外汇。因此，1965年的时候，英国政府特意为乐队颁发了大英帝国勋章。而作为整个乐队灵魂的列侬，不但演唱出色，而且还具有非凡的创作才华，写了不少迷人动听的歌曲。随着他们代表作品被制成唱片在国内外大量发行，列侬的名气也如日中天，拥有了越来越多的歌迷和崇拜者，许多人日夜守候在列侬可能出现的地方，只为能够得到一张列侬的亲笔签名。

可是，就是这样一位天才的音乐家，却在1980年12月8日的深夜在纽约达科他寓所门口被人枪击而死。列侬的死震惊了全世界，成千上万的歌迷为他的死悲痛、惊叹、沮丧、愤怒，以各种方式来哀悼他，不亚于对谋害诸如肯尼迪兄弟等有胆量和受人欢迎的政治家，或者像精神领袖马丁·路德·金遇害的反应，因为在他们的心中，列侬已经成为一代人的象征。

历史定格在12月8日那个令人心碎的

"甲壳虫"乐队成为一代人的梦想，他们受到世界各地无数年轻人的欢迎。图为1965年时，英国政府为乐队颁发了大英帝国勋章。

凄惨夜晚，列侬在录音棚里工作到很晚才回家。当天一直下着小雨，透过雨丝看到属于他的那扇窗口中的昏黄的灯光，列侬不知不觉地加快了脚步。"列侬先生，"黑暗中有人叫着他的名字，他刚要转过身去，只见一个穿着黑雨衣的男子突然从阴影中冲了出来。同时列侬听见了一声巨大的枪响，等他醒悟过来时，一颗子弹已经飞快地穿进了他的胸膛，然后是第二发、第三发、第四发……这时家家户户的电视中正在放着同一个画面，那就是当天下午列侬在接受旧金山电视台的访问实况，电视上的列侬微笑着对电视机前所有看到他的人说："我希望前程万里。"

1966年，"甲壳虫"乐队到日本东京演出。

　　由于一切是在突然和可怕的情况下意外发生的，致使人们对整个事件的发生充满了疑惑：凶手为什么要杀死列侬？这是不是一次蓄意谋杀？

　　有人认为列侬是因为拒绝为可能是歌迷或崇拜者的凶手签名，便遭到了恼羞成怒的凶手的杀害。某电影杂志上刊登了一篇题为《"披头士"歌星约翰·列侬》的文章中说："他在纽约的寓所门口，因拒绝为人签名，被一个莫名其妙的凶手开枪打死。"而列侬的遗孀大野洋子则认为，凶手可能是个糊涂人，他们常想用制造轰动事件来使自己出名，于是，凶手把目标锁定为当时红得发紫的列侬。

"甲壳虫"这支以打击乐著称的乐队在20世纪60年代风靡世界各国。

"甲壳虫"乐队到达美国时的情景

可是有人认为列侬的遇害并不简单，是一次有预谋的暗杀。事后很快就抓住了凶手，他是一个住在夏威夷的25岁的青年马克·查普曼，以前当过保安人员。在事发前两天，他来到纽约，住在离列侬家有9个街区的基督教男青年会里，并且和许多崇拜者一起到列侬的住所门口，希望得到列侬的亲笔签名。而在列侬给查普曼签名以后的几个小时，他再一次等待列侬的出现，并向他开枪。当警察抓住他时，发现他身上还带着有列侬亲笔签名的纪念册，可是凶手始终没有说出自己杀害列侬的动机。有人推测查普曼可能是个偏执狂或是歇斯底里症患者，这些人在情绪激动或受到某种刺激后便无法控制住自己的行为。

艺术界很多人也同意列侬是被谋杀的说法，因为列侬与"甲壳虫"乐队其他成员比，更加关注政治，其中后期的作品包含有对社会的评论；列侬还是一个参加和平运动的积极分子，因此，他遭到过很多次攻击，生命也多次受过威胁。早在1964年，乐队在法国举行第一次音乐会时，列侬在后台就收到了一张纸条："我要在今天晚上9点钟把你打死。"而且，在查普曼到达纽约的当天晚上，他叫了一辆出租汽车，去了格林尼治村一趟。第二天晚上他就突然离开青年会，搬到希尔顿中心的一家饭店里去住，并且还大吃了一顿。第三天晚上他就开枪杀死了列侬，这实在是令人不得不怀疑，凶手极可能是受雇于人。

列侬的歌曲可以说是一代人的希望和梦想的集合体，歌者虽然去了另外一个世界，那些优美的旋律永远留在了一代又一代人的心中。

埃及总统萨达特为何被害

1973年10月6日是埃及人民永远难以忘怀的日子，就在这天清晨，埃及军队突然越过苏伊士运河，向驻扎在西奈半岛上的以色列军队发起了猛攻。这一仗打破了以色列军队天下无敌的神话，使埃及在世界上的威望迅速提高。从那以后，10月6日成了埃及一个重要节日，每年的这一天都要在纳赛尔城举行盛大的阅兵典礼，庆祝那场战争的胜利。至于组织策划和亲自指挥了这场战争的萨达特总统，一夜之间更是成了英雄。

可是令人万万没有想到的是，就在8年后的同一天，萨达特在他最喜欢的日子里遇刺身亡。那一天，同往年一样，在开罗不远的纳赛尔郊区，为了战争胜利八周年纪念日，举行盛大的阅兵式。上午11点，萨达特总统身穿镶有金边的蓝色陆军元帅服，兴致勃勃地坐在观礼台第一排中央观看军事表演，他的左边是穆巴拉克副总统，右边是国防部长加扎勒将军。在阅兵式进行过程中，正前方一辆拖着一门130毫米口径反坦克炮的卡车突然停了下来，不一会儿，从车上跳下来四个人。所有的人都以为，是车子出了什么故障，他们是下来修车的，当他们向观礼台走近的时候，萨达特总统还关心地站了起来。谁料他们猛然向萨达特投出一枚手榴弹，另外的人也开始向萨达特等人猛烈射击，萨达特致命的一枪是在颈部，他就这样惨死在自己的同胞的枪口之下。杀死萨达特的四名凶手有一人被当场击毙，三人受伤就擒。

暗杀事件发生后，由于某些军方领导人希望尽可能把审判凶手的权力控制在自己手中，所以军事法庭在审判时，只是简单地讯问了一些暗杀的具体细节，并没有涉及其他方面。所以，至今很多人仍不清楚这起暗杀事件的性质，它到底是一起有人策划、背后指使的阴谋呢，还只仅仅是暗杀者的个人行为呢？

可也有人认为凶手的行动纯属个人目的，在暗杀前不久，萨达特总统为了镇压批评他的人，曾经进行了一场大搜捕，总共抓了三千多人。而凶手哈立德的哥哥就是被捕者之一，这可能是谋刺的根本动机和直接原因。并且当哈立德对总统开枪时，曾对左右两边的副总统穆巴拉克和加扎勒将军喊道："让开！我专打这条老狗！"这很显然，他是冲着萨达特总统来的，是为了报私仇来的。

埃及总统萨达特因主张与以色列和解而被谋杀，中东和平进程受到严重打击。

　　而有的国际问题专家却认为事情并不这么简单，应该从国际国内的大环境中来看这次谋刺行为。萨达特上台以后，一改以前埃及亲苏的政策，对苏联的许多蛮横行为态度强硬，绝不妥协，因此与苏联的关系闹得很僵，显示了他的铁腕作风。1976年，面对苏联的要挟，愤怒的萨达特废除了同苏联的友好协议，并取消了曾给予苏联海军在埃及港口的一切便利，责令苏联开走在埃及境内的5艘军舰。当苏联要求他偿还军火债时，他又以经济困难为理由，援引苏联的惯例，拒绝在10年内偿还债务，并要求苏联船只再通过苏伊士运河必须支付过境费。

　　与此同时，他主动改变同西方国家的外交格局，频繁出访西方国家，达成了一系列友好合作协议。还作出一项重大的宣布：他将访问以色列，这在当时是十分惊人的。一石激起千层浪，美国支持他的出访，苏联则感到非常恼火，第三世界普遍赞同，其他国家也就像开了锅的水，沸沸扬扬，有的国家强烈反对，也有的国家公开支持。就在埃及国内意见也不一致，外交部长甚至以辞职来表示对这一行为的反对。但是萨达特克服了重重困难，打破了中东和平进程的僵局。

　　但是，他访问以色列，尤其是签署戴维营协议和埃以和约，并不仅仅给埃及带来了和平与经济的发展，还导致了许多国家和埃及的矛盾。一些国家的领导人和报刊公开谴责萨达特犯了"现代史上无人所犯的历史罪行"。国内的一些反对势力更是将萨达特作为重要的攻击目标，明确表示要推翻萨达特总统。当时的苏联大使也暗地支持一些反对势力。暗杀事件实际上是这些政治因素和矛盾激化的产物。

　　整个事件中，还有两个令人生疑的地方没有解开：一个是当萨达特阅兵时，他的身边有好几名卫兵，枪击开始时，这些卫兵以及其他保安人员在什么地方？有什么反应？另一个是萨达特中弹后，于中午12点40分被人抬上飞机送往医院，可是直到

这两幅照片仿如梦魇中的可怕意象，捕捉到1981年10月6日埃及总统萨达特遇刺的经过，一个手持步枪的人从检阅队伍中的一辆军车跳下，冲向检阅台，乱枪扫射。在惨剧发生的三星期前，据说英国赫尔市的巴巴拉·格威尔曾经梦到这宗行刺血案的情景。

刺杀事件后，现场一片狼藉，工作人员正在处理善后工作。不论凶手出于何意，萨达特总统的死对于整个世界的和平来说都是一个损失。

下午 1 点 20 分才到达，中间整整花费了 40 分钟，可是这只是一段通常 5 分钟就能飞完的路程，为什么会耽搁这么久呢?

　　萨达特总统逝世的噩耗传出以后，全世界都为他哭泣，人们把他的逝世比喻成"一颗政治巨星的陨落"。联合国安理会为他默哀，各国领导人也纷纷发表谈话，痛悼他的不幸遇难，不少国家还专门为他举行悼念仪式。萨达特总统被安葬在纳赛尔城胜利广场的无名战士墓地，10 月 10 日在那里人民为他举行了国葬，来自世界 80 多个国家的总统、总理和特使参加了下葬仪式，站在最前面的是当时美国所有活着的 3 个前总统——尼克松、福特和卡特，还有以色列总理贝京。一块黑色的大理石墓碑上，题着萨达特三年前自己拟定的墓志铭："安瓦尔·萨达特总统，战争与和平的英雄，他为和平而生，他为原则而死。"

谁杀害了女科学家黛安

在非洲"心脏"卢旺达深林密得维龙加山"卡里苏克研究中心",这是一个研究大猩猩的科研机构,在一片低矮的棚屋后面,有一片墓地,那里埋葬的大多是死去的大猩猩,在中间的一块墓碑上刻着"尼依拉玛西比莉",这是卢旺达当地的语言,意思是单独住在树林里的妇人。这块墓碑的主人是研究中心的创始人,美国卓越的野外猩猩女观察家、科学家黛安,"尼依拉玛西比莉"是她的专用名。她在卢旺达密林中研究大猩猩已经有 18 年的时间,一生没有结婚,把自己的全部精力和爱情献给了相貌凶恶的大猩猩,可是令人无法接受的是,她最后竟是惨死在同类的屠刀之下。

图为黛安参观卢旺达大猩猩研究先驱者的坟墓,她遇害后也葬在这里。

1967 年,在美国科学界已经小有名气的黛安毅然放弃了丰厚的年薪和舒适的生活,一个人来到了位于非洲卢旺达的深山密林中,开始研究人类的近亲——大猩猩。在研究中,黛安倾注了自己的全部心血,最终成为世界上最知名的动物学专家,很多人把她称作"大猩猩们的妈妈"。但是面对当地部落的偷猎者们疯狂捕杀大猩猩的行为,黛安的心都碎了,就好比眼看着自己心爱的孩子惨遭屠杀一样,心痛之后燃起的是无比的愤恨,她转而把一部分精力投入了与偷猎者展开斗争中去。因此,她常常以警惕的目光搜寻周围的一切,摧毁了数千个诱捕大猩猩的陷阱,没收数十种捕捉器材和长矛短刀等武器。一旦抓到偷猎者,对他们的愤恨使她失去了冷静,吩咐她的巡逻队员用带毒汁的荨麻枝鞭打他们。她还没收偷猎者的不义之财,有一次她追赶一个

黛安将自己短暂的一生献给了无比热爱的大猩猩。

黛安在卢旺达的大猩猩研究中心。黄昏的森林中笼罩着一层白雾，是正常的自然现象，还是一种死亡的预兆？

偷猎者，最后竟在一怒之下把他居住的茅草棚子烧了个精光。

对大猩猩的爱和对偷猎者的恨使她变得比许多男人还要勇猛，身上常携带着一把自卫手枪，毫无畏惧地与成百名出没无常的偷猎者孤军作战。黛安还拍摄了许多有关大猩猩的影片并写了不少她与大猩猩在一起生活的文章，送到英国和美国许多城市去放映和发表。为了呼吁人们关心大猩猩，她不得不离开卢旺达回国去做报告，但是她总是很快就回到心爱的大猩猩们身边。卢旺达政府把她的影片作为旅游广告，到处宣扬；《国家地理杂志》不断登载图片介绍黛安的活动，很快卢旺达就成了闻名遐迩的旅游胜地。黛安想方设法通过各种新闻媒体扩大影响，拼命制止偷猎事态的恶化，保护她心爱的大猩猩孩子们。

1985 年 12 月 27 日凌晨 5 点多钟，研究中心的卢旺达雇工坎西拉加纳和科学家麦圭尔来到黛安的研究室里，只见屋内一片混乱，床单、衣箱、衣物扔得到处都是，一盏油灯被打碎了。而屋子的女主人黛安血肉模糊地仰面躺在床边，身上穿着睡衣，脚上还套着拖鞋，却已死去多时了，她的右手伸到了床下，那里放着她的一支 9 毫米口径的手枪和没有动用的子弹夹。消息很快传到卢旺达政府那里，警方、军方和政府三方组成联合调查团前来调查，法医的检验结果是：黛安的头部有 6 处刀痕，是被非洲人通常使用的两尺长的砍刀劈死的，在床下找到的被丢弃的凶器证明了法医的判断。

卢旺达警方指控黛安的同事和助手韦恩·麦圭尔是杀害黛安的凶手，理由是：麦圭尔曾出现在凶杀现场。不过，卢旺达警方的推测基本上是没有道理的：麦圭尔是黛安坚定的合作者与跟随者。

黛安被害很显然不是因为谋财害命，因为抽屉里的 1300 美元现钞、1700 多美元的旅行支票和照相机以及桌子上的收音机、几瓶酒都放在那儿没有动，甚至她的自卫手枪也没有被拿走。屋内其他比较值钱的东西和黛安没收的偷猎者的长矛短刀等各种武器也都一件不少，唯一丢失的物品就是黛安的护照。从现场情况来看，凶手从黛安卧室的墙上开了一个大洞，然后钻进室内，而且凶手很熟悉室内的布局，事前有过周密的布置，究竟是什么人在深夜偷袭她呢？联想起黛安对那些曾杀死她心爱的大猩猩的偷猎者的仇恨，显然，她对他们的阻止与惩罚给她带来了杀身之祸。偷猎者们认为这位白人妇女断了他们的财路，非常愤恨，但无数次地与她交手都败下阵来，积怨日久，一直扬言要干掉她。只是没有想到这一天来得这样快。著名的野生动物摄影师鲁特说过："黛安的致命伤是她自己当了一个执法者，最终导致了她的惨死。"

也有人认为黛安没收了一个偷猎者的护符，而护符对于一些当地人来说是比生命还重要的东西，他的同伙为了找回护符而潜入黛安的居所，因此与黛安起了冲突，最后凶残地杀死了女科学家。但凶手搜遍了整个房间，也没有找到要找的东西，最后只得仓皇离开了。

可是令人大为吃惊的是，1986 年卢旺达警方声称，根据全面调查，他们认为凶杀案的真正犯罪嫌疑人是黛安的同事和助手、美国动物学家麦圭尔，在黛安营地工作的 5 名当地人被指控犯有同谋罪。卢旺达警方认为，麦圭尔的杀人动机是为了非法攫取黛安多年积累的、独一无二的研究成果。但是，黛安和麦圭尔的许多同事、好友对卢旺达警方的这一指控表示怀疑。因为，在黛安死后，麦圭尔又继续在营地留驻了七个多月，并且麦圭尔只会讲几句当地话和法语，不可能与当地人合谋。

直到现在，杀害黛安的凶手还是没有查获，但是黛安为大猩猩所做的一切，她的胆略和勇气，永远赢得了后人的尊敬。

黛安作为美国卓越的野外猩猩女观察家，十八年如一日投入对大猩猩的研究中。

扑朔迷离的拉宾遇刺案

1995 年 11 月 4 日夜，在以色列特拉维夫国王广场上灯火通明，照得整个广场如同白昼一样。这里正在举行着一个有 10 万人参加的、声援和平的集会，以色列总理拉宾到会发表演讲，呼吁全体民众支持他的和平政策。总理慷慨激昂的演讲获得了一阵阵热烈的掌声，广场上的群众唱起《和平之歌》，拉宾在人群的簇拥下，走向等在一旁的卡迪拉克防弹轿车。突然，拉宾身后响起枪声，拉宾应声倒在地上。一小时后，这位中东和平的使者停止了呼吸，终年 75 岁。

拉宾遇刺不幸去世的噩耗震惊了全世界，各国政府和领导人纷纷发去唁电，盛赞拉宾对世界和平事业做出的贡献，缅怀他的伟绩，严厉谴责恐怖分子的刺杀行为。

↗ 拉宾的遗像

图中右下角是拉宾的遗孀萨娅·拉宾。巴以和平进程举步维艰，拉宾鲜血换回的是进一步的僵局，他的遇刺背后隐藏着三大的政治阴谋吗？

拉宾担任过以色列陆军参谋部长、国防部长等职务，为以色列扩张版图立下了汗马功劳，但是，战争的连绵不断和残酷唤起了他的良知，他努力要在这块战火纷飞的土地上实现和平。

1992 年，72 岁的拉宾在大选中击败对手，第二次担任了以色列总理。上台后，他凭借着在以色列的巨大威望，先后与巴勒斯坦、约旦签订了一系列"土地换和平"的协议，给中东地区带来了和平的曙光。鉴于拉宾在促进中东和平中所发挥的积极作用，联合国授予了拉宾多项和平大奖，1994 年，拉宾获得了诺贝尔和平奖，1995 年，拉宾再次和阿拉法特、佩雷斯共同荣获诺贝尔和平奖。

拉宾这些化解矛盾、着眼民族利益、争取中东长久和平的举动，赢得了世界爱好和平人民的尊重，但是也激起了以色列国内一些不满的声音，由此引发了这起枪杀案。

不久，以色列官方宣布，当场抓获了刺杀拉宾的凶手，他是一个学生，名叫伊加尔·阿米尔。27 岁的他一直是拉宾政府的反对者，经常参加抗议拉宾政策的活动。在警方审问下，他对自己刺杀总理的罪行供认不讳，并声称是"个人行为"。并且还交代，他曾 5 次试图暗杀拉宾，均因条件不成熟而失败。这次他站在拉宾身后两米多远的地方，向总理背部连开了三枪。

但是，在拉宾遇难身亡当天，医院出具的验尸报告上却说，子弹从拉宾胸口射入，穿透了心脏的大动脉，又从第五与第六脊椎骨射出。警方也断定，根据拉宾体内残留的大量火药粉末和衣服上的破洞判断，刺客是一个训练有素的杀手，致命的一枪是用枪抵住拉宾的胸口射击的。也就是说，拉宾实际上是两次遇刺。

拉宾与阿拉法特在白宫会晤，中为克林顿。

到底是谁杀害了拉宾？医院报告上记录，拉宾因致命枪伤大出血，输血八次，拉宾的保镖鲁宾则在枪响的一刹那，就把拉宾压倒身下，而警方在案发现场却没有发现丝毫血迹。另外，案发现场刚好被一名业余摄影爱好者拍了下来，胶片上显示着：拉宾在中弹后，身体猛地向后一转。对比官方说法，子弹从拉宾背后射来，击断脊椎，伤及脊髓，这就让人很难理解。当脊髓受伤后，人的神经系统受到损伤，信息传递受到影响，会丧失运动能力，不要说转身，就连手指都动弹不了。综合上面的情况，很可能是广场枪击发生后，在拉宾被送往医院的途中发生了第二次谋杀。记者巴里·哈密什和电脑专家纳坦·赫芬不约而同地对整个拉宾案进行了追踪分析，最后不谋而合地下了拉宾遇刺别有内情的结论。

拉宾受伤之后，由他的司机达姆奇驾车送往医院，达姆奇原是一名赛车手，二十余年来为四任总理开过车，经验非常丰富。可以色列国王广场到伊希洛夫医院只隔两条马路，步行不过 15 分钟，开车只需要 5 分钟就能到，而当天却花了整整 20 分钟才到医院。达姆奇后来解释说，当天通往医院的路口不巧都设有路障，慌乱中他走错了路，幸好半路上有人指点，他才开到了医院。但这种解释很难使人信服，一辆载着受了伤的国家总理的车，竟然无法闯过一般性路障？更让人不可思议的是，汽车绕了一个大圈子到达医院时，医生们竟然还没有得到通知，更谈不上做好了急救准备。

巴里·哈米什对现场录像进行了仔细、认真的研究，清楚地看到司机冲出车外时，汽车的四扇车门都打开着，车旁没有任何人，但右车门却最先悄悄关上了，当司机坐进车内后，先关上了左前门，又侧身关上了右前门。负伤的保镖鲁宾坐在后排，他的左边躺着拉宾，另一名保镖关上了左后门，车启动了。拉宾这辆车后门没有装开关门的遥控装置，是否有人早就藏在车里，并关上了右后门？如果有这样一名神秘刺客存在的话，那他就是杀害拉宾的真正凶手。而汽车在前往医院的途中多绕了 15 分钟，无疑就是让凶手逃离。但这些仅是推测而已，没有可靠的、令人信服的证据。

总之，人们对官方的调查和解释感到"不能满意"，于是出现了关于拉宾遇刺的种种猜测，使这起事件到现在还没有一个确切的结论。

拉宾的葬礼

奇异死亡再揭秘

埃及艳后自杀之谜

在埃及，几乎无人不识克里奥帕特拉。她常像诡异壮观的金字塔群一样为众人所津津乐道。这不单得益于她沉鱼落雁、闭月羞花般的容貌和维纳斯般的身段，更得益于她那富有传奇色彩的一生及至今不为人知的死亡之谜。

公元前51年，托勒密十二世逝世后，依照埃及当时法律和遗嘱规定，21岁的克里奥帕特拉和小她6岁的异母弟弟结为夫妻，共同执掌政权。公元前48年，在宫廷争斗中失败的她被其弟从亚历山大城逐出去。克里奥帕特拉野心极大，她在叙利亚和埃及边境一带招兵买马，打算重返埃及从弟弟手中夺取王位。

此时，适逢罗马国家元首恺撒追击庞培来到埃及，克里奥帕特拉的一个同党在此过程中为她献计：派士兵扮成商人，把包在毛毯里的女王抬到恺撒的行馆。恺撒打开

沉入海底的克里奥帕特拉狮身人面像

地毯后，惊喜万分，在他面前出现的是克里奥帕特拉七世——她的美貌立刻使恺撒着迷了。自此，两人共浴爱河，成为一对佳偶。

作为克里奥帕特拉夜闯军营这一"壮举"的回报，她成了埃及女王，独揽大权。克里奥帕特拉不久后便为恺撒生了一个儿子，取名恺撒·里昂或托勒密·恺撒。天有不测风云，公元前44年3月15日恺撒遇刺身亡，她失意地离开了罗马。

公元前32年，屋大维与安东尼在阿克蒂姆会战。

公元前30年，屋大维逼近埃及，此时埃及军队发生内乱，安东尼眼看大势将去，便把披甲解去，抽出佩剑，自杀了，时年52岁。

被屋大维活捉的克里奥帕特拉得到她将被作为战利品带

克里奥帕特拉纪念碑
碑上第二行刻有女王的名字。

克里奥帕特拉之死
阿克蒂姆会战的失利和安东尼的死，使艳后失去了活下去的勇气。她望着安东尼的尸体，悲痛欲绝。是否此时她死志已决呢？

往罗马游街示众的消息后，便请求屋大维让她祭奠去世的安东尼。之前，她已把自己的遗书写好了。沐浴后，她用了一顿丰盛的晚餐。此后，便失落地进入自己的卧室，躺在一张金床上，非常安详地睡去，但从此没有再醒过来。

匆忙赶到的屋大维把她的遗书展开，女王请求把她与安东尼埋葬在一起，对她的自杀屋大维虽然有些失望，但由衷地佩服她，便依照她的遗书，把她的遗体葬在安东尼身边。

那么她究竟是用何种方法自寻死路的呢？

大多数人认为，女王提前安排将一只藏有一条叫"阿斯善"的小毒蛇的盛满无花果的篮子带进墓中，再让小毒蛇咬伤自己的手臂，因中毒昏迷而死亡。或是，女王早就在花瓶里喂养了毒蛇，然后用一支金簪在蛇的身体上刺，引它发狂，直到把她的手臂缠住。持这种观点的人依据考证资料提出：卧室朝向大海的一边开着一个窗户，从这里受惊的毒蛇完全可以溜走。此外，女王的医生证明："她的手臂上，的确有两个不是很明显的疤痕。"

也有不少人不同意上述两种观点，因为咬伤或刺伤的痕迹没有在死者尸体上发现，在卧室中也没有发现任何有毒的小蛇。他们认为服毒而死的可能性最大。

麦哲伦生命之舟因何搁浅

在中世纪末期和近代早期，随着资本主义的发展，西欧国家掀起了一股航海探险和殖民征服的热潮。地理科学理论的发展，使人们对世界上的未知地方充满了好奇；"东方财富"的传说更是刺激了他们的欲望。航海探险和殖民征服活动层出不穷，造就了许多著名的冒险家，其中对欧洲影响最大的要数麦哲伦的环球航行了。

1522年9月6日的西班牙塞维尔港一派热闹繁忙的景象，一条名为"维多利亚"号的航船返回了，西班牙人纷纷聚集在港口，迎接他们的英雄归来。三年前西班牙人在圣罗卡港

麦哲伦像

送走了麦哲伦的远航队，今天他们的环球航行终于有了结果，他们急切地想亲眼看到船只带回的奇异的东方物品，想亲耳聆听船员们讲述那神奇的探险经历。但当船只靠岸时，沸腾的人群立即平静下来，他们被眼前的悲惨景象惊呆了，简直不敢相信自己的眼睛：在仅有的一只海船上走下了18名骨瘦如柴的船员，却始终没有看到领队麦哲伦的身影。西班牙国王授予"维多利亚"号船长埃里·卡诺一枚带有地球图案的徽章，上面写着："你首次围绕我航行一周。"但人们知道，麦哲伦才是最应该得到这枚徽章的人，但他的生命之船却早已搁浅在他的航程中了。

麦哲伦1480年出生在葡萄牙一个没落的骑士家庭，10岁的时候，他就被父亲送进王宫服役，后来曾做过王后的侍童。长大后被编入国家航海事务厅，1505年参加了葡萄牙的远征队，先后到过东部非洲、印度和马六甲等地进行探险和殖民活动。在东方漫长经历中，麦哲伦积累了丰富的航海经验。八年航行归来，麦哲伦向葡萄牙国王提出了自己环球航行的设想。

但是，"地球是圆形的"在当时还不为大多数人接受。哥伦布"向西航行，到达东方"的命题尚未被航海实践证实，麦哲伦史无前例的环球航行的设想也遭到了葡萄牙国王的一再拒绝。1517年，麦哲伦放弃葡萄牙国籍，移居西班牙。他向西班牙国王查理一世提出环球航行的请求，还呈献了一幅绘制得十分详尽的彩色地球仪，上面清楚地标明了拟订的航线。查理一世对他的计划很感兴趣，答应了麦哲伦的请求，还出资装备了船队。

1519年9月20日，麦哲伦率领一支由5条海船、265名水手组成的远航队，从西班牙塞维利亚城的外港圣罗卡港扬帆出航。这次行动立即引起了葡萄牙王国的注意，为了保持自己的贸易优势，就派了一些奸细混进了麦哲伦船队，找机会阻挠这次计划。

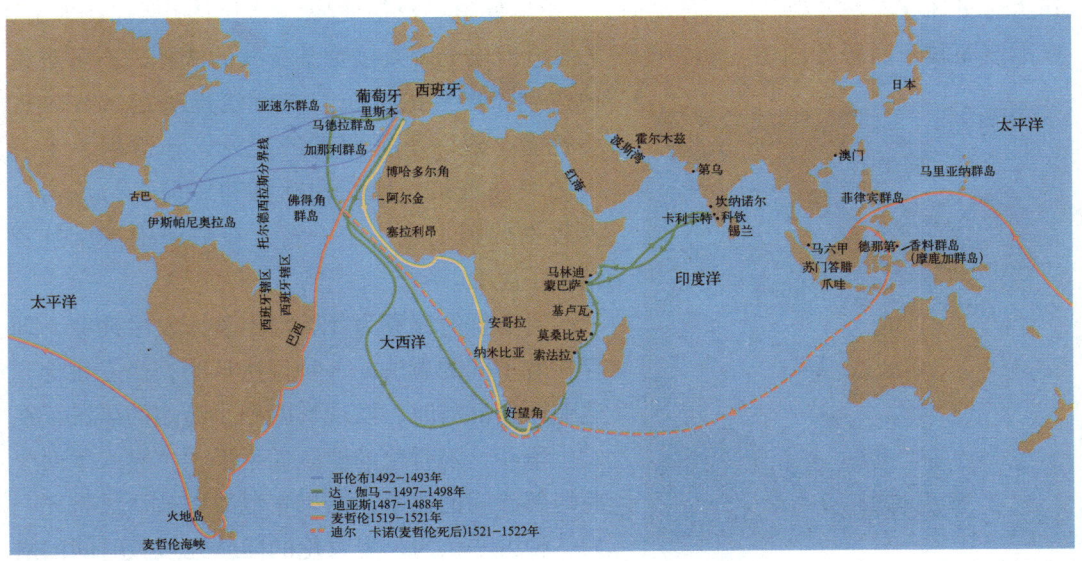

↗ 近代早期欧洲航海家们的航行路线图

船队在茫茫的大西洋中航行了 70 多天后，到达了巴西海岸南纬 40° 的地方，却并没有发现麦哲伦猜想中通往"大南海"的海峡，麦哲伦果断地命令水手们继续南行。当他们到达阿根廷境内时，由于当地气候恶劣，风雪交加，船队只好抛锚以度过漫长的冬天。可船上储备的粮食越来越少，海峡通道还不知在何方，疲惫不堪的船员们情绪非常颓废。在奸细的煽动下，有三艘船发生了叛乱，麦哲伦镇静自若地平息了这场突如其来的变故，夺回了船只，但有一条探路的船却不幸被浮冰撞碎而沉没海底。

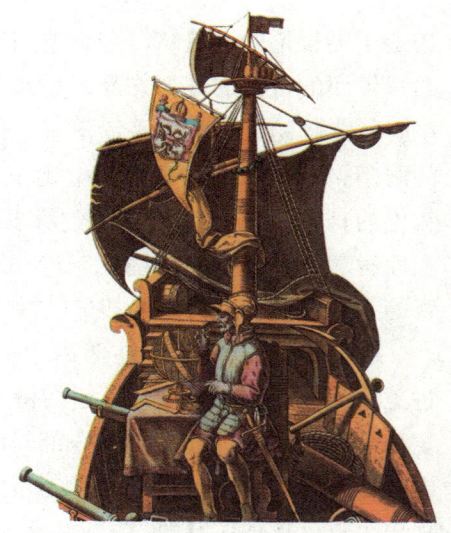

麦哲伦在其《美洲历史》中，提供了有关印第安人的第一手可信资料。

当他们行驶到南纬 52° 时，魂牵梦萦的"大海峡"终于出现了！这条海峡后来为纪念麦哲伦而命名为"麦哲伦海峡"。船队中的有一条船却临阵脱逃，利用探路之机，掉转船头逃回了西班牙。剩下的三条船经过 28 天的航行，终于走出了海峡的西口，来到浩瀚无边的"大南海"边缘。

然而，等待他们的却是更艰苦的航行，饥饿、疾病都没有摧毁麦哲伦前进的信心。麦哲伦的船队在向西航行的途中，由于计算错误，比计划应走的航线偏北了 10°。但这一错误却使麦哲伦发现了欧洲人所不知道的又一群岛，就是以西班牙国王的名字命名的菲律宾群岛。

菲律宾群岛是麦哲伦环球航行中最辉煌的地方，也是他辉煌生命的终点。当他们到达村庄林立、人口众多的宿务岛时，一上岸便迫不及待地将一个木十字架插在地上，宣称该岛属于西班牙国王。随后他们又强迫当地土著人接受基督教的洗礼，不可避免地遭到了激烈的反抗。麦哲伦遂决定派兵攻打反抗者，逞一下征服者的威风，却遭到了土著人的顽强抵抗，他们用标枪和弓箭进行反击，麦哲伦的腿上也中了一箭，在败退中被反抗者结束了生命。

但麦哲伦究竟为什么与土著人发生冲突，却存在着不同的看法。一种说法认为，当麦哲伦到达菲律宾群岛时，发现有两个小岛屿的居民正在发生争斗，麦哲伦的船队插手干预，卷入了两个岛屿部族间的战争，结果在混战中被活活打死。另一种说法认为，麦哲伦的船队经过长时间的航行，物资极度匮乏，船员们为了食物与当地居民

16世纪，葡萄牙大帆船驶向新土地。

马里亚纳群岛的土著居民与麦哲伦的船队发生了冲突。

发生冲突，导致了麦哲伦丧生。

这是人类首次完成环球航行，但是作为这一壮举的领导者的麦哲伦，却埋骨异域，航海探险成就了他的英名，殖民征服注定了他的可悲结局。

华盛顿死因难明

美国第一任总统华盛顿在完成了历史赋予他的使命之后，于1798年初冬，悄悄回到了自己离别16年的家乡——弗农山庄。66岁的他准备在这里安度自己的晚年，一年以后，死神却奇迹般地夺去了他的生命。而对他的死因，至今没有一个确切的说法，两个世纪以来一直困扰着史学家们。

1799年12月12日，天空阴沉沉的，好像要下一场大雪。对于这天的天气，华盛顿早有预见。但他仍旧骑上马开始巡视，他是上午10点钟出去的，下午3点钟才回来。

第二天早晨，他感到嗓子痛，不能再出去巡视了。下午，他的嗓子开始嘶哑。到了晚上，嗓子哑得更加严重。但到了夜里，他冷得全身发抖，呼吸不畅，凌晨两三点钟，他叫醒了夫人，但又怕她着凉，没让她起床。清晨，女仆进来生火，才把利尔先生叫来。此时华盛顿已呼吸困难，话也说不清了。他让人去把克雷克大夫请来，同时，在医生来之前，让罗森斯给他放血。

大约4点30分，他让夫人在写字台中取出他早就

↗ 乔治·华盛顿塑像

写好的两份遗嘱。他看了一下两份遗嘱后，让夫人把其中一份遗嘱烧掉，另一份保留，放到她的密室里。夫人从密室回来后，华盛顿握着妻子的手，说："这场病可能马上让我离开这个世界，如果真是这样，你要清理一下账目，把款项结清，另外你还要把我那些关于军事的书信文件仔细整理一下。"

大约5点钟，克雷克大夫来到房间里。

华盛顿说："医生，我现在很痛苦，从一得病我就知道死神这次是不会放过我的。不过，死对我来说并不可怕。"

华盛顿又说："谢谢你们的照顾，不用替我操心，我很快就要去了。"

他接着又躺了下来，大家也都走出了房间，只留克雷克大夫一人照看。

晚上，又采取了其他的治疗方法，但都收效甚微，这次医生让他服什么药他就服什么药了，利尔先生后来在书中叙述道：

"大约10点钟，他几次都要说话，但都无法说出。最后，他终于说了一句话：'我快不行了。我死后的三天再下葬，葬礼要尽量简单。'我这时已难过得说不出话，只好向他鞠了一躬，表示同意。但他没有理解我的鞠躬，说：'我的意思你明白吗？'我说：'明白了。'他说：'那我就放心了。'

"在他去世前大约10分钟，他的呼吸通畅了很多。他变得很安详。他还伸手，摸自己的脉。忽然他的脸色变了，我连忙叫克雷克大夫，坐在火边的大夫急忙到了病床边，但一切都结束了：华盛顿的手从腕部垂了下来，停止了呼吸。克雷克大夫蒙着脸哭了起来。华盛顿就这样没有叹息、没有挣扎地离开了我们。"

↗ 华盛顿与家人在一起

华盛顿的死因却一直没有被查实，他得的是什么病、医生为他诊断的结果是什么、给他吃的药对病情有没有作用、药名等都无人知道，而他生前为自己准备两份遗嘱的目的是什么？是不是其中另有隐情？一切都不得而知。

是什么原因导致了莫扎特之死

奥地利作曲家沃尔夫冈·阿玛迪乌斯·莫扎特是世界上最伟大的音乐家之一，他在短暂的 35 年生命里，创作了将近 600 部作品，其中《费加罗的婚礼》《德国舞曲》《土耳其进行曲》等大量的音乐作品，人们至今百听不厌。可是这位作曲家却死得相当凄惨。1791 年 12 月 5 日，莫扎特逝世，当天晚上天气很冷，而且风雨交加。他的妻子正卧病在床，送葬的人，寥寥无几，在半路就解散了。莫扎特是被看守公墓的一个老头下葬的，老头把他当作一个孤魂野鬼葬于众多死于瘟疫的人当中。而他的遗孀康斯坦斯病好后嫁给了瑞典的一个外交官，直到 17 年之后，才想到去

▶ 莫扎特像

那个公墓查找莫扎特下葬的地址，然而，那时物是人非，已经没有人知道了。

更为凄惨的是，莫扎特死得不明不白，其死因一直争论到今天也没有结论。当年莫扎特患病后，维也纳最好的两名医生对他进行了救治。他们试图通过放血和冷敷的方法使莫扎特退烧，但于事无补。莫扎特死后，这两名医生也没有解剖他的尸体，其中一位医生注意到莫扎特四肢肿胀，就做出了莫扎特死于汗热病的结论，但后人对此并不认同。人们对其死因有各种说法，有的说他死于肺炎，有的说他死于伤寒，还有的说死因是肾结石，说风湿热的也大有人在，据统计各种说法共有 150 种之多。

事隔 200 多年后，美国医学专家简·赫希曼指出，莫扎特很有可能死于旋毛虫病，这种病是吃了生的或没有煮熟的含有蠕虫的猪肉而引起的。旋毛虫病的症状是四肢肿胀、发烧，并且身体发痒。他的根据是发现了一封莫扎特在 1791 年 10 月底写给他妻子的一封信，信中说："煎猪排是何等的美味呀！我爱吃它，并祝你健康。"赫希曼接着阅读了有关莫扎特传记、历史文献和有关旋毛虫的科研报告。他发现，在莫扎特时代，由于牲畜宰杀的卫生标准极差，加上当时医疗条件落后，所以导致猪旋毛虫传染病普遍发作，当时有许多人死于这种疾病。而历史文献记载的莫扎特的症状和猪旋毛虫病是一致的。另外，莫扎特 12 月 5 日在维也纳逝世，距离他写这封信仅 44 天，而猪旋毛虫病毒的潜伏期恰好是 50 天左右。

关于莫扎特之死，还有一个著名的传说。1791 年 7 月，正当莫扎特因患病而痛苦挣扎的时候，一位脸色阴沉、身穿黑衣的不速之客，在一个风雨之夜敲开了莫扎特家

歌剧《费加罗的婚礼》中的场景
这是莫扎特最伟大的歌剧作品，于1786年完成。剧中莫扎特将固定的角色转化为活生生的人。

的大门，要莫扎特谱写一首《安魂曲》。不知什么原因，莫扎特竟答应了，于是连病带累，未几就死去了。于是有人认为，这个黑衣人是杀害莫扎特的凶手，只要找出这个黑衣人，莫扎特死亡之谜就解开了。可是这个黑衣人是谁呢？一直众说纷纭。

有人认为这个神秘的黑衣人就是宫廷首席乐师萨利埃利。1782年，年仅26岁的莫扎特来到维也纳，整个奥地利宫廷立即为他的绝世才华所倾倒，这让萨利埃利大为嫉妒。萨利埃利一向自诩为维也纳音乐界第一人，眼见莫扎特声望日高，恐怕有一日会夺去皇帝对自己的宠信，于是他就决定除去这个眼中钉。莫扎特在生活中是个不修边幅、行为恣肆的人，于是萨利埃利极力挑唆宫廷权贵和他的关系。很快，在保守的维也纳主流音乐界，莫扎特被视为异端，他的作品无法在剧院上演，他生活日渐困窘。在音乐界排斥了莫扎特之后，萨利埃利仍担心莫扎特东山再起，就处心积虑想让他永世不得翻身。恰巧莫扎特的父亲突然去世，一向热爱父亲的莫扎特悲痛万分，精神受到很大刺激，身体状况也一落千丈。萨利埃利认为机会来了，就挑了一个下雨的夜晚，戴上莫扎特父亲生前用过的假面具，披上黑衣，敲开莫扎特的家门，要他谱写一首《安魂曲》。莫扎特又是恐惧又是难过，夜以继日地赶写《安魂曲》。曲子写成了，他自己也油枯灯尽。而萨利埃利在阴谋得逞之后，总是深夜难眠，不久精神失常，被人送进疯人院。

但是几乎没有任何证据能够表明，萨利埃利与针对莫扎特的阴谋有关。因此就有人认为，那个黑衣人是弗朗索瓦·瓦赛格·祖·斯托帕克伯爵的管家罗伊特盖布。这位伯爵是一个庸碌无能、附庸风雅者，常常花钱雇人替写曲子，然后在家里大摆筵席，让乐师演奏，向客人夸耀是自己所为。1791年，他死了妻子。也许是故态复萌，想要借此机会炫耀，也许真是为

杜飞的作品——《向莫扎特致敬》

了悼念亡妻，他就派仆人前往莫扎特家，让莫扎特代写一部《安魂曲》，冒充是他自己的悼亡作品，准备在举行葬礼时演唱。而莫扎特当时急需一笔钱，伯爵的开价又奇高，他就答应了，于是提早迈进了坟墓。

人们忘不了莫扎特优美的音乐，也亡不了莫扎特的凄惨命运，于是这个死亡之谜也就永远被人争论不休。

"硬汉"海明威自杀之谜

海明威作为一代文风简约的语言艺术大师，其自杀之举引起世人的极大关注，各种各样探索海明威自杀之谜的作品不断涌现出来。归纳起来主要有两种观点：一种认为，海明威自杀是"精神抑郁症"造成的。另一种认为，海明威是因为对自己才思枯竭感到绝望而自杀。然而这两种观点都没有强有力的证据。肯尼思·林出版的《海明威传》，却给我们提供了思考海明威自杀之谜的新角度。

↗ 正在创作的海明威

海明威自杀的真实动机始终没有定论，他在自己的遗嘱中是这样说的："我所有的希望已破灭，我那意味着一切的天赋如今已抛弃我，我辉煌的历程已尽，为维护完美的自我，我必须消灭自己。"但是，人们并不完全相信他自己对这一行为的解释。

↗ **海明威夫妇**
1953年，海明威和他的第四任妻子玛丽在哈瓦那皇家帆船俱乐部。

2000年7月，人们从一本新出版的海明威传记中窥见了这个谜团的冰山一角。这本传记的作者是肯尼思·林，他在书中明确指出，海明威在其成名后的很长时间里，一种我们今天所说的ED（勃起功能障碍）一直困扰着他，这种疾病严重地影响了他与几任妻子的关系和他相当一部分的家庭生活，ED造成的强烈的心灵痛楚更是他最终自杀的重要原因。

有一系列事实可以作为海明威在晚年是一个ED患者的佐证。海明威于1961年6月因为被医生认为患有"精神抑郁症"而被安排住进了圣玛丽医院的"自杀看护部"。通过医院护士精心看护，他的精神状态有所好转；新的一轮电休克治疗重新唤醒了海明威的性欲。他向罗姆医生抱怨说欲火难耐，罗姆于是立即打电话通知海明威的妻子玛丽前来。玛丽高兴地赶到海明威就诊的医院，与丈夫度过了一夜。但事后据玛丽说，那一晚"双方都没有完全满足"。玛丽在其后几个晚上再也没有与海明威

胜利的海明威
海明威自豪地向人们展示一条重达400千克的箭鱼。隐藏在充满男子汉气概的外表下的海明威是个性无能者?

同房。据罗姆医生后来回忆,海明威曾多次要罗姆在他面前发誓,永远不要将自己患有 ED 的真相告诉世人。海明威与前几任妻子的分手,好像也可以旁证海明威患有 ED。在 1961 年 6 月,海明威与玛丽又经历了一次失败性的尝试之后,深深地对自己的 ED 感到绝望,认为只有将自己的肉体消灭,才能维护自己的尊严。因此,海明威的自杀之举存在着一定的内在必然性。

纵观海明威的一生我们可以发现,在相当长的时间里,他的生活和创作一直都和 ED 对他的影响有密切的关系:ED 首先将他的人格扭曲了,继而这种人格的扭曲又被带入了他的行为和创作中,最终彻底毁灭了他。在当今时代,因为 ED 而自杀是一件让人难以想象的事情。人们不再会褊狭地认为自己会因为 ED 丧失了尊严,不会觉得 ED 可以将全部的生活摧毁。不仅如此,人们还有足够的机会获得帮助,还有足够的手段克服 ED,而海明威那个时代,这一切是不能办到的。

有人认为,如果肯尼思·林的论述能够成立的话,或者说海明威确实是一个 ED 患者,那么海明威在各种作品中创作的"硬汉"形象只不过是作为一个幌子来掩盖自己作为一个 ED 患者的事实。

毕加索是纵欲身亡的吗

毕加索是 20 世纪绘画史上拥有极高声誉的画家,他的作品既继承传统艺术,又具有独创性,成为世界性的艺术瑰宝。这位具有无穷创造力的人,有着鲜明的个性。毕加索为了躲避人们对他的热情追访,隐居在坐落于山顶的一所别墅里,而且,他只接待他愿意会见的人。他一生之中,特别喜爱恶作剧和离奇古怪的花招。这些使他的死亡蒙上了神

在海滩游玩的毕加索与弗朗索瓦

秘的色彩。

　　希腊女记者阿里亚娜·斯特拉辛奥波洛斯·赫因汤于1988年6月在美国出版了《毕加索——创造和破坏者》，书中向大家揭示了这位艺术大师的一些奇闻逸事。她认为毕加索性格专横粗暴、不负责任、自私自利、诡计多端。书中曾写到毕加索与一名年轻的茨冈人搞同性恋。后来，因为茨冈人离开了他，他发誓要报复。阿里亚娜还写道："毕加索在巴黎大街上与一名17岁的少女玛丽·特里萨·沃尔特相遇，并对她说：'我是毕加索，您和我在一起会成为名人的。我们在一起一定会快乐的。'"在他与妻子奥尔加科拉瓦一起度假时，他也把玛丽安排到附近。白天，他让玛丽当模特儿；一到晚上，他就找借口溜出去与玛丽幽会。从此以后，毕加索就开始纵欲，成了一个可怕的男人。后来，毕加索又抛弃了玛丽。于是很多人认为长时期的纵欲，是毕加索死亡的一个极为重要的原因。

↗ **梦 油画**
创作《梦》时，毕加索已47岁，他与长着一头金发、容貌秀丽的17岁少女玛丽·特里萨初次相遇。她那柔弱的气质和月亮般的美丽，使其成了毕加索的热恋情人和专职模特。

↗ **精力旺盛的毕加索**
毕加索身披画布，一派恺撒大帝的风范，在向观众展示自己的作品。

哭泣的女人 1937年 伦敦泰德画廊藏

在《住宅与庭院》杂志上，艺术史学家和传记作家约翰·查理森曾披露，在1915～1916年，毕加索曾与一位名叫加布里埃尔·德佩尔·莱斯皮纳斯的巴黎妇女有过一段鲜为人知的罗曼史。查理森说，最令人惊奇的是毕加索曾在一张纸上写道："我已请求善良的上帝允许我向你——莱斯皮纳斯求婚。"此事也为纵欲一说提供了有力的证据。

还有的学者试图从艺术规律、艺术与女性的关系对毕加索之死进行探讨。毕加索在其一生的创作当中从无数个女人身上得到过灵感。如果艺术家的爱情、婚姻和家庭状态处在比较和谐美好的阶段，便会给艺术家创造良好的创作环境。感情因素在促成艺术家创作力爆发的各种因素中是一根"导火线"，毕加索的创作在与他的最后一任妻子雅克琳结婚之后又重新焕发了青春的活力。从毕加索最后10年的作品中我们可以看出，结婚后生活的安谧以及妻子的激励与迫近的死神之影相互交错。但是据学者、专家的考证，在毕加索生命的最后一年，毕加索钟爱的雅克琳神经不正常，使他感到无限痛心，这不能不影响到他的生活和创作。另外，从艺术创作规律来看，高峰期过后，便是无可挽回的衰退期，任何一位艺术家都无法摆脱这一命运，当然毕加索也不能例外。而毕加索最后几年的创作实际也充分证明了这一点。这两点，对毕加索的打击是很大的，毕加索就是在这种氛围下抑郁而死的。

有的学者则对这种观点提出了疑问，他们认为证据不足。由于毕加索性格非常古怪，喜欢独居，对许多事情避而不谈，这使得人们无从知道其死亡真相；再加上又没有详细的关于他死亡的报告，人们就会发挥想象纷纷去猜测了。也许感情生活曾经在画家的创作中占据着十分重要的位置，但画家是因纵欲身亡吗？我们不得而知。

巴顿将军的车祸是阴谋吗

1945年12月9日，美国陆军四星上将乔治·巴顿，在德国曼海姆附近遭遇车祸。将军不幸身受重伤，抢救无效，于12月21日在海德堡医院不治身亡。

巴顿将军在第二次世界大战中威名远扬，号称"血胆老将"。他于1885年出生于美国一个军人世家，先后在弗吉尼亚军校、西点军校、顿利堡骑兵学院及轻装甲部队学院接受军事训练，为日后成为一名优秀的将军打下了良好的基础。在第一次世界大战爆发后，巴顿曾经奔赴欧洲参与作战，并在指挥坦克作战方面显示了出色的才能。第二次世界大战爆发后，他被任命为美国第二装甲军团司令，更是驰骋沙场，战功赫赫，屡次创下辉煌战绩。在战场上他最有特点的话语

↗ 巴顿将军像

欧洲战场上的巴顿将军（左）与布雷德利将军、蒙哥马利将军讨论作战问题。

是："混蛋，你们的刺刀应毫不犹豫地刺向那些杂种的胸膛！"正是由于他的勇猛神武，1945年4月，美国军方授予他四星上将的军衔。

然而又有谁能料到，这么一位久经沙场的老将，居然会在战争结束后不久就死于车祸？本该躺在战功簿上安享成果的巴顿将军，却在被授予军衔的四个月后倒在了另一个战场上。

1945年12月9日清晨，住在德国曼海姆的巴顿将军和盖伊上将相约去打猎，第二天一早，他就将搭乘艾森豪威尔将军的专机离开，他的司机霍雷斯·伍德林开着一辆超长豪华卡迪拉克送他们去。据说事发当日，巴顿将军乘坐的轿车刚好遇上火车过道口，等火车驶过，司机注意到离火车道口600码处停着两辆大卡车。当轿车开始向前慢慢行驶时，一辆卡车也从路边开过来，向着巴顿将军的轿车慢慢驶来，同时另一辆卡车也由相反方向驶近。情急之下，巴顿将军的司机迅速踩下刹车。但是事故还是发生了，卡迪拉克车重重地撞在了卡车右边的底盘上，被撞出3米开外。巴顿将军被惯性向前甩去，头部重重地撞在司机席后面的围栏上，脊柱完全裂开，眉骨上方的头皮也被隔板玻璃撞成三英寸的伤口。

1个小时后，巴顿将军躺在海德堡医院的病床上，他的头脑还比较清醒，但是四肢不能动，脖子以下没有知觉。医生诊断说，他脊柱严重错位，头骨也受了重伤。经

巴顿将军指挥的钢铁雄师在北非战场上大显神威，并在以后的解放巴黎的战役中发挥了巨大的作用。

过精心救治，巴顿将军的病情开始好转，他的一条胳膊变得有力，另一条腿也有了些微弱的知觉。医生们开始认为他已经脱离了危险，可是就在 12 月 20 日下午，巴顿将军的病情突然急转直下。12 月 21 日清晨 5 时 55 分，他终因血栓和心肌梗死而停止了呼吸。

在巴顿将军死后，留给我们的是一个谜。车祸发生时轿车里坐的共有三人，为什么只有巴顿将军受重伤，而其他二人则毫发无损呢？案发后肇事司机竟能溜掉，也令人不

↗ **西西里岛上的巴顿将军**
1943 年，巴顿指挥他的军队在极度恶劣的条件下登陆西西里岛，进而解放了意大利。

可思议。车祸后赶来的宪兵们对现场进行的例行调查也极为马虎草率，甚至没有留下任何官方记录。以至于日后当人们查起巴顿的情况时，除了军方履历表外，其他方面居然是一片空白。而履历中虽有他在服役期间的全部文献，却独独少了他遇难情况的有关材料。

这些疑点似乎都表明，巴顿将军之死并非单纯因为一场偶然发生的车祸，实际上有可能是有人蓄意制造谋杀。可是究竟是谁是幕后指使？他为什么要策划这起谋杀呢？

有人认为，巴顿将军的死可能与"奥吉的黄金案"有关。"奥吉的黄金"是二战中纳粹埋藏的一批黄金，据说当时被美军一些高级将领发现了，他们没有上交给国库，而是私下里瓜分了。事情发生后不久，巴顿将军就被政府指派去调查这个案子。雷厉风行的巴顿将军很重视这件黄金被窃案，调查得非常认真，进展迅速。可是就在案情快要大白于天下的时候，巴顿突然遇车祸身亡了。这个时间上的巧合不能不让人产生怀疑，也许是那些人害怕事情败露而先下了毒手。

也有人说，巴顿将军的死是他的上司精心策划的阴谋。因为据说在二战结束以后，巴顿一直有亲德倾向，他曾公开批评盟军的"非纳粹化政策"，并在新闻记者们面前把纳粹分子和非纳粹分子的斗争，不恰当地比喻成美国民主党与共和党之争。后来据说他又在考虑要扶植德国几个未受损失的党卫军部队，然后挑起一场对苏联的战争。

由此，一些美国历史学家们甚至提出很具体的假设，即这位上司就是艾森豪威尔将军。他们认为，众所周知，艾森豪威尔将军与巴顿将军不和的传闻由来已久，巴顿将军在二战后的一些行为无疑与艾森豪威尔的主张大相径庭。艾森豪威尔对此非常不满，为了拔除这个处处和自己作对的眼中钉，很有可能派人除掉巴顿。

如果巴顿将军的车祸真的是一场有预谋的事件，那么究竟是由于什么原因，是谁在幕后策划，恐怕只能等车祸参与者本人坦白才能弄清吧！

日本作家川端康成为何自杀身亡

日本诺贝尔文学奖获得者川端康成因其独具特色的作品而享誉全世界，他的作品低沉晦暗，给人以心灵的震颤。这位作家的死也同样让人震颤。在功成名就之后，川端康成却以自杀结束了自己的生命。人们不禁纷纷猜测：川端康成到底出于什么动机才会自杀的呢？关于他自杀的原因和动机，人们众说纷纭：

↗ 川端康成像

第一，摆脱病魔缠身说。川端康成自杀的第二天，《朝日新闻》刊登了一篇报道说："他死后已经过去一夜，但他的亲朋好友们似乎仍然满腹狐疑，许多人猜想说或许是得了癌症。"

第二，安眠药中毒说。经常为川端理发的理发师猪濑清史提供了川端死前一周即4月10日的一个细节："那天去为川端先生理发。当时他躺在床上，不断地挪动身体、拂掉头发等，显得十分急躁。我说：'你太累了吧。'他说：'我已经4宿没睡觉了。'"这样一来，安眠药的问题就不能不引起人们的注意。川端开始服用安眠药是在第一高等学校学习时，他年轻时就睡觉轻，神经敏感，不得不服用安眠药。这个习惯即使在结婚后也仍然没有丝毫好转。根据川端康成的这些安眠药中毒症状，日本一些学者和研究人员认为，川端康成是死于安眠药中毒。

↗ 川端康成获诺贝尔奖时的情景

第三，思想负担过重说。1968年川端康成获得诺贝尔文学奖后，日本举国上下为他欣喜若狂，媒介连篇累牍地报道此事，而且裕仁天皇通过宫廷的一位高级官员以及佐藤首相亲自打电话向他表示祝贺。这以后，川端康成未能再写出传世之作，作为社会名人的川端因而思想负担过重，自杀成为他摆脱负担的方法。

↗ 川端康成自杀现场
川端康成个性敏感脆弱，他的自杀并不奇怪，但究竟因何而起呢？

第四，精神崩溃和文学危机说。在日本帝国主义发动侵华战争期间，他充当日本帝国主义侵略军的新闻记者，窜到中国进行罪恶活动。日本投降后，他为日本帝国主义的失败而惋惜不已，在《悼岛木健作》《武田麟太郎和岛木健作》等文章中写道，日本投降后，他的"忧伤"已沁入骨髓，他要用文学创作活动，使日本人去"感觉什么是真正的悲剧和不幸"，流露出对日本战败投降的惋惜和悲伤。学者们着重指出："川端在政治上的堕落必将招致精神上的崩溃和文学上的危机，这使他必然走上自杀之路。"

第五，三岛由纪夫自杀打击说。日本有的学者和文学家在推测川端的自杀动机时，认为三岛由纪夫的自杀最终导致川端走上绝路。

第六，支持秦野竞选失败说。很多日本学者支持这种观点。川端曾公开支持警察头子秦野竞选东京都知事。川端原以为凭自己的地位和名望，秦野竞选定能成功，岂料却以失败告终，川端受不了这个打击，只好在自杀中求得慰藉。

有关川端康成自杀的原因，研究者直到现在还不能给出明确的结论。川端康成的创作活动较为复杂，其前后期的创作也表现出不同的政治倾向，另外，川端在死前也没有任何迹象表明他会以自杀来了结生命。

音乐大师贝多芬猝死之谜

天才似乎总要受到更多的磨难，世界音乐史上最伟大的音乐家贝多芬便是这样。他一生与病痛为伴，饱受折磨，尤其是耳朵失聪几乎断送了他的音乐前程。由此他的精神支柱坍塌了，甚至曾一度绝望得企图自杀，终

↗ 贝多芬的遗物

于，这颗音乐巨星于1827年3月26日下午5时30分陨落，给世人留下无限遗憾。

关于贝多芬是什么原因致死的，人们大都认为，这位作曲家的死是由严重酗酒而引起肝病所致，他在55岁时发现患有严重肝病。但是英国尤维尔区医院风湿科顾问医师帕尔福曼对这种看法提出了异议。他认为折磨这位作曲家的许多病痛是一种少见的风湿病引起的，这种少见风湿病会使身体的每个器官发炎，并逐渐侵袭全身。贝多芬自杀主要应是因为这种病痛非常剧烈。最后，贝多芬被这种风湿病折磨致死。他还认为，如果用现代的类固醇给他治疗，给他做肝脏移植手术，贝多芬可以多活许多年，足以让他完成"丢失"的第十首交响曲。

法国著名作家阿尔方斯·卡尔是贝多芬的同时代人，他的《在椴树下》一书为贝多

↗ 贝多芬肖像画

↗ 第九交响曲乐谱及贝多芬的助听器

芬之死的原因和具体情况提供了新的线索，并详细介绍了作者自己的观点。他写道：作曲家死前不久的一天，他的侄子来信说自己在维也纳被牵连进一桩麻烦的事件中，只有伯父出面才可以帮他脱离困境。贝多芬接到信后立即徒步上路。夜宿于一家农舍，到了夜里，贝多芬感到浑身发烧，疼痛难忍。他辗转反侧，难以入睡，于是爬起身，赤着双脚到田野里徜徉。由于时间待得太长，夜寒侵骨，回来时他已冷得发抖。主人从维也纳请来一位医生为其诊治。最后医生确诊为肺积水。医生说他的命已危在旦夕。得知贝多芬病重的消息后，德国著名钢琴演奏家和作曲家胡梅尔来看他，但贝多芬已无法与其交谈，他仅用饱含感激的目光凝视着他。胡梅尔通过听音筒向他表示他的悲伤之情。贝多芬以听音筒依稀听见几句大声的喊叫之后，顿觉畅然，他两眼熠熠生辉，对老朋友说："胡梅尔，我果真是个天才吗？"说完后，他张大嘴，两眼直勾勾地瞪着胡梅尔，溘然长逝。

另外，还有一些研究专家试图从贝多芬的家庭关系上来揭开作曲家的死亡之谜。我国学者赵鑫珊在《贝多芬之魂》一书中认为，贝多芬的侄儿卡尔长期的烦扰，大大损害了他的健康，给他的精神带来了莫大的痛苦，导致他过早地离开了人世。他的侄子在别人面前称呼贝多芬"老傻瓜"，而且只要人家看到他同这个"老傻瓜"在一起，他就觉得丢脸。只要贝多芬对他稍加严格，言语过重，这个无赖就会用自杀来威胁。但是尽管如此，贝多芬对他慈父般的爱还是有增无减，并且一再容忍他。1826年12月1日，卡尔不听贝多芬之劝，硬要去军队服役，贝多芬只好陪他上路。就是在旅途中贝多芬得了严重风寒，从此一病不起。他回到维也纳时，完全是个去日无多的老人。可是伯父卧床不起的消息传到卡尔那儿后，他竟无动于衷，依然自娱自乐。严重的肺炎过后，接着便是肝硬化，最后引起水肿。有的学者非常明确地说，实际上，贝多芬是被侄儿气死或逼死的。

贝多芬真的是死于酗酒所致的肝病吗？亦有人说他的耳聋和他在爱情上的失意使得他的身心遭受极大的创伤，由此而抑郁成疾。有关贝多芬的死因我们现在去探究似已无必要，我们对他更多的是崇敬和景仰。

中国名人未解之谜

名人身世与血缘之谜

孔子的身世到底怎样

　　孔子是我国历史上伟大的思想家、政治家、教育家，儒家创始人，孔子本人也被称为"圣人"，是历代统治者所尊崇的对象。他的卓越思想，是我国乃至世界思想界宝贵的财富，让人们推崇备至。然而由于史籍记载的模糊和理解史籍的不同，致使孔子的出身问题，千百年来纠缠不清，以至于后世有这样一个看法，就是认为孔子是私生子，这是以史书中对孔子"野合而生"的记载为依据的。

　　史学家司马迁在《史记·孔子世家》里记载：孔丘生而其父叔梁纥死，葬于防山。防山在鲁东。孔子问他父亲的坟墓在什么地方，但是母亲颜徵在不愿告诉他。为什么颜徵在不愿告诉孔子？这是因为"叔梁纥与颜徵在野合而生孔子"。换句话说，孔子是"私生子"。汉朝时候的郑玄为《礼记·檀弓》作注时也认为，孔丘的父亲和颜氏野合而生下孔子，颜氏感到可耻而没有告诉孔子，孔子后来也对自己的出生情况讳莫如深。"孔丘疑其父墓处，母讳之也。"

　　圣人孔子竟然是"野合"而生？这不是有些不可思议吗？有人持反对的态度。他

↗ **圣迹图·孔子不仕退修诗书 明**
孔子的功绩，一在整理古代文献。二在立学传徒，为中国传统文化的承上启下发挥了重要作用。此图描绘了孔子不仕而退修诗书、办私学、整理传授"六经"的情景。但随着史料不断增加，人们在尊重孔子的时候，对他的经历增添了许多新的困惑。

们认为，产生这个看法的原因即是读这句"不知其父墓殡于五父之衢"的时候在"墓"字的后面断句了。古文断句是不打标点的，那么同样一段文字就会产生不同的看法。清朝雍正年间的一个举人在《檀弓》中，把"不知其父墓殡于五父之衢"连起来念，"墓"字后面不断句，这样就产生了第二种看法，即孔丘在3岁的时候父亲就死了，后来孔母也去世了。孔子想将父母合葬，但是不清楚埋在鲁城外东南部的父亲墓是"丘"葬，还是安葬深埋的。所谓"丘"葬就是浅埋的，它是一种过渡性的坟墓，可以改葬，而深埋的坟墓则是正规的坟墓，不能改葬了。对于这样一件大事，孔子自然十分慎重，他为此特地拜访了一位老人，打听到父亲的坟墓是"浅埋的"，孔子这才把父亲的骨殖迁过来，和自己的母亲合葬在防地。因此，在整个事件中，根本就不存在"母讳之"的问题。孔子是正式婚姻的结晶，不是私生子。这个举人认为，自从司马迁以来，读者都把"不知其父墓"断为一句，因此才造成了后世这样大的疑案。

孔子像

孔子（公元前551～前479年），名丘，字仲尼，春秋时期鲁国陬邑（今山东曲阜东南）人。

也有说法认为，孔子父母正式结过婚，但是年龄差距太大了，所以被时人称为野合。《孔子世家》记述，叔梁纥原来的妻子是鲁国的施氏，生的九个孩子都是女孩，所以他又娶妻，生下男孩孟皮。但是孟皮的脚有毛病，于是他就求婚于颜氏。颜氏在姊妹中最小，她遵从父亲的命令，与叔梁纥完婚。既然颜氏与叔梁纥成婚是明媒正娶，为什么还会有野合的现象呢？唐朝司马贞写的《史记索隐》说："今此云'野合'者，盖谓叔梁纥老而徵在（颜氏）少，非当壮初笄之礼，故云野合，谓不合礼仪。"也就是说，当时男人三十岁称"壮"，女子十五岁及笄，头发上首次戴簪，才准许结婚。叔梁纥老了，颜徵在还年少，并不是壮年初笄，所以叫"野合"。

有人认为，古代婚嫁时的礼品很多，一样礼也没有，就被别人说成是私奔野合。梁玉绳在《史记志疑》一书中则认为这种说法是有破绽的，《孔子世家》已经说得很明白，颜徵在是听从父亲意

夫子洞

孔子出生前，其父母曾在山东曲阜的尼丘山祈祷。故而孔子出生后，取名丘，字仲尼。上图是尼丘山的夫子洞，传说是孔子的出生地。

↗ **尼山书院大成殿**
孔子出生于山东曲阜尼山。此山也因孔子而名扬四海，尼山书院即在尼山孔庙内，以庙为学。庙始建于后周显德（954~960）年间，现存房舍69间。

见后而出嫁的，既然是从父命的正式婚姻，怎么会产生六礼不备的情况呢？当然，孔子父亲当时是否因为经济原因而缺礼，世俗是否因为其礼未备遂起流言，"孔丘是野合而生"，我们无从得知。梁玉绳进一步认为，所谓野合是因为这对夫妇曾经"祷于尼丘而得孔子"，因而被演绎成"野合"。

颜徵在向尼山祷告，祈求神灵降福给她儿子，当时叫"野合"，这种现象在后代也有，例如安禄山的母亲向轧荦山祷告生安禄山。"春秋公羊学家，所谓圣人皆感天而生，此即野合而生也。"根据现在存在的尼山以及孔子"生而首上圩顶"、如尼山之形的说法乃至庙内至今还供奉着的叔梁纥、颜徵在、孔子、孔子之子孔鲤、孔子之孙孔伋的牌位，崔适在《史记探源》中写道，此文疑作"纥与颜氏女祷于尼丘，野合而生孔子"。也就是说颜徵在在尼丘山扫地为祭天之坛而祷之，遂感而生孔子，因此被称为野合。

关于"野合"，现代学者从婚姻制度方面进行考察得出下面的看法。他们认为，孔子所处的时代虽然早已经是男权的社会，但是原始社会所遗留下的偶婚制对当时社

↗ **梁公林墓群**
梁公林位于山东曲阜，是孔子父母的合葬墓地。1992年，梁公林墓群被山东省人民政府公布为全省重点文物保护单位。

会还有一定的影响。野合之风不仅在春秋时代没有消失，实际上在战国时代也时有发生。这反映了时代的婚姻痕迹。或许，孔子对这种野合风俗很不提倡，感觉这是很不文明的，所以他才千方百计地将自己死去的父亲母亲合葬在一起，作为一夫一妻的标志。这种行为与孔子提倡"礼教"以及其他的倡导文明的思想是相一致的。

性学家们则从另一个角度来看待"野合"的现象。他们认为，原始的性风俗是允许"野合"的，它本来就是远古人类的一种婚配形式。远古的人类（甚至包括现代社会的一些地区的人们）认为，野合实际上更合乎天道，是吉祥、美好的象征，并不是淫秽的、丑陋的。所以，孔子的父母"野合而生孔子"，有什么值得奇怪的呢？

孔子的身世到底怎样？大多数人都将孔子乃"野合而生"看作是可信的，但是更具体的，迄今仍众说纷纭，还有待史学家的进一步研究。

↗ 孔子塑像

位于大成殿内明间正中。高3.35米，头戴十二旒冕，身穿十二章服，手捧镇圭，一如天子礼制。清康熙帝曾在此亲祭孔子，行三跪九叩大礼，随从认为皇帝对一介布衣行如此大礼实有不妥，康熙说"孔子乃千秋帝王之师，万世人伦之表"，并亲书"万世师表"四字以示虔敬。

秦始皇的父亲是吕不韦吗

秦始皇是中国第一位皇帝，一生功绩卓著。秦始皇一生谜团无数，最早的谜要数其身世之谜。要破解秦始皇的身世之谜，就得从吕不韦开始说起。根据《史记·吕不韦列传》记载，吕不韦本为阳翟的巨富，是远近闻名的大商人。他的聪明和智慧使他不仅仅满足拥有万贯家私的地位和生活，而对王权垂涎三尺。

他认为，扶立一个国君，不仅自己可以荣华富贵，还可以泽及子孙后代。因此他将眼光放在了当时被当作人质的秦昭王的孙子子楚身上。子楚当时在赵国，一副郁郁不得志的样子。商人起家且聪明的吕不韦深知这个子楚奇货可居，他想好了计策，便打点行装，到了赵国的邯郸。找到子楚后，他讲了自己的想法。子楚当然是很开心了。于是吕不韦倾尽家财帮助子楚成为秦昭王宠妃华阳夫人的义子，并出钱让他结交权贵，提高自己的声望。就这样，在吕不韦的策划下，子楚被立为嫡嗣，当上了皇太孙。

秦昭王死后，不久安国君（孝文王）也去世，于是，子楚登上王位，成为秦国国君，即历史上的秦庄襄王。庄襄王自然对吕不韦感恩戴德，封吕不韦为丞相，又封为文信侯，食河南洛阳十万户，权倾一时。

秦始皇嬴政像

秦始皇（公元前259～前210年）即嬴政，又称赵政，公元前246～前210年在位。李白歌曰：秦王扫六合，虎视何雄哉，挥剑决浮云，诸侯尽西来。斯蒂芬·乔治·西斯罗普评：始皇帝一定是位充满惊人壮志的领袖，关于他的一切，他的恐惧和憎恨，他的计划和远见，都被夸张、放大到超过常人，只有这样一个统治者才会去修长城。

在这之前，也就是庄襄王子楚尚在赵国的时候，有一次子楚与吕不韦一起欣赏歌舞。吕不韦手下有一宠姬名叫赵姬。这个女子能歌善舞并且容貌秀丽。子楚看到她后立刻被她吸引。酒席中，他向吕不韦祝酒并希望能把赵姬送给他。吕不韦很生气，但是转念一想，自己能够舍尽家财不就是为了这个子楚吗？所以他忍痛割爱，将赵姬送给子楚。《史记》中写道，吕不韦早已经占有了赵姬，而赵姬此时已经身怀有孕。赵姬也是聪明的，她对子楚隐瞒了自己的身孕。不久，赵姬生下了一个男孩，就是后来的嬴政。母以子贵，赵姬后来成为太后。根据这样一段记载，嬴政无疑是吕不韦的儿子。

庄襄王在位三年后死了，嬴政被立为王。嬴政尊称吕不韦为相国，号为"仲父"。嬴政还小的时候，太后即赵姬还时常与吕不韦私通。这个时候的吕不韦已经家僮万人，成为一人之下万人之上的大人物。至此，吕不韦的权力梦想完全实现了。

但是，也有人认为说秦始皇是吕不韦的儿子是没有根据的。他们引证说，成书早于《史记》的《战国策》就没有吕不韦献赵姬的这段记载。而从《战国策》的编写情况看，这本书是非常喜欢收集个人隐私的。既然喜欢收集个人隐私的书都没有记载这件事情，那么显然可以表明这段传闻在当时是没有的。进而他们认为，完成于汉朝的《史记》其宗旨之一就是探讨秦朝灭亡汉朝兴起并强盛的原因。那么对于民间传说（或是在汉代才兴起的传闻）的秦始皇乃吕不韦与赵姬的私生子一事，当然要书写出来，这样一来，汉代取代秦朝，似乎就更加是大行天道伸张正义了，因为不仅仅秦朝的暴政弄得天怨人怒，而且秦朝王公内部也是这样的污秽不堪。司马迁本人对于秦始皇的一统大业是非常赞赏的，为了"为尊者讳"，司马迁在《秦始皇本纪》中没有提到上面的传闻，只是说"秦始皇帝者，秦庄襄王之子也。庄襄王为秦质子于赵，见吕不韦姬，悦而取之，生始皇"。然而在《吕不韦列传》则书写了这一传闻，由此可见司马迁的目的。

始皇帝印 秦

认为秦始皇不是吕不韦的儿子的人还发现了《史记》对秦始皇记载的破绽。《史记》中写道："姬自匿有身，至大期时生子政。"所谓大期，是指十二个月之后分娩。按照常理，女子发现"有身"，要到孕后一两个月间。那么赵姬归于子楚后居然还能是十二个月后分娩，这实在是违反生育规律的事情！从赵姬的出身看，说秦始皇是吕不韦的儿子，也有很多的疑点。《秦始皇本纪》中记载道："十八年，大兴兵攻赵……秦王

↗ 秦始皇帝陵铜车马

之邯郸，诸尝与王生赵时母家有仇怨，皆坑之。"在《吕不韦列传》中，当赵国要杀子楚妻子（即赵姬）时，又说"子楚夫人赵豪家女也，得匿，以故母子竟得活"。由此明显可以看出赵姬是出身豪门的。既然她出身豪门，又怎么可能先做吕不韦的姬妾，再被献给子楚做妻子呢？如果赵姬是"邯郸诸姬绝好善舞者"，她又哪儿来的那么多的仇家？这个相互矛盾之处，表明了关于秦始皇是吕不韦的私生子的传闻存在着明显的漏洞。一些历史学家还认为，从史料的记载看，秦始皇并没有把吕不韦当作他自己

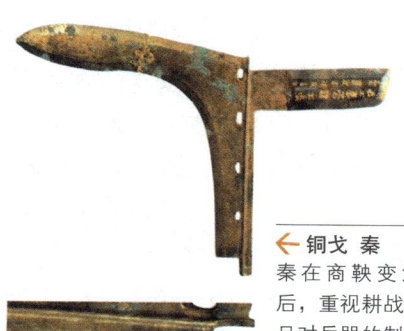

← 铜戈 秦

秦在商鞅变法以后，重视耕战，并且对兵器的制作极为重视，常在兵器上刻勒工匠名，对铸造的监督甚严，质量要求也很严。全国各地出土的吕不韦监造的铜戈便是明证。此戈是秦军使用的青铜武器，刚韧锋利，到今天仍熠熠光闪烁，削发即断。

的亲人。子楚死后嬴政继位，当时嬴政年龄还小，而吕不韦则权倾一时，国家大权几乎都掌握在太后和吕不韦的手中。加上后来的嫪毐的加入，更让秦始皇日渐将包括吕不韦在内的这些人视为隐患。后来嬴政一天天长大，对吕不韦原来与母亲以及现在嫪毐与母亲的淫乱关系更加深恶痛绝。后来，秦始皇杀掉嫪毐的三族及其与母亲生的孩子，嫪毐本人则被车裂，吕不韦也受到了牵连。秦始皇对吕不韦的处理是很讲策略的。他知道自己能登上王位，与吕不韦有很大关系，并且吕本人的威望很高。于是他写信质问吕不韦说："你对秦国有什么功劳？秦国却封你在河南洛阳，食十万户；你和秦国有何亲？却被秦国号为仲父。"实际上秦始皇的这几句话中已足见吕、嬴之间是没有任何父子之情的。最后吕不韦被迫徙蜀又被迫服毒自杀，就可以明证。

对《史记》的怀疑仍然遭到很多学者的反对。他们认为虽然司马迁的记载中有很多自相矛盾之处，但是他的著史风格相当严谨，所以在没有确凿证据怀疑《史记》关于秦始皇身世记载的时候，就不能随便怀疑《史记》的记载。这样关于秦始皇身世的两个截然不同的版本，也就仍旧没有定论。到底秦始皇是谁的儿子？这仍然是一个谜。

"闭月"之貌出谁家——貂蝉身世之谜

在古代四大美人中，最迷人的当属貂蝉了，因为她竟让英雄豪杰为之神魂颠倒；也数她最不可捉摸，因为人们至今还没有弄清楚她的本来面目。关于她的身世，主要有以下4种观点。

第一种观点认为她是王允的歌伎。王允，东汉太原祁县（今属山西）人，字子师。初为郡吏，灵帝时，任豫州刺史，献帝登基后任司徒。王允为了铲除董卓，想用美人计来达到目的。于是他想到了貂蝉，王允对她说明了其中情由及利害关系，并要求她助一臂之力。貂蝉按王允的要求，以她的美色挑起了吕布和董卓之间的矛盾，最后，利用吕布杀了董卓，为王允排除异己立下了汗马功劳。事成后，貂蝉在花园里为王允祈祷拜月，正巧此时有一片彩云遮月。王允见之曰："貂蝉美色使月亮躲到云后面去了。"据此，后人都传说貂蝉有"闭月"之容。

第二种观点认为她是董卓的婢女。董卓，东汉陇西临洮（今甘肃岷县）人，字仲颖。本为凉州豪强，灵帝时，任并州牧。昭宁元年（198）率兵入洛阳，废少帝，立献帝，专断朝政。曹操与袁绍等起兵反对，他挟献帝西迁长安，自为太师，后来为吕布所杀。据《后汉书·吕布传》载："卓以布为骑都尉，誓为父子，甚爱信之。常小失意，卓拔戟掷之，布拳捷得免。布由是阴怨于卓。卓又使布守中阁，而私与侍婢情通，益不自安。"这段记载的就是凤仪亭掷戟之事。由此可知，貂蝉是与吕布情通的董卓婢女。

第三种观点认为她是吕布之妻。据《三国志·吕布传》注引《英雄记》载："建安（汉献帝年号）元年六月，夜半时，布将河内郝萌反，将兵入布所治下邳府，诣厅事阁外，同声大呼，布不知反将为谁，直牵妇，科头袒衣，相将从溷上排壁出，诣都

连环计 年画

督高顺营。"又载："布欲令陈宫、高顺守城，自将骑断太祖（曹操）粮道，布妻谓曰：'宫、顺素不和，将军一出，宫、顺必不同心共守城也，如在蹉跌，将军当于何自立乎？妾昔在长安，已为将军所弃，赖得庞舒私藏妾身耳，今不须顾妾也。'布得妻言，愁闷不能自决。"这里描述的这位科头袒衣的妇人，就是吕布之妻貂蝉。

还有一种观点认为她是吕布部将秦宜禄之妻。据《三国志·关云长传》注引《蜀记》曰："曹公与刘备围布于下邳，云长启公：'布使秦宜禄行求救，乞娶其妻。'

↗ **貂蝉像**

公许之。临破，又屡启于公，公疑其有异色，先遣迎看，因自留之。云长心不自安。"从这段记载中可知秦宜禄的妻子是很有姿色的。另外，因为关羽先想娶其为妻，可是由于曹操"自留之"，所以引起关羽的妒忌。他妒火中烧，一刀便把秦宜禄的妻子给杀了。元人杂剧《关公月下斩貂蝉》就是以此事创作而成。因此，秦宜禄之妻也成了传说中的貂蝉。

貂蝉作为四大美女之一，其红颜薄命委实令人悲叹。

李白是胡人还是汉人

李白是我国历史上一位颇具传奇色彩的大诗人。历史上说他的长相奇异，对月氏语十分精通，并且据说他的先世曾经流落到西域。那么他的家世如何？这是后人非常感兴趣的研究话题。一直有人在问：李白究竟是胡人还是汉人？

根据李白自述及其好友的述说，李白是唐玄宗的族祖，出身显赫。在李白自己的作品中，他曾经自述说："家本陇西人，先为汉边将。攻略盖天地，名飞青云上。"以及"白本陇西布衣，流落楚汉"，"白本家金陵，世为右姓，遭沮渠蒙逊难，奔流咸秦，因官寓家，少长江汉"等。李白的叔父李阳冰在《草堂集序》中说，"李白，字太白，陇西成纪人，凉武昭王李暠九世孙。蝉联圭组，世为显著。中叶非罪，谪居条支，易姓与名……神龙之始，逃归于蜀"。

据此，有人推断，李白应该是太宗李世民的曾侄孙。进而再推断，李白的曾祖父有可能是李世民的哥哥或弟弟中的某一个。

但是根据史料记载，唐玄宗在天宝年间曾经下过诏书，准许李暠的子孙"隶入宗正寺，编入属籍"，也就是说登记上皇族的户口。为什么李白一家没有去登记呢？李白后来进入了翰林院，有很多与皇帝接近的机会，为什么也从没有提起过？晚年的李白，处境很是艰难，求人推荐的心情也很是迫切，但是他仍然没有提起过自己的皇族身份。身为皇族后代是十分荣耀的事情，足以使他光耀门户，青年时代的李白纵然豪放飘逸认为这不值得一提，可是晚年困境中的他为什么仍旧死守？这难道不是有点奇怪吗？

↗ 李白像
李白（701～762），字太白，号青莲居士，生于碎叶（属于唐安西都护府，今吉尔吉斯斯坦托克马克附近）。唐代著名诗人。

有人推测，这大概是因为既然李白的祖上是李世民兄弟中的一个，便可能牵涉到玄武门事变这样一场宫廷恩怨。此外，前文还提到，李白可能是李陵的后裔，因为李陵曾因罪在历史上留下了不太好的名声，故而李白生前只承认远祖李广，却否认李陵。因此，李白生前不愿意将自己的家世公之于众。

后世对李白父子的了解则更显得模糊。前文提到，"中叶非罪，谪居条支，易姓与名……神龙之始，逃归于蜀"，李白的一个好朋友也曾经写过："隋末多难，一房被窜于碎叶，流离散落，隐易姓名，故自国朝以来，漏于属籍。神龙初，（其父）潜还广汉，因侨为郡人。父客，以逋其邑，遂以客为名，高卧之林，不求禄仕。"

通过这两段已有的关于李白之父经历和处境的材料，人们会提出疑问：李客为什么要"逃归于蜀"？为什么要"潜还广汉"？是国破家亡、流落异域，还是因为触犯刑律、流放边疆？无论是哪一种理由，在时隔百余年后，都构不成"逃归于蜀"和"潜还广汉"的可以讲得通的原因。那么，促使李客"逃归""潜还"的真正原因究竟是什么？还会有什么更为严峻的理由使李客跑到偏僻的山中？李白父亲的"逃归"之谜，使李白身世更为迷离。

清朝人王琦分析认为，李客的出逃很可能与任侠、避仇有关。他

↗ 江油李白故里
李白幼时从安西都护府回到内地的故乡四川江油。

推测说李客或许是一位行侠仗义的侠客，由于其行为触犯了当权者，所以只能是避到穷乡僻壤，隐姓埋名，终其一生。

如果上述推断得以成立，那么李白家世中的一些疑难问题就可以略见端倪了。李白父亲特殊的经历和处境，使李白能在诗文中对身边所有的亲戚朋友都饱含深情，却唯独对自己的家世闪烁其词。他的亲友在提及李白的家世籍贯时也出自"为尊者讳""为亲者讳"的目的，不得不使用一些托词和曲笔。这样分析，李白这个皇族的后裔，他不敢将自己的家世形诸文字，更不能登记上皇族的户口，等等疑问，似乎也就有了答案。

又有人根据李白的长相及其对少数民族的语言和礼节的精通提出了一种新的看法，认为李白的出身并非如他自己所言，而是西域的胡人。持这种说法的人考证说，其一，碎叶、条支

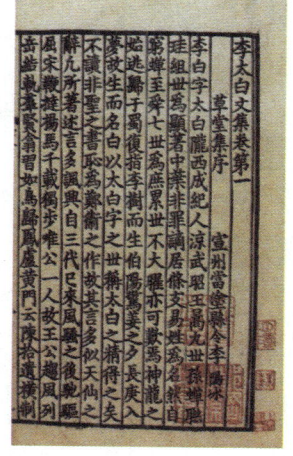

↗《李太白文集》书影

等地，在隋朝末年并不在中央政权的势力范围内。怎么可能成为窜谪罪人之地？这样推断，李白不是汉人而是胡人。其二，从李白之父的名字看，他们认为，其名字是在潜还蜀中后改的，其名为客，是因为西域人的名字与中原不一样，西域人往往被称为"胡客"，因此以"客"为名。其三，隋末，蜀中地区正是与西域胡人贸易往来的区域，李客也许以经商致富，入蜀后因富有渐成贵族。其四，从李白的相貌看，李白"眸子炯然哆如饿虎"，相貌具有胡人的特征，又精通月氏语，对少数民族的礼节也十分精通。总之，所有证据都指向这一结论：李白根本就是一个胡人。

同时也有许多人对此予以驳斥。他们指出，"窜谪"一词的含义不应如此被限制。古时凡是由汉族居住区域移往外域，即是"窜谪"。何况，李白的先世移居西域并非因罪窜谪，并且谁说这一事件发生在隋末呢？再有，不仅仅西域人入中原被称为"客"，外地汉人入蜀不也可以被称为"客"吗？说李白精通月氏语和懂得夷礼，

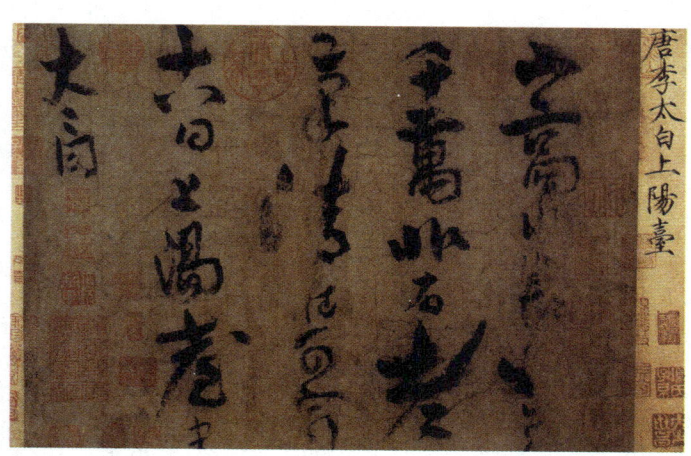

↗ 上阳台帖 唐 李白

宋代《宣和书谱》曰："李白字太白，长于巴蜀，弥月之初母梦长庚，故因以取名……至其名章俊语，郁郁芊芊之气见于毫端者，固已逼人，是岂可与泥笔墨蹊径争工拙哉！尝作行书，有'乘兴踏月，西入酒家，不觉人物两忘，身在世外'一帖，字画尤飘逸，乃知白不特以诗名也。"宋代书法家黄庭坚在《东坡题跋》中道："白在开元、至德间，不以能书传，今其行草殊不减古人。"《天若不爱酒帖》是李白书自己所作的诗，字迹回环曲折，灵动放逸；《上阳台》帖格调天纵，点画行走如云烟，释文曰："山高水长，物象万千，非有老笔，清壮可穷。十八日上阳台书。太白。"

李白斗酒诗百篇，长安市上酒家眠。天子呼来不上船，自称臣是酒中仙

太白醉酒图 清 改琦

唐代大诗人杜甫于唐玄宗天宝五载（746年）初至长安，分咏当时八位著名酒徒的个人性情和艺术成就。其中有这样的诗句："李白斗酒诗百篇，长安市上酒家眠。天子呼来不上船，自称臣是酒中仙。"淋漓尽致地描绘了李白作为"诗仙"的恣狂和放逸不拘。此图是清代著名画家改琦为这一诗句所作的人物画，再现了李白的洒脱和轻狂。

这也不足以说明李白就是胡人。在唐朝这样一个地域博大、民族融合广泛的帝国里，一个汉族人，如果他的家世与西域有关联，是完全可能精通夷礼夷语的。至于说李白貌似胡人，汉族人中不是也有具有胡人特征的人吗？进而指出，倘若没有确凿的证据说李客不姓李，是胡人，那么也就不能肯定李白的先人是胡人。这些人的驳斥使用了一系列诘问，可以说给认为李白是胡人的人以足够的挑战。

还有人认为，李白并不是李广的后代。他的先世应该是久居西域的汉人，"潜归蜀中"，后来为了抬高自己的门第，所以才更改了姓名，假冒是李暠的后代。

另外有一种看法较为折中，认为李白先世既非胡人也非汉人，而是汉胡两族的混血儿。他们查证古籍后，认为李白是西汉名将李广的嫡孙李陵的后代。当年汉武帝时，李陵兵败投降，汉武帝盛怒之下将李陵在中原的妻儿老小全部杀死。李陵后来娶胡女为妻，他的后代也就随胡人俗。隋朝末年，其后裔又蒙难被流放到西域。李白的先世就属于这一支。这样，李白带有胡人的血统，那就不足为奇了。这种分析，可以说折中了所有的观点，似乎也言之有理。

然而无论哪一种说法，都因为关于李白家世的文字记载之隐约其词而有漏洞，李白自己的记述也使自己的身世扑朔迷离。这位被人称为"诗仙"的传奇大诗人李白，其身世之谜何时能够解开？

朱棣生母之谜

明成祖朱棣是朱元璋的第四个儿子，洪武三年被封为燕王，拥有重兵，镇守北平。建文元年，朱棣以"清君侧"为名举兵，这就是历史上有名的"靖难之役"。经过三年多的兵戎相争，建文四年，朱棣终于攻占了南京，即皇帝位，改元为永乐。他又于永乐九年迁都北京，以南京为留都，朱棣统治期间继续执行明太祖的削藩政策，巩固中央集权，为以后的"仁宣之治"奠定了基础。可以说，朱棣是历史上一位较有作为的皇帝，但是由于他是夺权上台，所以被正统思想家们斥为"燕贼篡位"。有关他的各种传说不胫而走，甚至连他的生母是谁，也成为争议的内容。其说不一，难以断定。

有说法认为朱棣的生母为马皇后。

旧抄本的《燕王令旨》中记载说："顾予匪才，乃父皇太祖高皇帝亲子，后孝慈高皇后亲生，皇太子亲弟，忝居众王之长。"《明太祖实录》说："高皇后生长子，长懿文皇后标，次秦愍王，次晋王，次周定王。"《明史·成祖本纪》也说："文皇帝讳棣，太祖第四子也，母孝慈高皇后。"与前说如出一辙。从这些官方材料看，可以肯定朱棣是朱元璋的第四个儿子，为马皇后所生。但是后世学者认为这其中有窜改之词，不能信以为真，一生致力于明史研究的学者吴晗就这样认为。

另外有一些史籍说马皇后并非生了五个儿子，只承认四子朱棣与五子周王为马皇后所生，而懿文、秦王、晋王则为妃子所生。《鲁府王牒》也说："今鲁府所刻玉牒，

又以高后止生成祖与周王。"《皇朝世亲》《鲁府王牒》皆已早佚，这个说法难辨真伪。但是这些材料虽然说皇太子等人不是马皇后所生，却也都承认朱棣是马皇后亲生的儿子。

也有人说朱棣的生母是达妃。

明代黄佐的《革除遗事》中说，懿文、秦、晋、周王都是高皇后所生，而太祖朱棣为达妃所生。王世贞《二史考》也曾引用这一说法。但是后人分析，黄佐把明成祖说成是达妃所生是别有用心的，不足为信。例如清代史学家朱彝尊在著作中指出，"黄佐《革除遗事》与当时记建文事诸书，皆不免惑于从亡致身二录。盖于虚传妄语，就未能尽加芟削。"也就是说，黄佐的书对建文帝下台表示深深的同情，而对明成祖夺权大加贬斥，明显带有个人感情色彩，所以记载的事情难免"虚传妄语"。故不可信。

明成祖像

南都繁会图 明

元至正十六（1356）年，朱元璋率军攻克集庆，改名应天府（今南京市）。明朝建立后，即以应天府为国都，直至永乐年间国都方迁往北京。而南京依然作为陪都，典章制度的功能同于北京。明成祖朱棣幼年即在南京生活。此卷描绘了明中期南京城市商业繁荣的景象。

三是生母为碵妃。

明朝末年何乔远的《闽书》、谈迁的《国榷》、李清的《三垣笔记》等人根据《南京太常寺志》认为明成祖的生母是碵妃。这种说法也得到了近人傅斯年、朱希祖、吴晗等人的赞同。此志以明孝陵奉先殿的陈设为旁证，奉先殿中间南向列太祖、马后两神座，东边排列的是诸妃神座，而两边则独列碵妃神座。为什么碵妃会得到如此尊重？无疑因为碵妃是明成祖的母亲。清初的学者潘柽章、朱彝尊等也肯定这个说法。朱彝尊还考证了碵妃是高丽人。然而碵妃的来历历史上并没有任何记载，要知道这种说法是否可靠，就要考察《南京太常寺志》的可靠性。此记述是否来自第一手资料？是否真实？实在是难以说清楚。根据考证，《南京太常寺志》被收入《四库全书总目》，是明代人汪宗元所撰写。汪宗元是明嘉靖己丑进士，曾经任总理河道右副都御史，此书是他任南京太常寺卿时所撰，与明成祖生年元至正二十年（1360）相距了170多年。这样看来，他在记述朱棣生母时很可能是道听途说，而不是第一手资料。尤其可疑的是，《南京太常寺志》的说法在其他的史籍都没有记载，因此其真实可靠性尚难以确实。

大明皇帝之宝 明

还有一种说法认为朱棣的生母是元妃。王世懋《窥天外乘》记载："成祖皇帝为高皇后第四子甚明。而《野史》尚谓是元主妃所生。"王世懋所指的"野史"，是指《蒙古源流》。《蒙古源流》说，明成祖是元顺帝之妃瓮氏所生，是元顺帝的遗腹子。"先是蒙古托衮特穆尔乌哈噶图汗（元顺帝）岁次戊申，汉人朱葛诺延年二十五岁，袭取大都城，即汗位，称为大明朱洪武汗。其乌哈噶呼图汗第三福晋系瓮吉喇特托克托之女，名格呼勒德哈屯，怀孕七月，洪武汗纳之，越三月，是岁戊申生一男……"刘献廷在《广阳杂记》中则说："明成祖非马后子也。其母瓮氏，蒙古人，以其为元顺帝之妃，故隐其事，宫中别有庙，藏神主，世世祀之，不关宗伯。有司礼太监为彭恭庵言之，余少每闻燕主故老为此说，今始信焉。"近人傅斯年所见的明人笔记则以为明成祖是元顺帝高丽妃所遗之子（《明成祖生母记疑》）。这些野史、杂记都说得煞有其事，但是它们毕竟只是野史、杂记，说得再神乎其神也难以令人相信。近年更有人说，明成祖朱棣生母确实是马皇后。"硕"是瓮吉喇氏略语的不同译音，硕妃或瓮吉喇氏生明成祖的传闻，实属于无稽之谈。这其实是一则蒙古人编造出来的离奇的事，为的是以此证明元代国运不衰，后继有人。

说来说去，明成祖朱棣的生母之谜，到今天仍然没有确切的说法。

董鄂妃身世之谜

清初皇帝顺治是历史上有名的多情种子，他爱美人不爱江山，在自己钟爱的妃子去世后，开始万念俱灰。据民间传说，顺治因董鄂妃去世心灰意冷，遁入空门。而董鄂妃究竟是何人呢？是顺治以一般途径纳入宫中的妃子，还是另有来历？

据汤若望回忆录记载，顺治皇帝狂热地爱上了一位满籍军人的夫人，并在这位军人斥责他夫人时，打了此军人一个耳光，于是这位军人因愤致死，或自杀而死。皇帝于是把这位军人的夫人收入宫中，并封为贵妃，这位贵妃于顺治十七年（1660）产下

↗ 后妃礼服冠 清

一子，皇帝本预备立他为皇太子。但是这位皇子竟于数星期之后死去，其母不久亦去世。这与《御制董妃行状》中说董妃"后于酉冬生荣亲王，未几王薨"的记载相合。于是有人推测董鄂妃实为这位军人之妻。

不过，谁是那个军人，为什么他的夫人在宫禁中竟能自由出入，实是耐人寻味。从其夫人与皇帝的亲近情形看，必为近臣。有人于是开始猜测上述军人即是顺治之弟太宗第十一子博穆博果尔，即襄亲王。此人卒于顺治十三年（1656）七月初三日，终年16岁。董鄂妃于同年八月间在其18岁时即被册封为贤妃，从时间上推测，正好27

天的服制刚满。

对董鄂妃进宫时情形，当时诸种史书均没有做过详细的记载，仅仅有顺治在挽词中说她在18岁时，以其德优而被选入宫中。可是选秀制度规定，超过17岁的女子就没有权利参加选秀了。董鄂氏若18岁时才去应选，别说"以德选入掖庭"，就是和众"合例女子"竞争而进宫做侍女的可能性都很小。那时选秀的合适年龄一般在13岁至16岁之间，若把初选、复选、择配、成婚和与襄亲王一起过日子的时间等因素考虑在内，董鄂妃参加选秀的年龄应在15岁左右，也就是顺治十年前后。董鄂氏进宫后没多长时间，顺治便将其赐为襄亲王博穆博果尔的妻子。

↗董小宛像

清初有各宗室及亲郡王命妇轮番入侍后妃制度，作为襄亲王妻子的董鄂氏，当然有进宫的资格。长时间周旋于内宫，这样自然而然就有机会与皇帝交往。顺治十一年四月，孝庄太后觉察到儿子与弟媳之间有不正当的关系，赶忙命令停止命妇入侍后妃之例，说以前根本没有此定制，应"严上下之体，杜绝嫌疑"，这似乎就是针对顺治与董鄂氏的不正当关系而言。

襄亲王与顺治是同父异母的兄弟，而董鄂氏却是襄亲王的妻子。顺治这种强占弟媳的可恶行为当然不但有辱国体、宗门和家法，更严重的是恶化了满蒙贵族的政治关系，因此孝庄太后当然要竭力反对。首先，她废弃了亲王郡王命妇入侍后妃的旧例，以便不让儿子和董鄂氏继续来往，接着册立孔四贞为东宫，想使顺治转而宠幸孔四贞，可是她所做的一切均没有效果。顺治为了得到弟媳，逼死胞弟，夺占弟媳。对于顺治的种种行为，孝庄太后在无可忍耐时终于亮出"杀手锏"，将董鄂妃除去，也因此导致了顺治出家的闹剧。

以上说法只是一些人的推测而已，在民间，关于董鄂妃的来历还有另一种说法，认为董鄂妃即为明清之际江南名妓董小宛。

董小宛姓董名白，字青莲，又字小宛，她在19岁时嫁给了当时有名的才子冒辟疆，冒辟疆的《影梅庵忆语》记载了董小宛的生平，《忆语》中追述她的生平时不吝笔墨，但对小宛生病及丧葬等事却语焉不详。冒辟疆写道："到底不谐，今日验兑。"似乎董小宛不是病死，病死应作悼亡之辞，而不至于生出"不谐"之叹。于是有人推测说冒辟疆以小宛被掳之日作为祭辰，托言小宛已死，实则被掳入宫，赐姓董鄂，晋封贵妃了。

到底董鄂妃是顺治弟媳，还是民间传说之董小宛，尚无人作出肯定的结论，董鄂妃的来历与顺治是否出家一样，成为千古之谜。

蒲松龄血统之谜

清朝著名的文言小说作家蒲松龄，以其蕴含深刻思想意义的作品《聊斋志异》闻名于中国文学史，在海外也享有盛誉。随着人们对《聊斋志异》及其作者蒲松龄研究的深入，学术界开始对蒲松龄的血统问题产生了争议。有人说他是汉族，有人说他是蒙古族，有人说他是色目人，还有人说他是女真人，一时间难辨各说真伪。而参考各种典籍文献，至今也难以确定蒲松龄的血统到底为何。

有说法认为蒲松龄是蒙古族人。《蒙古族简史》就肯定地说："蒙古族文学家蒲松龄，把采自民间的事编写成《聊斋志异》，借以反映社会现实，内容生动有趣。"持此看法的人又将蒲松龄自己作的《族谱序》作为此说的重要证据。在这篇序中，蒲松龄说："按照明初移民之说，不载于史，而乡中则迁自枣、冀者，盖十室有八九焉。独吾族为般阳土著。祖墓在邑西招村之北，内有谕葬二：一讳鲁浑，一讳居仁，并为元

↗ **蒲松龄像**
蒲松龄（1640~1715），字留仙，一字剑臣，别号柳泉居士，世称聊斋先生，山东淄川（今淄博）人。

↗ **《聊斋》故事图册 清**
《聊斋志异》内容有鬼怪神仙，花木禽兽，天上地下，无所不包。全书以写恋爱故事的最多，另有很多描写人类生活的题材。这些图画是后人根据书中的故事所绘的图册中的一部分，人物鲜活生动，场景感强。

蒲松龄故居
故居位于山东省淄川县蒲家庄。蒲松龄一生几乎都在家乡度过，设馆教书。图为蒲松龄故居北院的正房内景，是他的诞生之地，也是他后来的书房"聊斋"。

总管。盖元代受职不引桑梓嫌也。然历年久远，不可稽也。相传倾覆之余，止遗藐孤。吾族之兴也，自洪武始也。"从"般阳土著""鲁浑""元总管"等字眼中可以看出，蒲松龄的远祖鲁浑应是元代般阳路独总管，不像汉人。在路大荒的《蒲柳泉先生年谱》中也说，相传元朝即将灭亡的时候，蒲氏曾经将遗孤改换名姓寄养在杨氏处，后来到了明朝洪武年间才改回自己的蒲姓。还说，他曾访问过许多姓蒲的人，都有他们是蒙古族的传说。

还有说法认为蒲松龄是色目人。日本学者前夜直彬在《〈聊斋志异〉研究在日本》一文中，根据有关资料推断说，"蒲松龄的远祖为元朝的般阳路总管，明初改姓隐身"，因而他断定，蒲松龄大概是色目人。此外根据元代的官制，担任路的总管的人大部分都是色目人，从这一点也可以推测蒲鲁浑不是蒙古族人，而可能是色目人。

而有人在仔细研究了《金史》后发现，有的女真人的名字就是"蒲鲁浑"，而并不是姓"蒲"名"鲁浑"，也不是姓"蒲鲁浑"。也就是说，"蒲鲁浑"是金女真族习用的名字。根据这一点他们认为，蒲松龄可能是金女真族人。

蒲松龄纪念馆的工作人员则认为蒲松龄是汉族。

这些工作人员仔细分析了《蒲氏世蒲》第一篇《族谱序》，认为应该明确认定的是，蒲的祖先是"般阳土著"。般阳，是指汉朝时的般阳县，明洪武元年改州曰淄川，今天则是山东淄博市。既然史料说蒲鲁浑、蒲居仁也是当地人，且是当地的"土著"，那么他们就不会是蒙古族人，也不是什么色目人、金女真族人。蒲松龄写此《族谱序》时是康熙二十七年，修族谱也在这年，当时蒲松龄是49岁。因而可以判断这部族谱是可信的，而福建的那部福建的《蒲氏族谱》则并不可信。

目前，越来越多的人倾向于蒲松龄是汉族这一

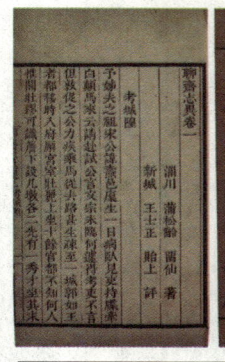

《聊斋志异》书影
《聊斋志异》是蒲松龄著名的文言短篇小说集，代表了中国文言小说的最高成就。全书十六卷，四百三十一篇，内容广泛，语言生动，自问世后影响甚大。

说法，但是由于相关的资料太少，所以还不足以证明他确实是汉族血统。人们期待着更多的史料的发现，以早日解开这个谜。

乾隆是汉人的后代吗

乾隆皇帝是清朝历史上乃至整个中国历史上著名的皇帝。这位清朝皇帝当然应该是满族人，正史中的记载是这样的："高宗（即乾隆）……纯皇帝，讳弘历，世宗……宪皇帝第四子也，母孝圣……宪皇后钮祜禄氏……以康熙五十年（1711）辛卯八月十三日子时诞上于雍和宫邸。"也就是说，乾隆皇帝的生母是钮祜禄氏，出生地是北京的雍和宫。但是在清末民间，却广泛流传着这样一个传说，说乾隆皇帝是浙江海宁陈家的儿子。这种似乎荒谬不堪的说法在当时社会上，上自官僚贵族，下至普通百姓，可以说是尽人皆知。这究竟是怎么一回事？

很多私家编撰的稗官野史中详细记载了传说中的乾隆帝的出生。如，《清朝野史大观》记载说，雍正帝当皇子的时候，和海宁陈氏家的关系非常好。这年雍正帝的妃子生了一个女儿，正巧陈家也生孩子，且是个儿子。两个孩子的日、月、时辰都相同。雍正听说之后非常高兴，就命人把孩子抱来。很久才把孩子送回

去。陈家拿到孩子后，发现已经不是自己的儿子，而且已经被换成女孩了。这样的事情当然让"陈氏殊震怖"，但也不敢声张，更不敢追究，只能使之成为秘密。"未几雍正嗣位，即特擢陈氏数人至显位。"据说这个孩子就是后来的乾隆皇帝。

海宁陈氏何人也？《清秘史》中说，陈氏之一生，历经康熙、雍正、乾隆三代，是一位三朝元老。"陈氏自明季衣冠鹊起，渐闻于时。至之遴始以降清，位至极品。厥后，陈世倌、陈元龙等父子叔侄，并位极人臣，遭际最隆。康熙间，雍正与陈氏尤相善。"之后，就是两家孩子被换之事发生的这一年。史料记载，在乾隆即位后，对陈氏的优待就更加优厚。

在《清史稿》中还记载了这样的事情："雍正十一年（1733），陈以年老乞休，

↗ 乾隆帝哨鹿图

雍正帝命加太子太保衔。行日，赐酒膳，令六部满汉堂官饯送，沿途将吏迎送。"在当时，这样的待遇是很不多见的。而乾隆在位时曾经六下江南，确实曾经到过海宁。也许正是由于陈元龙受到的皇帝的特殊恩惠等原因，所以所谓"乾隆是陈元龙（一说陈世倌）的儿子""陈与帝共一宗"的说法才不胫而走，传遍大江南北。

在民间，更有一些关于乾隆皇帝回海宁老家省亲、夜祭父灵等的记载。例如有人说，乾隆南巡至海宁，当天即去陈家，垂询家世甚详。最后一次临走的时候走到中门，命令即刻封门，并告诉说以后如果不是皇帝临幸，此门不得再开，"由是陈氏遂永键此门"，说得煞有其事。还有人说，乾隆本人对自己的身世也很怀疑，所以南巡屡次到陈家，想亲自打听清楚。又有人说，乾隆知道自己不是满族人，所以经常在宫中穿汉族的服装。有一次，他穿着汉人古装冕旒补褂，问亲近大臣看自己像不像汉人，一位老臣跪奏："皇上于汉诚似矣，而于满则非也。"还有一些资料说，陈氏的宅堂中有两个匾额，分别题有"爱日堂"和"春晖堂"，都是乾隆皇帝亲自题写的。"爱日"当为恩德讲，而"春晖"则源自孟郊的"谁言寸草心，报得三春晖"，用以比喻慈母的关爱。因此，这两个匾额的题词，都是用尊敬和孝顺父母的语意。所有这些事情确实透露着一些蛛丝马迹，让人不得不怀疑。

有史学家否定了上述的看法。他们是以两个族谱为依据的，即《海宁渤海陈氏宗谱第五修》和《徐乾雪家谱》。在年谱中可以看到，陈元龙有一个儿子和两个女儿，其中儿子在乾隆帝出生前的十七年就已经去世了，两个女儿也早于乾隆帝二十年。同时，乾隆皇帝是在康熙五十年八月出生，此时陈元龙的两个侧室已经去世，只有已经五十岁开外的原配夫人宋氏还活着，并且也于当年九月生病死去。怎么可能当年生子？

此外雍正有十个儿子，六个女儿，生弘历（乾隆）

↗ 孝圣宪皇后半像 清

孝圣宪皇后，钮祜禄氏，康熙四十三年（1704）入侍胤禛藩邸。康熙五十年，钮祜禄氏又为胤禛添了一个儿子，虽然不是雍亲王的长子，但这个男孩儿为他母亲的后半生带来了无比的尊荣富贵。他就是后来的乾隆帝弘历。胤禛登极后钮祜禄氏封为熹妃，后又晋熹贵妃。

时，已有个8岁的儿子弘时。既然已经有子嗣，那么何必"掉包"换别人的孩子？至于海宁陈氏一家的殊荣，到陈家等，这些历史事实并不能够说明雍正与陈元龙有以女换子之事。陈氏在清朝初年就是名门望族，三代官爵显赫，皇帝给他们特殊的优厚，乃是和睦的君臣关系的表现以及对老臣功臣的尊重，也或许正是雍正本人恩威兼施、驾驭笼络臣下的惯伎；乾隆六次南巡海宁盐官，则是为了勘查海塘工程，陈家自然是接待皇帝的理想之处。乾隆游陈家花园是事实，但所谓的"省亲""祭父灵"等事不过是传闻，并无真凭实据。此外乾隆喜欢穿汉装，虽是事实，但清代并非仅仅乾隆喜穿汉装，其他皇帝和后妃喜欢穿汉装的也不少，怎么能由此说乾隆有汉人血统？从出生制度上，清代宗室生子一定要报宗人府，定制十分缜密，怎么可能轻易就把宫外的婴儿换进来？如此等等，他们断定盛行于前清末年的"乾隆是陈氏之子"的传说都是清末汉人在反清的革命浪潮中编造出来的，是对清代皇帝的诋毁。

▶ 平安春信图　清　郎世宁
此图是清朝宫廷画家郎世宁的作品，描绘了身着汉装的雍正和乾隆两父子于竹林休憩的情景。

▶ 乾隆敕命之宝及印文　清

关于乾隆的身世，还有一种说法，认为其生母乃是热河行宫的李姓宫女，诞生地乃是行宫狮子园一草舍。这种说法出自1944年5月1日出版的《古今文史》中《清乾隆帝的出生》一文。但这种说法与《清圣祖实录》的记载不合，所以很难让人相信。此外，还有人说乾隆的生母乃是当初雍正帝身边的一个唤作"傻大姐"的宫女。种种说法，都似乎有根有据，但又都经不起推敲，也就无法有定论。看来，乾隆皇帝的身世问题，仍是个让人疑惑的谜案。

名人命运之谜

周公是否篡位

周公是历史上有名的政治家。他是周武王的弟弟，曾经辅佐武王建立西周王朝。武王死后，新即位的成王年龄尚小，于是周公就以叔父的身份辅佐成王处理政事。史书记载说周公曾经"践天子位"，后来又还政于王。果有其事吗？

《左传·僖公二十六年》中记载说，周公曾经"股肱周室，夹辅成王"，《左传·定公四年》说，成王继武王之位后，"周公相王室以尹天下"。《史记·周本纪》中也说："周公……乃摄行政，当国。"由此判断，周公只是辅佐年幼的成王处理政事，以稳定刚刚建立起来的政权。

↗ 周公像

周公，姬姓，名旦，亦称文公，叔旦，周武王之弟。武王卒，成王幼小，摄政，建成周洛邑，制礼作乐，主张"以礼治国"。

与此相反的记载则以为周公确是"践天子之位"，《尚书》尤其持此态度。《尚书·大传》中明确地说："周公身居位，听天子为政。"《尚书·大诰》中的称呼也可以看出有些蛛丝马迹，文中的"王"称文王为"宁王"，又叫作"宁考"。所谓考，自然是指已故的父亲，而此时能如此称文王的人当然只能是周公。《尚书·康诰》又有这样一段话："王若曰：孟侯，朕其弟，小子封。""封"是周公的同母弟弟康叔的名字，诰中的"王"称康叔为弟弟，显然此"王"又是指周公。从这些材料可以看出，周公确实是自称为王的。

倘若周公真的践天子之位，取代了侄子成王的位置，那么为什么后世还有很多人对周公赞叹有加呢？

第一种看法认为周公乃"假为天子"，他完全是为了整个周王朝的功业才背了"称王"这一"恶名"的。当时天下初定，周朝危机重重，尤其是东方尚未平定更足以造成对新王朝的威胁。正因为此，才有周公对太公、召公说的话："我之弗辟，我无以告我先王。"即是说，如果我不即王位，那么一旦诸侯叛乱，先王未完成的事业势将不继，恐怕我死后就无颜见先王。《荀子·儒效》也说，周公践天子位的原因是"恶天下之倍周"。并且还应该看到，武王曾经主张"乃今我兄弟相为后"，即待他死后由弟弟周公继承王位。周公顿时诚惶诚恐，"泣涕共手"，表示绝对不能接受这种想法。可见，周公并无篡位的欲望。

虽然如此，历史上还是有很多人对周公颇有微词，说周公践天子位乃"恶天下之倍周"的《荀子》在同一篇文章中又说"周公屏成王而及武王以属天下……偃然如固有之"即提出了对周公的批评——这种"如固有之"之态不是篡位又是什么呢？《史记·燕召公世家》和《鲁周公世家》都曾经记载太公、召公对周公的行为表示不满，连他们都对周公的举动表示怀疑，可见确实存在一些问题。

历史记载说，周公"假行天子位"七年，然后还政于成王。周公为什么要还政于成王，这也是历史上的一个疑点。对周公持肯定态度的人认为既然周公当初即天子位乃是为了社稷，那么在成王已经长大足以担负起治理国家重任的时候，自然就要归政于王。而有人则认为这不过也是周公玩弄权术的诡计。周公即王位的行为招致了太公、召公两位周王室股肱之臣的怀疑，管叔和蔡叔的反应则更为激烈，竟然联合武庚起兵造反，接着关中地区也乱了起来。史料还记载说当时"西土人亦不静"。事态的发展完全超出了周公的预料，所以周公赶快换了一种姿态：先是派兵平定管蔡之乱，另一方面又拉拢召公，与召公平分大权，"自陕以西，召公主之；自陕以东，周公主之"。此外，周公的长子被封为诸侯，次子则留守周室，世代共掌王权。这不仅不会再为自己招来非议，而且手中的权力依旧不减当初。

还有人说周公即位是很正常的事情。武王在世时曾多次夸赞周公"大有知"，认为只有周公"可瘳于兹"，甚至曾向周公表示待自己死后要将王位传于他。而周公也确实没有辜负兄长的期待，他在位的七年里，西周王朝的基本问题都得到了较好的解

↗ **周公庙**
周公庙位于山东省淄博市，是后人修建的祭祀和纪念周公的地方，肃穆庄严。

决。再有，"兄死弟及"的继位方式还继续影响着当时的社会制度，所以周公"践天子位"是无可非议的。

后世关于周公是否即王位一事各有一说，也褒贬不一。这个谜的解开定将会帮助人们更好地认识历史。

李广为何难封

"但使龙城飞将在，不教胡马度阴山！"这是唐朝著名边塞诗人王昌龄的诗。诗中的"飞将"是指汉朝的将军李广。李广是一位颇具传奇色彩的人物，他一生征战无数，为汉王朝立下了累累战功。然而不知为什么，这样一个优秀的军事将领，又在那样一个帝王开疆拓土、以封侯赐爵奖励军功的年代，却始终没有得到封侯，后世遂有"冯唐易老，李广难封"一说，文人亦用以慨叹自己的命运。

李广为何终不能得封侯？

一说认为李广之所以不得封侯乃是因为"杀已降"。李广在世的时候，眼看着身边的大大小小的将领都已经封功授爵，而自己身经百战却始终身居下僚，心里感到十分疑惑。于是他找到"操望气之业"（相面）的王朔，请教说："自汉击匈奴而广未尝不在其中，而诸部校尉以下，才能不及中人，然以击胡军功取侯者数十人，而广不为后人，然无尺寸之功以得封邑者，何也？岂吾相不当侯邪？"王朔问李广平生可有憾事，李广自言说任陇西太守时，曾杀过已经投降的八百名羌人，这是自己最后悔的事。针对此，王朔说："祸莫大于杀已降，此乃将军所以不得封侯者也。"这个看法在日本史学界得到了相当多的人的赞成。但是这一说法明显带有强烈的唯心论色彩，且王朔不过是以李广之憾事来消除李广心中不得封侯的怨气罢了。国内持此说法的人不多。

明人董份认为，"广不能忘一尉之小憾，乃知功名不成，非特杀降也，亦浅中少大度耳，其不侯故宜"，认为李广是一个心胸狭窄的人，因此不得封侯。此说是

↖ 李广像

以李广"杀霸陵尉"为依据的。史料记载李广曾因兵败而丢了将军的职位，被贬为庶人的李广一天夜晚回家路过霸陵亭。霸陵尉不予放行，李广手下的人说情道："这是过去的李将军。"酒醉的霸陵尉轻蔑地回敬道："当今的将军尚且不能夜行，何况过去的将军！"后来李广复职，很快就借故杀了霸陵尉。董份以此认为李广乃"少大度"之人，所以功名不成。

宋朝人黄震则以为："李广每战辄北，因踬终身。"即认为李广是一个常败将军，因此自然得不到封赏。司马光也持这种说法，认为当时的将军程不识虽然没有功劳，但是也没有失败，而李广却经常使军队陷于覆亡之境地，既然如此，当然不能封侯。但是这种说法显然是不合理的。做出此说的依据多是《史记》，但是司马迁写《李将军列传》的时候仅仅记载了李广一生中的几次战事，而不是说李广大小七十余战，一无战功。倘若李广屡战屡败，司马迁何以称他为"名将"，匈奴兵何以敬畏地称之为"飞将军"？

↗ 李广射石图 清 任颐

唐代诗人卢纶有诗曰：林暗草惊风，将军夜引弓。平明寻白羽，没在石棱中。这首诗讴歌了汉代飞将军李广高超的箭术和惊人的胆略。清代著名画家任颐根据此诗及李广的故事绘制了这幅水墨画。

一说认为李广"治军不严"，所以受此冷遇。宋朝人何去非认为："自汉师之加匈奴，广未尝不任其事，而广每至败衄废罪，无尺寸之功以取封爵，卒以矢律自裁者，由其治军不用纪律。"这种说法显然也经不起推敲，因为何去非显然忽略了李广本人

↗ 王命金虎符 汉

虎符是春秋战国以及秦汉三国时期通用的调兵遣将的信物。王命金虎符是汉初的遗物，鎏金，有铭文。

小事上可能不拘一格，但是对征战大事还是肃审慎严的，并且他的部下也个个愿意为之冲锋陷阵。并且，所谓李广"治军不严"的说法，不过是和程不识的治军整严相对而言。而司马迁明确指出，李广和程不识一样都是好将军，不过是治军方式不同而已。

还有一种说法认为李广的不公平待遇乃是由于汉武帝的偏见和卫青的压制。李广数次征战失利，使汉武帝对他产生了偏见，觉得他"数奇"（即不吉利），不胜重任。所以李广最后一次出征时，汉武帝就嘱咐统帅卫青，不让李广居前夺首功。

卫青也出于私心，让好朋友公孙敖出任前锋，代替了身为前将军的李广，致使李广失道触犯军律，遂自刎而死。这种说法从汉武帝时代的政治、军事上探索原因，视野较为开阔，但是依然有很多的疑点。

李广自杀前慨而言"岂非天哉"，王维亦在诗中感叹"卫青不败由天幸，李广无功缘数奇"，然而真的是一句"天意"就能解释了吗？李广悲剧的一生，犹让今人唏嘘着。"李广难封"之谜的解开，也许能让人稍微释怀吧。

李商隐与牛李党争之谜

晚唐大诗人李商隐，其人一生沉于下僚，过着郁郁不得志的生活。有人说"锦瑟无端四十弦，一弦一柱思华年""相见时难别亦难，东风无力百花残"等无题诗都是他对自己仕途多塞的伤感。考察他当时所处的时代，整个朝廷正陷于党争纷繁之中，他的一生基本上都与长达四十年之久的牛李党争相始终。

所谓牛李党争，是指中晚唐时期两个官僚集团之间的斗争，一方以牛僧孺、李宗闵为代表，另一方以李德裕为代表。史载李商隐之所以不得志就是由于他卷入了党争之中。果真如此吗？一介文人的他如何卷入此等纷争中？这在历史上向来有不同的说法。

↗ **李商隐像**

李商隐，字义山，唐怀州河内（今河南沁阳）人。唐代著名诗人。其诗朦胧晦涩，精密华艳，"无题"诗最为杰出。

一般认为李商隐的悲剧从他被令狐楚赏识开始。根据《旧唐书·李商隐传》的记载，李商隐因为年少时就颇富文采，受到当时镇守河阳的令狐楚的赏识，"以所业文干之"。李商隐年及弱冠后，令狐楚更以其才俊，而对他非常礼遇，还让他与自己的诸子在一起交游。按此形势，李商隐本来应该能够在仕途上大有作为的，但是事情却发生了变化：当时"镇河阳，辟为掌书记，得侍御史"的王茂元也对李商隐欣赏有加，并把自己的女儿嫁给了李商隐。而王茂元其人是李党领袖李德裕所信赖的人，恰与当初欣赏、提携李商隐的牛党方面的令狐楚则是对头冤家。现在李商隐做了王茂元的女婿，因此李宗闵、令狐楚所代表的势力对他极其鄙夷，认为他是忘恩负义之徒。当时令狐楚已经死了，"其子绚为员外郎以商隐背恩，尤恶其无行……令狐绚作相，商隐屡启陈情，不之省"。这就是说，李商隐早年为牛党的重要成员令狐楚重视，后来又得到李党成员王茂元的赏识，并娶其女儿为妻。这在牛党看来无疑是一种背恩的行为，因此遭到了令狐楚之子令狐绚等人的厌恶和诋毁。

李商隐虽然屡次向其"陈情"，希望令狐绹能够引荐自己，但是自己的处境却始终都没有得到改善，一生受尽冷落。

对李商隐的遭遇，著名史学家陈寅恪在《唐代政治史论稿》中指出："李商隐之出自新兴阶级，本应该始终属于牛党，方合当时社会阶级之道德。乃忽结婚李党之王氏，以图仕进。不仅牛党目以放利背恩，恐李党亦鄙其轻薄无操。斯义山所以虽秉负绝代之才，复经出入李牛之党，而终于锦瑟年华惘然梦觉者欤！"也就是说，陈寅恪也认为李商隐是先党牛后党李，是一种放利背恩的行为。

对此看法，有人提出异议。

清代学者徐湛园认为李商隐一直都属于牛党。他说："唐之朋党，二李为大，牛僧孺为李宗闵之党魁，故又曰牛李。杨嗣复、李宗闵、令狐楚与李德裕大相仇怨。义山为楚门下士，是始乎党牛之党也……徐州归后，复以文章于绹，乃补太学博士，是始乎党牛之党矣。"意即李商隐从始至终都是在牛党手下做事，先是为令狐楚门人，楚死后，又在其子绹手下做事，所以从来都属牛党。

而朱鹤龄则认为李商隐属李党。他在《笺注李义山诗集序》中，认为李党"理直"，所以李商隐就王茂元等任"未必非择木之智"。张采田在其《玉谿生年谱会笺》中也进一步指出，与其说李商隐属牛党，不如说他属李党，并说"朱氏（鹤龄）所谓李党者，据其迹也；余之所谓李党者，原其心也"。

这两种看法都认为李商隐是从于一党的，而当代一些学者则提出了另外的新看法，认为《旧唐书·李商隐传》的记载并不可信，李商隐和牛李党争其实并没有关系，他既不属于牛党，也不属于李党。

首先，李商隐与令狐氏的矛盾并不是党派纷争引起的。李商隐因少有文采而受到令狐楚的赏识和提拔，这表明他和令狐楚是师生的关系，而不是一种结党行为。后来，由于李商隐与令狐绹在政见上产生了分歧，加之两任地位、性格的不同，因此隔阂越来越大。李商隐最初还对令狐绹抱有希望，然而令狐绹却始终"不省"，两人终至绝交。

观李商隐一生，他见识超迈，并非结党营私之人。他与人交游，

↗ 文官图 唐
唐初多因袭隋制，帝王及文武百官均能戴图中所示的黑色帻，至贞观后，则为帝王、内臣所专用。

从来不问对方的党属，更没有过什么狼狈的结纳现象，他的作品既有酬赠牛党人士的，也有酬赠李党人士的。可见他并没有把自己看成是牛党或者李党之属。他后来之所以会赴王茂元泾原幕，及后来与李德裕有所交往，其原因并不是党属之变，原始动机或许只是为了仕进，只是希望能借助他们实现自己的政治理想，并没有考虑过自己会冒犯到牛党，也就谈不上去牛就李。

古今看法各不同，或认为李商隐处于牛李党争的夹缝中，或认为本属一党，或认为根本不是任何一个党派。孰是孰非？李商隐空怀大志，却终生沉于下僚，其原因究竟何在？这仍是一个谜。

宋太祖之"陈桥兵变"与"烛影斧声"

宋太祖赵匡胤，这位大宋王朝的开国皇帝，一生缔造了两个历史谜案：生前，他演绎了"黄袍加身"的陈桥兵变；死后，又留下了"烛影斧声"的悬案。

公元960年的元旦，正值后周君臣在宫中同贺新年之际，忽然传来北方镇、定二州的紧急军事报告，大意是：辽朝军队南下，进攻周朝，形势十分危急，如果不马上增加军队，辽朝军队必将长驱直下，后果不堪设想。小皇帝与皇太后只好请当时担任归德军节度使、检校太尉、殿前都点检赵匡胤率领禁军前往北方边境抵御入侵的辽兵。初三，军队驻扎在开封东北的第一个驿站陈桥。当天夜里，士兵们聚集起来，喧嚷着："皇帝这么年幼无知，他如何能够治理朝政？"此时赵匡胤正醉卧帐中。次日的黎明，闹事的将士们手执兵器来到赵匡胤帐前，声称："诸将无主，愿策太尉为天子！"赵匡胤惊醒披上衣服，未来得及应酬，将士们就把象征皇权的黄袍裹在他身上，众人也都拜在庭中，欢呼万岁。然后众人又硬拥他上马，返回开封，取代后周政权，建立了北宋。这就是著名的陈桥兵变、黄袍加身的故事。

陈桥兵变历来被看作是"千古疑案"，疑点颇多。历来的看法大致有以下：

第一种说法是认为，陈桥兵变不是偶然事件，而是赵匡胤精心策划的。据《涑

↗ **宋太祖赵匡胤像**

宋太祖赵匡胤（927～976），涿州（今属河北）人，生于洛阳（今属河南）。后周显德三年（956），积功至殿前都指挥使，拜定国军节度使。七年初，发动陈桥兵变，建立宋朝，改元建隆。毛泽东道：唐宗宋祖，稍逊风骚。克里斯特芙尔·法玛说：他是一名善战的将军，他的胜利恢复了中央对地方军阀所夺去地区的控制。他还是一位英明的管理者，其改革带来了一个和平而又繁荣的时代。

水传闻》等书记载："及将北征，京师喧言，出师之日，将策点检为天子。故富室或挈家远避于外州，独宫中未之知也。"古诗写道："黄袍不是寻常物，谁信军中偶得之。"当时军队来到陈桥已有兵变之说，未见黄袍，已有天子之说，怎么可能不是预谋呢？

其次，所谓的"醉卧不省"不过是为掩人耳目。赵匡胤是率军出征的主帅，刚刚出发上路，怎能在军帐中"醉卧不省"？他再爱喝酒，也不能对军国大事如此掉以轻心，看来，"醉卧不省"乃是给人们以他对兵变一无所知的假象。据宋人笔记记载，赵匡胤早年曾为自己的功名前程占卜，"自小校以上至节度使，一一掷之，皆不应。忽曰：'过此则为天子乎！'一掷而得圣筊"。这段在宋代广泛流传的逸闻足见身为天子赵匡胤的夙愿。而在陈桥驿，他兵权在握，当天子易如反掌之时，反而会不念及早年愿望，一醉了之？这是否有太多的做作？

再次，《宋史·杜太后传》中记载，杜太后知道儿子称帝后，曰："吾儿素有大志，今果然。""吾儿生平奇异，人皆言当极贵，又何忧也？"这分明表示赵匡胤早有称帝野心，黄袍加身并不是从天而降的好事。

当然认为赵匡胤称帝并不是预谋的也大有人在。证据在于：《宋史》《续资治通鉴长编》《契丹国志》等史书皆记载有镇、定二州急报：北汉勾结契丹入寇。况且，并不存在谎报军情配合兵变的情况，因为镇、定二州节度使不是赵匡胤集团的人，不能制假。清赵翼认为，五代诸帝，多由军士拥立，相拥成袭。因此，赵匡胤的"黄袍加身"是可能的。

关于宋太祖的另一个千古之谜是"烛影斧声"。

开宝九年十月二十日晚上，赵匡胤忽然去世。第二天，其弟赵光义继承了皇位，即历史上的宋太宗。对于赵匡胤的死，《宋史·太祖本纪》上只有一段简略的记载："癸丑夕，帝崩于万岁殿，年五十，殡于殿西阶。"但

↗ 陈桥兵变遗址
兵变遗址在今河南省封丘市陈桥镇，即宋太祖黄袍加身处。

↗ "宋太祖黄袍加身处"碑

是宋代的笔记野史上却有一些颇为离奇的记载。文莹《续湘山野录》记载，二十日那天，"上御太清阁四望气……俄而阴霾四起，天气陡变，雪雹骤降。移仗下阁。急传宫钥开端门，召见封王，即太宗也。延入大寝，酌酒对饮。宦官、宫妾悉屏之，但遥见烛影下，太宗时或避席，有不可胜之状。饮讫，禁漏三鼓，殿雪已数寸，帝引柱斧戳雪，顾太宗曰：好做！好做！遂解带就寝，鼻息如雷霆。是夕，太宗留宿禁内，将五鼓，伺庐者寂无所闻，帝已崩矣。太宗受遗诏于枢前继位"。由于这段记载语气隐隐约约，文辞闪闪烁烁，于是便给后人留下了"烛影斧声"的千古之谜。

一种意见是，宋太宗"弑兄夺位"。持此说的人以《续湘山野录》所载为依据，认为宋太祖是在烛影斧声中忽然死去的，而宋太宗是夜又留宿禁中，次日便在灵枢前继位，实在难脱弑兄之嫌。《宋史通俗演义》和《宋宫十八朝演义》都沿袭上述说法，并加以渲染，增添了许多宋太宗弑兄的情节。

↗ 宋太宗赵光义像
宋太宗（939～997），初名匡义，后改为光义。开宝六年（973）封晋王。九年即位，改名炅，改元太平兴国。

　　另一种意见认为，宋太祖的死与宋太宗无关。持这种说法的人引用司马光《涑水纪闻》的记载为宋太宗开脱。据《涑水纪闻》记载，宋太祖驾崩后，已是四鼓时分，孝章宋后派人召太祖的四子入宫，但使者却径趋开封府召赵光义。赵大惊，犹豫不敢前行，经使者催促，才于雪下步行进宫。因此，太祖死时，太宗并不在寝殿，因而不可能弑兄。

　　还有一种说法，虽然没有肯定太宗就是弑兄的凶手，但认为他无法开脱抢占王位的嫌疑。在赵光义即位的过程中确实存在一系列的反常现象，即据《涑水纪闻》所载，宋后召的是太祖四子，而赵光义却抢先入宫，造成既成事实。《宋史·太宗本纪》也曾提出一串疑问：太宗即位后，为何不按照嗣统继位次年改元的惯例，而是急忙将只剩下两个月的开宝九年改成太平兴国元年？为何赵光义登基五年后，忽然有一个"金匮之盟"？既然杜太后有"皇位传弟"的遗诏，太宗为何要一再迫害自己的弟弟赵廷美，使他郁郁而终？太宗继位后，太祖的次子为何自杀？太宗曾加封皇嫂宋后为"开宝皇后"，但她死后，为何不按皇后礼仪治丧？

　　上述迹象表明，太祖死亡和太宗继位还是有很多疑点的，无怪乎后世提出诸多疑义。真相究竟如何，有待后人的进一步探求。

陆游与唐琬爱恨离愁之谜

　　陆游是南宋的著名诗人，在文学创作上的成就一直受到后人的高度赞誉，那首《示儿》中"王师北定中原日，家祭无忘告乃翁"的爱国情怀和悲愤至今还让人唏嘘不已。因为陆游一生坚持抗金主张，因此也屡次遭到统治者集团投降派的打击，政治上郁郁不得志；同时，陆游的感情经历也很曲折，他早年的那首《钗头凤》词背后的凄婉的爱情故事一直被后人传诵着。

　　"红酥手，黄縢酒，满城春色宫墙柳。东风恶，欢情薄，一怀愁绪，几年离索。错！错！错！　春如旧，人空瘦，泪痕红浥鲛绡透。桃花落，闲池阁，山盟虽在，锦书难托。莫！莫！莫！"

　　《钗头凤》是陆游写给表妹唐琬的。绍兴十四年（1144），不满20岁的陆游与舅舅的女儿唐琬结为夫妻，婚后两人的

陆游像
陆游（1125～1210），字务观，号放翁，南宋越州山阴（今浙江绍兴）人，他与尤（袤）、杨（万里）、范（成大）并称南宋（诗人）四大家。

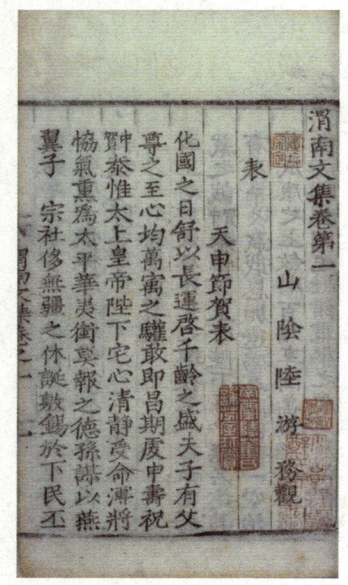

《渭南文集》书影

陆游工诗词，擅散文，长于史学，著有《剑南诗稿》《渭南文集》《老学庵笔记》等。

生活甚是美满。然而让人疑惑不解的是，陆游的母亲竟然对自己的内侄女非常不满，先是百般挑剔和刁难，最后甚至蛮不讲理地逼陆游和唐琬离婚，硬将一对恋人拆散。接着，陆母又让陆游另外娶了自己所中意的王氏，唐琬也迫于家长之命改嫁给同郡的赵士程。

时隔十年，这个春天陆游到故乡禹迹寺南的沈家花园游玩，恰好唐琬和后夫赵士程也到此游玩。陆游看到了唐琬，想起了别后十年来消息的隔绝和人事的变迁，难以消散的伤痛又在心中涌起，于是提笔在墙上题了那首悲痛绝伦的《钗头凤·红酥手》。"错！错！错"和"莫！莫！莫"的悲叹中包含着多少心酸！唐琬看到这首词后，心中的愁苦也是不言而喻的，回到家以后，也和了一首词，不久就郁郁而终。

这一幕婚姻悲剧，成为诗人心底不可平复的创痛，即使后来时过境迁、一切已是旧迹，但陆游总是无法忘掉它。即使是在晚年时，每当年底，陆游总还要登上禹迹寺的楼上眺望，并写了很多诗抒发自己心头的隐痛。比较著名的是陆游75岁时候写的诗："池上斜阳画角哀，沈园非复旧池台。伤心桥下春波绿，曾是惊鸿照影来。梦断香销四十年，沈园柳老不吹棉。此身行作稽山土，犹吊遗踪一泫然！"此时已经距离唐琬逝世四十余年，陆游却依旧如此伤感，读来让人潸然泪下。

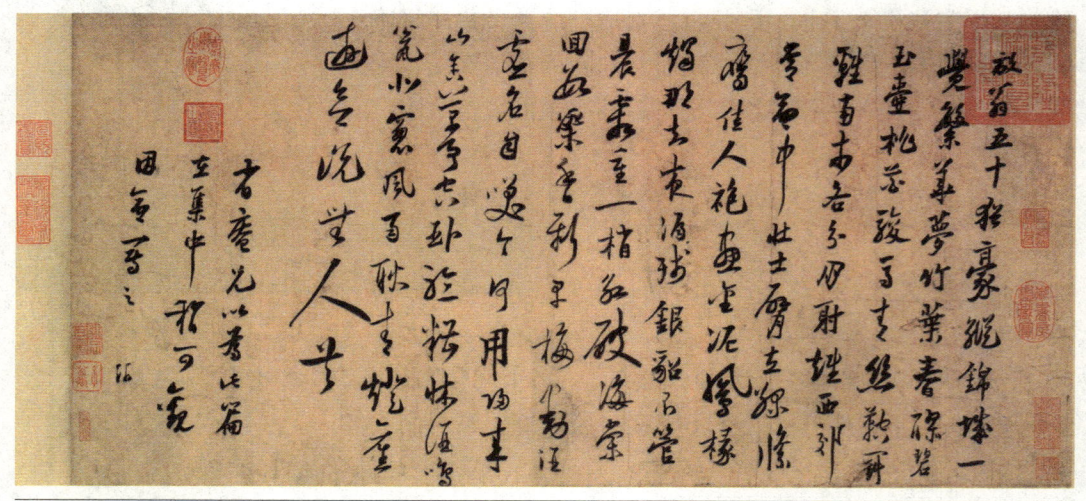

怀成都十韵诗卷帖 南宋 陆游

这是陆游回忆50岁左右在四川做参议官时的诗卷。当时范成大身为四川制置史，和他"以文字交，不拘礼法"，诗曰"人讥其颓放，因自号放翁"。

陆游祠
陆游一生在四川度过了很长时间，此祠位于四川崇州，是对陆游的纪念性建筑。

面对这样一个悲剧，人们不禁猜疑：既然陆游与唐琬志趣相投、婚姻美满，陆游母亲为何反而会逼着儿子离婚？最早的一则记载陆游、唐琬悲剧史料《耆旧续闻》中只是简单地记载二人的婚姻悲剧，并没有明确说明陆母不喜欢唐琬的原因。在这之后，刘克庄在《后村诗话》中说，陆游的父母担心陆游因沉溺儿女情而荒废学业，所以才逼迫儿子离婚。但是这种说法仅仅是一种推论，没有实际的证据加以证明。

陆游第一次应考失败，当时是 18 岁，还没有和唐琬结婚。如果陆母果真有那么崇高的精神境界，为什么要让儿子年纪轻轻，且刚刚落第时就急急忙忙地娶妻？陆游第二次应试本来是名列第一的，但是当时权贵秦桧弄权，陆游因为触怒了秦桧而被贬黜落榜。这时陆游是 29 岁，唐琬早已经被离弃，甚至陆游与续娶王氏所生的长子已经有 5 岁了。可见，陆游科场不利，与唐琬的婚姻没有任何的关系，唐琬在这方面是不应该受到任何指责的。由此说陆游的父母是为了陆游的前途和事业而逼自己的儿子离婚，是不足以服人的。

陆游曾经有一首诗名为《夏夜周中闻水鸟声甚哀，若曰"姑恶"，感而作诗》。有人根据此诗推测说，唐琬婚后一直都没有生孩子，而老夫人弄孙心切，又听信了别人的谗言，于是便逼迫儿媳离婚。但是单纯地从陆游的诗词中的某个字句来推断陆游夫妻二人被逼分散的缘由还缺乏充分证据。

另外有一种说法是说，唐琬嫁到陆家后，由于不通人情世故、礼节不周，因而使老夫人对她很不满意。后来陆游考试落榜，陆游的父亲也因为主张抗战而触怒了秦桧被革职，悒郁而死，这都给了陆游母亲以很大的刺激。而唐琬是一个心胸豁达的人，对公公的死没有行之于颜色，陆母当然很不高兴。而一个偶然的机会让陆母老夫人遇见了王氏，王氏的端庄孝顺让陆母非常满意，归来后她便强迫儿子与唐琬离婚，以"不孝翁姑"为理由休弃了唐琬而

陆游题刻碑亭
碑亭位于江苏省镇江市焦山山麓，刻有陆游的书法。

↗ 沈园

沈园位于浙江省绍兴市禹迹寺南。陆游与唐琬离婚十年后在沈园偶遇。陆游悲伤之极，提笔在墙上写下《钗头凤·红酥手》。唐琬随后也和了一首词，不久郁郁而终。

娶王氏。当然这种说法也是有很多疑点的。比如说陆游和王氏结婚的时候才二十三四岁，而陆游父亲去世是在这之后，这时候唐琬早已经离开了陆家，怎么可能有前文所说的"遇见公公死不行之于颜色而得罪婆母"之事？

不管怎么说，在这个婚姻悲剧中，陆母的责任是不能推卸的。在那样一个讲究"孝道"的社会中，陆母可以行使自己封建家长的威严命令儿子，那么所谓"欲加之罪，何患无辞"，她的目的是达到了。至于她究竟为何硬要拆散儿子和唐琬，陆唐二人的悲剧之因究竟为何，还有待后人根据史料进行进一步的研究。从这样一个谜案，人们也看到了封建社会婚姻制度的残酷，陆唐二人悲悲切切的爱情，有情人终不能成眷属，犹令今人感叹。

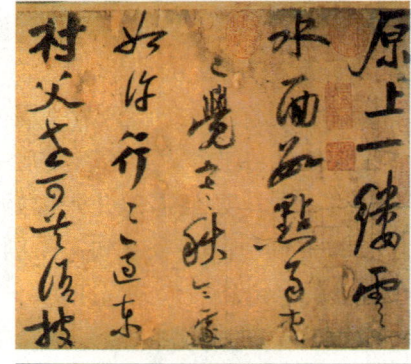

↗ 自书诗帖 南宋 陆游

陆游自称："草书学张颠（张旭），行书学杨凤（杨凝式）。"此卷有八首诗稿，是作者80岁时的作品，笔法苍劲老到，潇洒自如，墨色浓淡相宜，字里行间，透出"大舸破浪""瘦蛟出海"的磅礴气势。

孝庄下嫁之谜

　　孝庄皇太后，本名博尔济吉特·布木布泰，蒙古科尔沁部贝勒之女。这位 13 岁就嫁给清太祖皇太极、被封为庄妃的美貌女子，曾先后辅佐了皇太极、清世祖顺治和清圣祖康熙这三朝君王，又主持了清军入关、定都和灭明这三件大事以及两次皇位的变更。可以说，孝庄对清朝初年的政权建立、巩固和政治的清明所起的作用是不可估量的。

　　凡是具有动人美貌和超人胆识的女子往往会留下后人津津乐道的话题，孝庄当然也不例外。自从清朝顺治初年以后三百年间，孝庄皇太后下嫁多尔衮的传说，于民间广为流传。

　　清初政治史上孝庄第一次真正亮相是在 1642 年。当时正是清军与明军争战之时。明王朝蓟辽总督洪承畴在松山战败被俘，押送到了盛京。洪承畴气宇轩昂，对高官厚禄、金钱美女都嗤之以鼻，绝食等死。在洪承畴绝食的第四天，一个汉家儿女打扮的美貌小女子来到洪承畴的居室与之攀谈，最后竟然使这样一位一心求死的大将对清朝俯首称臣！据说，施行这一美人计的小女子，就是庄妃。

　　崇德八年即 1643 年，皇太极暴死于寝宫。由于皇太极生前未指定皇储，造成了多股势力角逐皇位的局面。这个时候，庄妃纵横捭阖，联络了当时的济尔哈郎、多尔衮等多方力量，把她 6 岁的儿子福临推上了皇位，即历史上的顺治皇帝。多尔衮是当时的摄政之一，庄妃则被尊为皇太后。传说，庄妃为了确保福临即位，早就同多尔衮有了苟且之事，多尔衮也常常出入皇宫内院，毫不避嫌；多尔衮摄政以后独揽朝政，大有以朝廷自居之势，又再次构成了对幼帝的威胁。在这种局势下，传说孝庄太后为了保全幼子的皇位，"纡尊降贵"，下嫁多尔衮。此时是顺治五年或六年的二月初八，在庄妃寿辰之日，两人举行了婚礼。

↗ 孝庄太后像

孝庄太后（1613～1687），明天启五年（1625，天命十年）嫁与清太宗皇太极，明崇祯十一年（1638，崇德三年）生皇九子福临，即清世祖顺治帝。康熙二十六年（1687）去世，享年75岁。

　　庄妃下嫁之事，既不见于后人编撰的正史，当日之"实录"诏敕也没有关于此事的记载，因此有人对它的真实性表示怀疑。20 世纪 30 年代，明清史专家孟森撰写的《太后下嫁史实考》一文中对太后下嫁之事力辩其妄，同时根据《朝鲜实录》的有关资料推断，庄妃既没有下嫁多尔衮，与之也没有任何的暧昧关系。

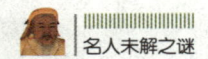

但是，很多学者都认为太后下嫁确实是真的。

首先，太后下嫁具有可能性。清朝是少数民族建立的，按照当时满族的婚姻习俗，弟弟娶兄嫂以及妻姑侄媳都是可行的。例如《清史稿》记载说，顺治五年（1648），多尔衮逼死皇太极长子肃亲王豪格后，娶了豪格的妻子为己妻。既然多尔衮可以纳侄媳为妻，那么娶兄嫂就更不足为怪了。因此皇太极去世后，其后妃转嫁皇太极之弟多尔衮，是符合满人习俗的，是无可非议的。再根据当时宫廷斗争的形势和孝庄皇太后善于应变、精于手段的特点，太后下嫁是顺理成章的。至于为何此事不见于正史，乃是因为满人入关后，受到汉族婚姻风俗影响，接受了汉人的礼仪和道德标准，乃认为太后下嫁有碍体面，为了"为尊者讳"，于是删掉了一些内容，致使后人无法从正史上获知太后下嫁的真相。

皇太极像
清太宗（1592～1643），即爱新觉罗·皇太极，1626年～1643年在位。

还有一些旁证材料显示了太后下嫁确有其事。在蒋良骐的《东华录》中，记载有顺治八年宣布的多尔衮罪状，其中就有多尔衮"自称皇父摄政王，又亲到皇宫内院，以为太宗文皇帝之位原系夺立，以扶制皇上"等语，其"鸠占鹊巢"之行迹，已经分明显现出太后下嫁的痕迹。此外，多尔衮同时代的张煌言在《建夷宫词》中写了"上寿觞为合卺尊，慈宁宫里烂盈门。春官昨进新仪注，大礼躬逢太后婚"的诗句。还有"掖庭又说册阏氏，妙选媚闺足母仪。椒寝梦回云雨散，错将虾子作龙儿"

永福宫
永福宫是清太宗皇太极册封的次西妃庄妃的寝宫，现存建筑保留了当时的形制，乾隆光绪年间有所修葺。

等也极尽挖苦讽刺之能事。《清史稿》还记载："叔父摄政王治安天下，大有勋劳，宜加殊礼，以崇公德，尊为皇父摄政王。"而《朝鲜仁祖实录》中则记载说："臣问于清国来使，则答曰，今则去'太上'者，朝贺之事与皇帝一体云……似是已为太上矣。"何为"太上"？显然是太后的丈夫。可见，在朝鲜国眼中，多尔衮已经是太后的丈夫了。另外，多尔衮死后被破例追封

昭陵隆恩殿
清太宗皇太极的陵墓称昭陵，位于今辽宁省沈阳市北部，俗称北陵。庄妃于康熙二十六年（1687）去世后，没有依常礼葬于昭陵。

为成宗义皇帝，也可以看出多尔衮已经取得顺治帝父亲、皇太后丈夫的地位。

康熙二十六年（1687）的十二月，已经成为太皇太后的庄妃病重，她临终前对康熙说："太宗奉安久，不可为我轻动。况我心恋汝父子，当于孝陵近地安厝，我心始无憾。"人们认为，庄妃之所以不愿意与皇太极同穴合葬，其原因就在于她既然已经下嫁给多尔衮，那么再与前夫合葬会给后人留下笑柄。考证清史，清东陵所有别葬诸后，都是在风水墙内，唯有孝庄葬在风水墙外；孝庄死后，亦以当时有叛乱为借口而未按惯例全国举哀。此外，孝庄之浮厝在康熙时拆迁到"暂安殿"内一停就是近40年；直至雍正朝下葬时，雍正又不亲临祭祀。通过这些可以看出，孝庄的子孙后代，也都以她"下嫁"一事为憾。

册封庄妃册文 清
庄妃于明天启五年（1625,天命十年）嫁于清皇太极。明崇祯九年（1636,崇德元年），清太宗皇太极册封后宫时被封为西宫。此图是册封永福宫庄妃的册文。

也有人对此提出反驳，例如认为"亲到皇宫内院"虽可理解为秽乱宫廷，但是秽乱的对象却并不是确指庄妃；庄妃所以不与皇太极合葬是因为皇太极身边早已经有孝瑞文皇后合葬在先；《朝鲜仁祖实录》的记载出自远道藩国、邻国的讹传和诳传，没有任何的凭据，也是不足信的。至于说多尔衮娶妻，实际上他所娶的是豪格的妻子博尔济吉锦氏，与庄妃的姓氏博尔济吉特氏读音相近，才会导致不知道内情的人以讹传讹、附会到庄妃的名下。

↗ 昭西陵
昭西陵是孝庄皇太后的陵墓。从地理位置看，此陵在昭陵的西面，故名昭西陵。

究竟孝庄皇后是否为了政治目的下嫁给多尔衮，仅凭史料中的蛛丝马迹还不足以做出定论，这也就成了一个难以解开的谜。

宋代杰出女词人李清照晚年有没有改嫁

李清照，宋代杰出女词人，号易安居士，北宋著名学者李格非之女，21岁嫁名士赵明诚，夫妻相得，皆好学能文。李清照在丈夫赵明诚亡故以后，是否改嫁张汝舟，成了后代学者深究而不得其解的历史之谜。

到了近代，有不少人提出李清照改嫁一事不存在。况周颐对张汝舟、李清照在赵明诚死后的行踪进行了考证，证明两人踪迹判然，当然不足信改嫁之事。黄墨谷几次著文为李清照"辩诬"，对俞正燮等人的观点表示赞同，也将自己的不少看法提了出来。这些看法主要有以下几点：第一，黄墨谷对其他宋代李清照改嫁情况的记载提出异议。照他看来，宋代这么多人记载李清照改嫁一事，可是，赵明诚的表甥，又是綦崇礼的儿女亲家谢伋在他的著作《四六谈麈》中不但不提李清照改嫁一事，还称李清照为赵令人李，并且引了李清照对明诚表示坚贞的祭文，"坚城自坠，怜杞妇悲深"。第二，黄墨谷对李清照自传

↗ 李清照像

性文章《后序》提出了自己的看法。其提出，按照历法和宋代著作《容斋四笔》《瑞桂堂瑕录》的记载，《后序》应当作于绍兴五年，这时张汝舟已经除名三年了。换句话说，即使李清照有改嫁一事，《后序》中也应该提到。除了上面这些说法外，黄墨谷认为谈论李清照改嫁一事，不应该摒弃她的自传性文章《后序》所反映的内容，也不应该摒弃她的诗、词、文章和生平事迹。李清照曾经讲过类似"虽处忧患而志不屈"等述志的话，她在明诚死后又为颁行《金石录》耿耿于怀，在68岁时还上表于朝。这些情况，也极好地证明了李清照并没有改嫁。

另一些学者不赞同俞正燮、黄墨谷等人观点。他们认为，在记载李清照改嫁的材料中，"就时间而论，胡仔、王灼、晁公武、洪适都是李清照同时代人。就地域论，胡仔、洪适之书，一成于湖州，一成于越州，并不是去天万里，而胡仔、王灼成书时李清照仍然健在。要说在李清照生前他们就敢明目张胆地造她的谣言，伪造《谢启》，这是不近情理的。南渡后明诚的哥哥存诚、思诚都曾做到不小的官，赵家那时并不是没有权势"（黄盛璋《李清照事迹考辨》）。针对《谢启》的真伪问题，黄盛璋提出，李清照"颁金通敌"冤案发生在建炎三年，从《谢启》中提到的"克复""底平"和称綦崇礼为"内翰承旨"等情况看，《谢启》当作于绍兴三年以后，因为建炎三年，朝廷正在仓皇避乱，不可能看"克复""底平"等事。再说，当时綦崇礼只担任中书舍人的官职，此职不能冠以"内翰承旨"的头衔。由此可见，发生在建炎之年的"颁金冤案"与《谢启》风马牛不相及。

↗ 轩窗听雨图 宋

有人提出张李二人在明诚卒后到汝舟踪迹判然，黄盛璋对此提出，从宣城、广德经吴兴有一条"独松岭道"，故不能肯定张汝舟是否去过杭州。黄盛璋还根据宋代社会习俗分析改嫁一事，他认为，明清两代妇女守节才趋严格。《宋史·礼乐志》中对治平、熙宁年间诏许宗女、宗妇两嫁之事有所记载。可见，宋代视改嫁为平常之事，宋人自然就不会惊诧于李清照改嫁一事了。

↗ 和珅像

和珅受宠之谜

清以来，明君屈指可数，乾隆帝是其中较为突出的一个，但令人奇怪的是，在这样的一个贤君身边，竟时刻跟随着一个奸臣，这个奸臣就是和珅，民间有"和珅扳倒，嘉庆吃饱"一说。然而为什么这样的奸臣会受到乾隆的无比宠幸呢？

有人认为，是因为和珅善于揣摩乾隆的心思。有名的"乾隆下江南"就是和珅鼓动而成的。一次，主仆二人说起江南秀丽风光、繁华都市，乾隆帝道："朕也想重游江南。但顾虑南北迢遥，劳民伤财，朕所以未决。"和珅道："圣祖皇帝六次南巡，非但未招致民怨，反而被颂为圣君。古来圣君，莫如尧舜，《尚书·舜典上》也说'五载一巡狩'，可见自古巡览就是胜典。但凡圣君，道本相似，何况国库殷实，金银充足，区区巡游不会耗费多少库银。"和珅这一席话，正好逢迎了皇上仿效先祖、学尧舜的喜好，乾隆遂降旨预备南巡。和珅亲自为皇上监督龙舟等南巡的设施，华丽奢侈之极，库银由和珅流水般地挥霍掉了。和珅也因此更加得到皇上的宠信，被升为侍郎。

这种观点认为，和珅论文论武，都没有什么才能，但因为他善玩心理战术，逢迎皇上，才受皇上的恩宠。乾隆五十五年（1790），有个叫尹壮图的官员向皇上呈奏，各省库金银亏空。和珅对其怀恨在心，上奏请皇上命尹壮图再去查实，暗中派了自己的亲信前往。结果尹壮图被降职，原因是所奏不实，和珅更得宠信。官库虽然空虚，但和珅却以各种名目进行搜刮，所以皇帝不愁没银子花，而和珅也更加受宠。

事实的真相究竟如何？和珅到底由于何种原因受到宠信？这些君臣之间的故事只能留给后人评说了。

↗ 乾隆帝宫中行乐图 清

名人归宿之谜

西施香魂归何处

绝代佳人西施，春秋时期越国人，是我国历史上著名的四大美女之一，据说有闭月羞花之容、沉鱼落雁之貌。然而她为历史所记载的不仅仅是她的美貌，更是她在吴越争霸中所充当的重要角色，以及她最后的归宿。

根据史料记载，西施与越国大夫范蠡在西施家门旁的若耶溪边相遇。西施仰慕范蠡言谈举止的不凡，范蠡也倾倒在西施绝美的姿色之中，两人一见钟情，相许终生。这段绝美的邂逅和爱情被后人写成小说和戏曲，尤其是明代戏曲家梁辰鱼笔下的《浣纱记》，可谓美丽绝伦。但是不久，战争开始了。吴王夫差为了给自己当初在吴越战争中被越国刺伤致死的父亲报仇，带兵攻打越国，而且大败越国，几乎使越国亡国。越国被迫成为吴国的臣属国，勾践和一些大臣到吴国做吴王的奴仆。勾践忍辱负重，过了三年奴隶般的耻辱生活，范蠡也跟随勾践夫妇为夫差服役三年才得归国。勾践回到越国后，励精图治，休养生息，时刻为报仇做准备。但是报仇不仅仅需要自己的强大，还需要对方的削弱。为了达到这个目的，勾践采取了范蠡的"美人计"。范蠡设计献出了自己心爱的西施给吴王，来祸乱吴国的政治。

西施来到吴国后，因其绝世的美丽很快使夫差沉湎于女色之中，渐渐放松了对越国的警惕。从此以后，他听信小人的奸佞之言，对伍子胥等贤良忠臣则百般厌恶乃至将他们赐死。伍子胥死后，吴王身边更加缺少了忠臣的劝谏，国力日下。同时，他又大兴土木，耗费国力民力，又发动

西施浣纱图 清 任颐

了很多进攻中原的战争。可以说，吴国这自取灭亡的种种行为，都是越国献西施这个美人计所预期的结果。彼竭我盈，越国不成功就是不正常了。果然，越国终于灭掉了吴国，夫差自杀谢先祖为天下所笑——这个时候，西施到哪里去了呢？

广泛流传在百姓中间的是一种较为圆满的结局，说越国灭掉吴国后，范蠡深知勾

吴王采莲图

践这个人只能共患难却不能同甘甜，因此，尽管他忍辱负重三年返越，又为越国、为君主牺牲了自己最爱的女子，可以说是越国最后胜利的最大功臣，但是他选择了功成身退。于是吴国灭亡后，他接走了西施，与之泛舟江上，隐居江湖。一段时间以后，他们定居在陶地，改名为陶朱公，从此经商致富，并凭借自己的聪明才智成为大富人，地位不下公卿。司马迁在《史记·货殖列传》以及《越世家》中都盛赞了范蠡的智慧。这样西施也就从昔日的屈辱生活中走了出来，与范蠡度过了富足安宁的一生。这个结局反映了人们对这个美丽无辜的女子的同情，人们不忍心在她付出了自己的青春后遭遇更大的不幸。明代梁辰鱼的《浣纱记》就是用的这个皆大欢喜的结局。

而与此相反的结局则是残忍的，带有对统治阶级忘恩负义的丑恶嘴脸的谴责和抨击。这种说法认为西施在战争之后被沉江淹死。《墨子·亲士》篇中曾经提到说西施被沉于江水中，因为西施实在是太美丽了。墨子的记载虽然在时间上接近事情发生的时间因而具有可信性，可惜记载得实在太简单。后来，又有史料说，吴国灭亡之后，越王将西施装入了皮袋中沉江致死。唐诗和宋词中也

范蠡像

范蠡，字少伯，春秋末楚国宛（今河南南阳）人。他助越王勾践灭吴之后，浮海到齐，称鸱夷子皮。到陶（今山东定陶）改称陶朱公，成为巨富。

有"肠断吴王宫外水，浊泥犹得葬西施"以及"蛾眉婉转，竟绞绡，香骨委沉泥"等说法，都反映了西施的悲惨结局，不知道所参阅和印证的是何古籍。这种说法尽管残酷，但是也有可能性。范蠡早就说过勾践"长颈鸟喙，可与共患难，不可与共乐"；勾践灭掉吴国后杀死当初帮助他振作奋起、治理国家立下卓越功勋的文种不就是证明吗？西施一个出身微贱的女流，被派去吴国施行美人计，这原本就是隐情，如果被"国际社会"知道勾践是靠一个女子这样一种不光明正大的手段来取得吴越战争的胜利，一定会轻视勾践。勾践怎么能让"国际社会"这样看他？他惧怕西施回国后会泄漏这段隐情，所以就杀掉西施灭口。大概只有这样，才能将"美人计"

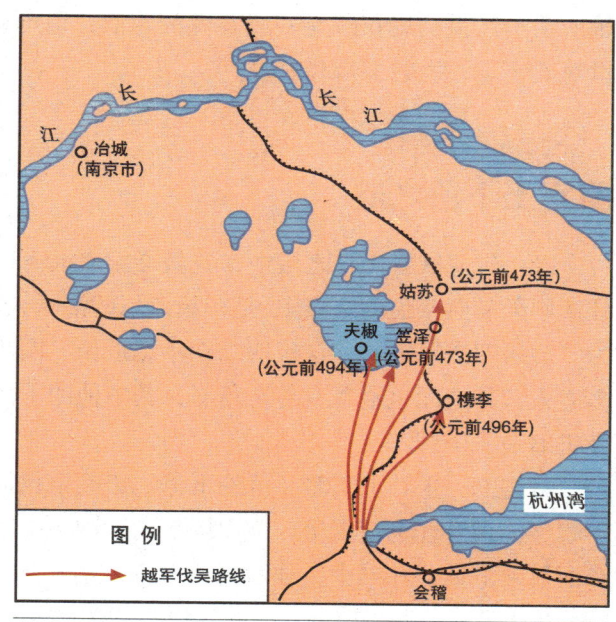

↗ 吴越战争形势示意图

越王勾践三年（公元前494年），越被吴败于夫椒（今浙江绍兴北），勾践被困于会稽（今浙江绍兴东南），吴越媾和后，勾践入吴为人质三年。返越后，勾践卧薪尝胆，奋发图强。勾践十五年，吴王夫差邀晋、鲁于黄池（今河南封丘）相会，勾践乘虚攻入吴都，俘太子友，逼吴与越媾和。

这一段隐瞒，才能显示他这个霸主的丰功伟绩吧。否则，被人说成是靠一女流争天下，岂不为后世笑？对西施这种归宿的推测，反映了百姓对统治者的卑劣的痛恨，是有一定的历史依据的。

还有第三种说法是西施最后自杀身亡。西施原本是一个善良淳厚的浣纱女，并已经深深地爱上了范蠡。然而为了越国的政治大局，她不得不告别爱人来到吴国，与另外一个男子在一起。这原本已经是一种屈辱。这样一个已经心有所属且善良淳厚的女子，到吴国来做"间谍"，更加难为她。而吴王夫差又非常宠爱她，对她言听计从，让善良的她更加的内疚。吴国被灭、夫差自杀更加重了她的负罪感。她回国后，面对为越人敬仰、身洁志廉的爱人范蠡，她不是会污了范蠡的名声吗？西施的心中该是怎样的凄楚！何况越国以美人计灭他国，原不是光明正大，西施何尝不知道越王必定不可能给她好的归宿，国人一定也不能对她认可。所谓"物是人非事事休"！在这样的重重矛盾中，西施只能选择自杀，用自己的死来成全范蠡的名声，用自己的死来成全国家的名声，也用自己的死来给自己的忠义做一个了断。

毫无疑问，认为西施和范蠡最后泛舟江上浪迹天涯的说法更多的是出自人们对于西施和范蠡这两个人物的喜爱，而后两种想法中西施无疑都是政治斗争的牺牲品。善良的美人西施，为了越国，被迫牺牲自己的幸福和名节，而国家成功了，君主扬名后，

她所留给后世的就仅仅是一缕香魂的飘散，留给后世的是其归宿的无限的谜，更有后世对其凄美一生的惋惜和哀叹。

骆宾王下落之谜

以一句"试看今日之域中，竟是谁家之天下"而让武则天赫然变色的骆宾王，是初唐诗坛的活跃人物，为"初唐四杰"之一。这位四杰中年纪最长、阅历最多之人，其遗闻也最富有传奇色彩，其中他的下落至今仍旧是一个谜。

骆宾王一生壮志飘零，沉沦下僚。唐高宗仪凤四年时，他被升任为侍御史，又因屡次向武则天上书言事而被诬下狱，在狱中，他写下"露重飞难进，风高响易沉"的千古名句抒发自己的悲愤。武则天称帝后，大肆斥逐李唐王室旧臣，并大量起用武氏家族成员。光宅元年（684），对武则天政权极为不满且自身仕途失意、郁郁不得志的骆宾王参加徐敬业发动的扬州兵变，被辟为艺文令。这其间，他起草了著名的《讨

↗ 骆宾王像
骆宾王（约640～约684），唐婺州义乌（今属浙江）人，为初唐四杰之一，长于诗歌骈文，风骨凝炼。

↗ 扬州唐城遗址
唐代，扬州与长安、洛阳并称为中国三大城市，是南方的经济、文化、交通中心。光宅元年（684），徐敬业在扬州发动兵变。骆宾王加入其中，被辟为艺文令。

武曌檄》。该檄文历数武则天的秽行劣迹和阴谋祸心，备述起兵的目的，申明大义。结尾处"试看今日之域中，竟是谁家之天下"，气势非凡，极富号召力。据说武则天看了檄文后，赫然变色，连忙询问檄文为谁所写。被左右告知是骆宾王后，十分惋惜，并说："这个人有这么大的才能，却流落到这个地步，这是宰相的过错啊。"惜才之心溢于言表。但是由于徐敬业武略不够，所以扬州兵变才三个月就遭到失败。唐人郗云卿在《骆宾王文集序》中记载道："文明（唐睿宗年号，684年）中，与嗣业于广陵共谋起义，兵事既不捷，因致逃遁。"后来《新唐书·骆宾王传》沿用这个说法，也用"宾王亡命，不知所之"来描述骆宾王的下落。骆宾王的下落之谜由此而始。

武则天像

武则天（624～705），唐并州文水（今山西文水）人，公元690～705年在位。斯蒂芬·乔治·西斯罗普评价：当7世纪快要结束的时候，一个中国历史上最使人惊奇的人物来到皇帝的宝座上。她的名字叫武则天——但常被称为武后。

在众说纷纭的说法中，流传较广的大体有以下几种说法：

第一种说法是说兵败后骆宾王被杀，《旧唐书·骆宾王传》《资治通鉴》《新唐书·李勣传》等书都如此记载。此说法认为，徐敬业兵变失败后，骆宾王等人准备入海逃往高句丽，抵达海陵时，遇到风浪受阻于遗山江中，骆宾王被徐敬业的部将王那相所杀，传首东都，并牵连家族。具体记载如《资治通鉴》说："乙丑，敬业至海陵界，阻风，其将王那相斩敬业、敬猷及骆宾王首来降。"另外，骆宾王的世交宋之问曾写过一篇《祭杜审言学士文》，在这篇文章中，宋之问也说骆宾王"不能保族而全躯"，看来骆宾王不仅自身未保，而且家人乃至族人都遭到牵连而被杀。

第二种说法认为骆宾王在兵败后逃脱隐居，也有人说他是削发为僧。郗云卿在《骆宾王文集序》中所谓"兵事既不捷，因致逃遁"就是骆宾王并未被杀的证明。根据这种说法，兵变失败后，官军没有捕获徐敬业和骆宾王，他们害怕武则天会治他们的罪，因此以假乱真，杀了两个面貌酷似徐、骆的人，将其首级报送京师。事实上骆宾王和徐敬业二人均逃脱并在后来落发为僧。最早说骆宾王出家为僧的人是唐朝人孟棨，根据他的《本事诗》记载，宋之问有一次在杭州灵隐寺玩月赋诗，吟出两句："鹫岭郁岧峣，龙宫锁寂寥。"然而苦于没有佳句可续。正在这时，走来一位老僧，听罢宋之问的诗后，立刻说道："何不云：楼观沧海日，门对浙江潮？"并接着连吟十句诗完篇，句句精妙非凡，令宋之问惊叹不已。老僧吟罢一去不复见，宋之问再去拜访也没有找到他的影踪。后来宋向人打听这位老僧，得知此人竟是骆宾王。

还有人说骆宾王逃匿于今天的江苏南通一带。根据明代人朱国祯《涌幢小品》所记载，明朝正德年间在南通城东发现了骆宾王的墓，墓主衣冠如新。这座墓后来被迁

武则天金简 唐
金简正面刻文字63个，楷书，其中有武则天自造字5个，属于武则天登中岳时所用的器物。

到了狼山，至今遗迹犹存。清人陈熙晋的《骆临海集笺注·附录》中还记载说，雍正年间有自称是李勣十七世孙的李于涛，他说他们家的家谱中记载说，扬州兵变失败后，骆宾王与徐敬业的儿子一起藏匿于邗之白水荡，后来骆宾王客死崇川，据说骆宾王的陵墓就是徐敬业的儿子修的。

第三种说法是说骆宾王投江水而死。唐人张鹜在《朝野佥篇》说："骆宾王《帝京篇》曰：'倏忽抟风生羽翼，须臾失浪委泥沙。'后与徐敬业兴兵扬州，大败，投江水而死，此其谶也。"也就是说，骆宾王最终死于江水中。不过这种说法加入谶语之说，且没有资料加以旁证，所以并不广为流传。

现世对骆宾王下落的争论主要集中在前两种看法上，即兵败后骆宾王究竟是被杀死还是逃脱得生。主张骆宾王被杀的人认为，除了《新唐书·骆宾王传》说骆宾王"不知所之"外，其他所有的正史记载都说他是兵败被杀。而宋之问说骆宾王"不能保族而全躯"的那句话，则更是有力的证据，因为凭宋之问和骆宾王的亲密关系，宋的话是足可信的。至于孟棨《本事诗》所言宋之问与骆宾王在灵隐寺月夜联句一事，被指斥为荒诞不经。因为宋之问和骆宾王本是熟识的密友、世交，相逢时怎么可能会不相识？

与之针锋相对的，主骆生者认为，《本事诗》固然存有缺漏，但是这并不排除官军为邀功请赏而用假首级报送朝廷的可能性。同朝人郗云卿是奉诏搜缉骆宾王的遗文，他说骆宾王"因致逃遁"，必定是有所根据的，不可能信口雌黄。至于宋之问的"不能保族而全躯"，并不能作为骆宾王被杀的证据。因为宋之问是骆宾王的好朋友，他自然是熟悉骆宾王的，那么他可能是在辨认出报送京师的乃是假骆宾王的首级后才说的那句话。他可能说出真话吗？一来他要帮好友活命，肯定不能说真话；二来恐怕他也不愿意得罪送交首级的官军。所以，用宋之问的一句话作为骆宾王兵败被杀的证据，是难以站住脚的。

由于这些关于骆宾王下落的史籍记载的相互矛盾，这桩公案一直争论不休。何时能有定论？恐怕要等新的、确凿的材料出现后才可能知道。

李勣像
《新唐书·李勣传》中记载，骆宾王参加李勣（原名徐茂功）的长孙徐敬业的义军，兵败被杀。

↗ 骆宾王《咏鹅》诗意图 清 恽寿平
此图表现骆宾王最脍炙人口的名诗《咏鹅》："鹅鹅鹅，曲项向天歌，白毛浮绿水，红掌拨清波。"画风淡雅精工，设色温润新奇。恽寿平（1633～1690），初名格，字寿平，后以字行，号南田，又号云溪外史等，江苏常州人，是清代六大画家之一。

李师师是否流亡到江南

李师师是北宋末年冠盖满京华的名妓。据说她不仅色艺双绝，而且柔肠侠骨、慷慨仗义。

与李师师有密切关系的当然是大宋皇帝宋徽宗。宋徽宗虽然治国无方，却是个工于琴棋书画、喜欢寻花问柳的风流天子。他久闻李师师芳名，就打扮成常人模样混出宫外，去一睹李师师这位旷世佳人的风采，从此一发不可收拾，成了李师师那里的常客，弄得汴京城内满城风雨，路人皆知这位风流天子的丑事。据说后来徽宗不满足于与李师师偷偷摸摸的关系，干脆公然接李师师入宫，"名正言顺"地册封为李明妃和瀛国夫人。李师师的"幸福生活"直至徽宗后来禅位给钦宗，她被逐出宫，废为庶人为止。

徽宗宣和七年，即1125年冬天，金兵分东西两路南下，东路军直驱汴京，惊破了皇帝的美梦。软弱的宋徽宗连忙下诏书禅位给儿子钦宗，自己则顾不上他的李师师，躲进太乙宫，号为"道君教主"，过休闲生活了。第二年正月，金兵包围汴京，据说李师师献出了自己的家资给朝廷，以助饷抗击金兵。但钦宗继位后，为满足金人索取巨额赔款的要求，派人到处搜寻市民的钱财。靖康之年，尚书省奉圣旨曰："赵元奴、李师师，曾经抵应倡优之家，逐入籍没，如违并行军法。"就这样，李师师等京城名妓家产被"籍没"，李师师从此一贫如洗。这些在《三朝北盟汇编》上有明确记载。此后，金兵第二次围攻汴京，将徽宗、钦宗二帝及其后宫嫔妃掳掠北去，北宋于是终告灭亡。宋亡后，对于李师师的下落，各家的记载就大相径庭了。

↗ 宋徽宗赵佶像

宋徽宗赵佶（1082～1135），神宗子，哲宗弟，1100～1126年在位。蔡京题赵佶画云：皇帝陛下以丹青妙笔，备四时之景色，究万物之情态于四图之内，盖神智与造化等也。

一是殉节说。有一本佚名的《李师师外传》是对此叙述最为详尽的一篇。在这篇传中，说金人攻破汴京后，主帅扬言曰："金主知其名，必欲生得之。"后来，奸贼张邦昌费了好大的周折，终于帮助金兵找到她，献给金营。宴席之上，李师师慷慨陈词，自称"告以贱妾，蒙皇帝眷，宁一死无他志"。又痛骂张邦昌等奸贼："你们这些人享受着高官厚禄，朝廷有哪些地方亏待了你们，反而做每件事都是为了斩灭社稷！"说完，用金簪刺喉自杀，没有死，又将金簪折断吞而死之。对于这一记载，清代曾有人表示相信，并且称赞李师师"慷慨捐生一节，饶有丈夫概"，清人黄廷鉴也称誉道："师师不第色艺冠当时，观其后慷慨捐生一节，饶有烈丈夫概，亦不幸陷身倡贱，不得与坠涯断臂之俦，争辉彤史也。"但是，大多数学者对这个说法不以为然或表示怀疑，认为不过是后人写的一个传奇故事。鲁迅也将这篇《李师师外传》编于"唐宋传奇"之列，且认为是南宋人所作。

二是出嫁说。有的书中说，李师师在汴京失陷后落入金兵手中并被俘虏北上，被迫嫁给一个年老军士为妻，耻辱地度过了一生。但是有的人认为，此说也不可靠，因为李师师在宋徽宗禅让后就被驱逐出宫。金兵攻破汴京掳走二帝和后宫的时候她已经当了道士，并不在金人求索的范围之内。

南宋时候，关于李师师下落何处，有另外一种说法，并且此说流传甚广，诸书所载

↗ 李师师像

也比较相近，这就是"南渡说"。《青泥莲花记》记载说，靖康之难后，师师辗转南渡，有人在"湖、湘间"见到过，已是"衰老憔悴，无复向时风态"；《墨庄漫录》则说，李师师是流落到浙江一带，"士大夫犹邀其听歌"，同样是"憔悴无复向来之态"。后来流落到湖、湘间，为商人所得。此说已经为学术界许多人接受。

然而，李师师其人到底如何结局呢？红颜自古多薄命，李师师到底只是一个贫贱的女子，她留给后世的，除了那些风流韵事，还有一个凄楚未解的归宿之谜。

史可法去向之谜

清朝顺治二年（1645），这一年对于明朝和清朝都是足为铭记的。在这年里，清兵大举南下，明代督师史可法与军民固守在扬州这座孤城中做最后的奋战。阴历的四月二十五日，清兵攻破了扬州城，继而入城大肆屠杀十天，无数百姓和守城的战士惨遭杀害。屠杀中，明将史可法的下落却成了疑问。当时的洪承畴曾经发问："果死耶？抑未死耶？"此后关于史可法去向的记载，就更加说法不一。

有的说，史可法在清兵攻破扬州的时候出城逃生。关于具体的出逃过程，又有不同的说法。有人说他是"缒城出走"。这种说法比较详细的记载是计六奇的《明季南略》。计六奇根据《甲乙史》的记载写道，四月二十五日这一天，清兵诈称明朝总兵黄蜚的救援军队到，史可法命令部属开西门放行，随后清兵入城，即攻击明军。史可法在城墙上看到这种状况，知道中了清人的诡计，也深知局势已经无可挽回，便拔剑自刎。幸得左右相救未遂，于是他与总兵刘肇基一同潜去逃生。历史学家谈迁也赞同这种说法。

↗ 中华门 明

建于明洪武初年，属城堡类建筑，当时叫聚宝门，共有瓮城三道，门四重，内有藏兵洞27个，可藏3000士兵。

关于逃生的第二种说法是"跨骡出城"。乾隆《江都志》记载了扬州故老言，说当时城被破时，史可法"跨白骡出南门"，进而许旭在山东赋《梅花岭》诗，说："相公誓死犹饮泣，百二十骑城头立。瞬息城摧铁骑奔，青骡一去无踪迹。"另外，《石匮书后集》中记载的史可法在扬州城陷落后的逃生路线为"过钞关"，"走安庆"。

与逃生说法截然不同的记载一般见于清代的官修史籍。这些官修史籍大多认为，史可法是在扬州之役中被俘，其后因不屈而遇害。《明史》说，史可法自杀未遂，被部将拥至小东门，被清军抓获。史可法大呼曰："我史都督师也！"遂被清军所杀。又《清实录》记载："攻克扬州城，获其阁部史可法，斩于军前。"在史可法嗣子史德威所著的《维扬殉节纪略》还详细记述道，扬州城陷落时，史可法自刎未遂，为清军所获。清朝大将多铎对史可法"相待如宾，口呼先生"，并且劝降，希望史可法能够帮助他"收拾江南"。史可法大义凛然地斥责说："我为天朝重臣，岂可苟且偷生，作万世罪人哉！我头可断，身不可屈……城亡与亡，我意已决，即劈尸万段，甘之如饴。"于是被杀。其他还有一些野史如《雪交亭正气录》《史外》等也有大同小异的记载。

坚持认为史可法不屈而死说法的人还举出了许多理由来证明自己的看法。他们说，史可法在四月二十日左右曾写过五份遗书以及给其母亲、夫人的绝笔，其中有"一死以报国家"之语，由此可见他早就抱定了必死之心。后来他的种种实际行动也证明了他与城池共存亡的信念。他又怎么可能在城破后独自逃生？并且，史可法的部将刘肇基在扬州告急时，率领军队来救援，当时中流矢而亡，即他在扬州城陷落前已死，又怎么可能与史可法一起"缒城潜去"？再有当事人和目击者的记述。除了上述史德威所著的《维扬殉节纪略》的记载，还有原史可法的幕下杨遇蕃及清军将领安珠护曾目睹了史可法被杀肢解的情形。还有《自靖录》《池北偶谈》和《青磷屑》等史籍也都记载史可法在扬州之役中被清军所杀。

进而他们分析了"缒城潜去"和"不知所终"说法产生的原因。主要是由于史可法是被肢解而死，加上天气炎热、扬州城尸骨无着，史可法死后的尸体自然无法辨认，直到1646年史德威才将史可法的衣冠等遗物葬于梅花岭旁。最为重要的一个理由还在于，人们对于这位为大明捐躯的英雄当然不希望其死，当然希望他能幸免于难，所以才有"大江南北，遂谓忠烈未死"，进而在后来，许多忠于明朝的百姓

↗ 史可法像

↗ 梅花岭
史可法死后，人们遵照他的遗言葬其衣冠于扬州城北广储门外的梅花岭。

↗ 史可法祠 清

史可法祠位于今江苏扬州。史可法遇难，南明唐王追谥"忠靖"，清乾隆帝追谥"忠正"，乾隆三十三年（1768），在史可法墓前立祠纪念。乾隆四十年（1775），乾隆帝为史可法赐匾，对史可法力撑残局、舍生取义、视死如归、矢志效忠其主的忠义之举大加褒扬。

假借忠烈的名义而举旗反清。反清的情绪促成了人们不愿其死的想法。

另外还有几种说法。如有传说说史可法最后沉江而死，清康熙年间孔尚任的《桃花扇》即作此描述。根据此说，史可法出城后骑马渡江，因为马蹶落水溺死。也有人说他出东门遇到清兵的堵截，他自觉无望，随即赴水自尽。还有张岱的《石匮书后集》中说史可法自杀未遂后，与部将逸于离城数里的宝城寺，清兵在后面追赶。两军激战，最后史可法军全部战死。还有说法说清兵攻破扬州时史可法便已销声匿迹，不知所终。如计六奇在顺治六年外出时，在途中坐船遇到了一个嘉兴人自称是当年扬州之役中逃出的兵士，他说当年城破时史可法已下落不明。

史可法对故国一片忠心，独自率领部下孤军奋战，在明清战争中写下了壮烈的一笔。他的下落之谜，尽管至今难有定论，但是他的悲壮却长久地铭刻在后人的心中。

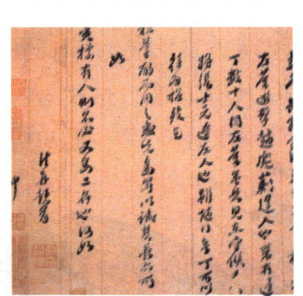

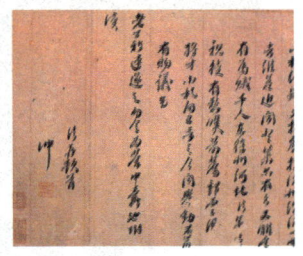

↗ 手札 明 史可法

史可法，字道邻，大兴（今北京市）籍，祥符（今河南开封）人。此书法清劲流利，是珍贵的名人墨迹。

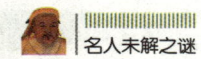

李自成真的当了和尚吗

李自成，明末农民起义军的著名领袖，号称"李闯王"，他所领导的农民起义直接推翻了明王朝的统治。就在他已经率领军队进入北京城，准备登基称帝的时候，由于明将吴三桂迎清兵入关进攻起义军，李自成迎战失利，被迫退出北京向西撤退。此后，这位领袖的结局——死于何时何地、因何而死，直到今天仍然是众说纷纭、莫衷一是。

目前，流传较广的说法有两种：一是削发为僧，圆寂而终；一是兵败后被杀。

↗ 李自成画像

关于李自成出家为僧的说法，最早见于乾隆年间澧州知州何璘的《澧州志林·书李自成传后》。他认为，李自成兵败后，"独窜于石门夹山为僧"，法名"奉天玉和尚"。所谓夹山，即夹山寺，该寺内遗有与此说相关的一些碑记塔铭、诗文残板，以及奉天玉和尚的骨片和包括宫廷玉器在内的许多遗物，寺西南15千米有遗冢岗，岗上有传为闯王疑冢的墓40余座。何璘说自己到夹山进行考察时曾见到一位口音似陕西人且服侍过奉天玉和尚的老僧，此僧对何璘出示了奉天玉和尚的画像，特别像史书所记李自成的模样。又，李自成曾自称为"奉天倡义大元帅"，"奉天玉"即"奉天王"多一点，恰好用以隐喻奉天王。此外，1681年所作的《梅花百韵》木刻版中，有"金鞍玉镫马如龙"和"徐听三公话政猷"等诗句，说话口吻和气势显然与一般的和尚迥然。其弟子野拂所撰碑文及有关文物，又都可与何璘的文章互相引证，显示出奉天玉和尚应该就是李自成。

至于李自成出家为僧的动机，人们分析说这是形势所逼。当时农民起义军的敌人是清军，抗清已经成为当务之急，因此，必须联合国内的其他武装力量来对抗清军。根据当时的形势，李自成可以联合的力量，只有湖南何腾蛟拥立的唐王朱聿键部。这就面临着一个问题：

↗ 李自成陵园

李自成陵园位于今湖北省通山县城东45千米的九宫山北麓牛迹岭。李自成节节败退，率残兵向湖南转移。顺治二年（1645）五月初，行至湖北省通山县九宫山。

联合何腾蛟，部队就必须交何腾蛟指挥，但是何是唐王的，李自成已经是皇帝，皇帝怎能听从宰臣？这在情理上是难以接受的。并且，李自成逼死崇祯皇帝，深恐唐王不能谅解他。所以，李自成就采取了假死、隐居等做法避开矛盾，让他的妻子高氏和李过出面与何腾蛟联合，从而实现自己抗清的夙愿。

有人否定李自成出家为僧的看法，他们认为何璘的记述并不可靠。如奉天玉和尚的画像与史书记载李自成"状况狰狞"的面目有出入；根据《梅花百韵》中诗歌的口气就下结论过于武断，如此等等。

↗ "工政府屯田清吏司契"铜印

这枚铜印出土于北京市王府井，是李自成大顺政权铸造的印信，是专理屯田事宜的政府职能凭证。印面篆刻"工政府屯田清吏司契"，印背左侧有楷书阴刻"永昌元年肆月口日造"，右侧刻"工政府屯田清吏司契"，左侧壁刻"宇字伍百贰拾捌号"。

那么，李自成的结局是什么？他们认为，通山县九宫山才是李自成的最后归宿。

《清世祖实录》记载："被俘贼兵俱言，自成窜走时，携随身步卒二十人，为村民所困，不能脱，遂自缢死。因遣素识自成者，往认其尸，尸朽莫辨。"另一种记载说，清顺治二年五月初二，李自成东征途中转战江南，为清军所挫，折向湖北，兵败单骑脱逃至九宫山，曾于黄土洞中躲藏，后来误入圈套，被程九伯手下的寨勇包围而战死。

假使李自成真的被杀死在九宫山，那么就有了一个新的问题，即他是死在湖北的九宫山还是湖南通城的九宫山。三百多年来，在史学界占主导地位的说法是后者。

今天通城九宫山附近居住的续、廖、杨、姚等百姓中间，还流传着一种说法，这在同治《通城县志兵事》有所载，说李自成被害后，他的侄子李过夺回李自成的尸体，以衮冕葬在罗公山下（通城九宫山的又一名），并灭了一个村子而后离去。这也可以证明李自成是死在湖南通城的九宫山。

关于李自成的归宿，依旧是一个难解之谜。

香消玉殒落何方——陈圆圆归宿之谜

"冲冠一怒为红颜"，清人吴梅村的《圆圆曲》向我们展示了一代奇女子陈圆圆的传奇经历。在明末清初的动荡岁月中，在一系列重大历史事件的背后，陈圆圆是一个既有许多浪漫气息，又充满时代悲剧性的红颜女子。

作为一个风尘女子，陈圆圆是怎样到达京城而落于吴三桂之手，成为其宠妾的呢？说法不一。据《清史列传·逆臣吴三桂》记载，陈圆圆是由崇祯周皇后父亲嘉定伯周奎到苏州营葬时买回来的，后赐给吴三桂为妾；可据钱谦益《天童密云悟塔铭》说，

是皇亲田弘遇在崇祯十四年（1641）到南海普陀山进香回来时，从苏州掠来，想纳她为一房宠姿，后因身体多病，无奈之下只好将其送给吴三桂。

还有一种说法说是陈圆圆在山海关之战后，就一直跟随吴三桂，当吴三桂被封为平西王时，陈圆圆也得专房之宠。当清兵攻破昆明城时，吴三桂之孙吴世璠服毒自杀。而吴世璠妻与陈圆圆均是自缢而死，或说其绝食而死，孙旭的《平吴录》就说吴三桂叛乱失败时"桂妻张氏失死，陈沅及伪后郭氏俱自缢，一云陈沅不食死"。《平滇始末》也说："陈娘娘（圆圆）、印太太及伪后郭氏，俱自缢。"

↗ 陈圆圆像

此外还有一说是陈圆圆在吴三桂败后，并没有自杀或绝食而亡，而是出家做了尼姑。但对于她于何时何种情况下出家，说法不一。有说是清兵攻破昆明时，吴将马宝护送陈圆圆及其子吴启华逃亡到贵州恩州府岑巩，从而在此定居下来，并取名叫马家寨。陈圆圆母子一直隐姓埋名，死后便葬于此地。其墓有碑文曰："故先妣吴门聂氏之墓位席。孝男吴启华媳涂氏立。""吴门聂氏"指的就是陈圆圆。也有的说陈圆圆当时在昆明宏觉寺削发为尼，后逃至城西三圣庵为尼，法名寂静，一直活到康熙二十八年之后，寿至八十而亡。还有的说是陈圆圆随吴三桂到云南后，处处遭吴三桂正妻的嫉妒，而当时陈圆圆开始人老色衰，与吴三桂发生分歧，一气之下便求为女道士，得到吴三桂应允后，便离宫入山。按当时情况，陈圆圆出家也有可能。

陈圆圆之所以成为千古风流人物，主要得力于吴伟业一曲《圆圆曲》："恸哭六军皆缟素，冲冠一怒为红颜。"有人认为吴伟业《圆圆曲》纯粹为文学作品，不能够引以为据。而从《武进县志》《明史》《清史稿》《明季北略》《甲申传信录》《圆圆传》《天香阁笔记》《影梅庵忆语》等史书记载上看，陈圆圆其人其事大体是可信的，基本可以概括为：她出身贫寒，后流落风尘，以色美艺佳成为苏州名妓。后被皇亲田弘遇买回，又转送吴三桂。李自成入北京，她被刘宗敏掠得，后又为吴三桂抢回，随之到云南，或死或出家。一代奇女香消玉殒，魂落何方这一千古之谜还有待进一步证实。

顺治皇帝是否在五台山出家

清世祖爱新觉罗·福临即顺治皇帝，是清朝入关后的第一位皇帝。顺治帝6岁继位，在位十八年，在多尔衮以及母后孝庄皇太后的辅佐下，削平群雄，打击朋党，沿用汉制，厉行节俭。然而，顺治帝十八年（1661），正当顺治风华正茂，年轻有为之时，在他的宠妃董鄂妃死后不到半年，他就从清宫里消失了。

根据民间的传说以及《清朝野史大观》和《清史演义》等说，董鄂妃死后，顺治帝的精神受到了极大的刺激，万念俱灰，最后在顺治十八年的正月抛弃了帝位，遁入五台山，削发为僧。

说顺治出家为僧，是有多方证据的。首先是文辞为证。顺治消失后，不仅民间有诗文暗示（如吴伟业的诗），而且顺治的儿子康熙曾经四次上五台山，目的就是探视他出家的父亲。

顺治帝像

清世祖顺治帝名爱新觉罗·福临，法名行痴，号痴道人，又号太和主人、体元斋主人，太宗第九子，1643～1661年在位。崇德八年（1643）继位，年号顺治。

其次，顺治帝一向好佛，宫中就有两位有名的高僧。据记载说，顺治帝曾对宫中禅师讲："愿老和尚勿以天子视朕，当如门弟子旅庵相待。"并且表示："财宝、妻孥，人生最恋摆拨不下底。朕于财宝固然不在意中，即妻孥觉亦风云聚散，没甚关系。若非皇太后一人挂念，便可随老和尚出家去。"可见顺治帝早有出家意念。

有人则认为，顺治确实是出家了，但是导致他出家的真正原因是他想逃避现实，宠妃的死只不过是个导火线。据考证，顺治帝6岁登基，名义上是皇帝，其实并没有掌权。先是野心勃勃的多尔衮摄政，后来是刚毅多谋、独断专行的孝庄皇太后临朝称制，使他深深感觉到宫廷生活的尔虞我诈。而母后出于统治集团的需要，又强加给他一个不如意的皇后和妃子，这给他的婚姻又涂上了浓重的政治色彩；能带给他喜悦的只有董鄂妃，这个爱情却昙花一现，心爱的人成了残酷宫廷斗争的牺牲品——这一切带给他的是无尽的哀怨和愤懑！他身为一国之君，却受制于人，连自己心爱的人都保护不了。这种钩心斗角的残酷生活他已经无法忍受了。

世祖皇帝谥宝及谥宝文 清

此图是清代王室制作的世祖皇帝谥宝印。

可是，在当时的生活环境里，皇帝出家当和尚怎么行通？于是，顺治精心设计了一个"病死"的假象，以掩人耳目。根据《王文靖集·自撰年谱》记载，顺治十八年元旦，朝臣应该按照旧例庆贺朝见，但朝廷却忽然下令朝臣免见。然而，顺治却在养心殿破例召见王文靖进行长谈，此后一连三天都单独与他密谈。初六夜里，王文靖又被顺治召见。顺治对他说："朕患痘症，势将不起。"命王赶快写遗诏。顺治亲自过目，钦点诏书，直至第二日中午才算定稿，晚上顺治就去世了。可是这种突兀的"天花"，却是让人感到疑惑的，因此有人认为这顺

↗ **养心殿 清**
养心殿为明代所建，清代稍有增葺，是南北三进的院落，前后房屋有短廊相接，平面呈"工"字形。顺治帝曾在此殿居住。

治只是为自己的出家找到一个向外界说得通的理由。

另外一种说法是，顺治确实是病死在宫中的。董鄂妃的去世给了顺治帝以毁灭性的打击，从此，他沉溺于极端的痛苦哀悼之中，他的精神和身体都垮了，自己曾经感叹道："骨已瘦如柴，似此病躯，如何挨的长久？"就在他哀伤不能自拔的时候，疾病又向他袭来了，他染上了烈性传染病天花。这病在当时是不治之症，因此正如《王文靖集·自撰年谱》所记载的，顺治帝已经预感到天花将夺去他的生命，于是在养心殿召见王文靖，命他拟写诏书。挣扎了几天后，顺治就病逝了，这距离董鄂妃死仅四个月。《青珊集》记载，朝廷"民间毋炒豆，毋燃灯，毋泼水，始知上疾为痘"。清史专家孟森亦发表《世祖出家事考实》一文，指出顺治是死于天花。

究竟哪个为对呢？顺治到底是出家了还是得天花病死了？现在仍然没有定论。

徐福东渡去了何方

徐福，秦始皇时人，历史上传说他东渡日本。这引起了中日学者的兴趣。果有其事吗？徐福出海最后的行迹怎样？

最早叙述徐福史事的是司马迁的《史记》。在《秦始皇本纪》《淮南衡山列传》和《封禅书》等篇目中都曾经记载了徐福出海为秦始皇寻找仙药的故事。但是《史记》中只说当年秦始皇东巡琅琊，"遣徐市（徐福）发童男童女数千人，入海求仙人"，并称"徐福得平原广泽，止王不来，于是百姓悲痛相思"，并没有记载徐福最终到了什么地方。

↗ **小篆体十二字砖 秦**
这件显示秦始皇开创强大帝国声势的秦砖，以阳文篆刻"海内皆臣，岁登成熟，道毋饥人"十二字，意思是秦朝统一天下，普天之下都是秦朝子民，希望国富民安。

继《史记》之后，西晋陈寿的《三国志·吴书》中说，徐福到达的是亶洲，"亶洲在海中，长老传言秦始皇迁方士徐福将童男童女数千人入海，求蓬莱神山及仙药，止此洲不还，世相承有数万家；其上人民时有至会稽货布。会稽东县人海行，亦有遭风流移至亶洲者。所在绝远，卒不可得至。"关于亶洲的位置，东晋葛洪的《枕中记》认为"对东海之东北岸"，唐人《括地志》认为"在东海中"。后世人说法不一，有人认为是台湾，也有说是美洲，但很多人都说是日本。

这样就有人将徐福东渡和日本联系在一起，尤其是唐宋以来，随着中日交往的日渐频繁，这一说法更为广泛流传。最早提出徐福到日本定居的是五代后周的义楚和尚，在他著的《义楚六帖·城郭·日本》中记载："日本国亦名倭国，在东海中。秦时，徐福将五百童男、五百童女止此国，今人物一如长安……徐福至此，谓蓬莱，至尽子孙皆曰秦氏。"根据义楚和尚的自述，这个说法是从他的日本朋友弘顺和尚那里得来的。在这之后，徐福在日本安居的说法开始广泛流传起来。如欧阳修有"徐福行时书未焚，逸书百篇今尚存"的诗句，明朝初年的日本空海和尚到南京向明太祖献诗，也提到"熊野峰前徐福祠"。清朝末年的黎庶昌、黄遵宪做日本使节的时候，还参观了徐福墓，并诗文题记。

↗ 传说中徐福东渡时启程地点

近代学者对徐福史迹的考证更加充分，但是史学家们对徐福有否到达日本是持不同态度的。

徐松石在《日本民族的渊源》中认为，先秦战国时期，中国东南沿海民众曾经大量往日本移民，徐福的童男女正是其中的一队，所以"徐福入海东行，必定真有其事"。所以马百非说："徐市（徐福）东渡日本事，中日学者最初皆首肯之。"也有人根据古代中国和日本的海上往来、海船的营造规模和古文物发掘，推测徐福有可能到达日本，如阎孝慈《秦代方士徐福东渡日本新探》就认为，"当时航海技术落后，指南针未问世，所以远海航行需靠季风吹送，带有极大的偶然性"，作者还推测了徐福的行程可能是"横穿黄海至朝鲜半岛的南端，从半岛与济州海峡穿过，最后到九州岛，他所向往的蓬莱仙岛"。

但是同样是从航海技术出发，有人提出了反对意见。他们认为凭借当时的航海条件，徐福的船队是无法战胜海洋上的狂风恶浪的，最多只能停留在中国千里海岸的各个港口或沿海的大小岛屿上，并逐步向中国的内陆移居。还有人断言说："徐福东渡到日本的传说，是 10 世纪左右日本的产品。到了宋代，中国人对这样的传说就深信不疑了。"

近代的日本学者最初也都对徐福东渡到日本一说表示肯定，还指出至今的日本新宫市还保留着徐福和他的侍员七人墓、徐福祠等遗迹，而且每年的八月新宫市还要举行大的祭祀仪式。《日本名胜地志》《异称日本传》和《同文通考》对此都有详细的记录。但是近来在日本，很多学者开始否定这一说法。在这些学者中，有人认为秦灭六国之时，有很多燕齐的遗民渡海避难来到日本，但是并不包括徐福及其率领的童男女；日本古书《日本书纪》《古事记》《新撰姓氏录》也有关于秦人东渡之事的记载；木宫泰彦《日华文化交流史》还根据考古发掘的战国先秦铜器证明了确实有中国人迁

↗ **始皇上天台 秦**
此台在今陕西西安市西郊阿房村南附近，有一座大土基，周长约31米，高约20米，全用夯土筑成，当地农民称之为"始皇上天台"，推测可能是秦始皇时期的观象台。

居日本。但都不认为徐福在其中。一些学者认为，徐福东渡日本的说法多属牵强附会，如江上波夫《考古学见外来文化的影响》就作如是说。宋赵伦《中日民族文化交流史》更进一步地否定了徐福到达日本，并称神武天皇系日本神话时代的人物，根本无法与徐福挂钩，而新宫市的徐福墓及其他遗迹，也都是后世好事者的伪造。

↗ 日本徐福祠

目前的日本学者大多认为徐福东渡日本一说只不过是民间的一个传说，徐福并没有到达日本。事实应该是当时的中国人为了躲避秦始皇的暴政，才大量移民日本。汉唐以后，随着中日交流的频繁，常有日本和尚来到中国散布徐福事，义楚和尚不辨真伪，直接记入了书中，因此这一说法是一种"神奇而浪漫的传记"。据考证说，徐福所到的三神山，并非在日本境内，而只是渤海湾里的小岛；歌山、广岛、爱知、秋田等县和富士山地区的徐福的遗迹也多为后人伪造，有的史迹还是明治末年炮制的。

也有一些相信徐福曾到日本的学者，但是他们对徐福具体的登陆地点也都各执己见。有的认为，徐福是在今天的新宫市东北数里外的波多须浦登陆的，这个地方现在也叫"秦住"或"秦须浦"，并且留有秦氏的后裔。波多须浦面临太平洋，从古时候开始就是船舶出入的港口，而有关徐福的很多遗迹都在这里。但是这个看法在另一本史料记载中遭到质疑。据《日本书纪》和《续日本纪》记载，东汉灵帝的曾孙阿智使主曾"率十七县人夫归化"。这些人被集中安置在高市郡桧前村居住，这一地区成为中国人主要活动地区。有人据此认为，根据当时的航海条件和自然条件，徐福的航海路线应该与他们相似，所以登陆点不会是波多须浦。

徐福究竟行迹何在？他究竟是否到了日本？若未到日本，又到哪里去了呢？秦始皇当年要为自己长生不老寻找仙药，寻药未果，徐福之遗踪倒成了历史未解之谜，恐怕是谁都没有料想到的吧。

↗ 日本阿须贺神社内的徐福宫

王羲之终老何处

东晋大书法家王羲之以其飘逸的《兰亭集序》流传后世，被历代书法家尊为"书圣"，《兰亭集序》亦成为我国书法艺术中的瑰宝。根据《晋书·王羲之传》的记载，东晋永和十一年，也就是兰亭聚会后的两年，王羲之因为不受朝廷的重用，即"称病去郡"，从此开始了山水之游。然而，王羲之"去郡"以后终老何处？只因史籍语焉不详，至今史家仍无定论。

第一种说法是认为王羲之终老诸暨苎萝。这种说法是根据宋朝《嘉泰会稽志》。该志记载说，王羲之"墓在（苎萝）山足，有碑。孙兴公为文，王子敬所书也"。《晋书孙楚传附绰》也记载说："温、王、郗、庾诸公之薨，必须绰为碑文，然后刊石焉。"孙绰与王羲之是好友，有孙绰所作的碑文，又和正史的记载相符合。同时，主持编撰《嘉泰会稽志》的乃南宋的著名大诗人陆游，历史上向来都对此志的史学价值有较高的评价。所以以上的记载都当是可信的。

↗ 王羲之像
王羲之，字逸少，长年居会稽山阴（今浙江绍兴），官至右军将军会稽内史，人称"王右军"，是我国书法史上最伟大的书法家之一，有"书圣"之称。

但又有人提出疑问：《晋书》中所说"王"姓者能妄断就是王羲之吗？难道不可能是王羲之的父辈王旷、王廙，昆弟彪之、兴之，或者是侄辈徽之、越之等人？甚至也可能是是与王羲之"不洽"的王述等。也就是说，凡是当时与孙绰友善的王姓贵族和文人都有可能是那个"王"姓者。另外一些认为王羲之的生卒年为321～379年的学者认为，孙绰比王氏早9年去世，王羲之怎么可能在孙绰生前就请他为自己写好碑文？可见说王羲之终老诸暨苎萝说是不足信的。

第二种说法认为王羲之终老于山阴。

山阴即今天的浙江绍兴。当年王羲之徙至山阴时，绍兴鉴湖水利工程使绍兴的土地得到了较好的垦殖。发达的农业，山清水秀的自然风光，王羲之被这一切深深地吸引了。曾经咏出"山阴道上行，如在镜中游"的千古名句。之后的几年里，他又在这里任会稽内史，美丽的山水风情已经让他"不能自拔"，那么王羲之决心终老山阴就是情理中的事了。

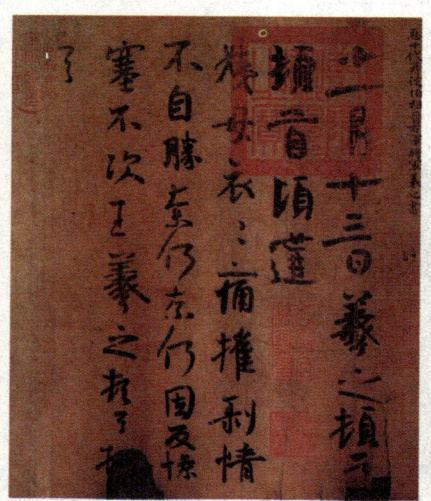

↗ 姨母帖 东晋 王羲之
此帖现存辽宁省博物馆，是《万岁通天帖》的一部分，古朴秀润，意气天成。

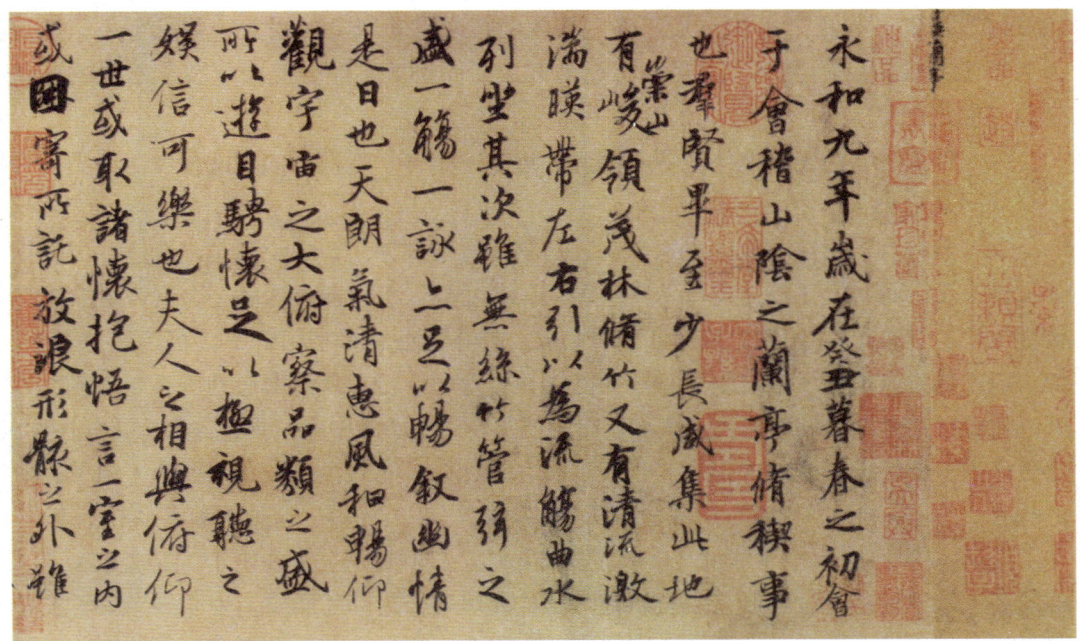

↗《兰亭集序》帖 东晋 王羲之
《兰亭集序》帖号称天下第一行书，是王羲之的代表作品。王羲之每自称："我书比钟繇当抗衡，比张芝犹当雁行也。"梁武帝评其书法曰："势如龙跃天门，虎卧凤阙，故历代宝之，永以为训。"

还有一条史料可以证明王羲之终老于山阴，即智永移居云门寺。《绍兴县志》记载说，王羲之七世孙，隋初高僧智永，为了便于拜扫在绍兴云门山的先祖墓，便从永欣寺移居云门寺。智永作为王氏的后人，他书艺在当时也是堪称大家的。《宣和书谱》卷十七记录了后人对他的书法的评价说："以羲之为师法，笔力纵横，真草兼备，绰有祖风。"作为书法家的智永所祭祀的先祖无疑是被人称为"书圣"的王羲之。

对此，有人提出了反对。持异议者提出，说王羲之因为喜好稽山鉴水而决心终老山阴，这根本就是一种臆测，王羲之所赏叹的地域岂仅限于山阴？这位喜好山水的人，所赞叹的地方还包括今天的嵊州、新昌等地。若据此就判断王羲之"终老山阴"，不是很武断吗？至于智永，

↗绍兴兰亭
兰亭位于今浙江省绍兴市。东晋永和九年，王羲之与孙绰等十数人于此聚会。醉酒之余，王羲之写就著名的《兰亭集序》帖。

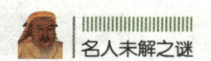

虽然他所谓的"先祖"可能包括王羲之在内的智永父辈以上的祖父、曾祖等人，但是因为智永并没有明确说明"先祖"究竟为谁，因而也就不能据此断定智永所说的墓就是为王羲之的墓。

第三种说法认为王羲之终老嵊县金庭。近年来很多学者都倾向于此种说法，颇有为大众认同之趋势。

学者们找到了很多可据的史料。如白居易在《沃洲禅记》中说，越之金庭，"高士名人许玄度、孙绰、王羲之等十八人或游焉，或止焉"。唐人裴通的《金庭观晋右军书楼墨池记》中说："（王羲之晚年）家于此山，书楼墨池，旧制犹在。"《浙江通志名胜》说王羲之的好友许询（玄度）听说王氏隐居在金庭，便特意从萧山迁到嵊县与王羲之为邻，死后葬在邻金庭的孝嘉乡济庆寺。李白还写诗说："此中就弋立，入剡（嵊县古称）寻王许。"此诗中所说的"王许"当指王羲之与许询。此外，宋人高似孙撰《剡录》中记载有："金庭洞天，晋右军王羲之居焉。"并说："王右军墓，在县东孝嘉乡五十里。"在王氏第47世孙王鉴皓主修的《金庭王氏族谱》也记载说，公元361年，王羲之病逝，他的后人知道他喜爱金庭胜景，就将他葬于他的居宅旁边。《族谱》中明确指出了王羲之是"自琅琊迁会稽、自会稽迁金庭之祖"。在今天的金庭，还有很多当年的遗迹。现在的新合乡有十几个自然村都以王姓为主，村民多自称是王羲之的后裔。

王羲之为什么会想到去金庭度晚年？人们分析说，王羲之所生活的年代正是佛道鼎盛之时，整个社会都盛行着尊佛隐逸之风，王羲之本人更是如此。他与当时的高僧竺道潜、支遁、道猷等人都有着密切的交往。竺道潜出身于琅琊华族王氏，和王羲之的父辈有交，他所居住的地方是当时佛道修行者的中心地；支遁在原属剡县的沃洲建寺院教导僧众，人数多达百人；当时的金庭被称为是道家第七十二洞天。崇尚隐逸的王羲之，为了方便与高僧交往，便在辞官后选中了金庭作为自己归隐终老之所。

虽然这个说法所依据的史料甚多，但是还是有人它提出异议，比如对王氏《族谱》的怀疑、对王羲之墓中出土的砖乃梁大同年间一事的怀疑等。看来王羲之这位飘逸如其书法的逸士，其人终老何处，还会让后人继续争议下去。

↗ **王羲之墓**
王羲之墓位于今浙江省绍兴市。一代书圣为后人留下了不可逾越的书范，静卧于山水之间，感受天地间的宁静与喧嚣。

名人死亡之谜

杜甫死后葬何地

"朱门酒肉臭，路有冻死骨。"这是唐朝著名的现实主义大诗人杜甫的名句。杜甫生前忧国忧民，在他的诗歌中处处可见对国计民生的担忧和对君主的殷殷期待。然而，杜甫的一生更是穷困潦倒的一生。

诗人的晚年生活更见窘迫，"亲朋无一字，老病有孤舟"，可谓悲凉！后世通常认为杜甫最终死在湘江水上的一条小船里。他死后，儿子宗武无力葬父，只好将父亲的棺材权厝着，直到40多年后，孙子杜嗣业才借助乞讨，将祖父安葬。那么杜甫究竟被葬在何处？诗人生时经历催人泪下，身后也留下了依旧凄凉的谜。

关于杜甫最后的葬地，历史上通常有四种说法。分别是：湖南的耒阳县、岳阳县、平江县以及河南的偃师县。

《耒阳县志》记载说，杜甫开始时为避战乱到蜀，"往依严武。武卒，蜀乱，复移夔州。大历三年下峡，至荆南，游衡山，将适郴州，依舅氏聂十二郎，侨居耒阳"。当时正好赶上天降大雨，江水暴涨，杜甫很久都没有食物。聂氏县令乘船出迎，并赠牛肉和白酒给杜甫。

有一天晚上杜甫大醉，住宿在江上的酒家，结果被水淹死，只遗落一只靴子在江上，聂氏县令只好将靴子做坟。其他史书如新、旧《唐书》也都这样记载。由此可以看出，杜甫死后连尸体都没有找到，那么耒阳的杜甫墓其实只是一个埋其靴子的衣冠冢。据说，这个墓在耒阳县城北郊二里，建于南宋理宗景定年间（1260～1264），明朝嘉靖年间曾为当时的知县马宣重修过。

而唐朝郑处晦《明皇杂录》等书也认为杜甫死于衡州耒阳，葬于县城北耒江左畔。但是这个墓是

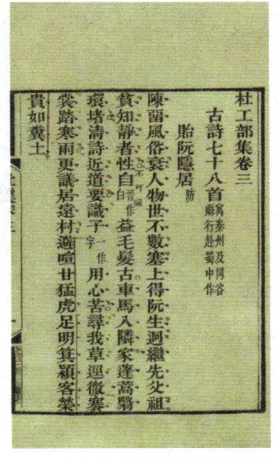

↗《杜工部集》书影

杜甫诗作沉郁顿挫，以反映现实之深刻而著名。有"诗史"之誉，现存诗一千四百余首。

↗杜甫像

杜甫（712～770），字子美，号杜陵布衣、少陵野老，世称杜少陵，唐襄阳（今湖北）人，生于巩县（今河南巩义）。曾入剑南节度使严武幕，官为检校工部员外郎，世称杜工部，大历五年（770），杜甫病故于湖南湘江舟中。

杜甫草堂

杜甫在安史之乱后，曾漂泊至成都，筑草堂于花溪旁。在这里他度过了一生中最安然的生活，写下了许多著名的诗篇。

杜甫的权厝冢，并不如前文所说的"尸体不存"。《偃师县志·陵墓志》记载，唐宪宗元和八年时，即杜甫死后的第四十三个年头，杜甫的孙子杜嗣业"启子美之枢，襄祔事于偃师"，实现了祖父归葬祖茔的遗愿。那么究竟在偃师的什么地方？有史料说是在偃师县西土楼村，也有说是在首阳山，各种看法让人感到疑惑。

唐朝诗人元稹曾经应杜甫之孙杜嗣业的请求撰写过《唐故检校工部员外郎杜君墓志铭》，这篇墓志铭对于确定杜甫的葬处有着重要的意义。铭中说："适遇子美之孙嗣业，启子美之枢之襄，祔事于偃师。途次于荆，雅知余爱其大父之为文，拜余为志。辞不能绝，今因系其官阀日铭其卒葬云……甫字子美……舟下荆楚间，竟以寓卒，旅殡岳阳，享年五十有九……嗣子曰宗武，病不克葬，殁，命其子嗣业。嗣业贫无以给丧，收拾乞丐，焦劳昼夜，去子美殁后四十余年，然后卒先人之志，与足为难矣。"这一段记载可以说是确定杜甫墓究竟是在偃师还是在湖南岳阳，或是在平江此三种说法的重要依据。

后人参照元稹的墓志铭以及《湖南通志》《巴陵县志》《平江县志》等文献，认为杜甫在耒阳死后，其子杜宗武并没有继续南下，而是举家移居岳州（即今湖南岳阳），并将葬于耒阳的父亲的灵枢暂时厝于此，所谓元稹所说的"旅殡岳阳"。

《巴陵县志》即记载："杜甫墓在岳州，今不知其处。按元微之（元稹）墓志，扁舟下湘江，竟以寓卒，旅殡岳阳，是杜墓在岳阳也。元和中，孙嗣业迁墓偃师，后人遂失其殡处。"后人寻找今天的岳阳，没有找到杜甫的墓地，也没有找到杜甫的后裔。但是后来在《平江县志》中找到了一点线索：今天汨罗江畔的湖南平江县小田村有杜甫墓，还有杜甫的后裔。进而考察出，平江在唐代称为昌江，隶属于岳州，因此"旅殡岳阳"就是权葬岳州昌江。

南山诗刻 唐 杜甫

这件石刻位于四川省巴州市城南，书于乾元二年（759）。杜甫书法森严峻整，遒劲清迈。

后来，杜嗣业将祖父杜甫的灵柩迁回了河南偃师县西土楼村的祖茔。据《艺文志》记载，清朝乾隆年间，偃师的杜公墓被村民侵成麦地，后邑令朱续志找出了杜甫墓的遗址，并造茔树碑表示纪念。

也有人认为杜甫原本就病逝于平江，而不是耒阳，所以他的墓所就在平江小田村。杜甫死后，杜宗武贫困无力迁葬，也在平江病逝。再加上当时的战乱，所以杜宗武、杜嗣业这一支就一直在平江留了下来，一方面也方便祭守墓地。

↗ **杜公祠**

祠位于陕西省西安市，是纪念杜甫的建筑，建于明嘉靖五年（1526）。

清朝同治年间，张岳龄在实地考察偃师后，写了一篇《杜工部墓辨》，指出偃师既无杜甫墓，也没有杜氏后代。李元度的《杜工部墓考》也这样说，认为"岳属别无杜墓，遗迹在小田无疑"。

关于杜甫究竟葬于何处的争论仍在继续，一直没有得到一致的看法。战乱中的杜甫受尽了苦难，死后他的去处依旧是一个未解的谜。这是诗人的悲哀，也是时代的悲哀。

袁崇焕被杀之谜

袁崇焕是明朝末年主持抗击后金的著名将领。明朝末年，后金军队进攻明朝，袁崇焕率领部队东征西战，曾一度收复辽东失地，沉重打击了后金军队，为保护明朝立下了汗马功劳。然而就是这样一位杰出的军事将领，却在崇祯二年即1629年的十二月被崇祯皇帝逮捕下狱，第二年的八月被杀害。袁崇焕为什么会被崇祯帝杀死？他究竟犯了什么罪使得崇祯帝如此发怒？这一直是历史上被人关注的问题。

一般的看法认为，有功之臣袁崇焕之所以被崇祯帝所杀，是因为崇祯帝听信了阉党余孽的诬告，中了皇太极的反间计，也就是说，袁崇焕是被崇祯帝误杀的。明朝与后金军队开始作战的时候，后金军队在关外两次被袁崇焕军击败。后金军队领教了袁崇焕的厉害后，于崇祯二年避开了辽东防线，转而绕道进攻北京，这就是历史上的"己巳之变"。袁崇焕闻讯快速回京师援助，在北京城下再一次痛击后金军队。后金军再次吃了袁崇焕的苦头后，皇太极深知，如果不除掉袁崇焕，进取中原是不可能实现的，

袁崇焕像

袁崇焕（1584～1630），字元素，号自如，广西藤县人，祖籍广东东莞。天启二年（1622），擢兵部职方主事，自请守辽。六年守宁远，击败努尔哈赤，以功授过东巡抚。第二年败皇太极，获宁锦大捷。崇祯元年（1628）起为兵部尚书，督师蓟辽、登莱、天津军务，镇宁远。二年，杀大将毛文龙。不久率军解京师之围。随后，被崇祯帝下狱，次年被杀。

于是他心中顿生一计。这就是"反间计"。

早在后金军进攻北京的时候，朝中就有人散布流言诬陷袁崇焕，说袁崇焕是有意引金兵深入，目的是结城下之盟。这些流言使崇祯帝疑心大起。关于皇太极施行的反间计，蒋良骐《东华录》有详细的记载，文中说，开始的时候后金军队抓获到明朝的两个太监，命人严密看守。这时候副将高鸿中和参将鲍承先遵照皇太极的计谋，故意坐在离两太监不远的地方，假装做耳语状说："今天我们撤兵，不过是个计谋……袁巡抚有密约，事情马上就能大功告成了。"当时姓杨的太监，在那里仔细地窃听两人的谈话。时辰到庚戌时，后金军将两个太监放了回去。杨太监回到皇帝身边后急忙将袁崇焕与后金有密约的事告诉了崇祯帝，至此崇祯帝对袁崇焕背叛自己的事情深信不疑，"遂执袁崇焕入城，砾之"。袁崇焕的兄弟和妻子也受到株连，被流放到几千里外的边远地区。据说，后金军队的这个反间计得益于皇太极对《三国演义》的喜爱。皇太极平素经常读《三国演义》，对其中的奥秘非常清楚。这个计划就是他巧妙用《三国演义》中的"蒋干中计"策，借崇祯帝之手剪除劲敌袁崇焕。崇祯帝不幸中了敌计，将忠臣误杀。这种自毁长城的举动使东北防备受到了极大的影响，从而直接导致了明朝的迅速灭亡。

但是有人对这个说法提出了疑问：皇太极固然熟知兵法计谋，难道崇祯帝就是个无知的庸才吗？历史记载证明显然并非如此。一些研究者认为，崇祯帝杀袁崇焕根本是蓄意杀戮，而不是清朝后来津津乐道的因中"反间计"而误杀。袁崇焕被杀的真实原因，是崇祯帝担心袁崇焕及其东林党人妨碍他的专制皇权，袁崇焕是皇权与大臣之权冲突的牺牲品。

明朝年间太监专权是很常见的现象。崇祯帝即位后，为了除掉阉党对自己的威胁，起用东林党人，有效地削弱了阉党对皇权的威胁。但是当阉党对皇权的威胁减弱时，崇祯帝又开始削弱大臣的势力，即从依靠东林党转而回归到依用阉党群小。袁崇焕正是在这个环境下崛起的，自然成了阉党余孽倾陷的对象。袁崇焕耿直、豪放，敢说敢为，这正是阉党余孽所畏惧的，也是所有的皇帝所不喜欢的。同时袁崇焕又主持整个对后金

崇祯皇帝御押 明

↗ **袁崇焕之墓**

明崇祯二年（1629年，天聪三年），清太宗皇太极兵临北京，驻守宁远的袁崇焕火速集结兵卒，入援京师，与之战于广渠门。后金军难以抵抗，退至南海子。皇太极施反间计。崇祯帝临阵逮捕袁崇焕，次年八月严刑处死。袁崇焕死后，暴尸于市。其部下夜窃尸首，埋于今北京广渠门内东花市斜街52号后院内。

的战局，有很大权势。自古以来臣子权势稍重必然容易遭到皇帝的猜忌，偏偏崇祯帝的猜忌心又是极强的，他之所以开始起用东林党人又继而起用阉党就是为了实现自己旺盛的专权欲望。这个时候的袁崇焕无疑是走在钢丝上，稍有不慎就会惹上杀身之祸。然而也很不幸的，袁崇焕是一个好的军事将领，却不能洞察君主的心思，他先斩后奏杀了明辽东悍将毛文龙就是一大不慎，崇祯帝"骤闻，意殊骇"。尽管事后袁崇焕亦悔悟道："毛文龙是大帅，不是像我这样的臣子所该擅自诛杀的。"但是这件事让崇

祯帝心中杀袁崇焕的想法已经坚定。明末史学家谈迁就说，袁崇焕擅自杀死毛文龙，"适所以自杀也"。

崇祯帝开始时之所以不杀袁崇焕，一方面是缺少足够的借口，更主要的原因是那时崇祯帝对袁崇焕"五年复辽"充满了期待，因此暂时容忍了袁崇焕目

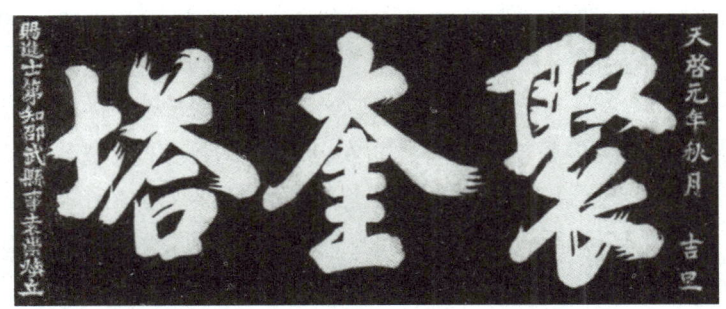

↗ **聚奎塔石刻 明**

袁崇焕在福建省邵武县任知县时，为聚奎塔书写了匾额。这是罕见的袁崇焕书迹之一。

.211

袁崇焕画像

中无君的举动,只是在暗中采取了很多监视和牵制的措施。"己巳之变"之后,后金兵大举入犯,继而围攻北京城,这时的崇祯帝对袁崇焕复辽已经不抱希望,至此君臣之间脆弱的依存关系不再存在,杀袁崇焕就是必然的了。而正在这个时候,皇太极施行了反间计,内廷阉党也捏造了袁崇焕引敌协和、擅主和议、专戮大帅三大罪状,崇祯帝立刻借此机会将袁崇焕投入监狱。

说崇祯帝是中了皇太极的反间计,这是不能服人的。因为人们可以根据史料得知,从袁崇焕的入狱到被杀戮,前后共有八九个月,这么久的时间里,崇祯帝是有足够的时间来辨明是非的。同时还有史实表明,反间计、诬告并不能瞒过崇祯帝,也就不足以置袁崇焕于死地。崇祯帝决定杀袁崇焕,是从巩固皇权、防止大臣结党、彻底摧毁东林党势力这些目的出发的,反间计只是为促成崇祯帝逮捕袁崇焕下狱制造了一个合适的借口而已。

自古"信而见疑,忠而被谤",忠臣们的下场果真都是这样的吗?袁崇焕究竟是为何被杀?是君主昏庸不能识别对手的诡计,还是君主猜忌不能留下权臣?谜的破解还需要后世的进一步考究。

崇祯帝究竟如何死的

天启七年(1627)八月,熹宗病危,召信王入宫受遗命。不久熹宗撒手归天,年仅17岁的信王朱由检即位,大赦天下,次年改为崇祯元年(1628)。年轻气盛的崇祯皇帝面临的是一种风雨飘摇的局面。这位明朝最后的一位皇帝很想凭借自己的一腔热血力挽狂澜,重建太平天下。他即位后铲除阉党魏忠贤,一心想要中兴,但是最终李自成的农民起义军冲破了京城,明朝覆灭了,他自己也落了个自缢的下场。崇祯帝朱由检生性懦弱、无主见,而且他继位时的明朝已是政治腐败。崇祯皇帝也回天乏术,大臣们个个明哲保身,少有为社稷着想者。而且崇祯为人极易猜疑,大臣们更是小心翼翼、很少发言。就是到了起义军进逼京城

崇祯帝像

崇祯帝临死遗诏曰:朕凉德藐躬,上干天咎,然皆诸臣误朕。朕死无面目见祖宗,自去冠冕,以发覆面。任贼分裂,无伤百姓一人。

的时候，也没有主动站出来为崇祯分忧的大臣。

当李自成的起义军猛烈进逼，崇祯帝惊慌得完全失了主见，处处寄希望于大臣们，希望他们能提供妙计良策，甚至替他决断，但是危急之中，大臣们又能有什么办法呢？

崇祯十七年（1644）三月，每天崇祯帝都要召见大臣，有时候竟达到一日三次。起初大家都认认真真地替崇祯帝谋划，提出"南迁""撤关"等，可崇祯帝总是拿不定主意，大臣们也渐渐没招了。召见中，大臣总是惶恐地说："为臣有罪，为臣有罪！"然后就不再说话，实在被问急了，只是用些"练兵""加饷"等话来应付崇祯帝。每次召见，崇祯帝都非常不满，常常是中途拂袖离去，回宫后痛哭并且大骂："朝中无人！朝中无人！"

大明灭亡的前三天上午，崇祯帝来到东左掖门，召见了新考选官32人，问他们以急策。崇祯帝本想能从新臣中寻找到良策，可一见答卷，也全是些套话。召见未及一半，忽然有一太监送进一个密封，崇祯帝拆视后脸色突然大变，原来这是昌平（今北京市昌平区）失守的总报。李自成军已经攻到昌平。但是惊慌的崇祯帝仍无法从众大臣那里得到一计良策。

次日早晨，崇祯帝再次召见文武诸臣，半晌大家都沉默不语。崇祯帝流着泪恳请大臣们想办法，大臣们也是泪流满面地回应。忽然有位大臣大梦初醒一般，凑向前欲奏对，崇祯帝一见，马上将泪水收住，准备细听，只听这位大臣说："当务之急为考选科道。"原以为是什么良策，不想又是老套话。可这位大臣一开头，许多大臣也跟着说这人当起、那人该用。崇祯帝早就不耐烦了，俯首在御案上写了七个大字："文武官个个可杀。"起身示意退朝。

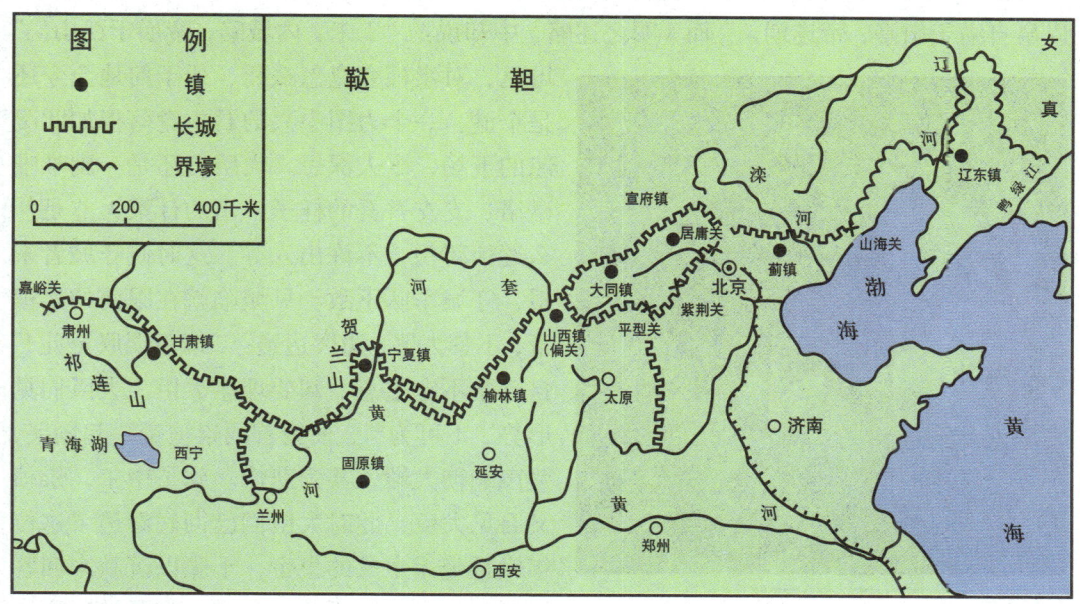

明代边防示意图

崇祯帝思陵石五供 明

关于崇祯的死，历来众说纷纭，计六奇《明孝北略》卷二十记载道："丁未五鼓，上御前殿，与二人手自鸣钟集百官，无一至者。遂散遣内员，手携王承恩，入内苑，人皆莫知，上登万岁山之寿皇亭，即煤山之红阁也。亭新成，先帝为阅内操特建者……遂自尽于亭下海棠树下，太监王承恩对面缢死。"又有《明史》卷三百九《流贼传》说："十九日丁未，天未明，皇城不守，鸣钟集百官，无至者。乃复登煤山，书衣襟为遗诏，以帛自缢于山亭，帝遂崩。"而《明之述略》中却说："丁未，内城陷，帝崩于西山。"

景山周赏亭——明崇祯帝自缢处

可见，对崇祯究竟怎么死、死于何地至今还是个谜。一个力图中兴的君主竟落得如此凄凉的下场，令人深思。大臣们还是一副唯唯诺诺、支支吾吾的样子，出的计策无非是什么巡街闭门、不许出入等。这时候守城者来报，守城军队不敌。见城陷就在眼前的崇祯帝，不禁大哭，边哭边道："诸臣误朕至此！"自己拿不定主意，却要埋怨大臣。大臣们见形势"不可为"，便俯首同崇祯帝一起恸哭，哭声响彻大殿，甚为悲惨。到了中午，崇祯又召见大臣，此时大臣们已彻底看透了这位年轻且毫无主见的皇帝，干脆以沉默来回答崇祯帝，崇祯帝不禁大吼道："既然这样，不如大家一起在奉先殿统统自尽吧！"此话倒是说中了，19日晨，崇祯帝在走投无路中自尽身亡。

郑成功暴死之谜

郑成功是我国著名的民族英雄。明清之际，台湾被荷兰侵略者占领。永历十五年（1661），郑成功率领将士数万人，从厦门出发，经过澎湖，在台湾鹿耳门的禾寮港登陆，对荷兰总督所在地赤崁城进行了围攻。八个月的激烈战斗后，荷兰总督终于投降，台湾回归祖国的怀抱。之后，郑成功在台湾建立了行政机构，推行屯田，极大地促进了台湾社会经济的发展。可以说，郑成功对祖国统一所做出的贡献是彪炳千秋的。

然而就在郑成功收复台湾仅仅五个月之后即1662年6月23日，正当郑成功想要在台湾进一步有所作为的时候，他却忽然死去，年仅38岁，留给后人无限的惋惜。由于关于郑成功的死因没有确切可依据的史料，也就给后人留下了深深的疑惑，以致众说纷纭。

同时代人对于郑成功死亡情况的记载都比较简单。不过几乎所有的史籍都记载郑成功是病死的，一般是说他"偶伤寒""感冒风寒"。同时代人李光地在《榕村语录续集》中还提到"马信荐一医生以为中暑，投以凉剂，是晚而殂"。

正是由于过于简单的记载，导致了后世人的种种猜测。于是有人说郑成功是由于"狂怒而闷窒致死"，有的说是"身染肝郁病症，内伤外感，又缺药物，终致死亡"，还有人说郑成功得肝病、肺结核病、恶性疟疾、流感等，外国学者乔治·菲利浦甚至认为郑成功是得了"骤发癫狂"的疯狂病。看来郑成功最后得病是可以肯定的。

也有人在心理上和精神上寻找郑成功死亡的原因。当时郑成功的儿子郑经与乳母通奸生子，郑成功下令将其处死，郑经惊恐之下竟然想要和清军妥协，这使性格刚强且崇尚礼教的郑成功在精神上受到了极大的刺激。除这个外，由于清政府的海禁给粮食接济造成了重大问题，吕宋华侨受到西班牙殖民者的残酷迫害，永历皇帝蒙难，祖坟被掘，自己的父亲等十余人被处死在北京，等等，如此多的事情任哪一件都足以造成对郑成功的打击。继而一次急性感冒作为直接原因夺去了身体处于疲惫虚弱状态的郑成功的命。

↗ 郑成功军用过的大刀

诸多说法中，最骇人听闻但是也最广为流传的说法是郑成功乃为人毒死。

夏琳的《闽海纪要》中说，郑成功当时的病并不严重，病中"尚坐胡床谈论，人莫知其病"，汪日升的《台湾外纪》也有类似的记载，说在他死的当天，他还"登台观望"，然后回书室，请《太祖祖训》出，边阅看边饮酒。如此谁会相信他是病死的？因而，林其泉指出，根据郑成功临终前的异常情况以及当时郑氏集团内部的矛盾，可以推断郑成功是被人用毒药毒死的。林其泉进一步分析了郑成功被人害死的理由。

↗ 郑成功像

郑成功（1624～1662），本名森，又名福松，字明俨，号大木，明末清初福建南安人。郑成功深为明隆武帝器重，授总统使、招讨大将军，赐姓朱，号成功，人称"国姓爷"。明永历十五年（顺治十八年，1661），率军2万渡海到台湾鹿耳门，围赤崁城，败荷兰侵略军，收复台湾全岛。不久，即暴卒。

当时郑氏集团内部暗藏着很多危险因素。郑成功的儿子郑经生活失检，对郑成功十分畏惧；兄弟侄子辈中的郑泰长期掌管郑军的财政大权，拥资数百万，虽得郑成功的信任，但是却心怀叵测。郑泰一心想让郑成功在困难和打击下自败，结果不仅没有如愿以偿，台湾反倒在郑成功的努力下形势大好，这当然使郑泰感到不安。如此他孤注一掷，毒杀郑成功就是有可能的了。此外，郑成功平时纪律严明，赏罚分明，性情又十分暴烈，使包括他的长辈亲族在内的很多人被处以极刑。这自然引起了一些人的不满和恐惧。人心惶惶下，最容易引起解体和离心，"其下常惧诛"，"人多思叛"。结果不少人在清政府的高官厚禄引诱下叛逃，另一部分很可能会铤而走险，支持和参与阴谋篡权，甚至谋划杀害。

根据史料记载，历史上暗杀郑成功的活动不止一次。据说，清王朝曾多次收买郑军内部的人来实施暗杀。有一次收买了郑成功的厨师，计划在食品中投放孔雀屎来毒杀郑成功，后来此事虽然没有造成严重的后果，但是足见反对势力对郑成功的谋杀阴谋是存在的。

另一个疑点是马信的死。马信是清朝的降将，后来投靠郑成功任都督并得到了郑成功的信任，他在郑成功死后神秘死亡。郑成功去世的当天，马信曾经"荐一医生以为中暑，投以凉剂"，当天晚上郑成功就死了。人们分析认为，马信很可能直接参与了谋杀郑成功的行动，

↗ 荷兰侵略者投降图

郑成功部队用的藤盾牌

至少了解一部分内情。谋杀的主谋者收买了马信，事后又来个杀人灭口，以防止其泄密。

从郑成功临死前的状况看，也完全可推断他为中毒而死。汪日升的《台湾外纪》说他"以两手攀面而逝"，夏琳的《闽海纪要》说他"顿足抚膺，大呼而殂"，吴伟业《鹿樵纪闻》说郑成功死时"面目皆抓破"。沈云《台湾郑氏始末》说他"啮指而卒"，等等。所有的这些记载，都可以看作是毒性发作时的症状。《闽海纪要》还记载说郑成功临终前都督洪秉诚调药以进，被郑成功扔到了地上，然后"顿足抚膺，大呼而殂"。为什么会有这样的举动？可能郑成功当时发现了有人在毒害他，只是为时已晚。

郑成功的死在当时也引起了人们的怀疑，大家都认为这是一起谋杀，主谋就是郑泰。如前文所说，郑泰早就居心叵测，有篡权之心，很可能还与清政府有勾结，他很可能就是谋杀郑成功的凶手。可惜郑成功的继承人郑经在逮捕郑泰后，发现郑泰有大量银款放在日本，于是就将注意力集中到银款上，并且他原本就对父亲的死存有侥幸，当然不愿意进一步追查。因此，郑成功的死因也就没有得到认真的追究，当然几百年后，就更疑雾重重了。

郑成功被毒死一说，毕竟只是在蛛丝马迹中的一种猜测，并没有直接的文献记载加以证明。要破解这位民族英雄的死因之谜，还需要我们更进一步地努力。

清代名将年羹尧为何被雍正赐死

提起年羹尧，人们就会想起血淋淋的血滴子，因为在传说中，年羹尧总是用血滴子残酷地杀死其对头，在为雍正除掉许多对头之后，年羹尧也没有得到好下场，最终为雍正所杀，但雍正为什么要杀掉年羹尧呢？人们众说纷纭，莫衷一是。

年羹尧，字亮工，康熙三十九年（1700）中进士。为人聪敏，豁达，娴辞令，善墨翰，办事能力亦极强。后受到雍亲王的重用，各皇储争夺皇位时，他利用自己的精明才干，时时向主子雍正出谋献策，奔波游说，深受青睐，更使主子高兴的是，年氏将自己的亲

雍正帝御笔之宝印及印文 清

↗ 年羹尧奏折 清

妹妹献给了他，以示忠诚，那时，主仆二人曾发誓，死生不相背负，从此交情更加深厚。君有情，臣有意，再加上年氏的才能，官阶越升越高，不到十年即升为四川巡抚，接着，又升为川陕总督，独掌军政大权，成为雍正的心腹。

年氏受到雍正的宠幸是在雍正二年（1724）十月年氏来京陛见以前，具体地说，在七月中旬以前，即平定西海叛乱以后。年氏手握重权，荣立青海大功，君臣之间，无猜无疑，如雍正所谓"千古君臣知遇榜样"；但七月中旬后，尤其是陛见抵署以后，即十二月初，雍正使出浑身解数开始置年氏于死地，雍正为什么转变得这么快？年氏的死因究竟是如何呢？

有人认为年羹尧的死与雍正帝夺嫡有关。学者孟森的《清代史》、王钟翰的《清世宗夺嫡考实》等持此说。据说康熙帝临终时指定十四子胤禵嗣位。四子胤禛串通年羹尧、鄂尔泰、隆科多，矫诏篡位。其时，十四子胤禵在西北为抚远大将军，原可挥兵争位，然受制于川督年羹尧，遂无能为力。胤禛即位后，改元雍正，为酬报年羹尧拥立之功，大加恩赏，然而这不过是灌"迷汤"，雍正帝实已对这些知情者存有杀心，最终还是找借口除掉了他。

有些人不同意此说。他们认为雍正初年年羹尧受宠，并非雍正帝为他灌"迷汤"，而是皇帝对他效忠辅弼的奖励。雍正帝继位之时，年羹尧尚在四川平乱，并未参与其间，所以不可能知情，故上说不能成立。《清史稿》《清代七百名人传》等作者，都认为年羹尧是恃功自傲而致被杀。《清史稿》载："羹尧才气凌厉，恃上眷遇，师出屡有功，骄傲……入觐，令总督李维钧、巡抚范时捷跪道送迎……公卿跪接于广宁门处，年（羹尧）策马过，毫不动容；王公有下马问候者，年颔之而已。世宗前，亦箕坐无人臣礼。"《清代轶闻》作者说"年挟拥戴功，骄益盛"，且年羹尧残暴对待部下，任人唯亲，乱劾贤吏，引起公愤，也为雍正帝所不容，故被杀。

年羹尧成败之速，异于寻常，对于其死因的种种说法，人们到现在还是难辨真假，难怪被史学家列为"雍正八案"的首案。

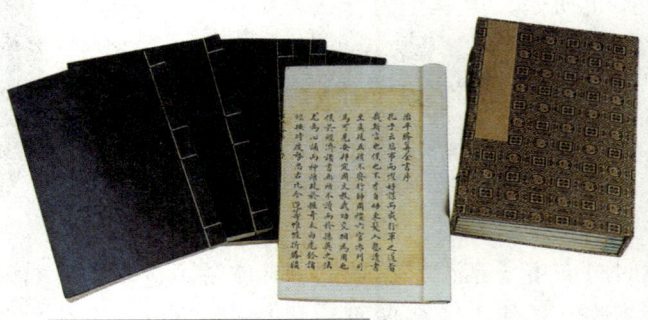

↗ 《治平胜算全书》 清 年羹尧著

雍正帝猝死之谜

雍正十三年（1735）八月二十三日凌晨，清世宗雍正猝死于圆明园的九州清宴殿。没有任何明显预兆的突然死亡，给这位皇帝的死笼上了一层神秘的面纱。更奇怪的是，竟然在皇帝刚刚驾崩的时候，京师中便出现了各种关于皇帝死因的谣言。大家纷纷猜测：雍正帝暴亡的背后有什么内幕吗？

历史上对于雍正帝死因的记载是多种多样的。清朝的官方史籍，如《清实录》《清史稿》以及《起居手册》等史籍中的记录大体相同，都说雍正是病死。据记载，雍正帝从"不豫"到"龙驭上宾"，首尾只短短三天，八月二十日的白天还处理政务，当晚就病情发作，到二十三日子时死去。由此看来雍正所患的病应该是一种急症，也有人进一步猜测雍正帝可能是中风死亡。

尽管官方史籍都是这样记载，但是在民间被传播得沸沸扬扬的，却是另外一个版本，即雍正帝是被仇家吕四娘刺杀的。

刺杀的起因是那个震惊朝野的曾静、吕留良案引发的。

雍正帝历来是一个"阴沉刚毅，忌刻险谲"的专制暴君。据说他能登上皇位是通过谋父、逼母、弑兄、屠弟等种种灭绝人性的宫廷流血换来的。他登上皇帝宝座后，开始铲除异己、妄杀功臣、滥施刑罚，又大兴文字狱，使许多人因此而丧生或遭流放。除了雍正帝本人的原因外，整个清政府一直以来对全国采取的高压政策，以及汉族人民一直不曾泯灭的"明朝"情结，使得很多不满雍正残酷统治的汉族人继续高举反清的旗帜。雍正六年，湖南人曾静遣送他的徒弟张熙投书川陕总督岳钟琪（岳飞的后人），历数了雍正帝的十大罪状，劝岳钟琪反清，不料策反不成反被擒拿。曾静被下狱后，供称是受了吕留良著作和思想的影响才萌生的反清之志。吕留良何许人？他是清朝初年著名的思想家，有很多的著作传世，其学说反对王守仁的心学而尊崇朱熹理学，其实质意在反清复明。吕留良一生社会关系很广，他的思想也受到了普遍的尊重和响应，在清初的反清活动中起到了号角的作用。曾静等人的谋反活动让雍正帝既恐慌又勃然大怒。此时吕留良和他的长子吕葆中已经死了，但是雍正竟然下令将此父子二人的坟墓掘开戮尸枭示，吕留良的另一子吕毅中被斩首，吕氏亲眷族人

↗ 雍正帝观书像

吕留良像
吕留良（1629～1683），字庄生，别字东庄，又名光轮，字用晦，号晚村。康熙十七年（1678）举博学鸿词科，誓死不去。削发为僧，名耐可，字不昧。在学术上，吕留良推崇朱学，强调"民族气节"在先，认为"夷夏之辨"大于"君臣之伦"，著有《吕晚村文集》。

全部被发配边陲，连吕留良的门生也遭到株连。为此，雍正帝还写了《大义觉迷录》一书来反驳吕留良的学说和曾静关于其十大罪状的攻击。

吕家生者死者都遭到血洗的时候，吕留良的孙女吕四娘恰恰奉母在外，所以成为吕家唯一免于罹难的幸存者。传说，吕四娘得知自己的亲人为雍正帝所害，为报这不共戴天之仇，她隐居在名山仙刹之中，拜僧尼为师，苦学绝技，后又浪迹天涯，广结天下豪杰，矢志反清，当年曾与甘凤池等人并称为"江南北八侠"。雍正十三年秋天某日，一直伺机报仇的吕四娘终于得到机会潜入深宫，刺杀了雍正帝，并提着雍正的首级逃去。

有关吕四娘的故事甚至其名字都不见于正史，大都来自民间传说和野史记载，如《满清外史》《清宫遗闻》《清代异述》等，因此很多学者认为这个故事的真实性值得考究。雍正在世的时候，吕留良后人秘密反清的风声确有流传，雍正帝对此也非常重视，还曾谕令有关官员："外边传有吕氏孤儿之说，当密加访察根究，倘或吕留良子孙有隐匿致漏网者，在卿干系匪轻。"但是杨启樵在《雍正帝及其密摺制度研究》一文中断言不存在吕四娘这个人，认为当时雍正帝布下了天罗地网，欲对吕留良一家斩尽杀绝，岂有其孙女漏网的可能？即使有漏网的吕四娘，雍正帝临终前所住的圆明园戒备森严，一个女子如何进入并成功行刺？他认为雍正帝被刺身亡的说法乃是由于汉族人对清廷的反抗心理所致，也可能由于对雍正暴死原因的怀疑和对宫闱神秘生活的以讹传讹。陈垣的《记吕晚村子孙》一文中也谈到了吕留良的子孙问题，此文也没有提到吕四娘其人。另外，在一些戏剧和民间故事中还说吕四娘并不是吕留良的孙女，吕四娘的生父与登基前的雍正帝是结拜兄弟，但在雍正帝即位后被鸩杀，吕四娘幸免，开始了为父报仇的历程。

关于吕四娘有无其人以及雍正是否为刺杀而死的争论一直存在，但是根据雍正死亡情况的记载也不由得人们不对他的死因加以怀疑。在《鄂尔泰传》中，说雍正"是日上视朝如恒，并无所苦，午雍正被刺，外间已喧传暴崩之耗矣。鄂入朝，马不及被鞍，亟跨骡马行，髀骨被磨损，流血不止。既入宫，留宿三日夜始出，尚未及一餐也"。这样的

大义觉迷录 清 雍正

↗ 雍正帝道装像 清
雍正帝与道士交往，从他在藩邸时就开始。即位后，他在宫中蓄养道士，并频繁地与白云观等处的道士交往。服用丹药可能是雍正帝致死的直接原因。

记载难道不耐人寻味吗？野史由此推断认为，"当日天下承平，长君继统，何以危疑而仓皇若此？可证被刺之说或不诬矣。"

杨启樵在否定了雍正为刺客所暗杀的说法后提出，雍正大概是服用丹药而中毒身亡的。雍正帝生前崇佛信道，迷信鬼神，结识了很多"剑客力士"，甚至与他们结拜为兄弟，很多道人、方士因此而受到雍正的厚待。他的《御制文集》中，还写了很多崇颂神仙、丹药的诗句。从雍正四年起，雍正帝开始服用道士炼制的丹药，雍正八年得大病后，又命道士为他炼制丹药疗疾，到了雍正十三年的八月，他传旨在圆明园内用牛舌头黑铅二百斤炼煮。丹药中所含的成分很多都是有毒的，长期服用必然使人中毒，历史上这样的事例是很多的。雍正服用了近十年的丹药，这些有毒物质在体内长期积聚，终于使雍正帝中毒死去，此外也可能是新炼煮的二百斤牛舌头黑铅使雍正丧命。这种服用丹药中毒而死的说法，其依据的不少资料都来自宫中档案，也许是可信的。

后世论者对雍正暴死之因说法各异，至今没有一个定论。他究竟是死在仇家吕四娘的手中，还是寿终正寝，还是中丹药之毒而死，终究没有定论。雍正死因终成一大奇案。

↗ 泰陵 清
清西陵第一陵，内葬清朝第五位皇帝雍正帝和孝敬宪皇后及孝肃皇贵妃。雍正皇帝是清代"康乾盛世"承前启后的关键人物，为清代中期的昌盛做出了较大贡献，称得上贤明之君，故泰陵在清西陵中规模最大。

林则徐死亡之谜

林则徐，提到他人们就会很自然地想到"虎门销烟"这个让中华民族扬眉吐气的一幕。这位清朝末年著名的政治家、伟大的爱国者，他领导了禁烟运动，第一个奋起组织抵抗外国侵略，并放眼世界，探求新知，主张学习外国先进技术，被称为"放眼看世界"的第一人。1850年，被任命为钦差大臣的林则徐驰赴广西赴任，日夜兼程百余里，到广东普宁县洪阳镇后于11月22日猝然去世，终年66岁。

↗ 林则徐印 清

这样一位朝廷官员在赴任途中忽然死亡，不能不让人们产生种种怀疑。历史上关于林则徐的死因说法各异，疑云重重。

一种说法认为林则徐是在赴任的途中病死的。在《清史稿》中就有着这样的记载，文中说林则徐"行此潮州，病卒"。施鸿保的《闽杂记》中，对于林则徐死亡前夕的情况还有比较详细的记载："公患痔漏久，体已羸，至是力疾起行，十一日抵潮州，复患痢，潮守刘晋请暂留养疾，不可。次日遂薨于普宁行馆。"

另有一些学者认为，林则徐积劳成疾而死，到了普宁时病情恶化乃是其直接的原因。林则徐一生为官四十年，足迹遍及全国各地，曾经自称为"身行万里半天下"。这种长期走南闯北的动荡生活，给他的健康造成了极大损害。而在禁烟运动中，他禁烟有功却反遭贬斥，被发往伊犁。在伊犁戍边期间，他又患了鼻衄、脾泄、疝气等病症，一直到后来也没有痊愈。道光三十年的时候，清廷因为广西的拜上帝教起义，屡次召林则徐回京就职，林则徐都因为自己的病体而未能奉召；最后清廷任命他为钦差大臣，林则徐以国家利益为重，只得抱病驰赴广西督理军务。到达广东普宁县洪阳镇时，他的病情恶化，最后因医治无效而死。

林则徐在洪阳镇时，因为病重曾经在当地的"黄都书院"疗养。黄介生医生介绍当年曾祖医治林则徐病的经过时说："林则徐十六日到揭阳后，县令怕承担责任，借口揭邑名医黄华珍已往普邑执业，请大人速往就诊。"当到达普宁洪阳时，"林则徐又吐又泻，经黄医生切脉后断定由于长期患病，身体虚弱，加上旅途奔波，外感风寒，以致又吐又泻。病已危笃，仅能设法急救。当即立下脉论、症论、方论及附上药物。因为侍从医官系北方人，认为用药剂量太轻，没有给服。越日，黄医生复诊，断言'昨天未服所付药物，现已病入膏肓，

↗ 林则徐像

林则徐（1785~1850），字元抚，一字少穆，晚号竢村老人，清福建侯官（今福州）人。著有《林则徐集》《云左山房文钞》。

林则徐虎门销烟处

无救活。虽再服药，惜已失去治疗时机'"。林则徐病逝后，黄华珍医生将诊病资料上报朝廷审核，御医确认用药正确，还亲赐"杏林春满"匾给黄医生。

还有的说法是根据林则徐的《讣文》和林则徐的儿子林汝舟的《致陈子茂书》等材料得出的结论，认为林则徐腹泻是因为没有服药且日夜赶路，所以病情日益严重；之后虽然服药后略有好转，但是由于仍旧在日夜赶路，所以导致"胸次结胀"，引发了心肺旧疾，以致"两脉俱空，上喘下坠"。如此元气大亏、脾胃虚寒的情况下，医生又错投了"参桂重剂"，结果又使咳喘加剧。林则徐已是 66 岁高龄的老人，哪里能经得起这样的折腾？终于因无法救治而死去。

与林则徐病死这种说法相对的是认为林则徐乃为洋商暗害而死。张幼珊的《果庵随笔》中记载说："禁烟事起，广州十三行食夷利者，恨林公则徐刺骨……后公再起都师粤西，彼辈惧其重来，将大不利，则又预以重金贿其厨人谋，谋施毒。公次潮州（应为普宁），厨人进糜，而又以巴豆汤投之，巴豆能泄泻，因病泄不已，委顿而卒。或劝其公子穷究其事，清例，凡毒死者，须开棺验视，家人忍而不请。其是疆吏虽微有所闻名，亦不欲多事。"广东《东莞县志·逸事余录》中所记载的内容与上述的记载大体相同，并且还直接指出了谋害林则徐的是广东十三洋行总商伍氏（伍绍荣），因为伍氏曾被林则徐在查禁鸦片时缉拿，因此对林则徐怀恨在心，这次听说林则徐起任广西巡抚，伍氏担心林再次复职督抚广东，所以就特地派亲信对林则徐施行谋害活动。

引起人们怀疑并坚定人们这种"林则徐被毒死"说法的主要原因是林则徐弥留之际所

林则徐墓

1850年11月5日，林则徐奉旨为钦差大臣，赴任广西途中，于11月22日逝于普宁县行馆，享年66岁，之后，林则徐第三子扶其灵柩返榕，安葬于福建省福州市马鞍山。

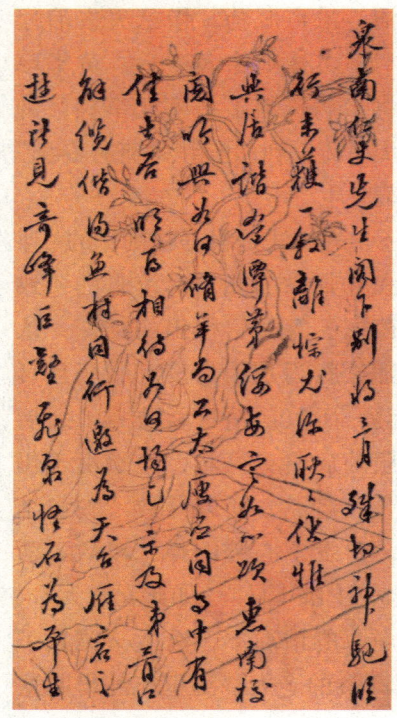

林则徐手札
林则徐的书法以唐欧阳询为本，笔墨流畅，有自己独特的风格。

大呼的"星斗南"。"星斗南"是什么意思？有人考证，林则徐是福建人，福建话"星斗南"的发音与"新豆栏"相同。而"新豆栏"是广州十三行附近一条街名，当地聚居洋商。林则徐之所以大呼"新豆栏"，说明他在已经意识到是十三行洋商谋害自己，他的呼喊是提醒人们记住洋人和汉奸的罪行。

后来有学者指出，厨子投毒之事纯属乌有。林则徐是钦差大臣，随从必定是很多的，他的次子也伴随在身边。如此森严的戒备，一个来路不明的厨子想要下毒谋害，岂是随便就能做到的？还有一点，按照清朝的规定，像林则徐这样奉旨赴任的官员的食宿，应该由州县当局或驿站供应，不必自带厨子，那个厨子又怎么能得逞呢？从十三行谋害的动机上说也是不足信的，因为林则徐此次赴广西，与广东十三行并没有直接利害冲突，十三行洋商何必要冒如此大的风险谋害林则徐呢？

然而各种推论都没有足够充分的证据加以证明，因此这位民族英雄的死因还有待进一步的考证。

同治皇帝是死于天花吗

　　1875 年 1 月 12 日，紫禁城中传来消息：年仅 19 岁的同治皇帝驾崩了！人们震惊之余，纷纷猜测着：这位年龄甚小，刚刚亲政不到三年的皇帝怎么会突然死了呢？

　　最骇人听闻的消息是说同治皇帝乃是慈禧太后害死的。同治皇帝生于 1856 年，5岁时父亲咸丰皇帝在热河死去，他继位后没过多久，生母那拉氏（即后来的慈禧太后）等人就发动政变，掌握了政权，与咸丰皇后钮祜禄氏共同垂帘听政，年号为"同治"。同治帝 17 岁时，慈禧太后表面上"还政皇帝"，实际上仍然大权独揽。年轻的同治帝有政无权，事事时时受制于慈禧太后，为此他一直闷闷不乐；而他的皇后因为不受慈禧太后喜欢，也使同治帝更为压抑。根据费行简在《慈禧传信录·穆宗致命》一书中的记载，同治帝的师傅王庆琪被革职后对外人说，同治帝亲政后，太后仍然大权独揽，横加干涉，引起皇帝不满。同治帝便下令修建花园给太后享用，实际上是想把她软禁起来，使她不再干涉朝政。没想到事情被慈禧太后察觉。太后勃然大怒，下令杀死了自己的儿子。金梁的《四朝轶闻》等书也这样记载，如金梁曾说，这些话出自同治老师的口中，虽然好像是无妄之言，但是根据费行简所说的，"淫贪专恣之妇，其子固已先嫉之，不待后来德宗（光绪帝）戊戌围劫颐和园之谋"，也就是说，慈禧太后一生专制残暴、凶狠毒辣，证之以后来光绪帝的不幸遭遇，判断她害死了同治是有可能的。但是这种说法只是臆测，并没有切实的根据，何况同治毕竟是慈禧太后的亲生儿子，所谓"虎毒不食子"，她干涉皇权是确实的，但是还不至于杀死儿子。因而多数人并不相信。

官方公布的同治死因是患"天花"医治无效而死，同治帝的老师翁同龢就持这种看法。他在日记中做了详细的记载："十一月初二日，入至内务府大臣处……见御医李德立、庄守和脉按言：天花三日，脉细口渴，腰痛耳脓，四日不见大便，项颈稠密色滞干艳，证属重险，不思食，咽痛作呕。"后来在初八的时候，两宫太后又去探望，此时同治的病情更加严重。翁同龢从同治发病到去世期间，曾经多次前往探视，日记

↗ 同治帝像

所述的情况也都是亲眼所见，应该是可信的。并且，无独有偶的是，同治帝死后不久，就在当月的二十九日，慈安太后（东太后）的女儿也因为天花而死。这难道是巧合吗？正是因为"天花"的传染性很强，在当时的死亡率非常高，所以即使是皇宫也无法有效地防治，同治帝正死于此。

证明同治死于天花的史料除了翁同龢的日记外，还有后来发现的清宫档案中的"万岁爷用药进药底簿"，上面记载着同治帝从发病到死亡期间的病例和处方用药情况，是当时敬事房太监根据御医李德立、庄守和等人的诊断记录和所开药方誊写汇集而成的。这份材料可以证明同治帝得的是天花病。

但是，在一些民间野史记载中，说同治帝并非死于天花，而是死于淫疮，就是所谓的"花柳病"。这也是长期以来一直流传的说法。

《清朝野史大观》中记载说，同治帝与端庄贞静的孝哲皇后本来感情很好，但是慈禧太后不喜欢皇后，经常责骂她，并限制皇帝和皇后的夫妻生活。不仅如此，慈禧

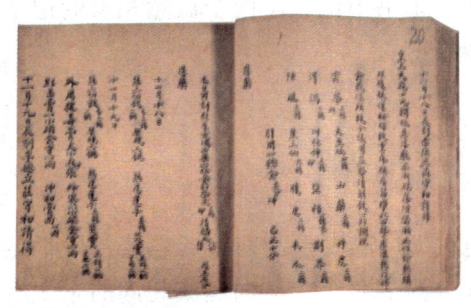

↗ 同治帝患天花进药档 清

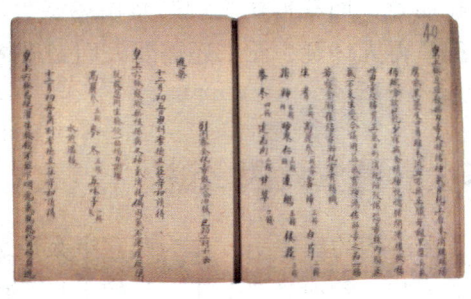

↗ 同治帝气绝之日进药档 清

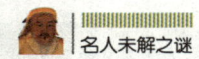

↗ 坤宁宫大婚洞房 清
坤宁宫是清代皇帝大婚的洞房，同治帝在这里举行了皇家婚礼，迎娶了端庄贞静的孝哲皇后。

还强令同治帝与他并不喜欢的妃子相好。在慈禧的淫威下，同治帝不能与自己所爱的皇后在一起，这让同治帝感觉宫廷生活的无趣，于是开始放荡起来。"……乃出而纵淫……专觅内城之私卖淫者取乐焉。"时间一长，同治帝便染上了性病，症状与天花相似。开始的时候还不觉得，后来感觉发烧、口渴、腰疼、便秘，脖子、肩背、手臂等处出现紫红色斑块，继而脸上都长出斑块，抓破后又引起红肿糜烂，臭味远扬。据说慈禧太后怕他看见自己那副模样后会受惊，就命令把殿里的镜子都藏起来。太医当然知道这是性病的症状，但是也不敢实话实说，就用治痘药治疗，同治帝很快就不治而亡。

坚持同治是死于性病的人首先就对正史和病史的可靠性加以怀疑。历史上有所谓的"为尊者讳"，尤其是对帝王来说，为了避讳其某些见不得人的事情，对之不加记录或者进行修改，这样的事情并不少见，因而不能完全相信。不到 20 岁的同治帝正是年轻气盛之时，慈禧太后不仅对他的皇权加以干涉，而且还干涉他的家庭生活，对他宠爱的妃子横加指责，甚至不准他经常到皇后的宫中。同治帝怎么可能不对此怨恨？皇宫中的生活是如此的单调乏味，他已经厌倦了。在这样的情况下，他开始喜欢听戏、玩乐，并微服出宫到民间去寻找乐趣，是非常可能的。那么，在妓馆中寻花问柳的同治帝会染上性病也便不足为奇。据说，当时为同治帝治病的李德立后来曾经对人说，第一次为皇帝诊病的时候就已经看出是性病的症状了，但是此事关涉皇帝和皇室的声誉，他哪里敢说出实情？最后只好按照宫中的说法，说皇帝得的是天花病。

不过，坚持正史记载的人仍然认为同治帝是死于天花，《清朝野史大观》的另一个记载也曾说："帝以痘症竟至不起，人疑其为花柳病者以此。"说明同治帝乃是得天花而死，而花柳病之说乃是误传误听。同样一本书中记载了两个截然相反的记录，这很值得人怀疑，看来还需要人们做进一步的考证。

东太后慈安死因之谜

在清朝的历史上，作为两宫皇太后之一的东太后慈安是与西太后慈禧一样举足轻重的人物，然而光绪七年三月初十日（1881 年 4 月 8 日），一向健康无病的东太后慈

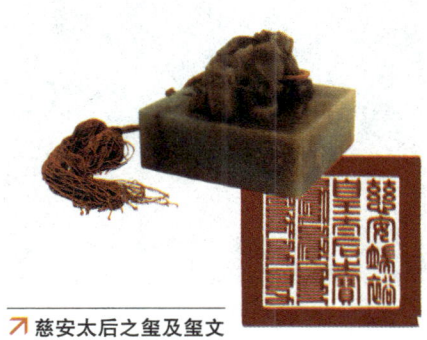

惠陵 清

同治十三年（1874）十月三十日，同治帝患重病。十二月初五日，同治帝于养心殿东暖阁气绝身亡，享年19岁，上谥为"穆宗毅皇帝"，葬于惠陵。

安在 12 小时内竟突然发病及暴卒，实在出人意料。从此，慈安之死成为清宫的一件疑案。

东太后慈安，姓钮祜禄，谥孝贞显皇后，为满洲镶黄旗人，于道光十七年七月十二日（1837 年 8 月 12 日）出生，其父穆扬阿，曾任广西右江道。咸丰为皇子时，钮祜禄氏就已经是他的侧福晋。由于他的嫡福晋（萨克达氏，后上尊号孝德显皇后）于咸丰即位前已经去世，钮祜禄氏遂于咸丰二年二月（1852 年 3 月）被封为贞嫔，五月晋贞贵妃，十月又册立为皇后。1861 年 11 月咸丰帝死后，她被尊为母后皇太后，上尊号慈安，与慈禧太后共同"垂帘听政"，众人称她为"东太后"或"老佛爷"，与西太后慈禧相对应。

慈安与慈禧形成鲜明的对比，她是位德高望重的好皇后，因此众人痛惜其暴崩，并对其死产生了怀疑。东太后当时 45 岁，小西太后慈禧 2 岁，"体气素称强健"（孔孝恩、丁琪著《光绪传》），而当时西太后慈禧正病卧在床。所以听到噩耗，很多朝臣都以为是"西边出事"了，等得知结果后惊诧不已。许多官员提出怀疑，尤其是左宗棠，立即大喊有鬼。翁同龢的《翁文恭公日记》中记载说："则

慈安太后之玺及玺文

昨日（初十日）五方皆在，晨方天麻、胆星，按云类风痫甚重。午刻一按无药，云兴脑混乱，牙紧。未刻两方虽可灌，究不妥云云；则已有遗尿情形，痰壅气闭如旧。酉刻一方天脉将脱，药不能下，戌刻仙逝云云……呜呼奇哉！"仅12小时便由发病至死，岂不"奇哉"？

据说，慈安太后在暴卒的当天还曾经视朝。

而当时枢府王大臣奕䜣、大学士左宗棠、尚书王文韶、协办大学士李鸿藻等觐见慈安，都见慈安面无病状，仅是两颊微红，犹如醉色，没有什么特别之处。午后，军机诸臣退，内廷忽传孝贞太后驾崩，命枢府诸人速进议，诸大臣惊诧不已。因为以往帝后生病，总是在军机检视之下传御医用药。而此次忽然传太后驾崩之消息，确实非常奇怪。诸臣入至慈安宫，见慈禧坐矮椅，目视慈安小殓，十分镇静地说："东太后素来健康，怎会突然死去？"语时微泣，诸臣皆顿首慰藉，均不敢问其症状。最后草草办完了丧事。

慈安太后便服像

根据慈禧以上的表现，人们便认为是慈禧毒死了慈安，而且，传说咸丰帝留给慈安一封密诏，要她必要时处死慈禧，慈安在慈禧的哄骗下焚毁了密诏，把自己对抗慈禧的一件最大的武器也毁了，慈禧便毒死了她。

对慈安太后暴卒的具体原因至今还存在着争议，除中毒之说外，还有自杀、自然死亡等说。"自杀"说来自《清稗类钞》，书中说："或曰：孝钦实证以贿卖嘱托，干预朝政，语颇激。孝贞不能容，又以木讷不能与之辩。大愠，吞鼻烟壶自尽。"《清朝野史大观》里又用"或曰慈禧命太医以不对症之药致死亡"来说明慈安为用"错药致死"。

不管是"毒死一说"还是"自杀"或"错药致死"说，都有一个共同点，即慈禧害死了慈安。不过也有学者认为慈安为"自然死亡"，徐彻的《慈禧大传》则倾向于"病死"说。首先，作者认为慈安不善理政，例如召见臣子时说的话分量不足，只会询问其身体状况、行程远近等，所以她根本不会妨碍慈禧在政治上的权力，慈禧也没必要害死她。

徐彻提出了《翁同龢日记》中的关于慈安发病的两则记载作为证据。一则是慈安太后26岁时曾经患了"有类肝厥"疾病长达24天，甚至达到

"不能言语"之程度。另一则是同治八年（1869）十二月初四日，慈安太后"旧疾发作，厥逆半时许"。"厥症"主要表现为突然昏迷、不省人事、四肢厥冷，轻者昏厥时间较短，重者则会一厥不醒甚至死亡。

但这也只是徐彻的一家之言，至于慈安太后暴卒的真正原因，只能是作为清宫的疑案成为人们茶余饭后的话题。

清东陵内慈安、慈禧的陵墓——定东陵

李莲英死亡之谜

清朝末年，在人们心中留有深刻印象的除了"老佛爷"慈禧外，恐怕就是大太监李莲英了。这位幼年家境贫寒的小太监，因为善梳新髻，加上在慈禧与八大臣夺权时立下了大功，从此一跃而成为慈禧太后最宠信的太监以及同治、光绪两朝的太监大总管。

慈禧死后，李莲英再没了靠山，于是托词年老体衰而出宫。1911年3月4日死去，年64岁。昔日红极一时的李莲英，在他得势的年月里，不知道有多少冤魂丧命在他的手上。他自己的下场如何？是寿终正寝，还是死于非命？

历史上对李莲英的死亡情况有较明确记载的是《清稗类钞·阉寺类》一书。该书记载说，李莲英在"孝钦后（即慈禧太后）殂死后，不意又为隆裕后所庇……迨其病卒，隆裕后特赏银两千两"。也就是说，慈禧太后死后，李莲英又受宠于隆裕太后。后来在李莲英病死之后，隆裕太后还特意赏赐两千两银子。李莲英的后人也一再宣称："我祖父是善终，享年64岁。"又说："我祖父因得急性痢疾，医治无效而病故。由得病到病终仅四天时间。"在《李莲英墓葬碑文》

↗ 李莲英像

李莲英（1848～1911），原名英杰，字灵杰，道号乐元，祖籍浙江绍兴，清末直隶河间（今属河北）人。7岁净身，以善梳新髻得慈禧宠信，由梳头房太监擢总管，赐二品顶戴，赏穿黄马褂。慈禧死后出宫，不久死去。

慈禧旧照

这幅晚清留下的照片中，老佛爷慈禧装扮成普度众生的观音。她身边捧着法器的是李莲英装扮的善财童子。

中也写道，李莲英"退居之时，年已衰老，公殁于宣统三年二月初四日"。正是据此，才有李莲英宣统三年（1911）病死的说法。

但是世人对此一直持怀疑的态度。李莲英果真是病死的吗？要确定他的死亡之因，必须确定其墓葬情况。只要能找到李莲英真墓，就能对李莲英是否善终作一个结论。

那么，李莲英到底葬在哪里呢？有人以为李莲英墓在北京海淀区恩济庄。这里本来就是清代太监的茔地，慈禧太后生前曾赐给李莲英一块高敞之地，因此，李莲英应该是葬在这里。民间还有传说认为李莲英墓是在清东陵慈禧墓旁，但是有人提出否定看法认为，清东陵是清代帝王嫔妃安葬的地方，李莲英再怎么红极一时，毕竟也只是个奴才，不可能有资格葬在这里。此外还有说其墓在永定门外大红门李家墓地。总之，众说纷纭。

1966年北京海淀区恩济庄六一学校内的古墓被砸开。一天，走进墓里，人们不意间发现了一个极大的秘密。人们发现，李莲英的墓极其考究，里面有很多的陪葬品，每一件都是稀世珍宝。棺材完整无缺，里边一具尸身盖着被子躺在那里，然而在整个尸体部位只有一颗已经腐烂干净的拖着三尺长辫子的骷髅头，还有一双鞋底，此外都是空荡荡的，连一节指骨都没有找到。

人们推测认为，既然李莲英墓里所有的宝物没有任何被盗的痕迹，并且从他1911年的死亡到1966年的掘墓，前后仅55年，尸骨怎么可能腐烂到"颗粒无存"？

李莲英墓的初见天日，使李莲英"得善终"的谎言就不攻自破了。但是真相又到底如何呢？于是关于其死亡的原因又有了多种说法。

在民间有"李莲英被人暗杀于河北、山东交界之处"的说法，但是说法也各异。有人说李莲英手中有大量的财产，连他自己也说过"财大祸也大"，说明他早就预感到自己会因财产问题而招致祸害。最后果然是他身边的人密谋他的财产而杀了他。另一说是说李莲英有个侄女，嫁在山东无棣县，李莲英偶然来了兴致前去探望她。途中经过山东和河北的交界处被人杀死。当时两个随从吓得魂飞魄散，只拾起一个血淋淋的人头，用包袱一裹，马不停蹄地逃回北京。等到再派人返回找李莲英的尸身时，早已不见踪影。

也有人说李莲英是在回自己所住的南花园路上被人暗杀的。慈禧死后，李莲英退居南花园。他知道大势已去，因而终日郁郁寡欢。这一天他怀念故主，于是自己来到

慈禧太后像

东陵拜谒慈禧陵寝，结果在回来时的路上被人杀死。

说李莲英被暗杀，无论是为财还是为了其他，都是可以成立的。李莲英生前权倾朝野，与慈禧狼狈为奸，坑害了很多人，当然人人恨之切齿。慈禧死后，李莲英尚受隆裕太后眷顾，退居南花园养老，再次让人们恨之入骨。所以一旦他失去靠山，成为众矢之的就是必然的了。

还有一种说法是认为李莲英被小德张所杀。小德张是隆裕的亲信，经常鼓动隆裕查办李莲英。李莲英为此急忙向袁世凯的亲信江朝宗求救，在江朝宗的周旋下，总算暂时转危为安。小德张不甘心，于是也去结交江朝宗，江朝宗见小德张是当今太后身边的红人，当然不会拒绝。一次，江朝宗下帖请李莲英在什刹海会贤堂吃晚饭，一向轻易不出门的李莲英因为对江朝宗感恩，破例准时来到会贤堂。席散后，李莲英路经后海时就被人杀死了。

至此，人们基本可以断言李莲英不得善终，死于非命。至于他为什么被杀、在何处被杀、为何人所杀，这仍然是一个未解之谜。

清定东陵

清定东陵位于河北省遵化市马兰峪，是咸丰皇帝的两位皇后慈安和慈禧的陵寝。两陵之间隔有一条马槽沟，建筑形制相同。慈禧死后，李莲英常到东陵拜谒慈禧陵寝。

名人动机与意图之谜

屈原为何投汨罗

　　"长太息以掩涕兮，哀民生之多艰"，"路漫漫其修远兮，吾将上下而求索"——这些都是伟大的政治家、文学家屈原留下的光辉诗句。屈原是中国历史上第一位杰出的浪漫主义诗人。他忠君爱国，忧国忧民，一生都在与邪恶势力做不屈不挠的斗争。然而，当时楚王信任奸佞小人，屈原一次又一次地受到迫害。最后，楚都被攻破，屈原自沉汨罗，谱写了中国历史上爱国主义的可歌可泣的诗篇。历史上一向认为屈原是殉楚，然而关于其死因，后世除了这一看法外，还有许多其他的看法，所以屈原自沉汨罗的原因也就成了一个让世人争论不休的谜。

↗ **屈原像**
屈原（公元前339～前278），名平，字原，又名正则，字灵均，战国时楚国人。为楚怀王左徒，三闾大夫，所作诗篇吸收民间文学素材，融合神话传说，对后世文学影响极大。

　　清代的王夫之认为屈原自沉是为殉楚。屈原哀叹自己的国都被攻破，国家被灭亡，人民颠沛流离，无家可归。昏庸腐朽的顷襄王又不能抵御强秦。眼看着自己的国家即将被灭掉，屈原无比的痛苦，于是便自己投进了汨罗江以殉国难。现代人郭沫若也坚持并发展了这种说法。他说："屈原活到了六十多岁，他的流窜生活已经过了好久，然而他终究是自杀了。自杀的动机，单纯用失意来说明，是无法说通的。屈原是一位理性很强的人，而又热爱祖国，从这些推断来说明，他的自杀应该有更严肃的动机。顷襄王

↗ **九歌图　元　张渥**
这幅图卷描绘屈原及《九歌》中的"东皇太一""云中君""湘君""湘夫人""大司命""少司命""东君""河伯""山鬼"和"国殇"十个章节的内容。

↗ **屈原故里**
屈原为楚国贵族，故乡在今湖北省秭归市。

二十一年的国难，情形是很严重的。那时，不仅郢都被破灭了，还失掉了洞庭、五渚、江南。顷襄王君臣朝东北避难，在陈城勉强地维持了下来。故在当年，楚国几乎遭到了灭亡。朝南方逃的屈原，接连受到迫害。一定是看到了国家的破碎已无可挽救，故才终于自杀了。"

而姜亮夫等人则认为屈原之所以自杀是为了自己光明磊落的道德理想。诗人在自己的绝命词《怀沙》中庄严地说："世界混沌没有人了解我，人心不能说啊。知道死亡是不能躲避的，因此希望不要吝惜它。明白地告诉君子，我将成为他们这一类人。"正是在这种"举世皆浊我独清，举世皆醉我独醒"的黑暗世界中，

↗ **屈子祠**
屈子祠位于湖南省汨罗市汨罗江岸的玉笥山上，始建于汉代，现存规模为清代乾隆二十一年（1756）重建。祠后有一平顶土丘，俗称骚坛，传说《离骚》就在此地写成。

屈原才愤而投江，捍卫自己的高洁。不仅仅如此，坚持屈原自杀为"洁身"的人还强调，尽管屈原不是因为白起攻破楚郢都而"殉国难"，但他是激愤于昏君佞臣的不识忠良、祸国殃民才愤而投江的。这样的死，不是怯懦，也不是想要逃脱责任，而是以死来表明自己对邪恶势力的抗议。虽然他的死同样是出于对楚国前途和命运的担忧，但从最实质的意义上讲，他是为了自己的道德理想而死。

第三种说法是认为屈原在奸佞横行的楚国受到严重的迫害，不断被流放，但是他的忠君爱国之心，从来不曾泯灭。他无法使楚王觉悟，只好投水而死，希望以自己的死来唤起楚王的觉悟。这就是有些人的"尸谏"的看法。

屈原卜居图 清 黄应谌

《卜居》是楚辞中的名篇，为屈原所作。《卜居》道：屈原既放，三年不得复见。竭智尽忠，而蔽障于谗。心烦虑乱，不知所从。乃往见太卜郑詹尹曰："余有所疑，愿因先生决之。"詹尹乃端策拂龟，曰："君将何以教之？"屈原曰："……世混浊而不清：蝉翼为重，千钧为轻；黄钟毁弃，瓦釜雷鸣；谗人高张，贤士无名。吁嗟默默兮，谁知吾之廉贞？"詹尹乃释策而谢曰："夫尺有所短，寸有所长；物有所不足，智有所不明；数有所不逮，神有所不通。用君之心，行君之意，龟策诚不能知此事！"这幅图即根据《卜居》的文意而绘。

当时楚怀王已死，顷襄王继位后变本加厉。屈原一直主张联合齐国抵抗秦国。但是这个时候的顷襄王早已忘记国土沦丧、父亲被骗客死异国的国耻家仇，反而与齐国断交，认秦国为好友；内部则骄奢淫逸，任凭奸佞弄权。就这样，全国上下内无良臣守备，百姓离心，外有虎狼之秦国，楚国已经面临着亡国的大祸。满怀救国济民之志的诗人受谗言而遭受罢黜和放逐，欲报国而无门。顷襄王最后一次放逐屈原时，屈原感到自己的报国之梦已经完全绝灭。诗人身心交瘁，他怒斥了楚王的昏聩，并写下了"不毕辞以赴渊兮，惜壅君之不识"的诗句，决心以死谏来震醒无能的庸君。

为了证明这一点，还有人在"尸谏说"的基础上，增加了屈原效法彭咸一说。屈原《离骚》中有"愿依彭咸之遗则"一句。据说彭咸是殷朝的贤良大夫，他劝谏君王而不被采纳，于是便投水而死。屈原既"愿依彭咸之遗则"，"将从彭咸之所君"，则暗示了自己最后在衰志不堪时，将选择投江道路，以死做最后的一谏。

除了以上三种分析，后世乃至当今文学界历史界还有人从屈原的心理倾向、政治人格等方面来讨论屈原死因。前者认为屈原充满了悲剧性的双重人格，这种人格精神必然使他发狂，从而必然走向悲剧。后者认为屈原崇圣和忠君的政治人格酿成了他自杀的悲剧，因而他的死实际上是一种"殉道"行为，也就是对理想的坚持。这些说法更多地吸收了西方精神分析的方法，与其说是分析屈原投江的原因，更多的不如说是现代人的一种文学上的分析，所以不足为世广泛流传。

伟大的诗人投江自尽了，留给后世的是无尽的叹息。今人以各种形式纪念这位具有伟大情操的人物，因此无论从哪个角度分析屈原自沉汨罗的原因，无论屈原自沉之谜何时能够解开，这位高尚诗人永远都是不朽的，亦将鼓舞更多的人。

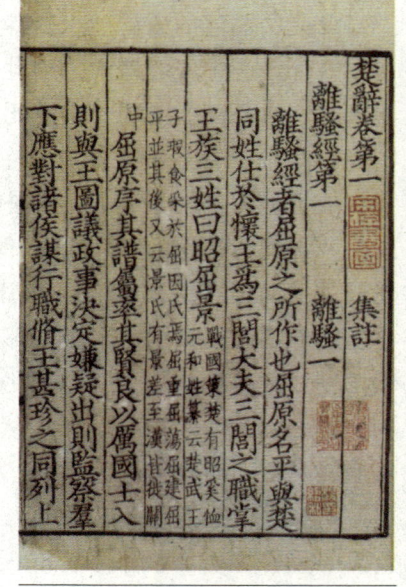

《楚辞》（战国至汉，屈原等著）书影

项羽为何不肯过江东

　　说到项羽，人们一定都会记得他的"力拔山兮气盖世"，也都还能想起楚汉战争中他的英勇和最后的悲壮。李清照曾写诗说："生当作人杰，死亦为鬼雄。至今思项羽，不肯过江东。"这首笔力千钧的诗热情讴歌了项羽不肯忍辱偷生的英雄行为，寄托了自己对时局的愤慨。但是，项羽究竟为何不肯过江东？古往今来，人们猜测纷纷，却并没有一致的看法。

　　在《史记·项羽本纪》中，司马迁认为项羽之所以自杀而不肯过江东，是"羞见江东父老"，这也是目前影响最大的说法。司马迁在《项羽本纪》中记载说，项羽被刘邦军队追赶，逃到乌江江边。乌江亭长停船在岸边对项羽说："江东虽小，地方千里，众数十万人，亦足王也。愿大王急渡。今独臣有船，汉军至，无以渡。"项王苦笑着回答道："天之亡我，我何渡为！且籍与江东子弟八千人渡江而西，今无一人还，纵江东父老怜而王我，我何面目见之？纵彼此不言，籍独不愧于心乎？"

↗ 项羽像

项羽（公元前232～前202），名籍，字羽，秦末下相（今江苏宿迁西南）人，战国末年楚国名将项燕之后，从叔父项梁居吴（今江苏苏州）。秦二世元年（公元前209）九月，随梁起兵会稽（今浙江绍兴），拥立孙心为楚怀王。与秦将章邯战于巨鹿，破釜沉舟，大败秦军主力。不久，引兵入咸阳，杀秦降王子婴，烧宫室，掳财宝。公元前206年，分封诸侯，以刘邦为汉王，自立为西楚霸王。楚汉战争爆发后，于公元前202年十二月，被围困于垓下，突围至乌江自刎而死。

之后项羽与刘邦军作了最后的一拼，后自刎而死。司马迁以激昂悲凉的笔调记述了穷途末路中的项羽仍不失其壮士本色的光辉形象。这样一种英雄气概，多少年来一直为后世所歌颂。每每提到项羽的死，人们总会唏嘘不已。

↗ 执戟骑士俑　西汉

铜马昂首嘶鸣，尾巴上扬。武士表情坚毅，右手紧握戟，颇为威武。

　　还有一种说法出自宋人刘子翚的《屏山全集》，他认为项羽之所以说出那样一番话是怀疑亭长有诈。刘子翚认为，当时刘邦正悬赏千金邑万户侯购项羽的性命，而在项羽身处那样的困境之时，亭长说那样好听的话，项羽难免怀疑亭长在说谎骗自己。"羽意谓丈夫途穷宁死，不忍为亭长所执，故托以江东父老之言为解尔。"他还说，项羽之所以选择逃到垓下，是希望自己能够逃脱，但是受到农夫的诓骗而陷入大泽，因而知道"人心不与己"，他怎么敢再贸然地听信亭长的话？所以项羽才不再寄希望逃脱再起，而选择了与刘邦军死战到最后。这种说法

↗ 张良吹箫破楚兵　清

秦末天下纷争，刘邦与项羽战于垓下。韩信十面埋伏，张良吹箫作楚歌，令军士四面歌之，项羽闻声，疑楚军皆降汉，乃召虞姬入帐，饮酒吟歌诀别，虞姬慨然自刎。项羽闯出重围，至乌江，见所从兵马无几，以无颜见江东父老而自刎。图中项羽坐帐中，虞姬侍立于旁，空中有张良骑鹤吹洞箫。

虽然只是刘子翚自己的推测，但是也在历史上有一定的影响。

还有一种说法产生于20世纪80年代，该说认为项羽所以决然自杀是"为早日消除人民的战争苦难"。例如吴汝煜就认为，长期的内战给人们带来了极大的痛苦，项羽认识到这一点后，产生了尽早结束这场战争的想法。因此他放弃了乌江亭长劝他东渡为王的意见，毅然自刎而死。对此观点有人提出反对，认为项羽是一个很残暴的人，这一点可以找到充分的史料作为依据。《史记》中就记载了项羽在灭秦过程中屠襄城、坑杀二十万降卒的行为。此外，楚汉战争爆发后，他依旧没有改掉滥杀恶习，"所过多所残灭"。这样的一个人，怎么可能以牺牲自己的方式来消除人民的痛苦？这显然不符合项羽"欲以力征经营天下"的性格特征。

吕仰湘还提出了独特的"敌生我死，成人之美"说。他认为，项羽一直信奉"非他即我"的斗争哲学。当他胜利的时候，他要把敌人彻底消灭，而受到阻碍时，他就甘愿把自己毁灭。乌江自刎，是这种品性的最后一次迸发，是一种既不委屈自己，又能成全别人的选择。因此，导致项羽不肯过江东的，是项羽独特的个性和奇特的心理因素，是他个性发

↗ 霸王别姬戏画

展的必然结果。

张子侠则在反驳了一些看法后提出了自己的观点。首先他对有较大影响的认为项羽"羞见江东父老"的说法提出了质疑，认为此说看似有理，实则不然。项羽在自杀之前曾遭遇了多次失败：他的军队在垓下被刘邦大军包围，爱姬自杀而手下散落；因为受到农夫的欺骗而身陷大泽，狼狈不堪；还有身边只剩下二十八骑、"自度不能脱"。如果谈及项羽是因自己葬送了八千江东子弟而无颜见江东父老，那么如前所述的失败他为什么没有因羞愧而自杀？恰恰相反，从前的那些失败虽然也令项羽陷入了极端的窘迫之中，但是他却没有动摇东山再起的决心。而他被刘邦大军追赶时，由陈下到垓下，又南逃至阴陵，至东城，最后来到乌江边，这一系列的逃跑路线，表明他正是打算要退守江东。可是为什么终于来到乌江，并且有人愿意助他渡河时，他反而生出羞愧之心要与刘邦作决一死战？这显然与他一直以来的撤军计划不符，是不合情理、不合逻辑的。张子侠认为，司马迁是为了使史书的情节更为完善，所以才补充了这个结局，但是后人却将此当成了信史，并传之于世。

此外还有一种分析，认为项羽是楚国人，而楚人素有兵败自杀的传统。如春秋时期打了败仗的楚国将军子玉就在兵败后自杀，楚国大夫屈原也是投汨罗而死。项羽当时已经弹尽粮绝，兵败至此，对于项羽来说是不能接受的，所以他决计不肯过江东，而只会选择自杀这样一种行为。

项羽究竟是不能过江东，还是不肯过江东，至今也没有定论。学术界的纷争并不能影响项羽在世人心中的壮士形象，他的英雄气概依旧为人们广泛地传颂。

↗ 垓下遗址

公元前202年，刘邦与韩信、彭越、英布等会师在此，和项羽的楚军决战，歼灭楚军近10万，项羽由此逃往乌江，自刎而死。图中的垓下遗址位于安徽省灵璧韦集镇。

王昭君为何出塞

　　"千门万壑赴荆门，生长明妃尚有村。一去紫台连朔漠，独留青冢向黄昏。"这是大诗人杜甫写王昭君的著名诗句。王昭君是历史上的四大美人之一，西汉时出塞到匈奴。有关昭君出塞的史料，《汉书·匈奴传》和《后汉书·南匈奴传》等正史中都有所记载，但是，关于昭君出塞的原因，却一直是个众说纷纭的话题。

　　昭君出塞首见于《汉书·匈奴传》。该传记载说："竟宁元年，单于复入朝……自言愿婿汉氏以自亲。元帝以后宫良家子王嫱字昭君赐单于。单于欢喜……王昭君号宁胡阏氏，生一男伊屠智牙师，为右日逐王……复株累单于

↗ **昭君出塞图 明 仇英**
昭君出塞的故事在唐宋两代主要出现于诗词里，从北宋中期开始，成为常见的绘画题材，元明清三代，更是频繁出现于各种文学艺术作品和手工艺品当中。

复妻王昭君，生二女，长女云为须卜居次，小女为当于居次。"昭君出塞后大约460多年，范晔在其《后汉书·南匈奴传》中又对此事做了进一步的说明，解释了昭君出塞的原因，说她入宫后多年未受召幸，因而心生怨愤，正当此时匈奴呼韩邪单于到汉宫求亲，于是昭君就向元帝求行，自愿和番。临行前，"昭君丰容靓饰，光明汉宫，顾景裴回，竦动左右"。元帝被昭君的美貌震惊，非常后悔，但是又不能失信于匈奴，所以只好让她去匈奴。范晔的这种说法基本上是一个完整的故事，指出昭君出塞的原因是她多年不得见幸于皇上，在怨愤的情况下自愿和番的。而后代文人在此记载和民间传说的基础上添枝加蔓，逐渐演化成一个个情节丰满的昭君出塞故事，而各种故事关于昭君出塞的原因又不尽相同。

　　比较常见的说法是昭君受奸人陷害不得不去匈奴。据说，汉元帝有很多的后宫佳丽，因此不可能常见到每个宫女。于是他让画工给各个宫女画像，按照画像选召宫女。宫女们为了能被皇帝召幸，不惜重金贿赂画工，希望把自己画得漂亮些。初入宫廷的昭君未得此道，又自恃貌美，不愁皇帝不召见。所以当画工毛延寿给自己画像的时候，她不仅没有贿赂毛延寿，相反还对毛的暗示加以讽刺。毛延寿很生气，所以就把昭君画得很丑。就这样昭君在后宫消磨了几年青春。

↗ **王昭君像**
王昭君，名嫱，字昭君。晋代为避司马昭讳，易称明妃或明君。汉元帝竟宁元年（公元前33年）自请嫁入朝求亲的匈奴呼韩邪单于为妻，称宁胡阏氏。

昭君墓

昭君墓位于今内蒙古自治区呼和浩特市境内,人称"青冢"。唐代大诗人杜甫有诗曰:"一去紫台连朔漠,独留青冢向黄昏。"

恰好这时候匈奴呼韩邪单于来朝,要求娶汉家女子为妻。元帝正愁无法抵御匈奴的侵犯,见呼韩邪单于来朝求娶,觉得正是开展和亲外交的好时机,立刻就赐其五名宫女。昭君久居深宫,寂寞冷清,积怨很深,于是她主动要求远嫁匈奴。汉元帝见有如此主动的宫女,马上就答应了她的请求。

辞行的大会上,昭君将自己盛装打扮,她的明艳动人令满庭佳丽黯然失色。元帝见到昭君惊叹不已,非常后悔,但是既然已经将她许给匈奴王,自然君无戏言,所以只好忍痛割爱,让她出塞和亲。但失去如此绝代佳人使他大为恼火,于是杀掉了索贿作弊的画工毛延寿。

据史载,昭君的和亲使汉匈关系从此和睦,边境安宁,百姓安居乐业。昭君本人也很受呼韩邪单于的宠爱,称其为"宁胡阏氏",意思是说通过这次和亲,将与汉家建立永远和好安宁的关系。汉元帝也很高兴,下诏改元为竟宁元年,表示取得永久和平相处的局面。

这个故事描写了一个弱女子牺牲个人以保卫国家,并且是在满怀怨愤的情况下远嫁塞外,因而昭君赢得了后世的同声叹息。但是这个带有唯美倾向的故事往往被认为是文人骚客抒发自己对君主不满的方式。并且有人查证,这个故事中的一些情节与史实是有出入的。

首先,匈奴经过汉武帝时期的征讨以及内部的纷争,势力已经大减,到汉宣帝时,呼韩邪单于曾两次到长安觐见汉皇,决心归依汉朝,协助汉朝征服保护边境,因此这个时候边境形势已经趋于和平安宁。等到汉元帝即位的时候边境已经安宁,这才是改年号竟宁的原因。并且正是竟宁元年时呼韩邪单于来朝求亲,说明并不是因为昭君的出塞使边境安宁。

其次,毛延寿索贿不成报复王昭君的说法,很可能源于笔记体小说《西京杂记》。这本书是由晋代好事的文人缀合而成的,成书时间距昭君时代有300多年。画工丑化昭君而被杀的故事本来是小说家言,而后世又将《西京杂记》中所列六名画工之首的毛延寿当作导致昭君悲剧的罪魁祸首,更是有附会的嫌疑。

第三种说法更为浪漫,颇似后来唐玄宗痛

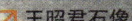

王昭君石像

↗ 昭君村中的昭君宅
昭君村位于湖北省秭归市，传说那里是王昭君的故乡。

舍杨贵妃的情节。

这个说法说，才貌双全的昭君与汉元帝一见钟情，恩爱无比。而画工毛延寿获罪朝廷后逃窜到匈奴，向单于献上昭君的画像，并盛赞昭君之美貌。单于于是向汉朝强索昭君，并欲发动战争。元帝最后迫不得已，割爱送昭君出关。单于得到昭君后，对昭君宠爱有加，并主动与汉室和善，送解毛延寿归汉，为元帝所斩。后元帝因思念昭君，怏怏成疾，当年就死去了。两年后，昭君因不愿改嫁而保节自尽。后人对昭君出塞对边境安宁所做出的贡献推崇备至，写诗赞道："为救苍生离水火，甘教薄命葬烟尘"，"将军杖钺妾和番，一样承恩出玉关。战死生留俱为国，敢将薄命怨红颜"，等等，高度赞扬了昭君的忠君爱国精神。元代散曲家白朴曾有《汉宫秋》传世，大致采用此说，只是写昭君在去匈奴的途中，投水自尽，更为悲壮。

关于昭君出塞原因的说法，民间传说和史籍记载各不相同，有些不乏为后世杜撰的东西，因此可信度不高。但是由于史料没有对此作出明确记载，所以昭君出塞的原因依旧是一个谜。杜甫说"一去紫台连朔漠，独留青冢向黄昏"，也许，昭君的青冢只能在历史中继续诉说自己的故事了。

王莽弑帝篡位之谜

公元元年前后，汉高祖刘邦开创的西汉王朝逐渐衰落。这一时期，贵族、官僚和地主拼命兼并土地，封建国家的赋税、徭役一天比一天重，致使广大农民纷纷破产，阶级矛盾越来越尖锐，全国到处呈现出动荡不安的局面。就在这种情形下，外戚王莽取得了皇位。那么王莽是怎样一个人？而他又是如何弑帝篡位的？后人对此众说纷纭，莫衷一是。

史载，王莽，字巨君，出身于贵族官僚世家。但是由于王莽的父亲王曼死得早，所以王莽自幼家境贫寒。他为了能出人头地，一方面努力读书，把四书五经烂熟于胸；另一方面则拼命巴结叔伯，希望能得到他们的帮助和栽培。特别是对担任大司马大将军的大伯王凤，王莽更是把他当作父亲看待。王凤病重的时候，王莽更是大献殷勤，亲熬汤药，端屎端尿，不嫌脏不怕累。为了服侍王凤，他甚至几个月没有梳头洗脸，睡觉也是和衣而睡。王凤被王莽的这种行为感动了，临死之前，他向皇太后和汉成帝力荐王莽。这样，王莽很快就被任命为黄门侍郎，接着被提携为射门校尉。从此王莽踏入仕途。

↗ 王莽像

王莽工于心计，获得了他的姑母和叔伯们的欢心，所以，永始元年（公元前16年），其叔父王谭、王商以及当时名臣戴崇、金涉等人联名上书推荐，成帝下诏任命王莽为骑都尉光禄大夫侍中。又过了几年，大司马王根被王莽取而代之。王莽掌握了朝政大权。

王莽是继他的叔叔伯伯后王家的第五个大司马，为了使自己的名声能够超过叔伯们，王莽装出谦恭勤劳的样子，一丝不苟地工作。同时他搜罗党羽，凡是来投奔他的，均照单全收，给他们官做。他还把封邑里的钱粮送给宾客，自己却依然过着十分俭朴艰苦的生活。这样，王莽大公无私、克己奉公、勤劳俭朴的名声传播开来。朝廷里的大官都在皇帝面前称赞王莽，他的宾客、名士也到处替他鼓吹。

但是好景不长，王莽担任大司马还不到半年时间，成帝便一命呜呼。哀帝继位后，其祖母丁氏和母亲傅氏掌权，王莽受到排挤，无奈之下只好称病辞职，回到他的封国新都隐居起来。

公元前1年，哀帝病死，年仅9岁的平帝即位，王政君以太皇太后的身份临朝，外戚丁、傅二家开始衰落。于是王莽又以大司马大将军的身份，重新独揽大权。

再度登台的王莽，开始拼命栽培亲信，以各种各样的手段笼络和收买人心。例如，他恢复汉朝宗室和功臣后代的封爵；增加太学生的名额以扩充太学，为儒生修筑房舍等。于是，他得到许多官僚、贵族和儒生的拥护。有一年，有些地方发生旱灾虫灾，王莽上书朝廷，表示愿意献地30顷，出钱百万，发给农民。此举使得广大百姓对他感恩戴德。

王莽采取了这些措施后，就让亲信上书，要求朝廷给他加官晋爵。当太皇太后王政君封他为汉公时，他又虚情假意，再三推辞。后来，勉强把封号接受了，可是赏给他的封地他却故意推掉了。他说："要等天下的百姓都家给人足，然后才接受增加的封赏。"

因为王莽不肯接受封地，于是他的亲信又鼓动官吏和老百姓，叫大家上书称颂王莽的"功德"。据说当时上书的人竟达到40多万，可见他的势力和影响之大。最终，他毒死了汉平帝，可王莽还不满足，公元8年12月，孺子婴被迫"禅位"给他。这样，王莽终于如愿以偿，登上了皇帝的宝座。

王莽想借对外战争来缓和国内的矛盾，这一来又遭到了匈奴、西域、西南各部族的反击。王莽又征用民夫，加重捐税，纵容官吏残酷地对待老百姓，最后终于爆发了全国大规模的农民起义。公元23年，起义军攻破长安，王莽被商县人杜吴杀死。

曹操为何至死不称帝

纵观曹操的一生，不管他自己怎么说，他是由不自觉到自觉地在一条通向帝王的道路上一步步前进着。如果说建安元年（196）前曹操在这方面的努力还只是一种不动声色的铺垫，那么从建安元年起，他就开始在这方面迈出了坚实有力的步伐。建安元年八月，曹操亲至洛阳朝见汉献帝。随即挟持汉献帝迁都许昌，将献帝变成了自己手中的一个傀儡和一张王牌，取得了"挟天子以令诸侯"的优势。献帝任命曹操为大将军，封武平侯，后来因为袁绍不满，曹操才将大将军的职位让给袁绍，自己改任司空，兼车骑将军，并从此开始主持朝政。

随着实力的增强，曹操对于朝政的控制也越来越严密，献帝的傀儡化程度也就越来越深了。

建安二十二年（217）四月，献帝诏令曹操设置只有天子才可使用的旌旗，外出时像皇帝那样，左右严密警戒，不让行人通行。五月，曹操修建了诸侯有权享受的学宫泮宫。六月，曹操任命军师华歆为御史大夫。十月，献帝诏令曹操像天子那样头戴悬垂有十二根玉串的礼帽，乘坐专门的金银车，套六马。同时，封长子五官中郎将曹丕为魏国太子。

就这样，曹操完成了夺取帝位和世袭权力的所有准备，在通向帝王的道路上，几乎已经走到了终点。曹操不但早已在事实上控制了朝廷的一切大权，使自己成了一个实际上的皇帝，而且在形式上，他也同皇帝没有什么两样了。曹操唯一没到手的，只不过是一个皇帝的名号而已。

事实上，曹操的代汉意图早就昭然若揭，但至死他也没有迈出最后的一步。他要把这最后一步让给自己的儿子完成。曹操为什么自己不称帝呢？主要考虑到以下几个方面：

其一，孙权劝他称帝是从自己的利益出发的。首先，孙权认为这样做可以获得曹操的信任，从而实现吴、魏之间的和解，自己就可以专心对付蜀汉。襄樊之役中，孙权为了从刘备手中夺回荆州，从背后袭击关羽，帮了曹操的大忙，但却得罪了刘备。吴、蜀之间长达十年的联盟关系就此结束，这时他比什么时候都更需要缓和同曹魏的矛盾，否则会陷入腹背受敌的不利境地。其实，孙权认为曹操如果真的称

曹操逼宫年画

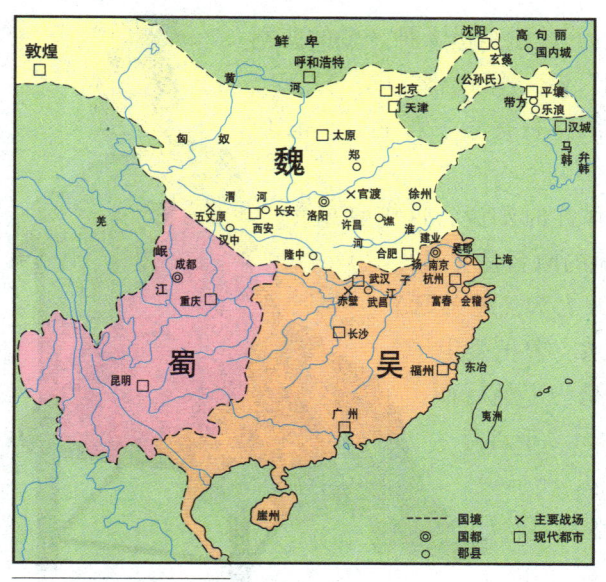

↗ 三国鼎立形势示意图

帝，拥汉派将会强烈反对，曹操因此陷入困境，减轻对吴国的威胁。因此，孙权阳奉阴违，曹操看穿了孙权的意图，不肯轻易上当。

其二，从当时形势看，如果贸然称帝，确实会给政敌和拥汉派势力一个舆论上的借口，使自己在政治上陷入被动。综观曹操的一生，内部的反对和反叛大都发生在他被封为魏公、魏王之后，就是最好的证明。因此，继续维持献帝这块招牌，对于安抚拥汉派，巩固内部，仍有不可忽视的作用。

其三，至少从建安十五年（210）起，曹操一再"自明本志"，说自己绝对没有代汉自立的意图，言辞恳切，说了差不多十年，现在如果突然改变主意，否定自己，对自己的声誉名节必然会造成不利影响，不如坚持把戏演下去。

其四，更重要的是，曹操是一个讲求实际的人，只要掌握了实权，虚名并不重要，"施于有政，是亦为政"一语，是他内心想法的真实写照。

此外，建安二十四年（219）曹操已65岁，年纪大了，估计自己将不久于人世了，这也可能是他不愿称帝的一个原因。

总之，曹操不当皇帝，是从策略上全面权衡得失后所作出的决定，是一种周密而明智的谋虑。

曹植《感甄赋》为谁而作

人称"才高八斗"的曹植，是魏文帝曹丕的弟弟。其人风流倜傥、文思敏捷，是建安文坛上一位叱咤风云的人物。然而他的任性纵酒，使其父曹操对他颇为失望，他的才华又遭到了其兄长曹丕的妒忌，终被一贬再贬，终身备受迫害。

曹植一生留下了很多千古名篇。公元223年所作的《洛神赋》尤其情采风流，被后人广泛传诵。该赋用浪漫主义的笔调抒写了自己的对洛水之神的爱慕之情。写作这篇赋时，

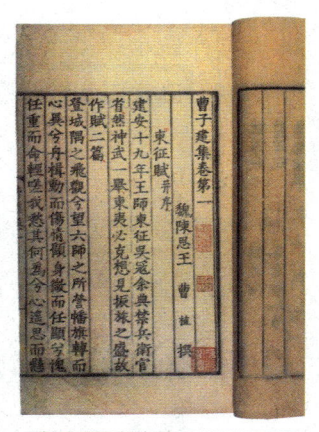

↗ 《曹子建集》书影

曹植诗、文、赋兼工俱美，文章"独冠群才"，赋以《洛神赋》出名，代表了建安辞赋创作最高成就。诗的成就更佳，推为"建安之杰"，辞藻华赡，形式以五言为主，钟嵘《诗品》誉为"五言之冠冕"。

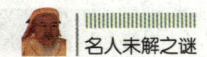
曹植正处于仕途苦闷之中。传统看法认为，此赋是借人神恋爱的悲剧，来抒发作者自己对君王的一腔衷情和怀才不遇的感慨，是"托辞宓妃以寄心文帝"。所谓"虽潜处于太阴，长寄心于君王"，也正是借洛神之口说出了曹植自己的心声。

然而，唐代人李善在为《文选》作注时却说，这篇赋是曹植为了感念他的嫂子甄后而写的。该赋的原名是《洛神赋》，后来曹丕的儿子魏明帝读后，才为之改名为《感甄赋》。这种说法犹如激起了千层浪，舆论哗然。曹植爱上了他的嫂子了吗？这篇《洛神赋》真的是为了甄后而作吗？这无疑是不忠不义的违逆之举啊。千百年来，人们一直对此争论不一。

李善认为《感甄赋》乃是曹植为甄后所作，这种说法只有李善为《洛神赋》做注解时叙述的"赍枕"一事可以作为旁证。他说："（曹植）黄初中入朝，帝示植甄后玉缕金带枕，植见之不觉泣。时甄后已经被郭后谗死，帝已寻悟，因令太子留宴，仍以枕赍植。"曹丕乃为皇帝，为什么要将自己妻子用过的枕头送给弟弟？其居心是耐人寻味的。看来，曹丕应该知道他的弟弟曹植倾心于甄后，至少是暗恋甄后，所以才故意刺激曹植，让他"一辈子抱着枕头空悲切"。李善在注解中还说，曹植离开京城返回封国，途经洛水，想起了甄后，并与之相见，得到甄后以珠玉相赠，悲喜不能自胜，于是作了《感甄赋》。

↗ 曹植像

曹植（192～232），字子建，封陈王。诗风"骨气奇高，词采华茂"，为"建安七子"之一。

↗ 洛神图 清 萧晨

《洛神赋》描写作者与洛神的一段悲欢离合的爱情故事，始则极意描画洛神轻盈的风仪，柔美的体态，艳丽的容貌与服饰，娴雅文静而又妩媚缠绵的情致，继而则述彼此倾心爱慕之情，终以人神道殊，终不得交接而离绝，表达对理想的追慕和失望的哀愁。此图描写洛神凌波微步，高标玉洁，仪态万方，为众多洛神图中的佳作。

↗ **洛神赋图（局部） 东晋 顾恺之**
此图取材于三国时期文学家曹植的《洛神赋》（《感甄赋》），描绘曹植在洛水边遇到宓妃的浪漫故事。顾恺之以手卷的形式，用连续的画面，艺术地展现了原赋的内容，表达了曹植抑郁惆怅的感情，成功地传达了洛神"翩若惊鸿，婉若游龙"的动人姿容。这幅画在内在气质上和曹植的《洛神赋》达到了珠联璧合的程度，是中国绘画史上不朽的精品。

　　但是翻开所有史籍，人们并不能找到曹植与甄后有私情的记载。因此对于《洛神赋》的寓意问题，历来有两种对立的看法。

　　第一种看法是为曹植的"不忠不义"辩护，否认《洛神赋》为感甄之作。唐宋明清的一些文人学者认为，甄后本是曹丕的妃子，小叔爱慕嫂子，臣子暗恋国母，这是不成体统大逆不道的事情，必须辨伪正本，口诛笔伐。他们提出了《洛神赋》非感甄之作的诸多理由。其一，李善本无此注，是宋人刊刻时误引的。其二，图谋自己的嫂子，这是"禽兽之恶行"，讲究操行的曹植断然不会那么做。其三，即使曹植真的爱上他的嫂嫂，在这样的社会条件下，他也绝对没有那么大的胆量写《感甄赋》以表达自己的情感。其四，"赉枕"的说法是不合情理的，纯属无稽之谈。曹丕乃君主，怎么可能做出如此荒诞的事情来？毕竟自己的弟弟对自己的妻子有所图谋不是什么好事，于己于人都是不应声张的。其五，曹植时年14岁，甄妃已经24岁，在年龄上是不合情理的。

　　进而他们提出了自己的看法。他们认为，《感甄赋》的甄，并不是"甄后"的"甄"，而是"鄄城"的"鄄"，"鄄"与"甄"通，遂讹为"感甄"。《洛神赋》实乃"托辞宓妃以寄心文帝"，是"长寄心于君王"，是向曹丕表达自己的忠君之情，以求任用。

　　尽管这些理由和推论很充分，但是仍然有人认定《洛神赋》是感甄之作。尤其是一些文人，如李商隐、蒲松龄等人，往往是抱着宁可信其有、不可信其无的态度。李商隐在诗文中曾经多次提到曹植"感甄"的情节，甚至还认为"君王不得为天子，半为当时赋洛神"。一些小说传奇对这一情节更是渲染有加。现代学者郭沫若在《论曹植》这篇文章中，也直言不讳地说："子建（曹植）对这位比自己大10岁的嫂子曾经发

↗ 曹植墓

曹植墓位于山东省东阿县鱼山。曹植作为曹操的第三子，他与其兄曹丕在嗣位的争夺中落败。汉建安二十五年，曹操去世，曹丕称帝，曹植屡遭贬徙。魏太元三年，他被徙封东阿；太元六年，封为陈王，抑郁而逝，谥曰思，世称"陈思王"。

生过爱慕的情绪，大约是无可否认的事实吧。"他认为魏晋时期的男女关系比较浪漫，那么曹植对自己美丽的嫂子产生爱慕之情并不奇怪。当然，碍于礼教名分，曹植不会做出非分之举动，不过是通过诗词歌赋顽强地表现而已。甄氏与曹植都比较高雅、清高，两人从气质上是相和的，所以，甄氏的心中也不一定就不明白曹植的感情。至于之后两人命运的相似、情感的相通，更让两人有惺惺相惜之感。曹植以甄氏为自己文学作品的写作模特，"应当是情理当中的事"。曹植写《洛神赋》，很可能就是为了寄托作者身不由己、好梦难圆的惆怅和愤怒。

还有人分析说曹植的"感甄"是甄后被杀、曹氏兄弟关系紧张等事件发生的重要原因之一。也有人说所谓的"长寄心于君王"中之君王是指曹植，这是宓妃对其表达心迹之语，并不是向君主寄托忠臣之心。

上述两种观点，或言是，或言非，都提出了很多理由。但是无论是哪种理由都不过是推论而已，并且也没有直接的证据去推翻对方的观点。不知道这场笔墨官司要几时出结果。

晋武帝传位傻太子之谜

司马炎，字安世，西晋开国皇帝，谥号武皇帝，史称晋武帝。晋武帝司马炎纵横沙场，果敢英武，为晋王朝耗尽了自己的半生心血。但是，他却将辛苦打下的江山交给一个傻儿子继承，致使宫廷内外血雨腥风，西晋王朝昏暗动荡，成了一个短命王朝。英明的晋武帝为何做出如此糊涂的事情呢?

从史料看,司马炎虽称得上英武果敢,但在感情上却似柔若女子,有妇人之仁。他一生共有26个儿子。不幸的是,26个儿子当中虽不乏聪慧之辈,但长子司马轨却不幸夭折,因此次子司马衷成了事实上的长子。按中国的继承人法则,司马衷要被立为太子,而司马衷却是个白痴,不谙世事。司马衷的痴愚朝野皆知。

太子司马衷在吃饭时对粮食很不爱惜,师父李憙看不过去,就婉转地对司马衷说:"殿下,碗中的米饭,一粒粒都是农民辛勤耕作得来的,殿下可知道稼穑艰难?如今旱荒严重,老百姓都没有粮食吃,都在忍饥挨饿。"司马衷听了这话,觉得十分奇怪,脱口说道:"没有饭吃,干吗不吃肉粥?"师父李憙哭笑不得。

↗ 晋武帝司马炎像

太子司马衷的低能,武帝是十分清楚的,他知道这个儿子难以担负国家重任。但是杨皇后反对更易太子。杨皇后名艳,字琼芝,是陕西华阳人,父亲杨骏是魏国贵族,以功封蒴亭侯。杨皇后十分美丽,出自豪门大族,替武帝生下了三男三女,长子早逝,次子便是这司马衷。武帝数次担心地说太子不长进,天性愚钝,难以胜任大事。杨皇后每次都和颜反驳,儿子虽不聪明,但却忠厚纯良,好生教导,会有长进的。武帝试探地说,现在更易太子,还来得及。杨皇后摇头,说太子的名分已定了,绝不能轻易改动,无论立嫡立长,都应是太子,破坏了这项法制,日后岂不乱了套?

果敢刚毅的武帝司马炎在美人面前优柔寡断,下不了决心。武帝信任荀勖,尤其佩服荀勖的高深学问和不世之才。后来荀勖进奏,说太子有了进步,于是武帝相信了荀勖,放下心来,不再考虑更易太子。

天熙元年(290)四月,晋武帝司马炎病死,其子司马衷即位,是为晋惠帝。不过一年,皇后贾南风发动政变,杀死总揽朝政的大臣杨骏;接着又发生了"八王之乱"。建兴四年(316),刘渊的侄子刘曜攻破长安,俘获末代皇帝司马邺,西晋亡国。时距司马炎之死只有25年。

↗ 陶俑群 西晋

武则天无字碑之谜

武则天，中国历史上唯一的女皇帝，人们不满于她争夺皇位时的残忍和血腥，却也无人不感慨这位女皇的英明才干和敢作敢为，同时也赞叹她统治期间政治的清明和经济的继续发展。就是这样一位曾经在历史上叱咤风云、魄力十足的女丈夫，生前轰轰烈烈，在她死后，身后所留的却仅仅是一块无字的碑文，让人们诧异不已。

武则天陵就在今天陕西扶风县西北的梁山上。那是一座气势宏伟的皇陵——乾陵，里面埋葬着的是唐高宗李治及皇后即一代女皇武则天。在乾陵的东西两侧矗立着的是两块高六米左右的墓碑，西面是"述圣碑"，歌颂着唐高宗的生前业绩，而属于武则天的那块东面的墓碑却没有任何文字，这就是举世闻名的无字碑。

武则天为什么没有依照惯例在自己的陵墓前树碑立传、以表彰自己生前的功绩？

关于武则天无字碑"一字不铭"的原因，有人认为是由于武则天认为自己功高不可评说。

武则天是一个杰出的女政治家。高宗时她就已经逐渐参与和掌握了政治权力，到她退位，实际掌握最高权力长达五十年。在这长达半个世纪的时期里，她采取了一系列的措施来维护和巩固自己的统治。政治上积极扶持新兴地主阶级，敢于破格提拔人才，提拔了很多名臣，如后来唐玄宗时期的姚崇、宋璟等人。此外，她还首创了科举制度中的殿试，对于任用人才起到了积极的作用。经济上，她实施奖励农耕的措施，并且兴修水利，轻徭薄赋，促进了生产力的发展。此外，她还在西域设北庭都护府，

无字碑　唐
武则天墓前无字碑，在今陕西省扶风县乾陵。

巩固了边疆，也促进了民族间的交流，使对外关系处于良好的态势中。这样看来，武则天继续了"贞观遗风"，她的各方面的政策都极大地促进了社会的发展，为后来的"开元盛世"奠定了基础。从这个意义上说，武则天的功劳确实是难以湮没的。而自小就智慧过人的武则天，取《论语》中"民无德而名焉"之意，立一块无字碑，表明自己功德无量，是非常有可能的。这正是她力求与众不同的女中豪杰的表现。

与此立"无字之碑"以示己无量功德的说法相反的是，有人认为武则天立无字碑并非夸耀自己，而是她在晚年时幡然醒悟，自感罪孽深重，无颜立传。

武则天皇位的获得是堆积在无数人的生命之上的。当她还是一个昭仪的时候，为了争夺权势，她先是依靠王皇后将萧淑妃打入冷宫，接着又亲手掐死了自己的小女儿以陷害王皇后，最终巩固了自己在后宫中的地位。当上皇后后，她又施展出毒辣的政治手腕，培养党羽，消除异己，连当初支持自己登上皇后位的长孙无忌也被逼自杀。当上皇帝后，为了维护自己的权力，她任用酷吏，滥施刑罚，将自己的反对势力一一残酷镇压，大批的唐王室臣子死在她的手中。而作为一个女流之辈，她改李唐为武周，在传统观念看来更是大逆不道之举。晚年的武则天从政治舞台上走了下来，回头看自己的一生，她深感自己对不起死去的冤魂，尤其愧对列祖列宗，又有何颜面为自己立碑树传？

折中的说法则是说武则天是一个聪明的人，她很有自知之明，知道时人对自己的看法不一，议论颇多。所以她干脆留下无字碑，所谓"是非功过，留与后人评说"。

又有人说墓碑之所以无字，乃是由于武则天的名分问题。武则天为唐高宗的皇后是毋庸置疑的，因此才将她与唐高宗合葬在一起。但是毕竟武则天在唐高宗死后自己做了皇帝，那么，该对她如何称呼？"皇后"与"皇帝"的双重身份使碑文落笔者处于两难境地。最后只好无奈地留下一片空白。

目前还有两种与上述探究无字碑意义的说法不同的看法。

其一认为，武则天的这块墓碑原本并不存在。因为在封建社会中，女性的地位是微乎其微的，并不值得立碑。虽然武则天后来做了皇帝八面威风，但是她毕竟还是女的。而武则天一介女流，竟然又坐上了龙椅，还改唐

↗ 乾陵

唐高宗与武则天合葬墓乾陵位于今陕西省扶风县境内，是唐代帝王陵中唯一一座未被盗掘的。

为周，这是正统论者唯恐避讳不及的。既然如此，他们怎么可能为她树碑立传、称颂其功德？无字碑实际上是后来的好事者另加的。

其二，近年来，一些考古学者提出了全新的看法，指出无字碑最初立时是有碑文的。就武则天的性格来说，她在位时大兴土木、炫耀自己，怎么可能到了晚年马上就转变了心性，默默无闻起来？这显然是不合理的。她原本为自己撰写了碑文，但是从当时的政治形势上看，晚年时候的武则天是被迫让位给李显的，实际上她一直在处心积虑地谋划将皇位传给武氏子孙。加上她曾经害死了那么多唐室的子孙，怎么能让李显对她敬爱起来？因此，武则天死后，李显虽然不能公开宣泄自己对母亲的怨恨，但是也不愿意对母亲歌功颂德。于是，就什么也不说，碑上也就没有字了。持这种看法的学者还进而指出武则天生前为自己准备好的碑文可能被埋葬在乾陵的地宫里了。

↗ 彩绘宫女俑 唐

武则天究竟为何给后世留下这样一块无字的石碑？或者说究竟是武则天自己情愿不给后世留下评述自己功绩的文字，还是厌恶她的后世不愿意评述她的功绩？一切的功过是非，看来也只能留给后人评说了。

上官婉儿为何不记武则天灭族之仇

　　上官婉儿是一代才女。在唐高宗时，上官婉儿一家被武则天抄没，然而上官婉儿一心服侍武则天，她为何就不记武则天的灭族之恨呢？

　　据说婉儿尚在母腹中时，其母梦中见大秤一杆，于是请教相士，相士掐指一算，惊呼："此子日后当称量天下。"待到婉儿出生，竟是一个女孩，大家都很失望，说相术骗人，无非为钱财而已，也就不再在意。等到婉儿祖父上官仪被武后杀害后，童年的婉儿与母亲郑氏被没入宫中为奴，本以为会暗无天日，可是等婉儿长成，她的才华开始显露出来。她博古通今，诗词文章尤为出色，甚至书法、数术、弈棋等无所不精。她的

↗ 唐宫双陆图　唐

才名很快传到了武后的耳中并召见了她。当场面试时，小婉儿聪明伶俐，从容不迫，一挥而就，写了一首七言诗，其文辞精美，比起朝廷大臣们的腐儒酸调，可谓天上地下。尽管诗的字里行间不时透出对武则天的愤恨之情，可武则天并不计较，并感叹道："此女才智非凡，赛过须眉！"随后，她命上官婉儿离开掖庭，到她身边来当秘书。上官婉儿接到诏命，心里非常复杂，这个权力至上的女人，曾是杀死自己家人的仇人，害得自己和母亲沦落为奴，现在，她将自己从困境中解救出来，委以重任，而且是随侍身边的贴身秘书，憎恨、感激、恐惧各种滋味涌上心头，烦恼无比。但是一个月以后，

↗ 唐大明宫遗址

宫苑图 唐 李思训

她就成了武后最信任的贴身女官。武后讨厌批阅表奏，起草诏命，便把这些事都给婉儿处理，由此也正应了"称量天下"的预言。朝廷大臣们也竞相奔走其门下。从此，上官婉儿对武则天由仇视慢慢转为拥护。到中宗李显即位，上官婉儿更是大被信任，中宗被婉儿的才貌所迷，便将婉儿召幸，册封为婕妤，封其母郑氏为诣国夫人。

但婉儿并不高兴。因嫌中宗懦弱无能，在武后晚年时，她开始与武三思私通，并在诏命封旨上推举武氏，抑制唐中宗。此时的上官婉儿已变得心机重重，她为了讨好皇后韦氏，将武三思让给了韦氏。

景云元年，韦后和安乐公主毒死中宗，立中宗年仅16岁的幼子李重茂为帝，韦后称太后，临朝听政，并派上官婉儿商请太平公主，想得到她的帮助。此事未果，韦后就自当朝政，后来还想杀少帝李重茂和相王李旦，此事被相王第三子李隆基得知，他与太平公主合谋，联络羽林军冲入皇宫杀死韦后和安乐公主。李隆基后来诛其逆党时，上官婉儿受此牵连被杀了。"称量天下"的一代才女从此香消玉殒。

郑和为何下西洋

郑和，我国乃至世界航海史上最出色的航海家之一。明朝永乐三年（1405）至宣德八年（1433）的二十九年间，他奉明成祖朱棣之命，七次下西洋，先后到达非洲、亚洲两大洲的三十多个国家和地区，最远到达非洲的东海岸，创造了远程航海史的壮举。可惜当年郑和航海的全部档案都被当时的兵部侍郎刘大夏付之一炬，后人难以对郑和航海的史料加以详细考证，于是就有了关于郑和航海的诸多谜案，其中一直让后世学者疑惑不解的是郑和下西洋的动机。人们的问题是：郑和为何下西洋？朱棣称帝后为何忽然将目光转向了茫茫大海？

明代罗盘
罗盘是海运中重要的工具之一，罗盘是中国古代著名的四大发明之一。在明代，郑和七次下西洋中，罗盘起到了极为重要的作用。

关于郑和下西洋的第一种说法是认为郑和远航乃是奉明成祖朱棣之命，寻找建文帝。

众所周知，明成祖朱棣是通过谋反登上皇位的。当初建文帝朱允炆为了巩固皇权，相继废削了握有军政大权的周王、齐王、代王、岷王等藩王的职权。燕王朱棣唯恐自己被废，并且他对皇位觊觎已久，早就不甘心让自己的侄子为帝，所以就借口"朝无正臣，内有奸恶"，起兵谋反，号称为"靖难"。战争持续了四年之久，朱棣取得了最终胜利，登上了皇位，随即将都城迁至北京，称明成祖，改年号为永乐。就在朱棣大军攻破南京城时，建文帝朱允炆在一场大火中下落不明。虽然朝廷宣称建文帝已经在大火中丧命，但是朱棣心里明白这只是为了安定民心的做法，建文帝实在是"不知所终"，甚至他一直怀疑建文帝已经出逃。这种推测自然让有"篡位"之名的朱棣不得心安，为了彻底除去建文帝卷土重来的可能性，他多次派人四处秘访建文帝的下落。郑和就是朱棣派出寻找建文帝下落的一支。近

↗ 郑和像

郑和（1371～1435），本姓马，小名三保（宝），明云南昆阳（今晋宁）人。明初入宫为宦官，赐姓郑，并为内官监太监。永乐三年（1405年）奉命与副使王易弘等率舰通西洋。之后，又远航六次，先后经三十余国。回国后，病死于南京。

年来，有学者考证说，为了寻找建文帝，郑和不但下西洋，而且三次东渡扶桑，到日本去过。

第二种说法认为寻访建文帝最多不过是郑和远航的一个附带任务，说他是"专程"寻找建文帝踪迹则不合情理。他们认为郑和的远航有军事目的。如《明史·郑和传》说郑和远航"欲耀兵异域，示中国富强"；近代学者梁启超说，郑和下西洋是"雄主之野心，欲博怀柔远人，万国同来等虚誉"；尚钺在《中国历史纲要》中也指出，郑和下西洋"大概是想联络印度等国抄袭帖木儿帝国的后方，牵制它的东侵"，从而保证明朝的安全。而以郑和航海时的巨大规模，势必也能够实现这个目的，因为在郑和远航的15世纪，世界范围内还少有如郑和船队那样大的规模和气势，船队所展示出的强大的军事实力足以震慑异域。

第三种说法认为郑和航海以经济目的为主。明成祖为了增加财源，弥补财政亏损，派郑和出海远航。史实表明，郑和的船队与其所到之处的居民开展了很多的经济贸易，不仅满足了明朝官方对外贸易上扩大市场的需求，而且沟通了西洋大国对明朝的"朝贡贸易"，收效甚好。并且有史料表明，明代的中国已经被纳入世界贸易体系，与亚洲、非洲的几十个国家都有贸易往来，不但明朝官府、周边国家，甚至连沿海官绅、百姓都从中获得了巨大的经济利益。鉴于这样总体的经济环境，说郑和远航是出自经济目的是有一定根据的。

第四种说法认为郑和航海以政治目的为主。朱棣知道自己有篡位的坏名声，所以

欽差總兵太監鄭和前往
西洋忽魯謨厮等国公
幹永樂十五年五月十
六日於此行香望靈
聖庇佑鎮撫蒲和日記立

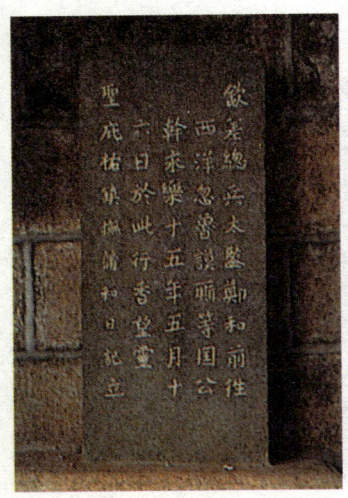

郑和石碑
郑和第五次下西洋时，为祈求航海平安而刻立。

在他登基后积极采取各种措施来塑造一个好君主的形象。郑和下西洋的巨大规模向外界展示了自己所统治的国家的恢宏气势，这正是朱棣造成万国来朝的盛世局面以稳固政权的方式，并且也借此瓦解政敌势力。学者根据史料分析，郑和前三次航海，与东南亚、南亚沿海诸国建立了友好关系；后四次则向东亚以西的未知世界探访，开辟了新航路，使海外远国都“宾服中国”。也就是说，郑和远航已经达到了朱棣的既定目标。此外也有人说，郑和下西洋是政治和经济的双重目的，是“一箭双雕”的行为。

第五种说法则认为上述的诸种说法都有失偏颇，他们认为郑和下西洋是有阶段性的目的的。前三次的目的大致有三：一是追寻传说中逃往海外的建文帝的下落；二是镇抚海外的臣民，同时也是为了炫耀国威；三则是为了扩大海外贸易，沟通与南洋诸国的联系，保持南部海疆的和平。之后的四次下西洋，更多地则带有探险和猎奇的性质。朱棣是一个雄心勃勃的人，对南亚以西的未知世界很感兴趣，同时也想让他们对自己所统治的明王朝有更多的认识，因此派郑和开辟新航路，让海外诸国“宾服中国”。

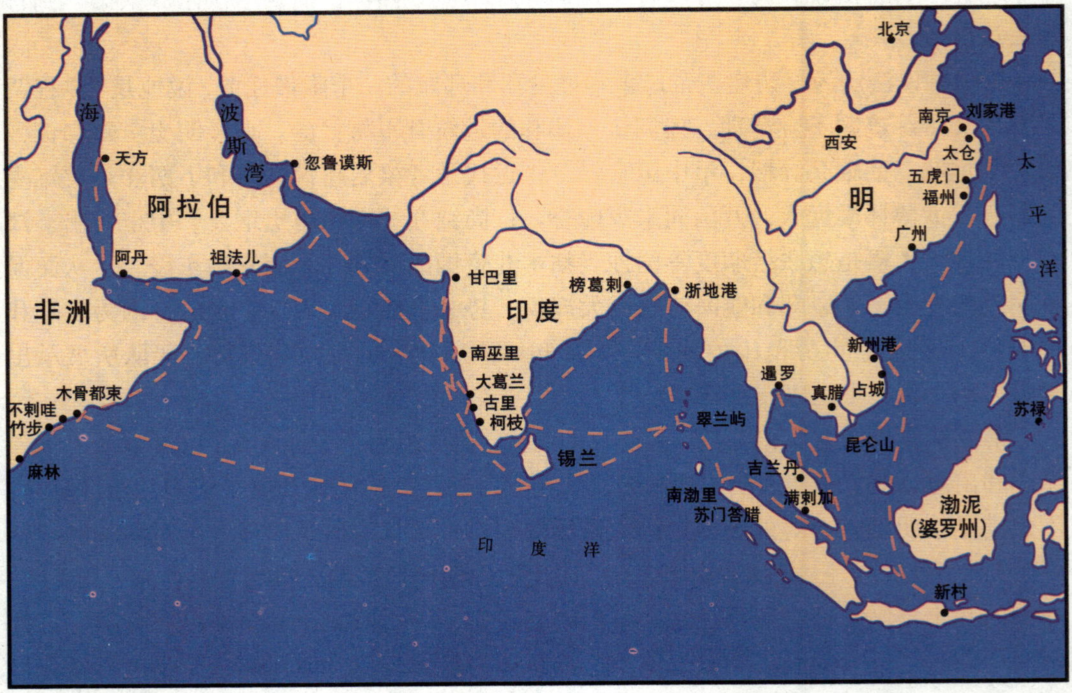

北京
南京
刘家港
西安
太仓
五虎门
福州
明
广州
太
平
洋
海
天方
波
斯
湾
忽鲁谟斯
阿拉伯
阿丹
祖法儿
非洲
甘巴里
榜葛剌
浙地港
印度
南巫里
大葛兰
古里
柯枝
新州港
暹罗
真腊
占城
木骨都束
不剌哇
竹步
麻林
翠兰屿
锡兰
昆仑山
苏禄
吉兰丹
南渤里
苏门答腊
满剌加
渤泥
(婆罗州)
印　度　洋
新村

郑和下西洋路线示意图
永乐三年（1405），郑和自苏州刘家港（今江苏太仓东浏河镇）始发，出使西洋（中国南海以西）诸国。

尽管有这么多关于郑和远航原因动机的推测，但是至今并没有真正的结果。一个大陆国家为何要进行如此大规模的远程航海，也就在刘大夏对史料的"付之一炬"中成了千古难解之谜。

吴三桂真的"一怒为红颜"吗

明朝崇祯十七年（1644）春天，李自成率领农民军攻占了北京，崇祯帝在景山自尽。此时辽东总兵吴三桂拥重兵驻扎在山海关。背面是南下的清兵，南面是提兵挺进的大顺军队。吴三桂的进退将对当时的战事起到决定性的影响。最后，吴三桂选择了降清之路。于是吴三桂与李自成双方在山海关附近激战之时，关外的清军突然出现，攻击李自成军，李自成军措手不及，败绩而退。吴三桂引清军入关后，在清朝军事统一中国的过程中，立下了"汗马功劳"。那么吴三桂为什么投降清朝？是真心投降清朝吗？后代史家对此议论纷纷。

第一种说法是为了陈圆圆。

吴梅村在《圆圆曲》中写道："恸哭六军皆缟素，冲冠一怒为红颜。"这两句诗生动地揭示了吴三桂投降清朝的心态。"缟素"是为死去的崇祯帝戴孝，"红颜"自然是吴三桂的爱妾陈圆圆。

明朝末年清兵攻打到锦州，吴三桂在崇祯的命令下奔赴北方前线。由于明朝制度军中不能携带姬妾，所以吴三桂只能让陈圆圆留在北京。不料，李自成的起义军很快就攻进了北京城，吴三桂之父吴襄也投降了闯王的军队。当时吴三桂率领的军队乃是当时号称为"关东铁骑"的数万精兵，李自成和清朝都急于得到他。吴三桂自己则持观望态度，迟迟没做出决定。在这个关节上，李自成军队的一个将领刘宗敏听说了陈圆圆的美貌，便想要得到她。于是这位将领抓来吴襄，拷问陈圆圆的下落，并带兵到吴三桂的府上带走了陈圆圆。这个消息传到了吴三桂的军帐，吴三桂勃然大怒，拔剑斩案曰："大丈夫不能保一女子，何面目见人耶？"于是转而向清乞兵，使六军披麻戴孝，打着为大明王朝的崇祯帝报仇的旗号，带兵打入北京。就这样，吴三桂投降了清朝，成为清王朝统一中原的开路先锋。接下来，他又引兵进攻李自成，接受清朝官爵，镇压大顺、大西政权，追杀南明政权永历帝，俨然是清王朝的一员猛将。

吴伟业的《圆圆曲》一出，吴三桂"冲冠一怒为红颜"的降清原因，几乎成为定论。但是有人提出了异议。他们指出，吴三桂降清不可能起因于陈圆圆被掠。对于一个帝王将相来说，女子不过是他们的玩物而已。陈圆圆虽然美貌，但是她不过是妓女出身，不过是被别人当作礼品送来的政治投资。像吴三桂这样一个聪明的人，怎么可能为了她而确定自己的重大政治决策？从刘宗敏这方面讲也是不合情理的。刘宗敏是李自成的忠实部属，甚至曾经在危难的时候杀掉了自己的妻子追随李自成。他不会不明大义，

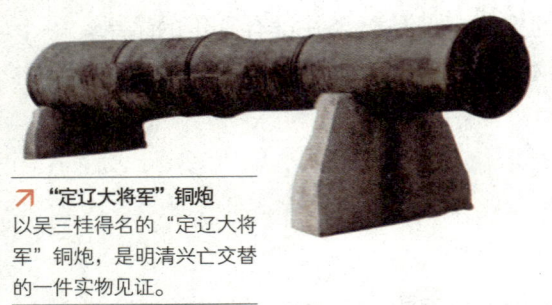

"定辽大将军"铜炮

以吴三桂得名的"定辽大将军"铜炮，是明清兴亡交替的一件实物见证。

为了一个女子而影响大顺政权的前途。之所以会有吴三桂为陈圆圆而降清的说法，一方面是人们对吴三桂降清的讽刺贬斥，另一方面也可能是后人对此事的附会加工以及文学创作上的需要。

二是为父报仇说。

根据《辽东海州卫生员张世珩塘报》记载，当时李自成的军队实行了一项追赃助饷的政策，对明王朝的大小官吏严加拷讯，逼要银两资助军队。吴三桂的父亲、明朝遗臣吴襄，本来已经归顺大顺，然而也被捉拿拷打，强逼交银，"止凑银五千两"。后吴三桂得悉父亲被大顺军拷打将死，怒不可遏，于是放弃了本要投靠李自成的计划，转而投靠清朝，决计攻灭大顺，为父雪仇。

但是有学者认为此说不实。《明季北略》记载，吴襄投降大顺后，曾经充当说客，写信给吴三桂劝他降大顺。吴三桂对此非常生气，并因此声称断绝父子关系，说："儿与父诀，请自今日。父不早图，贼虽置父鼎俎之旁，以诱三桂，不顾也。"后来，当起义军以他全家性命相威胁的时候，吴三桂也同样置之不顾，结果全家三十多口人被杀。这样的一个人，可能为父报仇吗？他不过是为了自己的安全和地位罢了，为父报仇不过是一块遮羞布而已。

第三种说法是说吴三桂投降清朝乃是出自阶级的本性。

李自成所率的农民起义军在进入北京后，基本保持着农民起义军的本色。吴三桂也许曾经有过投靠李自成的想法，但是那不过是为了保全自己利益的政治投机罢了。尤其是当他知道李自成的军队在北京城内拷掠明朝降臣后，他对李自成的幻想就完全破灭了。而清朝对他则意味着高官厚禄，他出于其大官僚地主阶级的本性，为维护本阶级利益，保证自己的荣华富贵，也必然会作出投降清朝的选择。

也有人认为，吴三桂并没有真心投降清朝，只是无可奈何之下的权宜之计。当时的吴三桂虽然握有重兵，但是他的兵力在李自成和清兵面前也不过是微弱的力量。形势让他必须在两者之间作出选择。实际上，在引清军入关前，

云南昆明太和宫金殿 清

此殿是吴三桂在云南称王时兴建的别宫，耗时漫长，耗费极大，至今看来仍然气派非凡。

吴三桂是一贯坚持抗清的，吴三桂曾经多次严拒了明降清将领的劝降。在李自成攻逼下准备联清时，他写信给多尔衮只说在攻灭大顺政权后，"我朝之报北朝者，将裂地以酬"，可见他只是想借兵联合，并无投降归附之意。山海关战后，清廷对吴三桂极不放心，吴三桂的力量也远远不能控制当时的局面。但是吴三桂在发布的檄文中，称："周命未改，仍是朱家之正统。"并且要求"凡我臣民为先帝服丧，整备迎候东宫"，为明王朝摇旗呐喊。此外，

↗ **山海关镇炮**

该镇炮铸于明朝崇祯年间，是山海关防御工事中的重要武器。山海关在明末由吴三桂镇守，是关乎明朝命运的重要关口。

后来他还招揽奇才，广植党羽，训练士卒，囤积财货，为反清复明做了不少的工作。最后终于在1673年起兵反清。持这种看法的人指出，对吴三桂的降清如果简单地视为投敌，无疑是站在明王朝的立场上，对于吴三桂是不公平的。

然而这种说法，始终很难得到世人的认可。尤其是对于后来吴三桂的起兵反清举动，后世普遍认为那不过是因为康熙下令削藩，吴三桂自感自己的地位受到了严重威胁，丝毫不是为了明朝。看来，对于吴三桂投降清朝的原因还要继续争执下去。

雍正帝嗣位之谜

清康熙帝驾崩以后，第四皇子胤禛在激烈的皇位争夺中登上了皇帝的宝座，这就是历史上有名的雍正帝。雍正帝究竟如何嗣位至今仍是一个谜，是按遗诏之言登位还是篡位？

史书中记载，康熙六十一年（1722）十一月冬至（初九）前，胤禛奉命代祀南郊。当时，康熙帝患病住在畅春园疗养，"静摄"政权。胤禛请求侍奉左右，但康熙帝认为祭天是件大事，命他应在斋所虔诚斋戒，不得离开。到了十一月十三日，康熙帝的病情突然恶化，这时才不得不破例把胤禛召到畅春园来。而到之前，康熙帝命胤祉、胤祐（七阿哥）、胤禩、胤禟、胤䄉（十阿哥）、胤裪（十二阿哥）、胤祥和理藩院尚书隆科多至御榻前，向他们宣布："皇四子胤禛人品极好，令人敬重，与朕很相似，因此他肯定能够继承大统。"此时，恒亲王胤祺因冬至奉命在东陵行祭奠，胤禄（十六阿哥）、胤礼（十七阿哥）、胤禑（十五阿哥）、胤祎（二十阿哥）等小皇子都在寝

宫外候旨。当胤禛来到康熙帝面前时，康熙帝还能够说话，告诉胤禛他的病情日益恶化的原因，但是到了夜里戌时，康熙帝就归天了。隆科多即向雍正帝宣布"遗诏"。胤禛听后昏扑于地，痛不欲生，而胤祉等其他兄弟则向胤禛叩头，并劝他节哀顺变，因此雍正帝就履行新皇帝的职权，主持康熙帝的丧葬之事。雍正帝曾特别强调，当日情形，"朕之诸兄弟及宫人内侍与内廷行走之大小臣工所共知共见者"。

↗ 雍正朝服像

从上面的情况来看，雍正帝的即位是在父皇康熙帝寿终正寝后才开始的，是属于正常并且合乎法理的。对此，清代官书众口一词，都是同一个口径。后世有人根据雍正帝在品格、才干、年龄和气质上的众多特点以及雍正帝本人在皇宫中深藏不露、暗自修炼多年的特征，康熙帝对雍正帝的认识和父子感情基础以及当时诸子争储互斗的背景，还有康熙帝在死之前留下遗诏的在场人物、地点、时间以及情节等来综合分析，认为雍正帝根据皇父"仓促之间一言而定大计"，是合法即位的，可信的。

但是民间传说中，雍正帝即位却是非法的，是篡位夺权。

早在雍正帝在世时，社会上就盛传康熙帝要将皇位传给十四阿哥胤禵，并称在他患病的最后几日，曾经下旨要召胤禵回到京城，但是胤禛的死党隆科多却隐瞒了谕旨，致使康熙帝去世当日，胤禵不能赶到。隆科多于是假传圣旨，拥立胤禛为皇帝。此所谓"矫诏篡立说"的由来。另外有一种说法是，康熙帝原来就有了手书，要把皇位传给十四阿哥胤禵，是胤把"十"改成了"于"字，于是遗旨明明传位于胤禵，却变成了传位于胤禛，此所谓"盗改遗诏说"的来源。那么，是谁来盗改了这个遗诏呢？有的说是雍正帝本人改的；有的说康熙帝把遗诏写在隆科多的掌心，而隆科多将"十"字抹去了；也有的说是由一些雍正帝府中所收养的武林高手所改写的；又有的说是雍正帝的亲生父亲卫某参与改的……

还有人认为，康熙帝原本要在胤禛和胤禵两人中选立皇储，而最终胤禛被选中，胤禵被任命为抚远大将军，确实说明康熙帝选择皇太子时他是候选人之一。而胤禛在康熙帝四十八年晋封为亲王，在皇子中的地位日益提

↗ 圣祖仁皇帝谥册 清

高，先后 22 次参与祭祀活动，次数比其他皇子都多。此外，康熙帝对胤禛之子弘历宠爱有加，称赞其母是"有福之人"。由此可见，雍正帝是后来居上的皇太子候选人。也有人认为，临终时康熙帝本想让胤禵继承皇位，但他远在边疆，若将他召回再宣布诏书，在空位阶段必定会引发皇位纠纷，无奈之下只好传位于雍正帝。

总而言之，雍正帝继承皇位有着种种让人难以理解的疑点。这些问题使一些清史专家耗费了很多的精力，直到现在也没有能够得到很好的解释。可以说，在获得新的可靠材料之前，雍正帝的即位是否合法，仍然是个谜。这不仅仅是因为雍正帝在继承皇位上有很多令人费解的问题，而且他即位后的很多言行，尤其是与大肆诛戮、贬斥功臣、兄弟、文人等事连在一起，更令人感到扑朔迷离。

曾国藩为何没有称帝

曾国藩在太平天国运动威胁清王朝统治时，通过组建湘军，掌握地方大权，到 1863 年湘军攻下南京后，曾国藩实力大增，手握重兵，若曾国藩振臂一呼，从清朝人的手中夺回统治权，应当说并不困难，但他没有这么做。曾国藩为何拒不称帝？一般归结为三点原因：忠君报国思想、条件不成熟和为了统一。

其一，曾国藩满脑子的忠君报国思想，深受晚清理学大师唐鉴的影响。他起兵就是为了保护地主阶级利益，保卫清朝。他的个人追求就是做个中兴名臣、封侯拜相、光宗耀祖。

其二，曾国藩即使想当皇帝，时势也不允许他这么做。当时清政府虽衰落，但科尔沁亲王僧格林沁拥有一支强大的以骑兵为主的军队。而且湘军攻陷天京后，人心思归，战斗力锐减。最关键的一条，湘军起兵是以"保卫儒教"和"忠君保国"为号召，一旦曾国藩称帝，很可能湘军要成为众矢之的。再说，也没有所谓"友邦"的帮助，曾国藩称帝未必能得到国际承认。

↗ 曾国藩像

其三，曾国藩真称帝的话，势必会引起社会动荡，各地又要出现割据的局面，天下统一的局面就要被打破了。因而从客观上说，曾国藩拒不称帝也是一件好事。

名人名作关系之谜

孙武是《孙子兵法》的作者吗

　　提到孙武，人们马上就想到春秋时期吴国训练场上孙武帮助吴王训练宫女的故事。当年孙武在吴国大夫伍子胥的恳切要求下来到吴国辅助吴王阖闾。孙武为了训练出军纪严明的军队，首先在吴王面前训练宫女。这些由宫女组成的队伍根本不听孙武的指挥，这时，孙武下令将两个带头不听话的女队长处死，其他的宫女见此情景再也不敢胡闹了，从此队伍严明。这个故事就出自司马迁的《史记》。

▶ 孙武像
孙武，字长卿，田完之后裔，春秋时齐国乐安（今山东惠民）人。因田完五世孙田书伐莒有功，齐景公赐姓孙氏，食邑乐安。

　　根据司马迁《史记·孙武子列传》的记载，孙武本是春秋时期齐国人，祖宗田氏。孙武的祖父荣立战功，被齐景公赐姓孙氏，后辈改称孙姓。孙武潜心研究兵法，总结战争规律，在春秋末期完成了《孙子兵法》十三篇著述。《孙子兵法》深刻地揭示了战争的规律，系统地阐述了作者的战略战术思想，在中国乃至世界都有着崇高的声誉，奠定了军事科学的基础，孙武本人也被称为"兵圣""东方兵学鼻祖"。

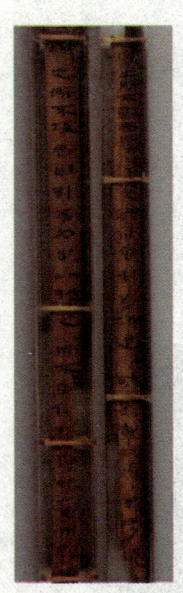

▶《孙子兵法》
竹简 西汉
《孙子兵法》竹简于1972年出土在山东省临沂市银雀山汉墓，现藏山东省博物馆。同墓出土有《孙膑兵法》的竹简。

　　千百年来，人们对《孙子兵法》乃是孙武著成是深信不疑的，人们惊叹着《孙子兵法》中所体现出的卓越的军事思想；《史记》也对孙武以兵书进谒吴王，从而被吴王拜为将军，并帮助吴王最终确立自己的霸主地位一段经历作了详细的记述。然而，到了宋朝乃至以后，陈振孙、叶适以及清朝的姚际恒却认为《孙子兵法》是一本伪书，将该书的成书年代以及该书的作者孙武一起否定了。人们不能不对此表示疑问：孙武到底是不是孙子兵法的作者？

　　首先是《孙子兵法》之"孙子"为谁的问题。春秋战国时期有两个孙子，一是春秋时期吴国的孙武，一是战国中期齐国的孙膑。尽管历史上对此二人各自的身份是确定的，但是由于史料记载两人都有兵书传世，一是《吴孙子兵法》，一是《齐孙子》，但是流传于后世的兵书却只有一部，那么究竟这部流传的兵书的作者是谁呢？宋人的怀疑

↗孙五（武）子演阵教美人战
图中孙武着道士装束，举旗于城上教宫女演习战术，吴王坐于对面的台上，俯视两队演武的阵容。

源自此。有人认为，《孙子兵法》源出于孙武，完成于孙膑，也有人认为孙武和孙膑原本就是同一个人，武是其名，而膑是其绰号。现代学者钱穆就认为，孙子在吴国和齐国都逗留过，因为司马迁不能辨析，所以就将一个人说成了两个人。不过这个论断在1972年的考古发掘中有了一些眉目。当时，考古工作者在山东银雀山的汉墓中发掘出一批竹简，发现了迄今为止最早的《孙子兵法》和《孙膑兵法》，由此证明了确实有两部兵书、两个孙子。尽管如此，因为考证出墓葬年代是西汉初年，所以对孙子兵法成书的年代仍然不能确定，也无法证明《孙子兵法》之"孙子"就是孙武。

其他的一些否定孙武为《孙子兵法》作者的理由大致有以下几个：

首先，在春秋时期的代表史书《左传》中，记叙了吴王阖闾征战的大事，但是却没有提到过孙武这个人。《左传》成书时间远远早于《史记》，基本是记载同时代的事，因而更为可信。这说明春秋时代未必有孙武其人。

其次，《史记》对孙武和孙膑二人的记载是值得考究的。司马迁分别记载了孙武用兵和孙膑用兵，但是却清楚地谈到了《孙子兵法》，而模糊地叙述了孙膑的兵法理论。是否果真如钱穆所说，司马迁将二人混为一谈？也许《孙子兵法》的真正作者是孙膑。

再次，《孙子兵法》中阐述的大多是战国时期的情况。例如，兵书中出现了战国时期常见的"形名""霸王"等词语；所谈的大多是运动战，这也是战国时期惯用的打法；春秋时期，仅称大夫为主，而兵书中却频繁地称国君为主，这正是"三家分晋"

后的事情；春秋各国征战的规模不大，而兵书中提到兵车千辆、军士十万人，描写的应是战国时期的战争规模；兵书中爱用"五"字，可看作是战国时期"五行"说流行的原因。此外，春秋时代，国君经常亲征，与将帅们一起带兵打仗，兵书中说"将可独当一面""将在外，君命有所不受"等情况和战略，都是战国时期才有的。还有兵书中常见的一些名称如"矢弩""谒者、门者、舍人"等也都是战国时期才有的。由此人们推断，该兵法并不是孙武写的，只是假托孙武之名，由后人伪造而成。

清版《孙子兵法》书影

有一些学者坚持说孙武确实是《孙子兵法》的作者。司马迁以治史严谨著称，怎么可能将孙武和孙膑搞混？《左传》偶然有遗漏孙武之事，不无可能。兵书中出现的一些后世才有的文字，有可能是后人编录时增加进来的，但这些增加都是依照孙武的原文的，并不能就此否定原著作者是孙武。

另有一种看法说《孙子兵法》应是孙武和他的门徒共同撰写的。孙武协助吴国成为中原霸主之后隐退乡下，从此教书授徒。在这期间，他一边传授自己的军事思想，一边总结完善兵法。他的门徒也在学习军事理论和作战技术方法的同时，帮助孙武整理抄录兵书。《孙子兵法》内容的充实和完善正是在这个过程中实现的。至于兵书中出现增加和删减与当时时代背景不符合的文字，这是不可避免的。这些增删并没有影响原著的精神实质，《孙子兵法》为孙武所著的事实也就不可改变。

20世纪末，又出现了《孙子兵法》八十二篇的说法。学者分析认为流传后世的《孙子兵法》乃根据此八十二篇缩写而成。但是所谓的《孙子兵法》八十二篇的疑点很多，漏洞百出，有很多违反历史事实的说法，所以尚不能经得起推敲。人们希望孙武和《孙子兵法》之谜的真相能尽快地大白于天下。

蔡文姬是《胡笳十八拍》的作者吗

蔡文姬，东汉文学家蔡邕之女。生逢乱世，使这个才女一生遭遇坎坷。她自幼随父亡命，初嫁河东卫仲道，不到两年，丈夫就死了。适值中原大乱，匈奴趁机入侵，蔡文姬在动乱中被匈奴人掳走。匈奴的左贤王冒顿欣赏蔡文姬的文才，表示愿意纳她为妃。文姬走投无路，只好和左贤王生活十二年，并生下了两个儿子。后曹操统一了中原，中原暂时呈现安定繁荣的局面。曹操对蔡邕十分赏识，听说其女蔡文姬流落匈奴，十分同情，便用重金将她赎回。回归中原后，文姬改嫁董祀。

蔡文姬在匈奴的十二年里日夜思念故乡，遂写下了《胡笳十八拍》寄托了思乡之情。

蔡文姬像
蔡文姬，名琰，字文姬，蔡邕之女，东汉陈留圉（今河南杞县西南）人。

这就是著名的《胡笳十八拍》，诗中写出了文姬不可遏制的悲愤，震撼人心。蔡文姬归汉后，她的《胡笳十八拍》也在中原传唱开来。

但是这篇《胡笳十八拍》是否为蔡文姬所作，一直是悬而未决的问题，历来说法不一。

李颀、韩愈、王安石、严羽、李纲、黄庭坚、罗贯中以及现代的历史学家郭沫若等人都认为《胡笳十八拍》为蔡文姬所作。郭沫若谈到《胡笳十八拍》时指出，该诗确是蔡文姬所作，并认为它实在是一首自屈原《离骚》以来最值得欣赏的长篇抒情诗，没有亲身经历的人，写不出这样的文字来。

而持反对意见的文史学家如朱文长、苏轼、王世贞、胡应麟、沈德潜以及现代的刘大杰等人则指出《胡笳十八拍》并非蔡文姬所作。他们提出了一系列的理由：

首先，《胡笳十八拍》中所描述的场景、战势等与历史事实并不相符。《胡笳十八拍》中写道："城头烽火不曾灭，疆场征战何时歇？杀气朝朝冲塞门，胡风夜夜吹边月。"这是写汉兵与匈奴连年累月作战的故事，显然与历史不符，因为东汉末年时南匈奴已经内附。诗中出现这样的描写，说明作者对南匈奴和东汉的关系并不清楚。诗中描写的一些环境也与历史环境有不合之处。《胡笳十八拍》还有"夜闻陇水兮声呜咽，朝见长城兮路杳漫"及"塞上黄蒿兮枝枯叶干"等诗句。而当年蔡文姬是被掳到河东平阳，"长城""陇水""塞上"这些与河东平阳相去甚远的地名怎么能出现在蔡文姬的作品中？

对此，肯定者提出批驳。他们指出，蔡文姬身处匈奴时正值"胡、狄雄张"、边境烽火不断的时候，诗中所述是符合历史事实的。对于那些地名，一则匈奴活动范围很大，文姬被掳到匈奴后不一定就长住平阳；二则从文学的角度讲，文学作品可以夸大和想象，不一定完全要符合地理环境。

否定者的第二个理由是该诗不见著录、论述和征引。他们从该诗的出处着手，指出《胡笳十八拍》非蔡文姬所作。刘大杰认为，《胡笳十八拍》既不见于《后汉书》《文选》《玉台新咏》，也不见于晋《乐志》和宋《乐志》，而这些都是

文姬归汉图 南宋
文姬归汉的史实成为后世众多的诗人和画家的创作素材，多带有愤世、悲伤、哀痛的情调。

↗ 文姬归汉图 南宋 陈居中
此图取自《胡笳十八拍》诗三十三的子母分离场景。

当时收录作品较全的文集。此外，六朝论诗的人也没有提到过此诗，甚至《蔡琰别传》中也不曾提及。由此可以断定，唐代之前没有这首诗，它是唐人伪造的。

肯定者则认为，该诗不被收录的原因是因为它不符合礼教的温柔敦厚，为文人所不齿，所以才只能在民间流传。并且，不能认为只有被那些文人著录所收录、征引才见得是可靠的，因为类书可能会有所遗漏，选本也不可能包括一切，例如六朝有很多文献没有保存下来，但是却不能因此而否定整个六朝文学。

否定者的第三个理由是该诗的语言、风格、作家思想和体裁等问题。

↗ 《胡笳十八拍》图册 宋 李唐
《胡笳十八拍》图册又名《文姬归汉》图册。李唐（约1050～1130），字晞古，河阳三城（河南州市）人，北宋徽宗时任画院待诏。其画初法李思训，设色厚重，南宋高宗评"李唐可比李思训"。

他们认为，《胡笳十八拍》的风格和体裁是值得怀疑的。无论是语言结构、修辞炼句，还是音律对偶上，《胡笳十八拍》都不符合古朴简拙、注重性情流露的东汉诗歌的特点。诗中的"杀气朝朝冲塞门，胡风夜夜吹边月"一句，其精巧的炼字，工整的对仗，谐调的平仄，尤与唐代新诗无异。此外"泪阑干"也是唐朝时才开始有的词汇。而"夜闻陇水兮声呜咽"则是承袭了北朝等民歌。在押韵方面，该诗使用的也是唐朝人用韵的方法。

否定者则认为，《胡笳十八拍》中的对仗既可能是蔡文姬的独创，也可能是后人的加工润色，这在历史上也是不乏其例的。再说，整篇诗共1200多字，对仗精巧工整的只有两联，全诗从整体上是符合东汉的风格的，怎么可以凭此就否认此诗是蔡文姬所作？

关于蔡文姬是否是《胡笳十八拍》作者的争论还有很多，也有人提出此诗是董庭兰所作，但是经不起仔细推敲。至于这个谜何时能解开，还需要学者们寻找更充分的证据。

诸葛亮写过《后出师表》吗

三顾频频天下计，两朝开济老臣心。

这是后世对诸葛亮的赞颂。诸葛亮是在中国人心中有较高地位的政治家和军事家。当年刘备能在东汉末年那样一个群雄争斗的时代里建立蜀汉王朝，诸葛亮可谓功不可没。刘备死后，他的儿子刘禅即位。蜀汉政权在诸葛亮的主持下向曹魏政权发动了六次北伐。历史记载，公元227年"一出祁山"之前，诸葛亮向刘禅呈递了《前出师表》，第二年"二出祁山"前又写的《后出师表》，"鞠躬尽瘁，死而后已"，就是其中最为著名的一句。

查诸史料，《后出师表》是刘宋裴松之注《三国志》时引录东晋习凿齿《汉晋春秋》的，而《汉晋春秋》中的这篇《后出师表》又是出自三国孙吴张俨的《默记》。除此之外，当时较为著名的史籍中，都没有收录《后出师表》。

▲ 行书《前出师表》帖 南宋 岳飞

因此，人们不得不向传统说法提出了疑问：诸葛亮真的写过《后出师表》吗？

有人做出了否定的回答。他们的理由是：

首先，《后出师表》的立意完全不同于《前出师表》。在《前出师表》中，诸葛亮雄心勃勃，充满了对北伐必胜的信心，并明确地表决心说："愿陛下托臣以讨贼兴复之效；不效，则治臣之罪，以告先帝之灵。"而在《后出师表》中，语气则明显沮丧，竟有"然不伐贼，王业亦之；惟坐待之，孰与伐灵"。不仅没有了往日之雄心，而且还做了如此的自我贬低。凭诸葛亮一向的表现，自然不会如此。

其次，《后出师表》中说"议者谓之非计"，看似是为说服别人进行北伐。但是根据历史记载，当时蜀汉并没有人反对北伐，那么诸葛亮何必有如此一说？

▲ 诸葛亮像

↗ 古隆中三顾堂
传说东汉末年，诸葛亮隐居于"南阳"，其旧居在如今的湖北省襄阳市城西10千米的古隆中。

再次，《后出师表》中提及了一些与史实明显不符的事情，还有一些人名错误。《后出师表》中说："自臣到汉中，中间期年耳，然丧赵云、阳群、马玉、阎芝、丁立、白寿、刘郃、邓铜等及曲长屯将七十余人。"但是此表上于建兴六年的十一月，而《蜀志·赵云传》则说赵云"建兴七年卒"，并且阳群、马玉、阎芝、丁立、白寿、刘郃、邓铜等人，史书上都没有记载。可见，《后出师表》肯定有问题。

最后，从文辞风格上，前后《出师表》迥然不同。《前出师表》辞意恳切，风格高迈；而《后出师表》有大量的意义雷同、辞意庸陋的句子。两篇风格如此不同的文章，显然不是出自一人之手。

否定《后出师表》为诸葛亮所作的学者认为，《后出师表》可能就是张俨所作。但是有人提出，张俨其人对诸葛亮的北伐持有相当的乐观态度，这与《后出师表》中的悲观失望完全不同，因此不可能是张俨所作。又有人提出伪造《后出师表》的人可能是诸葛亮的侄子诸葛恪。诸葛恪在吴王孙权死后被任命为吴大将军。诸葛恪为了树立自己的威望和掌握兵权，打算发动对魏的战争。但是此举遭到了全国上下的一致反对。于是诸葛恪就伪制了《后出师表》，以使自己的伐魏主张有一个旁证，因此表中才有"议者谓为非计"一句。

对上面的观点，也有学者提出反对意见，认为《后出师表》确是诸葛亮所作。他们认为，由于诸葛亮和诸葛恪的亲戚关系，使诸葛恪完全可以得到诸葛亮的文字，因此《后出师表》确实是出自诸葛亮的手笔。

"出师一表真名世"——诸葛亮作完《前出师表》后，究竟有无写作《后出师表》？这还是一个谜。

杜牧是《清明》诗的作者吗

清明时节雨纷纷，路上行人欲断魂。借问酒家何处有？牧童遥指杏花村。

这是唐代诗人杜牧的一首脍炙人口的名作。千百年来，此诗以其清秀生动而又意境真切的文字征服了后世，成为老幼皆知的小诗，至今还有很多酒馆店铺以"杏花村"命名。但是，一直以来却都有这样一个怀疑：杜牧真的是这首《清明》诗的作者吗？有很多人提出了异议。不少人怀疑这首诗根本不是杜牧所写。比较有代表性的学者是文伯伦。他认为《清明》诗的渊源十分可疑。杜牧的诗文集是《樊川文集》，共二十卷。这个文集是由杜甫的外甥裴延翰编次的，裴延翰在此文集的序中提到，杜牧在临终的时候说，"始少得恙，尽搜文章阅千百纸掷焚之，才属留者十二三。"可见，杜牧对自己可以传世的文章是有着极其严格的要求的。他对自己所有的文章经过严格的挑选，保留下的不过是平生所有诗歌创作的十之二三。后来，从晚唐时候起一直到北宋，人们一直反复地收集和编纂杜牧的诗歌刻本，但是都没有找到这首《清明》诗。可见，它是值得人怀疑的。

↗ 杜牧像
杜牧（803～852），字牧之，杜佑孙，唐京兆万年（今陕西西安）人。晚年居于樊川。唐代著名的诗人，诗作明丽隽永，人称小杜。

收录这首《清明》诗的最早的文集是南宋时期刘克庄所编纂的《分门纂类唐宋时贤千家诗选》，这也是南宋刘克庄之前及之后唯一收录此诗的文集。但是人们认为这个选本有很多可疑的地方，而且历来评价也不高。

既然这首诗在唐人和宋人的文集中都没有提及过，那么起码收录此诗的文集的作者刘克庄应该在自己的相关著作中有所记载。然而，让人疑惑不解的是，刘克庄的《后村诗话》中提到过多次杜牧，也多次具体涉及杜牧的作品，但是对这首《清

↗ 《清明》诗意图 清 钱慧安
这幅极富趣味的画取自杜牧诗《清明》。图中绿水长堤，柳杏成林，擎伞高士向骑牛牧童问路。牧童扬鞭遥指远处茅舍人家。

明》诗却只字未提。相反，刘克庄在《后村诗话·前集》中甚至认为杜牧的《樊川外集》《樊川别集》中混入了一些不是杜牧所写的诗歌，而且认为杜牧有很多诗歌已经散佚。既然刘克庄已经注意到了这一点，那么他一定会对杜牧的诗歌多加留意，如果发现有新的杜牧诗，又怎么可能不在自己的文集中有所描述？

此外，这首诗的风格与杜牧的一贯风格不一致。杜牧向来以为诗歌创作"以意为主，以气为辅，以辞采章句为之兵卫"，又说"某苦心为诗，本求高绝，不务奇丽，不设习俗。不今不古，处于中间"。这些话在他的《答庄充书》《献诗启》中有明确的记载，明确表达了杜牧的创作态度。并且杜牧其人才气纵横，抱负远大，平生所研究的是"治乱兴亡之迹，财赋兵甲之事，地形之险易远近，古人之长短得失"。综观杜牧的诗文创作，可以看出他所追求的是一种情致高远、笔力劲拔的诗风。历代文学评论家论及杜牧的诗风的时候，也都一致认为其诗"豪而艳，宕而丽"。"豪"是指感慨淋漓，挺拔警悍；"宕"是指情韵悠长，清新多变。而《清明》诗显然是与他的写作风格不相一致的。这显然不是《清明》诗的诗风。

有人则坚持认为杜牧是此诗的作者，持这种看法的人通常是引用《江南通志》的记载。在此通志中记载说，杜牧在池州任刺史时，曾写过"清明时节雨纷纷"的诗句。而杏花村就在池州的城西不远处，据说城的附近还有一个名为"杜湖"的湖泊。但是认为此诗作者非杜牧的人则反驳说，很多地方通志中的记载往往有"攀龙附凤"之嫌，他们喜欢引入著名人物以增加本地的文采，这在历史上不乏例证。《江南通志》也不例外，所以尽管它言之凿凿，却不能成为杜牧是《清明》诗作者的证据。

可是为什么后世会将此诗看作是杜牧的作品呢？如果不是杜牧所作，又是出自谁之手呢？这又是一个难解的谜。人们猜测这首诗可能是南宋人所作，因为不仅诗风近似南宋，而且"雨纷纷"和"欲断魂"之句可能是用来表示时人国破家亡的凄凉心境。至于它的流传，文伯伦认为可能是在流传的过程中，由于刘克庄编纂的《千家诗》较为粗糙，很多作品都没有署上作者的姓名，因此就出现混乱姓名的情况。而杜牧的很多怀古诗在当时颇得人心，又曾经长期在江南做刺史，所以有人就将此诗假托在杜牧的名下了。又由于这首诗的通俗清秀，以及思想感情上与很多人达成了共鸣，可谓是妇孺皆知，杜牧也就成为人们心目中此诗的作者。

杜牧到底是不是《清明》诗的作者？这位风流俊秀的江南才俊，留下了"商女不知亡国恨，隔江犹唱《后庭花》"等著名咏史诗，也留下了这个富有生活气息的《清明》诗之谜。这有待今人的破译。

《满江红》是岳飞写的吗

怒发冲冠，凭栏处，潇潇雨歇。抬望眼，仰天长啸，壮怀激烈。三十功名尘与土，八千里路云和月。莫等闲，白了少年头，空悲切。

靖康耻，犹未雪。臣子恨，何时灭？驾长车踏破贺兰山缺。壮志饥餐胡虏肉，笑谈渴饮匈奴血。待从头，收拾旧山河，朝天阙。

这就是脍炙人口、流传千古的《满江红》，一直以来，人们都认为此词的作者是宋代的抗金英雄岳飞。

但是，有人却对这个传统说法提出了反对意见。近代已故学者余嘉锡在《四库提要辩证》中的《岳武穆遗文》条下，对岳飞为《满江红》作者一说提出质疑，这首词最早见于明代嘉靖十五年（1536）徐阶编的《岳武穆遗文》。在岳飞去世（1142）后，此词从来不见于宋、元人的记载或题咏跋尾，而它却突然出现于400年后的明代中叶，这怎能不令人生疑？同时，徐阶是根据1502年浙江提学副使赵宽所书岳坟碑收录的，而赵宽却没有指出这首宋词的源流出处。这也就使《满江红》的来历成了一个问题。

↗ **岳飞像**

岳飞（1103～1142），字鹏举，宋相州汤阴（今属河南）人。早年从军，所部军纪严明，英勇善战，称为"岳家军"。绍兴四年（1134），收复襄阳等六郡，任清远军节度使。1140年，挥师北伐，连克蔡州、郑州、洛阳等地，取得郾城大捷。高宗于此时连发十二道金牌下令退兵，被迫班师。次年夏，受召临安，解除兵权。不久，以"莫须有"罪被杀害。孝宗时追谥"武穆"。宁宗时，追封鄂王。

此外，在岳飞的儿子岳霖和孙子岳珂所编的《岳王家集》中并没有收录这首《满江红》，31年后重新刊刻时仍然没有收录此词。而《岳王家集》是岳霖和岳珂两人不遗余力地搜求岳飞遗稿编撰成的，对于这样一首弥足珍贵的作品却没有收录，不是很奇怪吗？据此，余嘉锡认为，《满江红》很可能是明朝人假托岳飞之名作的，它的作

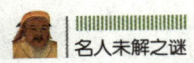

者并不是岳飞。

　　词学家夏承焘对余嘉锡的考辨表示赞同，认为《满江红》可能不是岳飞的作品。他还对词中的"驾长车踏破贺兰山缺"一句进行了研究，用以补充余嘉锡的论断。夏承焘认为，贺兰山在今天甘肃省河套的西边，南宋时期并不属于金朝，而是西夏的疆域。当年岳飞要率兵攻打的黄龙府，则是在今天的吉林省境内。如果此词真的是岳飞所写，那么方向怎么能相差如此远？夏承焘又考证说，明朝时候，北方鞑靼族经常取道贺兰山入侵甘肃、凉州一带，明代弘治十一年，明将王越还曾在贺兰山抗击鞑靼。据此推断，《满江红》这首词是明朝中叶的作品，"驾长车踏破贺兰山缺"，是明朝中叶鞑靼族入侵时期军民的抗战口号。

　　持否定看法的学者还有一个质疑点，即该词的内容和风格。台湾学者孙述宇就从这个角度进行了分析。孙述宇认为《满江红》不符合岳飞词作的风格，因为把《满江红》同岳飞的另外一首词《小重山》做比较，会发现前者是一首激昂慷慨、英风飒飒

岳王庙正殿
岳王庙位于今浙江省杭州市，正殿上有匾额"心昭天日"。

的英雄诗歌，而后者则低回婉转、失望惆怅。两者的格调和风格如此大相径庭，不像是出自一人之笔端，因而《满江红》可能是伪作。

面对这些否定的意见，肯定岳飞为《满江红》作者的学者针对否定论断逐一进行了批驳。

首先，关于作品的出处问题。历史上有很多作品湮没多年才被发现，这在文学史上不乏先例。并且类书限于各种原因，不可能将所有的作品都毫无遗漏地收录进去，这也不乏先例。更何况岳飞遇害时，家存文稿全部都被南宋政府查封没收，虽然后来蒙准发还，也并不齐全，出现文稿的遗失是非常有可能的。至于为什么此词直到明朝时候才广为传诵，是因为岳飞冤死后，秦桧及其余党继续执掌朝政数十年，其作品自然难以流传。接下来是实行压迫政策的元朝，更不能允许这样一篇带有强烈的反抗意识的作品流传。到了明朝，岳飞的声望才更加隆盛起来。可见，岳飞《满江红》词不见于宋元人著录，直到明代中叶才出现并流传，并不足为怪。

其次，是该词中出现的"贺兰山"问题。学者认为，不能把"贺兰山"简单地当作是违背地理状况，"贺兰山"可以用作比喻性的泛称，如同古代诗歌中经常出现的"长安""天山"一类地名一样。还有学者考证说，西夏与北宋向来都有战事，政府派范仲淹经略延安府，就是镇守边陲，防御西夏的。这种对峙局面一直持续到真宗、仁宗时期才暂告安定。岳飞对这段历史当然十分熟悉，所以他在《满江红》中提到"贺兰山"，是借指敌境，更具体的可能是用来比喻黄龙府。

再次，关于词作的风格问题。学者们指出，文学史上有很多作家的作品同时具有两种风格。比如苏轼不仅写过"大江东去"这样雄浑豪迈的《赤壁赋》，也写过"细看来不是杨花，点点是，离人泪"如此情调幽怨缠绵的词句。既然这样，就不能简单地凭《满江红》和《小重山》风格有别而否定岳飞是《满江红》的作者。

为了更进一步证明岳飞

岳王庙内秦桧夫妇铁铸跪像

确为《满江红》的作者，还有人考证了岳飞写作此词的具体时间。他们根据词句，结合具体的史实，指出岳飞30岁（1133）执掌军事，"因责任重大，身受殊荣，感动深切，乃做成此壮怀述志《满江红》词"；又岳飞从军后南征北战，至30岁时，"计其行程，足逾八千里"，词中"三十功名尘与土"和"八千里路云和月"两句正是为此。史载岳飞30岁时置守江州，"适逢秋季，当地多雨"，因此词中又有"潇潇雨歇"一句。因而推断出，《满江红》是岳飞"表达其本人真实感受，于公元1133年秋季九月下旬作于九江"。

↗ 岳王庙内之岳飞墓

　　学术界辨析和考证的文章已有很多，但是由于论据尚不充足，因此还不能够定论。《满江红》究竟是否出于岳飞手笔？论者各抒己见。当然，无论岳飞是否作了此词，他的伟大形象也都是铭刻在人民心中的；同样地，无论《满江红》一词是否为岳飞所作，它在爱国主义诗篇中乃至所有的词作中的地位也都是不能抹杀的。这一点毋庸置疑。

谁是《金瓶梅》的真正作者

　　《金瓶梅》是一部惊世奇书，也是"明代四大奇书"之一，还被清代小说点评家张竹坡誉为"第一奇书"。它借《水浒传》中"武松杀嫂"一节引出以西门庆为主角的一段市井生活，借宋代的人物暴露明代社会的腐败。一般认为，《金瓶梅》的书名是以西门庆3个重要女人名字中的各一个字拼凑成的。"金"指潘金莲，"瓶"指李瓶儿，"梅"指庞春梅。这本书思想内容丰富、艺术手法娴熟，但是它问世时，作者并没有署上自己的真实姓名，以致《金瓶梅》的作者到底是谁，迄今仍然无定论，所以学者们对它的作者问题始终抱有很大的兴趣。

　　《金瓶梅》的作者署名"兰陵笑笑生"，但其真名实姓至今并无定论，作者是何方人氏也说法不一。因为作者声称写的是山东地面的人和事，署名中又有"兰陵"字眼，加之作品用语基本上是北方话，所以多认为其是

↗ 《金瓶梅》插图及书影

山东人。有的研究者认为作者是李开先。李开先是山东人，嘉靖进士，40岁罢官回家，他的身世、生平及其对词曲等市井文学的极深的爱好和修养，与前人对《金瓶梅》的说法不谋而合。作品本身也证明它同李开先关系密切：李开先的作品《宝剑记》也是用《水浒》的故事。把《金瓶梅》和李开先的《宝剑记》做比较，就会发现不少相同之处。由此似乎可判定，《金瓶梅》和《三国演义》《水浒传》《西游记》一样，都是在民间艺人中长期流传之后经作家个人写定的，而这个写定者就是李开先。还有人认为作者是另一个山东人贾三近，他是嘉靖、万历年间大文学家，因为《金瓶梅》一书从头到尾贯穿了大量的峄县人仅用的方言俚语，峄古称兰陵，从贾三近的生平事迹，以及宦游处所、人生经历、嗜好、著作目录等方面看，他是最接近"兰陵笑笑生"的人。

《金瓶梅》故事图 清

此是清初人依据《金瓶梅词话》第六十三回所绘的图画。画面中央艺人正在表现海盐腔，右下方的伴奏乐队有提琴、三弦、笙、笛、云锣等乐器，两旁是饮酒看戏的宾客，左上方是掀帘看戏的女眷。

最流行的看法则认为，嘉靖年间的大文学家王世贞是《金瓶梅》的作者。王世贞，字元美，号凤洲，又号燕州山人，是南京刑部尚书，也是明代著名的文学家、史学家。王世贞才学富赡，文名满天下，与李攀龙、谢榛等合称为"后七子"，在前后七子中最博学多才。李攀龙去世后，他独领文坛20年。《明史》称他"才最高、地望最显，声华意气，笼盖海内"。

王世贞为官清正，不附权贵。东林党杨继盛被严嵩陷害下狱，他经常送汤药，又代杨妻草疏。杨被害后，他为杨殓葬；父亲被严嵩陷害，他作长诗《袁江流钤山冈》和《太保歌》等，揭露严嵩父子的罪恶。他精于吏治，乐于提拔有才识之人，衣食寒士，不与权奸同流合污，受时人推重。

据说王世贞作《金瓶梅》是想为父报仇。他的父亲因献《清明上河图》的赝品，被人识破，因而得罪权臣严嵩和严世藩父子，最后被残害致死。王世贞为报父仇，特作小说《金瓶梅》献给严世藩投其所好。书的内容隐射严嵩父子，揭露他们的种种丑行，而书上又涂有毒药，当严世藩读完此书后就中毒而死了。

但是著名学者吴晗率先对这个观点提出质疑，他查阅了大量的正史、野史、笔记，以翔实的史料作为依据，推翻了前人据以立论的主要依据——《清明上河图》与王世贞家族的关系，得出历史上的王世贞之父并不是因为献假图被害，严世藩也不是因为中毒而身亡的结论，否定了《金瓶梅》为王世贞所作的传统看法。吴晗还从书中大量运用的"山东方言"这一点来看，认为王世贞虽然在山东做过3年官，但是要像本地人一样用方言写出这样的巨著是不可能的。他还明确指出，《金瓶梅》应为万历十年至三十年的作品，作者绝不可能是王世贞。有不少研究者也撰文支持吴晗的观点。

20世纪80年代，国内开始有语言学家发表文章对作者的山东籍贯表示怀疑，理由是作品中有不少用语是当今山东方言所没有的，

《金瓶梅》故事图 清

反而在吴方言区经常用到，于是有人设想作者有可能是吴方言区人。早在20世纪30年代时，英国汉学家阿瑟·韦利就曾提出《金瓶梅》作者是徐渭这一说法，绍兴文理学院讲师潘承玉出版的《金瓶梅新证》证实了这一说法。

潘承玉的《金瓶梅新证》首先从时代背景推断《金瓶梅》成书时代为明嘉靖末延续至万历十七年稍后，而这正与徐渭的生活时代相吻合。从地理原型、风俗、方言等诸角度多层面来看，小说与绍兴文化也有很深刻的联系，根据《金瓶梅》是一部"借宋喻明""借蔡讽严（嵩）"之作的定论，指出当时正是绍兴形成了全国第一个反严潮流，披露了徐渭与陶望龄以及沈炼为代表的一大批"反严乡贤"鲜为人知的史实，从沈炼正是被严嵩迫害致死，断言徐渭是因感于乡风，感于沈炼的冤死愤慨而作《金瓶梅》。另外，徐渭在晚年曾暗示过他花40年心血而完成了一部长篇小说。而《金瓶梅》的措辞用语、文风都与徐渭十分吻合。另外，从作者写作《金瓶梅》的特殊心态，也跟徐渭的遭际一脉相承。

中国古典文学名著《金瓶梅》问世几百年来，作者究竟是谁？创作背景怎样？笑笑生究竟是何人，还是未解的谜，这一连串疑问仍像重重迷雾笼罩，等待后人的解答。

施耐庵是《水浒传》的作者吗

施耐庵，一般认为他是元末明初人，并认为他是我国古代四大名著之一的《水浒传》的作者。迄今为止，所有版本的《水浒传》上都冠名施耐庵。

《水浒传》在我国是家喻户晓的文学名作。它主要记叙了北宋末年宋江等三十六人聚集梁山泊的农民起义，通过描述其爆发、发展直至失败的全过程，揭露了封建统治阶级的罪恶，歌颂了梁山英雄的反抗精神，也指出了农民起义的必然悲剧结果。《水浒传》中刻画了如鲁智深、林冲、武松、李逵等至今为人们所熟悉的梁山好汉，这些人物形象长久地活跃在人民心中，可谓妇孺皆知。

学术界对施耐庵是否为《水浒传》作者的怀疑有其自身的原因。

《水浒传》是根据以往长期流行的宋江起义的民间故事，在说书人的"水浒故事"话本和元朝的《水浒》杂剧的基础上进行再创造而最终完成的。在这个由民间口头流传再到文人加工创造的漫长过程中，再加上在那个历史时代，很多作品上并不署上作者的名字，甚至并不署名。后世对施耐庵是否为《水浒》作者的怀疑正源于此。

有人提出了施耐庵并没有写过《水浒传》一书，《水浒传》的作者应该是罗贯中。罗贯中与施耐庵大致属同时代的人，也是一个大作家。考证罗贯中所作的《三遂平妖传》，其中二十一篇赞词中有十三篇直接被插入《水浒》中，这足以说明《水浒》也是由罗贯中所作。

↗《忠义水浒传》书影

也有人认为《水浒传》是施耐庵和罗贯中合作共同写出的。他们查证说，在《忠义水浒传一百卷》上题有"施耐庵撰，罗贯中编次"。此外，在天都外臣作序的《水浒传》上也题署"施耐庵集传，罗贯中撰修"。这两个版本，一个是《水浒传》的祖本，一个是如今能见到的最早的《水浒传》的版本，其权威性是显然的，因此是可信的。

但是有人根据对《水浒传》问世时间的考证后指出，现在可能见到的最早谈到《水浒传》

↗ 施耐庵故居
施耐庵，名子安，字彦端，又字肇端，号耐庵，江苏兴化人。元末由于战乱迁至浙江杭州，乱平后回到兴化。一说其为苏州人，晚年迁兴化，卒于淮安。

的文献出现在嘉靖年间，此时距离元朝灭亡已经有一百多年了。所以《水浒传》不会产生在元末明初。此外，在《水浒传》中提到了很多明朝的建制，而根据可见的史料记载，施耐庵是元末明初人，又怎么可能写出明朝的建制？

由此，他们判断说施耐庵并没有写作《水浒传》，并提出，真正的《水浒传》作者应该是郭勋，因为郭勋的百回本《水浒传》应该是《水浒传》的最早版本。

接着又有人对施耐庵的真伪问题提出了质疑。施耐庵在历史上真有其人吗？有考证说，明朝嘉靖时还没有公开在小说卷首上署作者的真实姓名的惯例，那么《水浒传》上署的"施耐庵"也就有并不是作者的真实姓名，很可能是为了逃避文字狱的迫害而伪造的名字。

看来，施耐庵是否写成了《水浒传》这部作品，还有很多的疑点。追究时代的原因，在那个时候，小说还只是末流文学，是被士人所不齿的，所以像"施耐庵"这些人仅仅流传下自己的作品，自己本人却被埋没了。他也许没有想到，多年以后，他的作品会在人们心中有如此大的震撼；也一定想不到，后人会因他所留下的甚少的资料而展开如此激烈的争论。这个谜，不知何时才能解开！

乾隆帝编修《四库全书》之谜

《四库全书》是在乾隆时期编撰出来的，乾隆三十八年朝廷下令设立"四库（经史子集）全书馆，聘任了著名学者纪昀（任总纂官）、翁方纲、陆锡熊、庄存与、邵晋涵（编校史部）、戴震（编校经部）、王念孙等人参与校纂。这部《全书》历时15年才修撰完成，总计存书（即被官方认定为合格著作正式入库）3457部、79070卷，存目（被认为不合格著作，只留存书名）6766部、93556卷。成书后誊写四部藏于文渊阁（宫中文华殿后）、文源阁（圆明园内）、文津阁（热河承德行宫）、文溯阁（辽宁沈阳），同时又于扬州文汇阁、镇江文宗阁、杭州文澜阁各藏一部，供后来读书人阅览抄录。但这样一部朝廷编撰起来的文化巨著，是"德政"的表现还是"劣政"的表现呢？有人把它纳入乾隆皇帝的德政，因为它保存了大量书籍，又因为经过著名学

↗ 乾隆帝写字像 清

者校订，所以错讹少；而另一些人则认为"钦定四库全书"是对汉族文化的残暴摧残，是闭塞人们思想的工具，是与文字狱并行的文化怀柔政策。

康、雍、乾诸帝甚至觉得一次一次地杀戮严惩，还达不到文化统治的目的，于是又禁书、毁书、编书，借以禁锢人们的思想，编修《四库全书》就是其手段之一。乾隆在自述编修《四库全书》的宗旨时就明确地说："为天地立心，为生民立命，为往圣继绝学，为万世开太平，胥于是乎系。"

乾隆三十九年，朝廷遍贴晓谕，命令私人所藏"违碍"书籍必须交出，经纪昀等检校后，再由乾隆亲阅，然后存目销毁。据记载，由乾隆三十九年至乾隆四十七年，共毁书 24 次，538 种，13862 部。在编修过程中，乾隆还亲自介入其中，明列了许多细则和要求，特别是对于君臣名分更是不敢稍有差错。按照这样的编修原则，馆臣们便大肆修改，使一些著作很大程度地违背本来面貌。

高鹗续写了《红楼梦》吗

《西游记》《水浒传》《三国演义》以及《红楼梦》并称为我国古典文学的四大名著，其中又以《红楼梦》成就最高，达到了我国古典文学的顶峰。《红楼梦》成书至今已有二百余年的历史了。作为我国最重要的一部小说，它不仅感动了中国人，也得到了世界人民的重视与喜爱。《红楼梦》有各种不同的版本，数十种续书，流传到世界各国。

长期以来，人们普遍认为曹雪芹只写了《红楼梦》的前 80 回，后 40 回是清代文人高鹗所写。然而由于《红楼梦》的成就如此之高，人们对它的热爱如此之深，曹雪芹心中的《红楼梦》的后 40 回究竟如何，一直成为文学界乃至热爱"红楼"的人的一大遗憾。

"高鹗续书说"最早是由我国大学者胡适提出来的。他最早看到《红楼梦》的时候，认为小说的诗词是在暗示

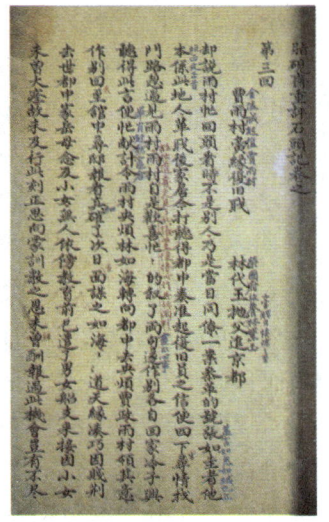

《石头记》（清曹雪芹著，脂砚斋批）书影

大观园图（局部）　清

人物的命运和结局，但是看到后来，有些人物的结局并不按照诗词所预言的那样。所以他提出小说的前80回和后40回有矛盾，进而猜测《红楼梦》可能是由两人所写。同时，经他考证，高鹗的同年进士张船山在《赠高兰墅鹗同年诗》题解中写道："传奇《红楼梦》后四十回俱兰墅所补。"于是胡适便将补书的作者认定是高鹗。这种观点提出后长期被人们接受，也就是很多人普遍认为《红楼梦》后40回是由高鹗所写的原因。对于高鹗补写后40回，也有不同的说法。一种说法是高鹗根据自己的喜好编出自己喜欢的后40回，自娱自乐，还有一种说法更可笑，那就是高鹗奉清廷的要求，修改和续写"红楼"，所以在思想上必然受到约束。

然而，随着对内容的进一步研究，很多学者、专家认为高鹗不可能续后40回《红楼梦》。首先，从高鹗的生平来看他不可能续写《红楼梦》：高鹗，字兰墅，一字云士，清代文学家。因为他酷爱小说《红楼梦》，所以自取别号"红楼外史"。他是汉军黄旗内务府人，祖籍铁岭（今属辽宁）。他于乾隆五十三年（1788）中举人，六十年（1795）中进士。据胡适考证，高鹗续写"红楼"的时间是在1791至1792年，只有两年的时间。然而，这么短的时间，高鹗可能写出占原书一半篇幅的后40回吗？高鹗怎么可能求取功名的时间里花如此多的精力续写《红楼梦》？这显然是件不合情理的事情。其次，高鹗续写"红楼"的时候，真本的《红楼梦》并没有完成太久，可能根本就没有消失，只是零散不全，需要补充，那么高鹗何必又要舍弃原来的而自己另写后40回呢？难道他想替曹雪芹干活，自己做无名英雄吗？

而且据我国的红学专家周汝昌老先生考证，《红楼梦》的结果不是高鹗所续的那样，而是在大抄家后，贾府全家败落，在贾环及赵姨娘等的密告下宝玉和凤姐入狱，后来被小红（红玉）和贾芸搭救，凤姐因此心力交瘁而亡，宝玉沦为更夫时宝钗也已郁郁而亡。在抄家前黛玉与湘云投湖自尽，后来史湘云被搭救，沦落风尘。最后与宝玉邂逅二人结为夫妻。这才是故事真的结局。这么说，高鹗续书又何必两头不讨好呢？

　　我们再来看看曹雪芹。传说他曾"披阅十载，增删五次"，这说明《红楼梦》很可能本来就已经写完了，只是一些原因，我们没有看到后40回。那么高鹗是否真的续写后40回呢？

　　目前，一些专家学者认为高鹗不仅没有续写后40回，而且现存的红楼梦都是曹雪芹本人所写。据他们考证，将1959年山西发现的《乾隆抄本百廿回红楼梦稿》（简称《红楼梦稿》）与其他所有版本进行了比照，发现《红楼梦稿》才是曹雪芹的手稿本，而其他所有版本都是曹雪芹在这部稿本上一边修改一边由不同的人抄录出去的。只是由于全书修改的时间很长，抄出去的版本很多。另一方面，从语言上来考证，全书120回通用的语言风格都是南京话，而东北人高鹗是写不出来的。况且，"红楼"中的人物是变化发展的，不一定与诗词的预言发生矛盾。

　　无独有偶，一位计算机专家从数学统计方面入手，在语言风格上，通过计算机的统计、处理、分析，也对《红楼梦》后40回由高鹗所作这一流行的看法提出了异议，认为120回都是曹雪芹所作。

　　《红楼梦》后40回到底是由谁续写的？也许这并不重要，正如断臂维纳斯的完美之处，因为不完美而完美，后40回是给读者留个想象空间。到底是谁误读了《红楼梦》？高鹗是否钻了只有80回的这个空子？他是否真见到了80回以后的残稿？到底他的40回续书，和曹雪芹真书有无关系？这成了一个历史之谜，不过也正是因为后人的续写，才使得《红楼梦》这一经典成为一部有始有终的完整作品。

名人史事真伪之谜

黄帝是传说中的人物吗

古书中有"三皇五帝"的说法，其中"五帝"是指东方太皞、南方炎帝、西方少昊、北方颛顼和中央黄帝。而传说中，黄帝是中华民族的祖先。然而，他究竟是人还是神？为什么被称为"黄帝"？现在仍然众说纷纭，没有统一的说法。

有学者认为，黄帝是神话传说中的雷电之神，后来才崛起而为中央黄帝。相传他长有四张脸，能同时顾及东、西、南、北四个方向。无论什么地方发生了事情，总逃不过他的眼睛。后来，他战胜了东、西、南、北四个天帝，建立了自己的神国。

↗ 黄帝像

黄帝和炎帝停战言和后组成的统一的部落联盟，成为中华民族的祖先。所以，今天的中国人自称"炎黄子孙"。

也有学者认为，黄帝实有其人，他应该是原始社会末期一位部落联盟的首领。《史记·五帝本纪》记载："黄帝者，少典之子，姓公孙，名轩辕。生而神灵，弱而能言，幼而徇齐，长而敦敏，成而聪明。轩辕之时，神农氏势衰，诸侯相侵伐，暴虐百姓，而神农氏弗能征，于是，轩辕乃习用干戈，以征不享，诸侯咸来宾从。"

这些记载似乎说明历史上的黄帝实有其人，是中华民族的形成与发展的创始者。因此，说他是人更有道理。那么，他又为什么被称为"黄帝"呢？

↗ 黄帝战蚩尤图

蚩尤是今山东一带的部落联盟首领，本领高强，横行霸道，黄帝与他在涿鹿展开激战并将其擒杀，涿鹿之战成了我国古代战争起源的标志。战争使我国逐渐形成以黄帝、炎帝部落为中心的华夏民族。

据说，黄帝在五个天帝中，是管理四方的中央首领，又因专管土地，而中原的土地是黄色的，故名"黄帝"。学者们认为，这反映了上古时期，人们对黄土地的崇拜。古史称他为"以土德为王"。后世之人以此而崇尚黄色，把黄色演变成一种权力和尊贵的象征。历代帝王穿的"龙袍""马褂"都是黄色，就是由此引发而来的。

↗ **黄帝陵**
黄帝陵在今陕西黄陵桥山上，其地松柏成荫，风景秀美。

在中国的历史典籍和神话传说中，都有许多关于黄帝的记载，但因年代久远，许多说法都已经无法考证。然而，黄帝作为中华民族的始祖却是不容置疑的。

黄帝发明了足球吗

蹴鞠是中国古代一种类似足球的运动，用以练武。公元前3世纪末的古籍《蹴鞠新书》记载了一个古老的传说：足球是黄帝发明的。蹴鞠亦作"蹙鞠""鞫鞠"。关于蹴鞠，除《蹴鞠新书》的记载外，刘向《别录》也有很相似的记载："蹴鞠者，传言黄帝所作，或曰起于战国时。"足球是否是黄帝发明已经没法考证。不过近代发掘所得，也似乎可以解释中国古代就有类似足球的运动。但它到底是什么时候开创的呢？现在只能推断出它的始创时代可能比战国要早。

↗ **石球 旧石器时代**
球类游戏在中国出现甚早，黄帝虽然是神话中的人物，但神话往往也包含了重要的历史事实。谁能肯定蹴鞠就不是这位祖先给我们留下来的呢？

1926年，中央研究院的李济教授在山西夏县西阴村灰土岭，发掘到大小不一的纹饰陶球和一个陶制小陀螺。考古专家卫聚贤看过这些实物后，认为这些陶丸大的是玩具，小的则为弹丸。根据考古学家研究的结果，认为这些器物与半坡遗址同期，属于距今约四五千年的新石器时代仰韶文化遗物。

考古研究的发现并不止于此。1934年，李济和梁思永等

太宗蹴鞠图 北宋
蹴鞠是宋代流行的一种体育活动，这幅画描绘了宋太祖赵匡胤、宋太宗赵光义和近臣赵普等一起蹴鞠玩乐的情景。

又在山东历城县城子崖发现龙山文化遗址。在这里，他们发掘到直径 2.2 厘米的红色陶球，而且在同一遗址第五区黄土凸起处东灰土堆内，发现一堆大泥球，但都已经被打坏。这些大泥球以碳十四法加以测定，约在公元前 2800 年至公元前 2300 年之间，属于龙山期文化，在新石器时代晚期。

1954 年，在西安半坡仰韶期文化遗址，考古专家们又发掘到一些大小不一的石球。他们认为，这些石球不但数量多，而且磨得光滑、规则，直径自 1.5 至 1.6 厘米，很可能是弹丸一类的东西。这就产生了疑问：这些到底是弹丸还是玩具呢？如果是弹丸，它们一旦被打出去，就很难得找回来。以新石器时代的打磨技术，要制成一个弹丸必须费很长的时间，大概要数日。那么新石器时代的古人，会不会把这些费劲做的"弹丸"用来打出去呢？这一点看来是不大合理的。又有人认为这些石球是装饰品，可是它们上面并没有穿孔，也着实难以令人相信。

《汉书·枚乘传》有"蹴鞠刻锐"的说法。颜师古注云："蹴，足蹴之也；鞠，以韦为之，中实以物；蹴鞠为戏乐也。"由此可见，金元时寒贱之子琢石为球，恐怕是古代的游戏方法，以其作为某些皮球的代用品。在殷墟发掘工作中没有发现当时可能存有的皮球，而在西安的发掘工作中却发现了石球，也许因为皮制品不好保存，而石球、陶球却可以很好地保存下来。

这些虽然仅仅是主观的推断，没有形成定论。但根据考古发现的种种器物，中国新石器时代即使不一定有足球，也似乎已经有了球类运动。可是公元前 2 世纪司马迁作的《史记》和公元前 1 世纪刘向校的《战国策》，都明确地记载了战国时代齐都临淄人爱好足球运动。史称汉高祖刘邦的父亲丸公，他本人就常常与乡中丰邑"屠贩少年"踢球。刘邦生于公元前 247 年，据此推论，丸公应生于战国之时。当时连小城边邑也流行踢足球了，可见足球运动在当时已经很广泛了。

蹴鞠纹铜镜 宋

左丘明有没有著《国语》

《国语》是我国最早的一部国别体史书，共有 21 卷，分别记载了西周末年和春秋时期周、鲁、齐、晋、郑、楚、吴、越等八国的史事。这部书以记述人物的言论、对话为主，其中有不少脍炙人口的历史故事。如召公谏厉王止谤（《周语》）、勾践卧薪尝胆终于灭吴（《越语》）、管仲帮助齐桓公称霸（《齐语》）等，一代一代被后人传诵。《国语》不仅对研究春秋战国时期历史有重要价值，其生动、幽默的语言也对后世文学产生了积极的影响。但《国语》的作者是谁历来是各位学者争论不休的话题。

↗ 左丘明像

西汉大史学家司马迁说："左丘失明，厥有《国语》。"东汉史学家班固也说，左丘明在写完《左传》之后，"又纂异同为《国语》"。三国时吴人韦昭在为《国语》作注释时，在序文中也认为左丘明作《国语》。唐代史学家刘知几也持有同样的见解，认为"《国语》家者，其先亦出于左丘明"。但在刘知几之后的唐代大文学家柳宗元首先提出了相反意见。他写有《非国语》二篇，否定左丘明为《国语》作者。从此，宋人刘世安、吕大光、朱熹、郑樵，直至清人尤侗、皮锡瑞等，也都对左氏作《国语》的传说产生了怀疑。

在现代学者中，对这个问题的分歧依然存在。徐中舒认为，《左传》《国语》"此两书其中大部分史料都应出于左丘明的传诵。古代学术，最重传授系统，谁是最初传授者，谁就是作书的人"。张孟伦认为："《国语》是左氏编纂的。司马迁不但用它做过《史记》的资料，而且在《自序》里说过'左氏失明，厥有《国语》'。这就不但告诉我们《国语》是左丘明编纂的，而且是他失明后'发愤之所作为'的，我们也就不必再有什么怀疑了。"他又说："汉、魏各学者钻研《国语》，又做过精密注释工作，都没有怀疑《国语》是出自左氏的；宋儒宋庠作《国语补音》，也以为这种看法是很正确的。"李宗邺认为："汉距春秋甚近，汉人说《国语》是左丘明作的，当为可信。"

↗ 《国语》书影

但也有不少学者不同意上面诸位学者的说法。王树民认为："《国语》和《左传》以不同的形式叙述了基本上同时期的史事，这一点很受世人的重视。自从《左传》为经学家所尊奉，于是《国语》也称为《春秋外传》，并说为左丘明所作，其说实无根据。"又

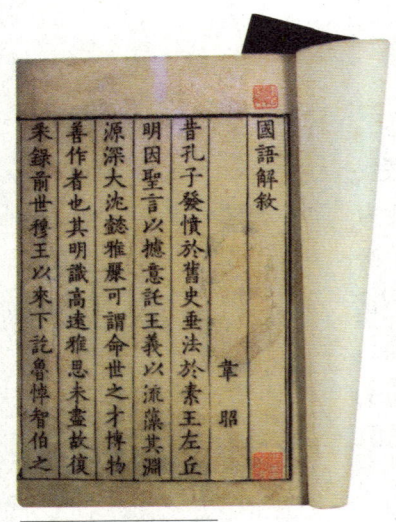

说，"《国语》为汇编之书，非出一时一人之手，这从本书的形式和内容方面，都可以得到充分的证明。"又说，"各篇的作者和全书的编者，现都已无从查考，也就不必强求了。"顾志华认为："《国语》是一部汇编之书，它仅仅反映了春秋时期的八个国家，其中每个国家所记史事详略不同，写法也不相同，不像出自一个人的手，很可能是当时各国史官把史事记下来后，有人在这些材料的基础上进行整理、加工、润色而成的。至于最后定稿者是谁，就不得而知了。《国语》的成书年代也已不能确定，大致是在战国初年，各篇先后有所不同。"

由于双方若要说服对方，都还必须更深入地考证左丘明的确切生活年代及事迹，还要更加详细地对比分析《左传》《国语》在记载史事方面的异同，包括书法体例、语言风格、思想观点，等等。《国语》的作者究竟是谁成为史学界的一大难题，也将成为提高《左传》和《国语》研究水平的一个重要环节。

孔子著《春秋》之谜

《春秋》是流传下来的迄今为止我国最早的一部编年体史书，也是儒家的主要经典。人们谈论《春秋》时，往往提到孔子。但《春秋》到底是不是孔子所作？人们对此有不同的看法。

一种观点认为，《春秋》就是孔子所作。它最早由孟子提出来。孟子认为，春秋时社会动荡，各种邪说暴行屡屡出现，"孔子成《春秋》而乱臣贼子惧"。现代学者指出，孔子之所以作《春秋》，一是因内乱，一是因外患。孔子作《春秋》以正名分，给诸侯、大夫以严正的褒贬，从心理上来钳制他们，以安定天下的秩序，恢复周王室的政治权力，同时达到"尊王攘夷"的目的。

另有一种观点认为，《春秋》不是孔子所作，不过是由孔子整理而成。有的学者指出，孔子是我国历史上第一个创办私立学校的教育家。他为

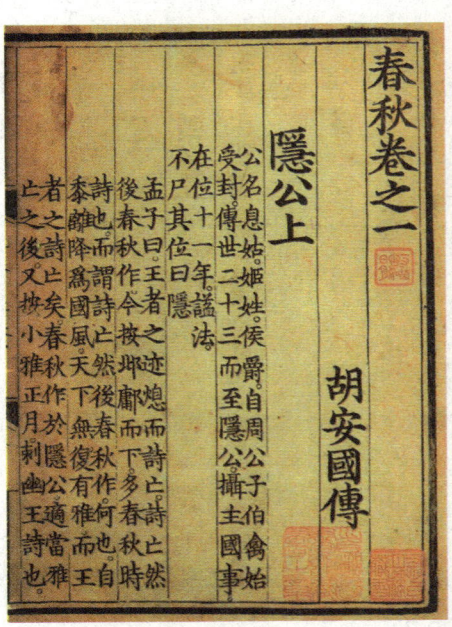

《春秋》内页

↗ 圣迹图·孔子不仕退修诗书 明
孔子的功绩，一在整理古代文献，二在立学传徒，为中国传统文化的承上启下发挥了重要作用。此图描绘了孔子不仕而退修诗书、办私学、整理传授"六经"的情景。但随着史料不断增加，人们在尊重孔子的时候，对他的经历增添了许多新的困惑。

了能更好地讲学，搜集鲁、周、宋、杞等故国文献，重加整理编次，形成《易》《书》《诗》《礼》《乐》和《春秋》六种教本。孔子对它们的内容虽有删节，但态度是"信而好古"，也就是尽量保持原有的文字，包括原来的史事内容和表达风格。司马迁在《史记·孔子世家》中说："子曰：'弗乎弗乎，君子病没世而名不称焉。吾道不行矣，吾何以自见于后世哉？'乃因史记作《春秋》，上至隐公，下讫哀公十四年，十二公。"据此说法，孔子是根据鲁国和周王室以及其他诸侯国的史官的记载略加修改，编写成一部简要的史书。《春秋》中的一些字句都是沿用以前史官的写法，并非孔子的创造。

还有一种观点，认为孔子根本没有著作或删订《春秋》。"五四"以后，

↗ 先师手植桧
相传为孔子手植，多次死而复生。

钱玄同主张此说。他认为，"六经"（《诗》《书》《易》《礼》《乐》《春秋》）并没有孔子改动的痕迹。《春秋》应是鲁史旧文，其中如"郭公""夏五"之类，都保存了原来的缺简，只不过在长期转写、流传中，难免会有改动。他们又举出《论语》作为例子，说《论语》载孔子生平言行甚详，其中论《诗经》的最多，但对于《春秋》却一字未提；孔子时代《春秋》还是鲁国秘藏的国史，孔子不可能也不必要对这本秘藏的国史进行改编。有的学者则根据《春秋》记载孔子生年和卒年，认为孔子修《春秋》的说法是不能成立的。因为他不会自称"孔子"，又不能写出自己的卒年。孔子只是曾经把《春秋》作为教材而已。经孔子一用，《春秋》便逐渐流传到了民间，然后再由孔门弟子一代一代地传述下去。《春秋》不是一时而成或出于一人，而是由鲁国史官们在两百多年时间里陆续编纂而成，从而出现了一些前后风格、笔调不太一致的地方。

　　以上三种说法各有道理，谁也不能彻底说服谁，遂成文史上的又一桩公案。但不论《春秋》是否为孔子所作，都不会削弱孔子作为文化伟人的地位和《春秋》作为古籍的不可估量的研究价值。

孟姜女哭长城是否真有其事

　　"孟姜女哭长城"是我国流传千古的古代民间传说，可谓妇孺皆知。为了纪念那位万里寻夫的孟姜女，山海关被后人认为是孟姜女哭长城之地，并在那里盖了姜女庙，登临庙宇的游人，无不动容。但有人认为，孟姜女哭长城的故事，纯属虚构。因为被指定为"孟姜女哭长城"之地的山海关所有的长城是秦朝以后才筑起的，而秦始皇所筑长城与山海关北去数百里。历史上有过哭倒城墙的记载，但故事发生的时间比秦统一六国要早得多，因此和秦始皇根本没有关系。

　　唐末有一首《杞梁妻》，诗中说杞梁妻为秦国人，她去长城哭吊筑长城而死的丈夫，"一号城崩塞色苦，再号杞梁骨出土"。到了宋代广为流传的杞梁开始有了姓，但有各种各样的说法，有说姓范，有说姓万，还有叫杞郎或喜良的。南宋郑樵曰："杞梁之妻，于经传所言者，数十言耳，彼则演成万千

↗ **秦万里长城第一台遗址**

在秦代修筑长城时，榆林这个地方是当地地势最高、烽火台最大、里面驻军最多，也是两路长城会合的地方。雄伟的长城下面，不知埋葬了多少役夫的遗骨和怨妇的眼泪。

↗ **姜女石**
传说孟姜女为寻找筑长城未归的丈夫，不远万里来到海边长城脚下，哭倒长城,见丈夫骨骸后投海自尽，海中遂长出巨石。

言……"看来孟姜女哭长城是由杞梁妻的故事演变而来的，而故事最后大致形成于北宋年间。

故事、传说毕竟代替不了历史事实，实际上并没有孟姜女哭长城这件事。但是因为这个故事的生动性与悲剧色彩，成了各朝各代人们借题发挥的素材。有种观点就认为，根据历代时势和风俗的不断变化，孟姜女哭长城也在不断变更。战国时齐都中哭吊盛行，杞梁战死而妻哭吊便是悲剧的材料。西汉时，天人感应之说盛行，杞妻的哭夫便成了崩城和坏山的感应。到了六朝、隋唐间，乐府中出现送衣之曲，于是送寒衣的内容增加了。可见孟姜女哭长城的故事是顺应了文化演变的潮流，随各时各地的时势和风俗而改变，并在民众的情感和想象基础上而发展起来的。

但也有人根本否定孟姜女即《左传》中的"杞梁之妻"，认为在封建社会，民不聊生，

↗ **姜女庙**

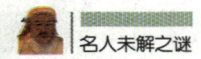

哭夫的题材并不少见，《左传》中也有记载，因此单凭哭夫就作出了论断，不能令人信服。还有的说，好端端的长城，竟然城墙被一位妇女哭塌了，过于荒诞。再说，齐国的孟姜女被捏造成秦国的孟姜女，攻打莒城被改为修筑长城，这是故意往秦始皇身上栽赃。

2000 多年来，孟姜女哭长城的传说以故事、歌谣、戏曲等多种形式流传于我国广大地区。其故事的真实程度早已被撇到一边，人们欣赏的是孟姜女身上那种坚贞不渝的爱情和对统治者的坚定的反抗精神，真是"秦皇安在哉，万里长城筑怨；姜女未亡也，千秋片石铭贞"（宋文天祥书孟姜女庙楹联）。

诸葛亮制造木牛、流马之谜

《三国志·诸葛亮传》记载："（建兴）九年（231），亮复出祁山，以木牛运，粮尽退军……十二年春，亮率大众由斜谷出，以流马运。"文章描绘得十分奇妙。

诸葛亮到底用过木牛、流马没有，确实是一个谜，而且《诸葛亮集》中尽管对木牛、流马作了描绘，但由于没有任何实物与图形存留后世，多年来，人们对木牛、流马到底是什么东西作出了种种揣测。

↗ **木牛复原模型**
蜀军创制，用来运送军用物资，适于山地使用。

↗ **诸葛亮像**

一种说法为木牛、流马是诸葛亮改进的普通独轮推车。此说源于《宋史》《后山丛谈》《稗史类编》等史籍，它们认为汉代称木制独轮小车为鹿车，诸葛亮加以改进后称为木牛、流马，北宋才出现独轮车之称。

一种意见认为，木牛、流马是四轮车和独轮车，但是哪种为四轮、哪种为独轮，各人有不同的见解。宋代高承《事物继原》卷八说："木牛即今小车之有前辕者，流马即今独推者是也，而民间谓之江洲车子。"今世学者范文澜认为，木牛实际上是一种人力独轮车，有一脚四足，就是在车旁前后装四条木柱；流马是改良的木牛，前后四脚，也就是人力四轮车。

一种意见认为，木牛、流马是新颖的自动机械。《南齐书·祖冲之传》说："以诸葛亮有木牛、流马，仍造一器，不因风水、施机自运，不劳人力。"这是指祖冲

↗广元明月峡古栈道 三国
蜀国四围皆山，地势极为险峻，许多地方只能以狭窄的栈道通行。木牛、流马就是为了适应这种环境而制造的。

之在木牛、流马的基础上造出更新颖的自动机械。

　　木牛和流马到底是一种东西还是两种东西，后世对此发起了广泛的争辩。如谭良啸认为，木牛和流马是一回事，是一种新的木头做的人力四轮车；王开则说木牛与流马是两种东西，前者是人力独轮车，

↗独轮车模型
汉代时期制造的独轮车，稳定性差，但对道路条件要求低，适合在半山区和农村田间使用。

后者是经改良的四轮车；王谕认为两者同属一物，并且还做出了一种模型，既具备牛的外形，又具备马的姿势。陈从周等勘察了川北广元一带现存古栈道的遗迹：畜在前面拉，后面有人推，流马与木牛差不多，但没有前辕，不用人拉，反靠推为行进，外形像马。

　　令人遗憾的是当年诸葛亮没有留下木牛、流马的详细制作图解，导致后人苦苦思索，上下探求，仍是难以明白究竟。

唐太宗篡改过国史吗

　　唐太宗李世民是唐代开国君主李渊的第二个儿子，是唐代难得的治国之君。在其统治期间，唐太宗知人善任，察纳雅言；执法慎刑，重农恤民，使国家形成了历史上人人称道的"贞观之治"局面。他的雄才伟略、勤于政事甚为后人称道。但即使是这样一位旷世圣人，他的一生仍是有很多瑕疵的，"玄武门兵变"内情历来让人生疑，而他后来的修改国史也为后人议论不休。

　　那么，李世民为什么要修改国史呢？对此，史学家们有不同的说法。《新编中国历朝纪事本末·隋唐卷》是这么写官修正史的——设史馆修前朝史制度的确立是在唐初李世民统治的贞观时期。贞观君臣为唐皇朝的"长治久安"，十分注意"以古为镜"，总结历史成败的经验教训，尤其注重隋亡的教训。鉴于武德年间萧瑀等人尚未修成前朝著史，唐太宗深感改组旧史馆、建立一套新制度的必要。

↗ 唐太宗像

　　贞观三年（629），太宗下令在中书省特置秘书内省专门负责修撰前五代史。同年闰十二月，太宗又下令将史馆移入禁中，设于门下内省北面，由宰相监修。从此以后，原著作局不再具有修史职责，史馆成为皇帝直接控制的门下省的一个常设机构，专门负责修撰当朝国史。

　　还有一种说法认为唐太宗的皇位并不是合法继承得到的，而是其杀兄逼父的结果。

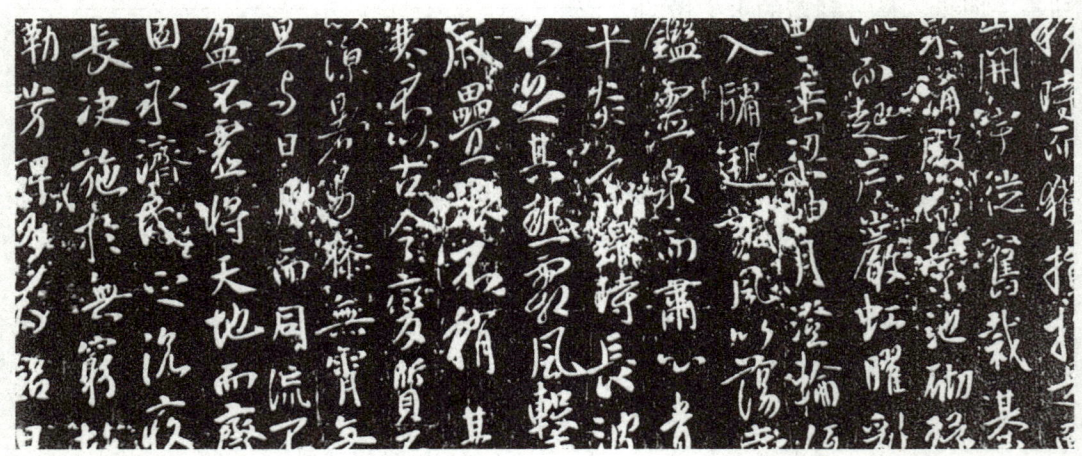

↗ 李世民《温泉铭》 石刻

这一行为不合乎封建法统和封建伦理，在封建统治者看来，也就不能贻示子孙，垂为法诫。因此，唐太宗夺得皇位之后，就着手修改国史，为自己辩护。这种说法认为贞观史臣在撰写《高祖实录》和《太宗时录》时，大肆铺陈太宗在武德时的功劳，竭力抹杀太子建成在唐朝创建过程中的功绩并极力贬低高祖的作用。但是这样仍不足以说明太宗继承皇位的合法性，于是他们又把修改国史的着眼点放在晋阳起兵的密谋上面。他们把晋阳起兵的密谋杜撰为太宗的精心策划，而高祖则完全处于被动地位，其目的在于把太宗说成是李唐王业的真正奠基人，使其皇位的获得近似于汉高祖自为皇帝而尊其父为太上皇那样的合法性。

　　唐太宗究竟出于何种动机要修改国史？这个问题迄今为止仍未有确定的答案，给历史留下了一桩疑案。

↗ 秦王破阵乐图　唐

↗ 唐太宗昭陵

杨贵妃是否真的缢死在马嵬坡

　　杨贵妃是中国古代有名的绝代佳人，她与唐玄宗的爱情故事家喻户晓。她那传奇的一生，引得无数诗人学者对她产生了浓厚的兴趣。纠缠人们的不仅是她和唐玄宗亦悲亦值得人讽刺的爱情，还有这样一个问题：杨贵妃是否真被缢死在马嵬驿？

　　根据我国历来的典籍记载，杨贵妃是被缢死在马嵬驿的。唐代人李肇在《国史补》里记述说："玄宗幸蜀，至马嵬驿，命高力士缢贵妃于佛堂前梨树下。马嵬店媪收得锦勒一只，相传过客每一借玩，必须百钱，前后获利极多，媪因至富。"也就是说杨贵妃死于马嵬驿一座佛堂的梨树下，而且运送尸体的时候，杨贵妃脚上的一只鞋子失落，导致一个老婆婆借此大发其财。

↗ 贵妃出浴图　清　康涛

此后，无论《旧唐书》还是《新唐书》以及清代人岑建功编纂的《旧唐书逸文》，都采用了这个看法。《资治通鉴》博采众家之说，记载更为详细，说马嵬驿前，三军将士诛杀了杨国忠之后，仍然不肯继续前进。陈玄礼说："国忠谋反，贵妃不宜供奉。愿陛下割恩正法。"这个时候连高力士也站在三军将士这一边。唐玄宗没有任何办法，不得已"乃命高力士引贵妃于佛堂，缢杀之"。并且，"舆尸置驿庭，召玄礼等人视之"。这才使三军整

↗ 华清宫
华清宫位于今陕西省临潼县骊山北麓的华清池，自秦汉以来，历代多次修葺增建，唐玄宗时改名为华清宫。

↗ 贵妃晓妆图 明 仇英

顿部队行进。可见杨贵妃必死无疑。

但是在唐代就有了各种传闻。人们提出疑问：既然杨贵妃被缢死后葬在马嵬驿的内廷里，但是为什么一年后迁葬时，她的尸体却不见了，只有一个香囊与一只鞋？这说明杨贵妃并未立即死于马嵬驿，而是被"调包计"救出，以侍女代死，贵妃逃亡了。白居易在《长恨歌》里也有描述："马嵬坡下泥土中，不见玉颜空死处。"又说："上穷碧落下黄泉，两处茫茫皆不见。"因此，杨贵妃似乎还没有死。

然而她的最终结局如何呢？

一篇来自日本的《中国传来的故事》文中，说杨贵妃在马嵬驿并没有被缢死，而是由陈玄礼和高力士合谋，使她逃出虎口，继而东渡日本。历史小说《杨贵妃》也阐述了这一看法，故事说：马嵬驿事变时，主帅陈玄礼怜惜杨贵妃貌美，不忍心杀她，就和高力士密谋，以侍女代死。用车运贵妃尸体的是高力士，查验尸体的是陈玄礼，想要以假乱真当然能够成功了。而逃出来的贵妃由陈玄礼的亲信护送飞快南逃，大约在今上海附近扬帆出海，经过海上的漂泊，来到日本的久谷町久津。《中国传来的故事》一文中还说："唐玄宗平定安禄山之乱，回驾长安，因思念杨贵妃，命方士出海搜寻，至久津向贵妃呈玄宗佛像两尊。贵妃则赠送玉簪以为答礼，命方士带回献给玄宗，虽然互通了消息，但杨贵妃未能回到祖国，在日本终其天年。"

↗ 杨贵妃观音像 日本

民间传说，杨贵妃在当时并未死去，而是跟随日本使者东渡扶桑，所以现在日本许多地方都留有杨贵妃的足迹，这尊杨贵妃像于13世纪造成，现存在日本京都泉涌寺。

20世纪20年代末期，俞平伯在《小说月报》上发表的《长恨歌及长恨歌的传疑》一文指出，杨贵妃并没有死，死于马嵬驿的是另外一个人，大概是用了调包计。杨贵妃逃生后流落到了女道士院。他引用白居易的诗句，认为并没有找到过杨贵妃的尸首，说明她还活在人间，后来流落为女道士。唐代的女道士院就是妓院，也就是说杨贵妃最后沦落为妓女了。这个猜测如果成立，那么对于玄宗来说，的确是"此恨绵绵无绝期"。

此外，认为杨贵妃东渡日本的典籍还有日本学者渡边龙策的《杨贵妃复活秘史》。在这本书中，作者详细地论证了杨贵妃东渡日本的看法。他认为，马嵬驿事变中，杨贵妃的侥幸活命，与陈玄礼和高力士无关，而是她起死回生。她的出逃得到唐代舞女谢阿蛮与乐师马仙期的帮助，最后得到日本遣唐史的帮助逃往日本。在东渡前，贵妃来到扬州见到了杨国忠长子杨暄之妾徐氏及其幼子。这批幸存者一起逃往了日本。贵妃到

↗ **明皇幸蜀图 唐 李昭道**
此图描绘唐玄宗为避安史之乱而行于蜀中的情景，画中山石峻立，着唐装的人物艰难行于途中。

达日本的时间为公元757年，正值日本的孝谦女帝朝代。贵妃抵达日本时，谢阿蛮和马仙期设法把贵妃东渡的消息传给玄宗那里。据说后来玄宗曾经派人东渡日本去找过贵妃，劝她归国。贵妃赠玉簪以为礼物，命来人带回献给玄宗。贵妃终于未能回归大唐而老死于扶桑。

至于贵妃在日本的遭遇也是众说纷纭。据说，杨贵妃在日本的宫廷斗争中竟然阴差阳错地当上了日本女皇，即《新唐书》中记载的高野公主。也有传说认为，杨贵妃海上漂泊时得了重病，因此抵达日本不久就病逝了。流传更广的说法是，杨贵妃来到日本后，与杨氏后代取得了联系，她们隐居在民间，繁衍后代，日本现今还有自称为杨贵妃后代的家族。

尽管杨贵妃东渡日本的传说尚可置疑，但是日本的确存在许多有关贵妃的遗迹，久津有关杨贵妃的传说也越来越多、越来越神奇。例如说杨贵妃抵达久津后，此地开始出美女了，也有了"杨贵氏"等姓氏了。甚至在1963年，日本一个少女在电视上演出，她自我介绍说是中国杨贵妃的后裔，并出示古代文件作为证据。

对于这一点的真实性，有人指出，唐代中日交往非常密切，日本遣唐使也往来频繁。杨贵妃及杨家位居高职，杨国忠的儿子还曾经任过外交官员，和日本遣唐使有交情是很正常的。"安史之乱"后，

↗ **马嵬坡杨贵妃墓**
杨贵妃墓在陕西兴平市马嵬坡。墓为一个陵园，面积3000平方米，墓砖砌圆形，立"杨贵妃之墓"碑，大门横书"唐杨氏贵妃之墓"七字，墓园内有历代名人题咏碑刻。

杨氏家族遭到血洗，日本使节救护其后代也是可能的；杨国忠的后代、杨贵妃本人来到日本，也并非不可能。

那么杨贵妃到底是死于马嵬驿，还是出家做了女道士，还是东渡日本？所谓"上穷碧落下黄泉，两处茫茫皆不见"，这位倾城倾国的绝世美人究竟魂归何处，迄今仍然是没有谜底的谜。

唐伯虎点秋香之谜

明代吴中才子唐寅，字伯虎，号六如居士，他恃才孤傲，放浪不羁，每每开心之时，则纵情开怀，放浪形骸。民间就流传有"唐伯虎点秋香"的故事。

唐伯虎的确曾为一个女子隐名为佣。这在《中国野史大观》中有记载，但只不过这位女子并非叫秋香，而叫桂华，是当时锡山华虹山学士府中的一名女婢，深得华夫人喜爱。唐伯虎对她一见钟情，因而以一才子屈身为佣，最终抱得美人归。所以说，"唐伯虎点秋香"可能就是唐伯虎赚妻桂华这一故事的演变，唐伯虎没有点秋香，但是点了桂华。

一天，唐伯虎出去游玩，碰见了在华府为奴的桂华，对她一见钟情。从此唐伯虎怎么也摆脱不了那个漂亮女婢的身影，最终想到一个办法，就是到华府隐名为佣，改名华安伺机而动。

↗ 唐寅像

他到华府先为伴读。结果一手好文章让华学士对他刮目相看，将他留为亲随，掌管文房。一应往来的书信，均令华安处理，没有不合华学士心意的。因此，华学士对华安更加器重，恩宠有加。

不久，掌管华府典铺的主管不幸病逝，华学士便让华安暂时先代管其事，掌管典铺。华安不负所望，典铺的出纳账目有条有理。华安的工作也特别小心谨慎，秋毫无私。

华学士非常满意华安的工作，意欲将其升任为典铺的主管。但唯有一点使华学士不很放心，华安眼下尚是孤身一人，没有妻室，万一哪一天他一走了之的话，委任其主管这样的事务，岂不是有点儿用人不当？

华学士觉得眼下这样还很难对华安委以重任，必须等到华安有了妻室，心真正安定下来才好，于是找媒婆，商议起为华安择偶婚配的事情来。

↗ 唐伯虎点秋香 年画

最终，华安和桂华终于在华学士及其夫人的鼎力帮助下，拜过花堂，适时完婚。婚后二人情投意合，恩爱日深。

其实，早在20世纪80年代就有人指出唐伯虎并没有点过秋香，如苏州市文联段炳在《光明日报》上写过，唐寅并未自称过"江南第一风流才子"，未点过秋香。唐寅在29岁时的科场冤案过后，本想以"功名命世"的他变成了一个"春光弃我竟如遇"的感伤者，变成了一个"猖狂披髦卧茅衡，万里江山笔下生"的失意者。在这种潦倒落魄的窘境里，曾经自谓"布衣之士"的唐伯虎绝不会说出"江南第一风流才子"之类自大之语的，更无心去干什么三笑点秋香之事。

因此到底真相如何，也就不得而知了。

历史上的三个张三丰之谜

在武侠小说中，武当派的祖师爷张三丰绝对是一个叱咤江湖、风云天下的无极高手。他所创始的太极拳以柔克刚，于无形中化有形，令无数高手望而却步，独步武林几十年。然而，历史上曾有过三个张三丰，那么，究竟哪个张三丰是武当内家拳的创始人呢？

一种观点认为，张三丰应该是宋代人。据清朝康熙八年黄宗羲的《王征南墓志铭》记载，太极拳当是宋代武当丹士张三峰所创。"少林以拳勇名天下，然主于搏人，人亦得以乘之；有所谓内家者，以静制动，犯者应手即仆，故别少林为外家，盖起于宋之张三峰。"在《太极拳剑推手各势详解》中是这样说的：有一天，张三丰在屋里突然听到院子里有喜鹊叫个不停，他就从窗子里朝外望了一下，看见喜鹊正低头怒视。张三丰好奇地顺着它的方向望去，原来地上一只大蟒蛇正盯着一只喜鹊。二者就这么相持着，互不相让。每当喜鹊上下飞击蟒蛇时，蟒蛇就轻轻地摇头

↗ 张三丰像

明朝道士，名全一，一名君宝，号三丰，以号行。辽东（今辽宁）人。

摆尾闪避。喜鹊进攻多次都是无功而返。一旁的张三丰由此领悟到以静制动、以柔克刚的道理，并仿照太极变化而把武当内拳命名为太极拳。

到了民国年间，张三峰造拳的历史更为众说纷纭。但宋代的张三峰道士既然已被内家拳拉为祖师爷，而黄氏父子又公开声称张三峰所创的是内家拳，于是某些太极拳书就放弃宋张三峰创太极拳的说法，而以元末明初之武当山张三丰道士为太极拳创始人了。

据《明史·张三丰传》记载，张三丰，名通，又名全一，字君宝，或君实，号三丰（峰）。他是元末明初时的一个道士，祖籍辽阳懿州（今天的辽宁彰武）。据说，张三丰长得高大威武，他"丰颜魏伟，龟形鹤背，大耳圆目"，还有一副硬如铁戟的长胡子。张三丰不仅长得极有特色，而且行为乖张，平日里不修边幅，无论寒暑，他都只穿着一件破旧的蓑衣，大家又叫他"张邋遢"。更为传奇的是，张三丰文武双全，武功奇高，能以一对百，靠内力劈开山谷，从中穿行而过，还能死而复生。更让他名扬天下的是，明朝的皇帝都对他礼让三分，为他大兴土木。明成祖曾经为他大修武当山，专门为他建造了"遇真宫"，征集丁夫30万人，大兴土木，在武当山营建武当宫观，耗资白银几百万两，赐名遇真宫，塑三丰像。从此以后，武当山香客云集，名声大振，张三丰也成为一个神仙级的人物。武当一派由此发扬光大。

《张三丰先生全集》书影

↗ **武当秀色**
武当山地处湖北西北部，又名太和山。北通秦岭，南邻神农架，海拔1610多米。山中有七十二峰、三十六岩、二十四涧、十一洞、三潭、九泉、十池、九井、十石、九台等名胜，奇岩险峰，飞瀑流泉，景致十分秀丽，故被宋代大书法家米芾盛赞为"天下第一山"。

有人在研究了"明史"中的"胡传""郑和传"，"姚广孝传"和"方伎传"中的张三丰事迹后，给出了一个让人大吃一惊的答案——张三丰，这个被当时人们津津乐道的神化人物，原来是明太祖死后，明代皇朝宫廷争夺皇位的副产品。众所周知，明成祖朱棣是夺了他侄子建文帝的皇位才当上皇帝的。由于传说建文帝未死于战火，永乐帝不放心，就派了亲信以寻访道士张三丰（邋遢）为名，到各地去查访建文帝下落。甚至连郑和下西洋都是为找建文帝的。经过21年在国内外对建文帝下落的秘密查访都未果，明成祖才放下心来。但是皇帝派人寻访张邋遢道人的新闻已传遍民间。永乐帝只好大修武当山，为张

三丰立像。其实这一切都是为了掩盖劳师动众的真相，欺骗人民。

但历史的真相究竟怎样，究竟创造武当内家拳的是哪个张三丰呢，只有留待后人考察了。

戚继光斩子了吗

"封侯非我愿，但愿海波平。"这是明朝著名的军事将领戚继光的诗。人们永远都不会忘记这位将领在反抗倭寇的历史中的光辉业绩。

戚继光出身将门，世袭登州卫指挥金事，长期在山东、浙江一代担负抵御倭寇的重任。从小就目睹倭寇对沿海人民残酷蹂躏的他，对倭寇充满刻骨仇恨。他立志要荡平倭寇，拯救黎民于水火之中。那句"封侯非我愿，但愿海波平"正是他非凡抱负和坦荡胸襟的真实写照。

明朝历史上的倭寇，不同于一般的海盗，他们往往都是有着严格纪律的军事组织。要战胜这些倭寇，只有更加严格的纪律才行。戚继光就是一个以严于治军而闻名的军事将领。他经常以岳家军为榜样，对士兵进行教育，并且坚持与部下同甘共苦。历史记载，戚继光的军队号令严，赏罚信，因此所向披靡，威震四方。"戚家军"对于倭寇来说，无异于让他们丧魂落魄的"丧钟"，却是国家和百姓的救星。

这样的一支钢铁军队哪里是一朝一夕就能铸造成的？戚继光必然要为此付出沉重的代价。最为典型的，就是浙江、福建一带盛传的戚继光斩子的种种传说。

▲ 戚继光像

戚继光（1528～1588），字之敬，号南塘，晚号孟诸，明代山东蓬莱人。嘉靖二十三年（1544）嗣世职为登州卫指挥金事。1555年调任浙江都司金事，赴浙御倭，守宁波、绍兴、台州，招募金华，招募农工，建"戚家军"。1561年破倭于台州。明隆庆元年（1567）被调往北方，镇守蓟州。万历十年（1582）调广东。不久，病死。著有《纪效新书》《练兵实纪》等。

关于戚继光斩子的说法史籍多有记载。如福建《仙游县志》记载："戚公至莆田，将出师，烟雾四塞，其子印为先锋，勒马回，且求驻师，公怒其犯令，杀之。"年代比戚继光稍晚的沈德潜也曾说过："戚继光斩子……此军法所不贷，不得已也。"清代《四库全书总目提要·子部·兵家类存目》中还收录了戚继光自己所写的《纪效新书》，其提要曰："第四篇中一条云，若犯军令，便是我的亲子侄，也要

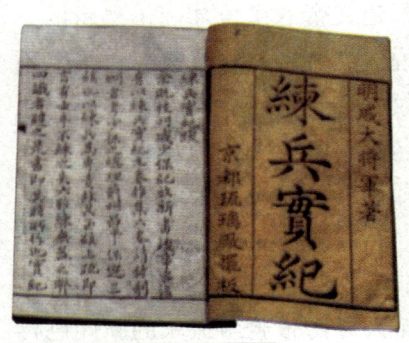

▲ 戚继光所著《练兵实纪》

依法施行，厥后竟以临阵回顾，斩杀长子，可谓不愧所言矣，宜其所向有功也。"

看来戚继光斩杀自己的儿子是因为此子在战场上临阵脱逃，违反了戚继光制定的军纪，所以戚继光怒而杀之。连自己的儿子违纪也毫不例外地受到严惩，如此严明的纪律，也无怪乎戚家军屡战屡胜了。

深究其细节，史籍记载说戚印"临阵回顾"，对戚

↗ 戚家祠堂
祠堂位于今山东省烟台市，是戚家的祖堂。

印如此做法的原因，除《仙游县志》中所说的"烟雾四塞，其子印为先锋，勒马回，且求驻师"外，后人还有多种看法。有人说，戚印原本奉命诈败，以诱敌深入，但在战场上看到形势大好，杀敌心切的他便不肯诈败，与敌人进一步交锋。虽然最后大胜，但是他的自作主张还是违反了戚继光的命令，因此被戚继光斩杀。有人说戚印奉命出征，途中得知敌军数倍于己，恐怕寡不敌众，决定暂时回军，此举为戚继光所不能容许，因而被斩。还有人说，戚继光有军令，不许在战斗中回顾或退回，但此次战斗中戚继光因为战马中流矢而落马，戚印担忧父亲的安危，回马探视，结果乱了行列，差一点使战斗失利，因此戚继光回到军营后依法斩子。

戚继光斩子之说在民间有很大的影响，浙江临海县至今还有纪念戚印的"太尉庙"，福建福清市也有"思儿亭""相思岭"等古迹。

但是，有人认为戚印是否真存在还是一个问题，认为所谓戚继光斩子很有可能是后人杜撰出来的，是为了赞扬戚继光严明的军纪。郭沫若就持这种看法。

首先，查证正史，至今没有发现戚继光斩子的记录。所有对戚继光的事迹有明确记载的正史如《明史》、尹璜《罪惟录》、董承诏的《戚大将军孟诸公小传》、汪道昆的《孟诸戚公墓志铭》等书都没有提及过此事。《明史·戚继光传》说"继光为将号令严，赏罚信，士无敢不用命"，但此书虽然认为戚继光与同为当时名将的俞大猷相比"操行不如，而果毅过之"，但是也同样找不到戚继光斩子的痕迹。而戚继光斩子是严明军纪的表现，绝非见不得人的，所

↗ "登州戚氏"军刀 明
此刀通长89厘米，柄长16厘米，上部刻"万历十年，登州戚氏"八字，说明这把军刀是万历十年（1582）戚继光任蓟镇总兵时铸造的。

↗ 戚继光像 明

以这些典籍不予收录的原因当不是为了隐讳什么，而是根本就不存在这个故事。

其次，此事与戚继光的《年谱》有颇多不合之处。

天启壬戌年（1622），戚继光的几个儿子编订了年谱。这本年谱对戚继光的事几乎是有闻必录，但是却没有有关斩子的蛛丝马迹。从《年谱》中还可以了解到非常重要的一点：戚继光于嘉靖二十四年（1545）与王氏结婚，即使婚后立即得子，到他于嘉靖三十四年（1555）赴浙江抗击倭寇时其子也不会超过 16 岁，16 岁或许可能随父从军，但是怎么可能充当先锋？史载，戚继光在他死前半年之时，还曾经建立孝思祠祭祀其历代祖妣，在他自己撰写的《祝文》中，有"今有五子一侄奉承蒸尝"的话。这"五子"是指祚国、安国、昌国、报国、兴国，此五子中长子祚国也是在 1567 年出生的，当时戚继光在闽、浙的抗倭已经结束有一年左右的时间，即戚继光在南方抗倭的过程中是没有儿子的。还有史料记载，戚继光在福建抗击倭寇时，曾在 1563 年到兴化九鲤湖祈祷九鲤仙，祈祷的内容之一就是"续嗣之忧"，如果当时他已经有可当先锋的长子戚印，又怎会有此祈祷？这一条史料也可以证明当时确实戚继光确实没有儿子。

从以上的分析无疑可以得出结论，即戚继光并没有戚印这个儿子。从"戚印"这个名字与戚继光诸子的显在区别也可以看出，戚印最多也不过是戚继光的一个义子。

戚继光斩子一事真耶？假耶？此谜还需更多的史料来求证。但毫无疑问地，无论真假，人们对戚继光将军的怀念是真的，人们对这位被"父"斩杀的"戚印"所寄托的也并不是谴责，而是对其的同情，所以后世才有"思儿亭""相思岭"等古迹的产生。

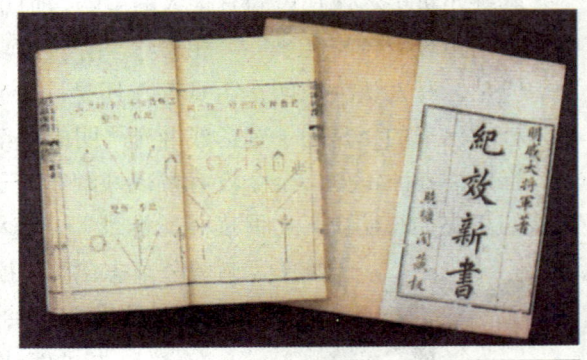

↗ 《纪效新书》书影
戚继光著名的兵书之一。嘉靖三十九年（1560）编写。十八卷十八篇，近八万字，皆有附图。所载皆试行于阵，颇具实效，故称纪效；曰新书，表明不囿于旧法。

吴三桂降清疑点颇多

明崇祯十七年（1644）三月十九日，李自成率领
的农民起义军攻陷了明朝的都城北京，崇祯在煤山自
缢，明山海关总兵吴三桂在增援途中闻讯后，仓皇逃
回山海关。李自成亲率大军开赴山海关，想以武力逼
降吴三桂，吴三桂非常害怕，便向清朝求援。当李、
吴两军在山海关前展开血战之时，清朝的精骑突然杀
出，农民军毫无防备，惨败而归，从此一蹶不振。由
于史书中的种种记载，史学界一直瞩目吴三桂引清军
入关镇压农民起义这一事件，人们一直认为吴三桂此
举便是投降了清朝。但近年有人认为，吴三桂引清军
入关并不是表明他投降了清朝，并提出了种种证据。
这一说法使似乎让本已盖棺定论的问题重又成为历史
谜团。

↗ 吴三桂像

至少还有两点理由可以说明吴三桂投降了清朝：第一，清朝最高统治者视吴三桂
为降将，如清摄政王多尔衮就把吴三桂作为部下来驱使，"命三桂兵各白布系肩为号"，
"命三桂军先锋"，又"命吴三桂以步骑二万前驱追贼"。清廷为了奖励吴三桂在战
争中的功劳，还"授三桂平西王勒印"。后来清帝剥除吴三桂爵位时，也把他称为降将。
"逆贼吴三桂穷蹙来归，我世祖章皇帝念其输未投降，授之军旅。"在清朝廷的眼中，
吴三桂就是一个明朝降将。第二，吴三桂入关后的所作所为也表明他已真心降清，吴三
桂打着为明王朝复仇的旗号引清入关，但是在南明政权的福王多次派人拉拢吴三桂，
吴三桂却断然拒绝。如当福王的侍郎左懋第"谒三桂，出银币且致福藩意"时，吴三
桂说"时势如此，我何敢受赐，唯有闭门束甲以俟后命耳"。除福王之外，还有几任
南明王，吴三桂都不曾表示要协同反清复明，与此相反，他竟然亲自出兵缅甸追杀南
明永历王。可以看出，不管当初引清兵入关时吴三桂是怎么想的，在清兵入关后，他
就投降了清朝，此时，他已经不敢违抗清廷的命令，更不敢有任何反清复明的想法了。
为了向清王朝表示他的忠心，他"破流贼，定陕，定川、定滇，取南明王于缅甸，又
平水西土司安氏"，俨然成为清廷平定天下的一把利刃。

否认吴三桂降清的人则认为，北京失守后，形成了三股较强的政治势力并存的局
面，即吴三桂、农民军、清王朝。而夹在这两股势力中间的吴三桂势力最弱，因此他
能走的路只有两条：要么抗清，要么镇压农民军，考虑到其父亲被农民军扣押、爱妾
受辱，为报此仇，吴三桂选择了联合清朝的道路，但这并不能说明他投降清朝。主要
理由如下：

第一，吴三桂一贯抗清的态度决定了他不会轻易降清。在任辽东宁远总兵期间，吴三桂曾多次参加抗清斗争，甚至在明清松锦战役后，明军明显处于下风的情况下，他的态度仍很坚决。吴三桂对明朝降清的劝降函都"答书不从"。

第二，多尔衮在山海关战后加强了对吴三桂的控制可以证明吴三桂未降。史载，多尔衮在山海关之战胜利的当天，玩弄权术，封吴三桂为平西王，又将1万步兵交给吴三桂。这说明吴三桂受到了多尔衮的拉拢和控制。

第三，山海关战后发表的檄文证明其未降。清军与吴三桂乘胜追击，吴三桂提出了"周命未改，汉德可恩""试看赤县之归心，仍是朱家之正统"的口号，如吴三桂已降，也不会发布这样的檄文，清廷也不会允许他这样做。

第四，在山海关一役后，在攻陷北京前后吴三桂欲立朱明太子的行动证明其未降。李自成败退永平，吴三桂提出"约自成回军，速离京城，吾将奉太子即位"，又"传帖至今，言义兵不日入城，凡我臣民为先帝服丧，整备迎候东宫"，可是"多尔衮命其西行追贼"的策略打乱了吴三桂的如意算盘。吴三桂因其势力太弱，只得听从了多尔衮。

第五，暗中积蓄实力以反清复明也可证明吴三桂未降。他一边广招贤才，暗布党羽，"阴养天下骁健，收忍荆楚奇才"，一边厉兵秣马，为将来的战争"殖货财"。他之所以没有实现反清复明的愿望，是因为清政治统治的日渐强大使"反清复明"的旗帜没有了号召力。而吴三桂是否降清这一历史问题已不能用后来的历史进程说明了。

李秀成投降书是真是假

"忠王"李秀成，太平天国后期重要的领导人之一，同时也是太平天国人物中争议最大的人物之一。当太平天国的京城被清军攻破后，他不幸被湘军俘虏。被俘后的李秀成一改往日之英勇，竟然在曾国藩的囚笼里写下了长达五六万字的《亲供》，即后人所说的《李秀成自述》。这篇《自述》使李秀成成了一个晚节不保的叛徒，给自己从前十余

↗ 太平天国圣宝

年无所畏惧的征战历程抹了很大的污点。长期以来，很多人对李秀成进行口诛笔伐。但是很多学者对李秀成投降书的真伪问题提出了质疑，认为这个由清政府宣布的投降书是非常有争议的，而以此书来断言李秀成是晚节不保的叛徒，这显然有失公允。

李秀成真的是叛徒吗？李秀成的投降书是真的吗？

李秀成投降书的原稿在后世一直不为外界所知。当时李秀成被害后，曾国藩命人

将他的《自述》删改、誊抄了一份上报军机处，这份誊抄的文本后来由九如堂刊刻，即所谓的"九如堂本"。至于原稿的去处，世传被曾国藩既没有上交朝廷，也不肯公开示人，而是私下扣留，他的后人也对此讳莫如深，严加保管，对外人一概保密。当曾国藩的刻本问世后，人们就对其真实性提出了种种怀疑。

有人从根本上否认了这个投降书的真实性。如呤唎的《太平天国革命亲历记》一文说："1852年，在太平军占领南京以前，满清官方即已捏造一篇他们名为《天德供状》的文件，伪托是叛军领袖的供状，谎称他们俘获了这个领袖。《忠王自述》很可能也是同样靠不住的。这篇文件或为某个著名的俘虏所伪造（他可能因此而得赦免），或为两江总督曾国藩的狡猾幕僚所伪造。"呤唎认为李秀成投降书根本就是别人伪造的，甚至李秀成被俘虏一事也可能是伪造的。

1944年，广西通志馆的吕集义来到湖南湘乡曾国藩的老家，在百般请求下终于在曾家的藏书楼中阅读到了投降书的原稿，抄补了五千多字，还拍摄了十四幅照片，之后根据这些文字和原来"九如堂本"的2.7万多字出版了《忠王李秀成自述原稿校补本》。罗尔纲先生根据吕氏的校补本和照片进行研究，写出了著名的《忠

↗ 李秀成像

李秀成（1823～1864），又作李寿成，清广西藤县人。道光二十八年（1848）加入拜上帝会。咸丰元年（1851），参加太平军。太平天国定都天京（今江苏南京）后，历任军师、监军、指挥、检点、地官副丞相。咸丰八年任后军主将。九年，晋封为忠王。同治二年（1863），率军回援天京城固守。天京陷落后，护送幼天王突围被俘。不久，为曾国藩杀害。

↗ 李鸿章克复苏州图 清

同治二年（1863）十月十九日，李鸿章亲督大军进攻苏州。二十日，娄葑等各门俱被攻下，李秀成带万余人突围，谭绍光拼命死守。二十三日，太平军叛徒汪有为刺死谭绍光，苏州城破。

↗ 猴拉马图 清（上）燕子矶图 清（下）
这两幅图是太平天国忠王府内的彩画，作于咸丰三年（1853年），设色浓艳，颇具功力。

王李秀成自传原稿笺证》。该书以笔迹、语汇、用词、语气、内容等方面的鉴定作为依据，指出曾国藩后人出示的李秀成《自述》的确是忠王的亲笔。例如，罗尔纲一字一句、一笔一画地拿"原稿"和庞际云收藏的李秀成亲笔答词二十八字真迹对照，还征求了笔迹鉴定专家的意见，最后断定"原稿"是真品。从内容看，"原稿"十分清楚地描述了从金田起义到天京陷落十四年间的每个过程和细节，这是曾国藩难以捏造的。此外，罗尔纲还指出，"原稿"的称谓大都遵循太平天国的制度，这也不是旁人能够清楚知道的，曾国藩等人也不可能做到自然地遵守。而"原稿"的大量李秀成家乡的方言，更是曾国藩等人无法伪造的。

罗尔纲的这一观点曾一度成为定论，但是，随着曾氏后人所存的"原稿"的出版，更多人看到了李秀成《自述》的全貌。在20世纪的80年代前后，学术界再次掀起了一场论战，如荣孟源曾经两次撰文断定这份"原稿"并不是李秀成的真迹，而是"曾国藩修改后重抄的冒牌货"。他的理由主要包括以下几点：

首先，根据其他史料记载，李秀成的自述一共写了九天，每一天若干页。按照常理，全文应该有八个间隔，但是今天所见的《李自成自述》"原稿"的影印本文字相连，每天都写到最后一页纸的最后一行字，看不出每天的间隔。何况，既然是每天各交一些，真迹就应该是散页或分装成九本，但是今本却是一本装订好的本子。由此可以推测，所谓的"原稿"显然是曾国藩派人将李秀成每天所写的真迹汇抄在一起的。

其次，根据很多材料的记载，李秀成当时写了5万多字，然而今天的"原稿"影印本却只有3.6万多字。那少了的1万多字到哪里去了呢？显然应该是被曾国藩撕毁了的。既然是被撕毁，那么"原稿"的内容就应该上下不相衔接。可是在影印本中，每页都标有页码，整齐清楚，并且前后内容完全相连，人为的痕迹十分明显，显然是删节后的抄本。

再次，从写作的形式等方面看也有问题。太平天国有严格的书写规定，而"原稿"

曾国藩像

曾国藩（1811～1872），原名子城，字伯涵，号涤生。道光年间进士。咸丰二年（1852年）丁母忧回籍，赴长沙办湖南团练。1854年，率湘军攻击太平军。1860年，授两江总督、钦差大臣。督办江南军务。同治三年（1864年）以其弟国荃攻陷天京（今南京），受封一等侯爵，加封太子太保。后引进西方技术，推广洋务运动，与李鸿章在上海合办江南制造总局。1872年病死于南京。

的影印本中出现的"上帝""天王"等词多数并不抬头；一些该避讳的时候不避讳，不该避讳的时候却避讳了，如凡"清"字均不讳，而不该讳的"青"却写成了"菁"等。这些显然都是违背太平天国的避讳制度的。何况，这样的笔误在"原稿"中出现的次数很多，不能简单地看成是笔误。

针对荣孟源的意见，也有人提出反对。陈旭麓认为，我们不可能设想当时的李秀成好像后来的作家一样，有一个每天分节写出的章节安排。至于书写形式，李秀成作为一个成年人早就已经形成了通行的书写习惯，尽管他熟悉太平天国的书写格式，但因疏忽犯讳，并不奇怪。说曾国藩作假也不合情理，他若要作假应该是在上报军机处和刊刻的时候就完成，何必造个假东西当作宝贝传之后代？曾氏后人又何必要将这个显然会招来众议的假东西公之于众？而钱远熔认为这个"原稿"不仅是李秀成的真迹，还是完整无缺的。曾国藩只对它进行了删改，并没有撕毁或是偷换。对钱远熔"完整无缺"的观点，罗尔纲虽然不同意，认为"原稿"确实有被曾国藩撕毁的地方，但他仍然坚持"原稿"并不是冒牌货，是李秀成的真迹。

不仅国内学术界对《李秀成自述书》的真伪争论不已，国际上也有很多人予以关注。1978年国际人士路易·艾黎即对此发表了自己的看法："如果像曾国藩这样一个肆无忌惮的贼官吏竟然会不去充分利用被俘的李秀成来进一步达到自己的目的，这是绝对不可思议的。他可以先鼓励李写下他本人的历史，然后再通过他的专家在同样的纸张，以同样的文风，添加上有害于太平天国事业的东西。之后，在显示他本人宽宏大量的同时，对全部东西加以剪裁。"又说："由

忠王李秀成龙袍 清

↗ 太平天国忠王府 清
忠王府位于江苏省苏州市娄门内，现辟为苏州博物馆。咸丰十年（1860），太平军攻克苏州，改拙政园及潘姓、汪姓宅第为忠王李秀成府及苏福省省府。

于自首书是经过篡改的，所以，曾国藩对它的完整显得异常的神经过敏。他曾命令其家属不得给他人看这份自首书。我曾亲自在上海听见过他的孙子说过这件事。"还有一些国外学者持与此相反的看法，认为今天所见到的《李秀成自述》确实是李秀成亲手写的，等等。

李秀成生前在战场上英雄善战，对后期的太平天国的政治、经济、军事都产生了重大的影响。被后世争论了半个世纪之久的《李秀成自述》的真伪，也许是论断他功过的最好证据吧。世人希望这个谜能赶快解开。